Library of
Davidson College

Partis politiques
au Québec

Les Cahiers du Québec

Directeur des Cahiers : Robert Lahaise

Directeurs des collections :
Cinéma : Luc Perreault
Communications : Louis Martin
Économie : Jacques Henry
Ethnologie : Jean-Claude Dupont
Géographie : Hugues Morrissette
Littérature : André Vanasse
Philosophie : Jean-Paul Brodeur et Georges Leroux
Science politique : André Bernard
Textes et documents littéraires : Jacques Allard

Représentants :
Claude Boucher pour l'Université
de Sherbrooke
Claude Racine pour l'Université Laval

Maquette de la couverture :
Pierre Fleury

ISBN 0-7758-0052-X

Le présent ouvrage a été publié grâce à une subvention accordée par le Conseil Canadien de Recherche en Sciences Sociales, dont les fonds ont été fournis par le Conseil des Arts du Canada.

Dépôt légal/1er trimestre 1976 — Bibliothèque Nationale du Québec

©Copyright 1976 Éditions Hurtubise HMH, Ltée

Partis politiques au Québec

Sous la direction de
Réjean Pelletier

Collection Science politique

Cahiers du Québec/Hurtubise HMH Ltée
380 ouest, rue Craig, Montréal   H2Y 1J9
Téléphone (514) 849-6381

329.97
P273

77-284

Aperçu schématique de l'ouvrage

Présentation, par Réjean Pelletier 9

1ère partie: Vision globale des partis

L'analyse politique et les partis, par André Bernard 19

Pluralisme social et partis politiques: quelques éléments d'une théorie, par Maurice Pinard 37

Les partis provinciaux du Québec, par Vincent Lemieux 53

Les positions des partis, par Vincent Lemieux 69

2ième partie: Les partis au Québec

Le pouvoir au sein du Parti Libéral provincial du Québec, 1897-1936, par J.A.A. Lovink 91

Le Parti Québécois à la recherche du pouvoir, par Daniel Latouche 117

Dynamique de la protestation de la droite: le Crédit Social dans la province de Québec — Sommaire et développements, par Michael B. Stein 143

La scission au sein du Ralliement Créditiste et ses conséquences électorales, par Maurice Pinard 167

L'organisation locale de l'Union Nationale, 1960-1970, par Jacques Benjamin 197

Le Rassemblement pour l'Indépendance Nationale ou l'indépendantisme: du mouvement social au parti politique, par F.-P. Gingras 219

Les militants du R.I.N. et les autorités politiques québécoises, par Réjean Pelletier 247

Un parti politique municipal: le Progrès Civique de Québec, par Louise Quesnel-Ouellet 273

Présentation

Réjean Pelletier

Les études globales sur les partis politiques au Québec sont rares, pour ne pas dire inexistantes. Certes, il existe d'excellentes monographies qui sont déjà parues sous forme de volumes ou de thèses de doctorat. Outre le fait qu'elles aient été assez peu nombreuses, elles ne s'adressaient trop souvent qu'à un public restreint. De même, on a déjà publié dans des revues scientifiques des articles de qualité qui analysaient les partis politiques au Québec de différentes façons. Là encore, ces études n'étaient trop souvent accessibles qu'à une clientèle étudiante ou professorale.

Le présent volume voudrait combler en partie ces lacunes. Il réunit plusieurs monographies qui scrutent les partis politiques québécois, y compris un parti municipal, sous différents angles. En même temps, il veut présenter une vision globale de ces partis au Québec. Dans sa conception, c'est un volume qui s'adresse à la fois aux professeurs et étudiants et à un public plus large qui s'intéresse — de près ou de loin — au phénomène des partis politiques.

* * * * *

On peut envisager l'étude des partis politiques selon différentes approches. L'une de ces approches considère les partis comme des organisations qui possèdent des caractéristiques structurelles qui cherchent à encadrer des élus et des électeurs et qui sont engagées dans la lutte électorale. Certains, comme Duverger,[1] insistent davantage sur l'organisation elle-même, sur ses structures, sur la distribution du pouvoir ou sur les divers niveaux d'appartenance au parti. Pour reprendre des termes mis à la mode par Duverger, on pourrait qualifier de partis de cadres les partis « traditionnels » du Québec, comme le Parti Libéral et l'Union Nationale, et de partis de masse les partis plus récents comme le Parti Québécois, se basant alors non pas sur une différence de taille ni de nombre de membres, mais bien de structures.

---

[1] On peut consulter à ce sujet l'ouvrage classique de Maurice Duverger, *Les partis politiques*, Paris, A. Colin, coll. « Sciences politiques », 7ᵉ éd., 1969 (c 1951), 476p.

D'autres ont voulu dépasser cette optique trop exclusivement structurelle pour situer le parti dans son environnement et pour insister davantage non seulement sur son organisation interne, mais aussi sur ses membres et ses activités. Ainsi, selon Vincent Lemieux,[2] les partis, comme organisations, se situent dans un environnement donné et poursuivent des objectifs communs que cherchent à réaliser des agents par leurs activités et avec leurs ressources et motivations propres. Ces partis tentent aussi d'établir une coordination entre les activités de leurs membres et développent des réseaux de communication qui lient les agents entre eux et à l'environnement.

Cette définition s'apparente à celle de Sorauf[3] qui a voulu présenter une vue globale des partis (surtout américains) en les analysant comme des organisations qui non seulement existent en elles-mêmes et en ce sens qu'elles ont une vie intérieure propre, qu'elles recrutent des adhérents, édictent des normes, ont une division du travail en leur sein, poursuivent des objectifs et mobilisent des ressources pour les atteindre, mais qui existent aussi comme organisations partisanes au niveau gouvernemental et dans le corps électoral en insistant alors sur ceux qui apportent leur soutien au parti et qui s'identifient à lui.

D'autres se sont arrêtés plutôt à la distribution du pouvoir au sein de ces organisations. Le pouvoir peut être concentré au sommet selon la thèse oligarchique[4] ou distribué entre les divers niveaux d'appartenance au parti selon le modèle stratarchique.[5] Dans le premier cas, il s'agit d'un petit groupe ou d'un cercle intérieur fermé de dirigeants professionnels, pratiquement inamovibles, qui concentrent le pouvoir entre leurs mains et étouffent les initiatives pouvant surgir de la base, si bien que le parti devient contrôlé par une oligarchie bureaucratique. Dans le second cas, le pouvoir est plutôt partagé entre les divers groupes ou les sous-ensembles qui constituent le parti. On assiste ainsi à une stratification du pouvoir et à l'engagement de plusieurs personnes dans le groupe de ceux qui prennent les décisions, et, en même temps, à la diffusion et à la prolifération du contrôle à travers les structures du parti.

Au Québec, les partis politiques se situent, d'une certaine façon, à mi-chemin entre ces deux modèles. On assiste, en effet, à un certain partage

---

[2] Cette définition est au cœur de la recherche menée par Vincent Lemieux et ses assistants sur les partis politiques dans la région de Québec. Voir Vincent Lemieux et François Renaud, *Les partis dans la région de Québec*, 1970, 228p. (miméo).
[3] Voir, en particulier, *Party Politics in America*, Boston, Little, Brown and Company, 1968, 438p.
[4] Robert Michels, *Les partis politiques. Essai sur les tendances oligarchiques des démocraties*, Paris, Flammarion, 1971 (c 1914), 309p. (Préface de René Rémond).
[5] Samuel J. Eldersveld, *Political Parties : A Behavioral Analysis*, Chicago, Rand McNally, 1964, 613p.

Présentation

des pouvoirs entre les différents sous-ensembles qui composent le parti, parfois entre les groupes sociaux eux-mêmes, le plus souvent entre des groupes structurels (par exemple, les associations de comtés ou les associations régionales, surtout au moment des élections), si bien que les différentes instances du parti détiennent une certaine part de pouvoir. Par contre, comme dans toutes les organisations qui se développent de plus en plus, le pouvoir dans les partis politiques du Québec tend à être concentré au sommet, en particulier entre les mains des parlementaires ou de certains dirigeants aux échelons supérieurs du parti. À cet égard, le Parti Libéral du Québec est plutôt soumis à l'influence prédominante des parlementaires, bien que certains militants aient souvent revendiqué leur part de pouvoir. Le Parti Québécois, au contraire, a voulu accorder plus de pouvoirs à ses militants de façon à ce qu'ils puissent orienter la vie du parti et exercer un certain contrôle sur les instances dirigeantes, ce qui a parfois provoqué des querelles au sein du parti, soit entre l'Exécutif national et les associations de comtés ou de régions, soit entre l'Exécutif et les parlementaires du parti.[6]

Certains auteurs ont tenté de situer les partis dans une perspective plus globale et de les définir par les fonctions qu'ils remplissent dans le système politique. Sorauf,[7] pour sa part, s'attachant à déterminer les activités les plus importantes remplies par les partis, insiste sur la fonction ou activité électorale, sur la fonction programmatique définie comme la volonté de promouvoir des idées ou un programme et de fixer des enjeux politiques, et sur la fonction politique définie par l'influence et le contrôle exercés sur ceux qui déterminent les politiques.

Voulant cerner davantage cette notion de fonction en la reliant au concept d'exigence fonctionnelle, Georges Lavau[8] estime que le système politique a besoin d'être légitimé et stabilisé de sorte que les partis pourront contribuer ou non, par leur fonctionnement, à satisfaire cette exigence. Par exemple, le Parti Québécois actuel s'attaque souvent à la légitimité du système existant en remettant en cause les autorités politiques en place et les structures fédérales, en cherchant aussi à définir une nouvelle communauté politique et de nouvelles valeurs pour cette communauté.

Le système politique, selon Lavau, doit aussi atteindre un certain niveau d'intégration politique ou parvenir à neutraliser certaines forces centrifuges, tout en permettant à des partis de défendre des groupes sous-privilé-

---

[6] Sur ce dernier problème. Cf. Réjean Pelletier, « Le malaise du P.Q. annoncerait-il un vieillissement prématuré ? », *Le Devoir*, 20 septembre 1974, p. 5.

[7] Voir, par exemple, son volume, *Political Parties in the American System*, Boston, Little, Brown and Company, 1964, 194p.

[8] Georges Lavau, « Partis et systèmes politiques : interactions et fonctions », *Revue canadienne de science politique*, 2(1), mars 1969 : 18-44.

giés et de les protéger contre le système, ce que l'auteur définit comme la fonction tribunitienne. Des partis comme le R.I.N.[9] et le Ralliement Créditiste[10] ont joué ce rôle au Québec, dans le premier cas en faveur des partisans de l'indépendance du Québec et dans le second, à l'égard de certains groupes défavorisés sur le plan économique.

Enfin, un système politique doit susciter des propositions de changement et des critiques sur les politiques mises en œuvre par les autorités : le parti pourra ainsi remplir une fonction de relève politique. C'est la fonction que remplissent le plus facilement tous les partis politiques : s'ils sont dans l'opposition, la critique est souvent facile à l'égard des politiques gouvernementales et les partis se présentent alors comme des « solutions de rechange ». Au pouvoir, le parti gouvernemental cherche à mettre en œuvre les options politiques définies par son programme ou par ses dirigeants.

En plus de dégager les fonctions des partis, il faut aussi s'interroger sur les conséquences que ces fonctions peuvent avoir pour le système politique ou pour le parti lui-même. Seront-elles fonctionnelles, dysfonctionnelles ou afonctionnelles pour le système et pour le parti ? Par exemple, les réformes politiques préconisées par le Parti Québécois sont certainement dysfonctionnelles pour le fédéralisme canadien, alors que la politique constitutionnelle du gouvernement Bourassa est plutôt fonctionnelle pour le système.

Selon une approche bien différente, la conception marxiste des partis s'inscrit dans le sens de la lutte des classes ou de la lutte « classe contre classe ». Dans cette optique, le pouvoir politique n'est que le pouvoir organisé d'une classe sociale, en l'occurrence la bourgeoisie capitaliste, pour opprimer la classe ouvrière. Dès lors, le parti révolutionnaire doit représenter la classe ouvrière qui va conquérir le pouvoir politique, établir la dictature du prolétariat et ainsi briser le pouvoir de la classe dominante qui a le monopole de l'argent et des moyens de production. Une telle conception situe le parti non seulement dans son environnement politique, mais aussi et surtout dans son environnement socio-économique, c'est-à-dire dans l'infrastructure sociale déterminée par les rapports de production.

---

[9] Voir, par exemple, Réjean Pelletier, *Le Rassemblement pour l'Indépendance Nationale. Une analyse systémique-fonctionnelle d'un parti politique*, Paris, Fondation nationale des Sciences politiques, 1972, 482p. et la conclusion de notre volume sur *Les militants du R.I.N.*, Ottawa, Éditions de l'Université d'Ottawa, coll. « Travaux de recherche en Sciences sociales » (n° 1), 1974.

[10] On peut consulter à ce sujet l'article de Jacques Hamel et Yvon Thériault, « La Fonction tribunitienne et la députation créditiste à l'Assemblée nationale du Québec : 1970-73 », *Revue canadienne de science politique* 8(1), mars 1975 : 3-21.

Présentation 13

Lénine,[11] pour sa part, concevait le parti révolutionnaire comme l'avant-garde de la classe ouvrière ou comme une organisation de révolutionnaires professionnels. Un tel parti ne devait renfermer qu'un nombre restreint de personnes, à l'intérieur d'une organisation centralisée, capables de mener les masses au combat dans les conditions de la clandestinité.

Sans vouloir trancher entre ces différentes approches, nous croyons que, pour cerner globalement la réalité des partis, il faudrait tenir compte de plusieurs niveaux d'analyse à la fois. D'abord, du parti lui-même, c'est-à-dire de son organisation ou de ses structures, de son idéologie ou de ses finalités, de ses membres et de ses dirigeants. Mais la nature même d'un parti ne peut se comprendre vraiment sans rattacher ce parti au système politique dans lequel il œuvre, ce qui nous permet de dégager les fonctions qu'il remplit face aux exigences fonctionnelles du système lui-même. Ce faisant, il est aussi possible de relier le parti à la superstructure idéologique et à l'infrastructure économique qui déterminent aussi son organisation, ses finalités et son membership, le parti se rattachant alors à des groupes sociaux à l'intérieur du système politique et pouvant aussi subir des influences d'autres systèmes politiques sur le plan international.

* * * * *

Ce n'est pas cette approche globale qui domine le présent volume. On y retrouve plutôt une série d'approches parcellaires puisqu'il s'agit avant tout d'un recueil d'articles, écrits par différents auteurs, selon une thématique propre à chacun. L'unité du volume ou le lien naturel entre les divers articles tient à leur commune identification aux partis politiques dans la réalité québécoise. Il ne s'agit donc pas d'une unité qui résulterait d'une seule approche théorique pour l'ensemble du volume, mais plutôt d'une unité centrée sur un thème très large, celui des partis politiques au Québec.

À cet égard, cet ouvrage se divise en deux grandes sections : vision globale des partis et les partis au Québec. Dans la première partie, les auteurs s'attachent à analyser les partis politiques d'une façon globale en s'appuyant sur la situation québécoise et, à l'occasion, sur des exemples empruntés à d'autres pays. Ainsi, André Bernard analyse la nature et l'origine des partis, leurs fonctions et activités, et cherche à identifier les personnes actives à l'intérieur des partis, à la fois d'une façon générale et en rapport avec la réalité québécoise. Par la suite, s'interrogeant sur les raisons de l'adhésion à un parti, il dégage une typologie utile de la rationalité de l'électorat. Pour sa part, Maurice Pinard soulève la question de l'intégration de

---

[11] Voir *Que faire?* Paris, Seuil, coll. « Politique », 1966, 322p. (Présenté par Jean-Jacques Marie). Il serait utile aussi de consulter Serge Mallet qui apporte des précisions sur la pensée de Lénine dans *Le pouvoir ouvrier*, Paris, Anthropos, 1971, en particulier pp. 152-159.

certaines sociétés en dépit des fragments culturels qui les divisent et s'interroge sur le rôle des partis politiques dans le processus d'intégration des sociétés « fragmentées » et sur l'appui des divers groupes culturels ou ethniques aux partis dits « nationaux », en se basant sur la situation qui prévaut au Canada et dans d'autres pays du monde.

De son côté, Vincent Lemieux s'arrête d'abord aux activités traditionnelles des partis provinciaux au Québec, à leur organisation et au système de partis, pour analyser ensuite les transformations qui sont survenues dans le système de partis, dans l'organisation et les activités de ces partis au cours des dernières années au Québec. Dans un second article, il cherche à expliquer les positions occupées par les partis lors des élections provinciales de 1970 au Québec en les classant sur deux axes qui réfèrent à l'intervention du gouvernement dans la société (opposant les partis québécois en dualisme premier et second) et sur un troisième axe qui fait référence à des oppositions de nature « nationale ».

La seconde partie du volume ne renferme que des études monographiques sur les différents partis politiques au Québec. Ainsi, J.A.A. Lovink étudie la prise de décision au sein du Parti Libéral du Québec, entre 1897 et 1936, à un triple niveau : le choix d'un chef du parti, la désignation des candidats et la formulation du programme. Les problèmes qu'il soulève, comme celui de la centralisation et de la décentralisation et du rôle des dirigeants au sein des partis, demeurent toujours d'actualité et peuvent s'appliquer au Parti Libéral actuel. Daniel Latouche, de son côté, s'interroge sur la possibilité, pour le Parti Québécois, de remporter une prochaine victoire électorale et analyse les obstacles structurels et politiques à une telle victoire. En particulier, il s'attache à un problème qui se pose au P.Q., soit l'attitude que ce parti doit prendre face à la question de l'indépendance du Québec, afin d'augmenter sa force d'attraction auprès des non-indépendantistes comme des indépendantistes. Se basant avant tout sur les résultats des élections de 1970, son article, partiellement révisé sur la base des résultats d'octobre 1973, soulève un problème qui se pose toujours avec autant d'acuité au Parti Québécois.

Michael B. Stein, pour sa part, décrivant le phénomène créditiste comme un mouvement de protestation de la droite, analyse les trois phases principales qui ont marqué ce mouvement : phases de mobilisation, de consolidation et d'institutionnalisation. Maurice Pinard se propose de mesurer, à l'aide de données provenant d'un sondage effectué à l'extérieur de Montréal, les réactions du public face au schisme Bois-Samson au sein du Ralliement Créditiste et les conséquences électorales possibles de ce schisme, tout en cherchant à savoir jusqu'à quel point les cadres d'un mouvement reflètent les préférences de leurs membres et de la masse des électeurs. Ce premier schisme devait être le prélude d'une série d'affrontements à l'intérieur

Présentation 15

du parti qui conduisirent un ancien ministre libéral, Yvon Dupuis, à la direction du parti, puis à la débandade des troupes créditistes lors des élections d'octobre 1973, et enfin à la fondation du Parti Présidentiel et du Parti Réformateur à côté du Ralliement Créditiste.

Pour sa part, Jacques Benjamin analyse la structure réelle du pouvoir — en la comparant à la structure formelle — au sein d'une association de comté de l'Union Nationale en se basant sur le modèle décisionnel de Dahl, pour en déduire que le député et les comités de village ont une importance considérable dans le processus de décision. À la suite de la fusion de l'Union Nationale et du Parti Présidentiel, un tel problème peut de nouveau surgir lors de la « restructuration » du parti et de son implantation dans les différentes circonscriptions électorales du Québec.

François-Pierre Gingras étudie le passage du R.I.N. d'un mouvement social qui se veut avant tout mouvement d'éducation populaire à un parti politique qui recherche le pouvoir, en décrivant les différentes étapes de cette évolution et en analysant le contenu que l'on a voulu donner à l'indépendance, pour terminer par une analyse de la vision du monde du militant riniste. Pour ma part, j'ai voulu analyser le R.I.N. (en particulier ses militants) dans sa position face aux autorités politiques québécoises incarnées dans le gouvernement Lesage et le gouvernement Johnson, en me servant des concepts eastoniens de demande, réponse et soutien pour dégager ensuite la signification de l'action du R.I.N. dans le système politique québécois.

Enfin, Louise Quesnel-Ouellet étudie l'action d'un parti politique sur la scène municipale en tant que facteur de changement de la politique de la ville de Québec depuis 1962 et analyse les différentes formes que s'est données le Progrès Civique de Québec, se définissant comme association, puis comme parti et enfin comme équipe.

* * * * *

Le présent recueil ne constitue pas une étude exhaustive des partis politiques au Québec. Ses buts sont plus modestes : d'abord présenter une première étude globale sur les partis québécois et fournir le matériel de base qui permettra de mieux situer et de mieux comprendre les partis politiques qui œuvrent sur la scène québécoise ; ensuite susciter d'autres études qui viendront compléter celle-ci.

Les articles présentés ici ont tous été écrits avant les élections provinciales d'octobre 1973 et ne tiennent pas compte de cet événement dans leur analyse (à l'exception du texte sur le Parti Québécois), ce qui n'infirme en rien la valeur de leurs analyses et de leurs conclusions puisque plusieurs n'étaient nullement touchés par cet événement (comme les deux articles sur le R.I.N.) et que les autres n'avaient pas à tenir compte des résultats de ces élections par suite de leur orientation théorique et analytique ou de la période historique retenue (comme dans le cas du Parti Libéral et de l'Union Nationale).

Le mérite de ce volume tient avant tout à ce qu'il présente des études qui, pour la majorité d'entre elles, sont encore inédites. L'originalité des textes, croyons-nous, peut suppléer en grande partie au manque d'unité quasi inévitable dans ce genre d'ouvrage.

On a déjà écrit qu'un recueil d'articles ne fait pas avancer les frontières de la science, mais guide seulement le lecteur vers ces frontières. Si ce volume atteignait ce but, il n'aurait pas été inutile.

Première partie

Vision globale
des partis

L'analyse politique et les partis

André BERNARD
Département de Science politique
Université du Québec à Montréal

Quand on aborde l'étude des partis dans une perspective d'analyse politique, on privilégie les questions relatives à leur nature, leurs origines, leurs fonctions et activités, leur composition, leurs objectifs et modes de fonctionnement. Servant d'introduction à l'étude des partis politiques au Québec, le présent texte a pour objectif d'exposer les réponses générales que les politologues contemporains ont apportées aux questions les plus usuelles que pose l'analyse politique des partis. Qu'est-ce qu'un parti politique ? Comment sont nés et se sont développés les partis ? Que font-ils ? Quelle est leur composition ?

Il nous semble utile de présenter, à l'intention surtout des lecteurs moins informés, les définitions acceptées, les classifications consacrées et les observations les plus universelles, *avant* d'aborder l'étude plus approfondie des partis politiques au Québec à laquelle sont consacrés les chapitres suivants.

1. Qu'est-ce qu'un parti politique ?

Pour de nombreux politologues, est un parti politique *toute organisation qui présente des candidats aux élections législatives*. Cette définition a été proposée par James Bryce, en 1893, dans la première édition de *The American Commonwealth*.[1] Certains, toutefois, préfèrent penser que le terme parti s'applique à toute organisation dont le but essentiel est de conquérir le pouvoir politique dans une société ou, du moins, de participer à son exercice. La deuxième définition permet de tenir compte des partis révolu-

---

[1] Parmi les politologues contemporains qui préfèrent cette définition, on peut noter Bernard Hennessy et Fred W. Riggs qui ont écrit dans *Approaches to the Study of Party Organization*, ouvrage publié sous la direction de William J. Crotty (Boston, Allyn and Bacon Inc., 1968).

tionnaires qui récusent les mécanismes électoraux, et des formations qui s'identifient elles-mêmes comme des partis et aspirent à la conquête du pouvoir, mais sans avoir encore présenté de candidat à une élection. Cette deuxième définition, par contre, n'établit pas assez clairement la distinction entre les partis que nous connaissons et les groupes organisés qui cherchent à participer à l'exercice du pouvoir sans, pour autant, affronter l'électorat.

Il est évident que les partis n'ont pas à s'identifier comme « partis » pour satisfaire aux exigences de la définition. Certains « mouvements », « ralliements », « groupements », « unions » ou même « comités » ont évité de se donner le titre de parti afin de laisser croire qu'ils introduisaient un renouveau dans la vie politique : mais dès qu'elles présentaient des candidats aux élections, ces organisations acquéraient les caractères essentiels des partis politiques.

On distingue les partis des cliques ou factions et des groupes de pression. Contrairement aux cliques et factions, les partis sont structurés en organisations.[2] Par ailleurs, ce qui distingue les partis des autres organisations, c'est que leur objectif essentiel, et parfois exclusif, est *l'exercice du pouvoir politique*. D'autres organisations que les partis, en effet, cherchent à influencer le pouvoir, mais ces organisations, connues comme groupes de pression, ont comme objectif essentiel la promotion ou la défense d'intérêts particuliers ou la réalisation d'un idéal spécifique : leurs membres interviennent auprès du pouvoir politique pour obtenir des garanties, des privilèges ou des avantages. Évidemment, si un groupe (ou un ensemble de groupes) ne se satisfait plus de ces objectifs limités, ou si ces objectifs s'étendent à des secteurs de plus en plus étendus de la société, ou si encore au lieu de faire pression sur le pouvoir ce groupe désire l'exercer lui-même, il peut alors se transformer en parti ou donner naissance à un nouveau parti.

Du point de vue juridique toutefois, le parti doit rencontrer certaines exigences. La loi électorale du Québec (Statuts refondus, 1964, chapitre 7 et modifications subséquentes) stipule, au paragraphe 20 de l'article deuxième, que seuls seront reconnus les partis qui, au cours des élections précédentes, avaient présenté dix candidats officiels ou qui en présentent dix aux élections en cours. Par ailleurs, ne sont reconnues comme partis, à l'Assemblée nationale, en vertu de la réglementation en vigueur, que les formations qui ont fait élire douze députés ou qui ont obtenu 20% des voix lors des élections précédentes. Ces dispositions, dont l'effet pratique est de décourager les candidatures isolées et d'affaiblir les tiers partis, marquent bien la natu-

---

[2] Parmi les auteurs qui insistent sur cette distinction, notons Moisei Ostrogorski (1902), Roberto Michels (1915), Maurice Duverger (1951), Frank J. Sorauf (1964) et Samuel J. Eldersveld (1964).

L'analyse politique et les partis

re marginale des formations qui ne présentent pas assez de candidats pour pouvoir espérer enlever une majorité, voire une pluralité des sièges à l'Assemblée.

Les formations marginales subsistent néanmoins et les questions que se posent les politologues à leur égard, au-delà des problèmes de définition, concernent l'importance qu'elles ont. Souvent le simple fait de leur existence apparaît comme le signe de malaises sociaux sur lesquels les autorités en place sont ainsi amenées à s'interroger. Il ne faut pas s'étonner, dans ces conditions, que les politologues s'intéressent beaucoup aux partis minoritaires. Au Québec, par exemple, le Rassemblement pour l'Indépendance Nationale (R.I.N.) a fait l'objet de recherches nombreuses alors que le Parti Libéral n'a presque pas été étudié. De même, les origines et le développement du Parti Québécois ont préoccupé de nombreux chercheurs que la stabilité du Parti Libéral a, par ailleurs, laissés indifférents.

2. Les origines et le développement des partis

L'étude des origines et du développement des partis apporte beaucoup d'enseignements sur la nature des partis. C'est ainsi que l'on a toujours été frappé des différences structurelles et idéologiques qui distinguent les partis d'origine parlementaire des partis qui ont été constitués, à l'extérieur des assemblées, par des citoyens qui s'estimaient mal représentés.

Les partis d'origine parlementaire sont (ou ont été) constitués à l'instigation des députés eux-mêmes.[3] La formation de tels partis peut s'effectuer par la fusion de deux ou plusieurs partis existants, par voie de scission au sein de partis existants, ou encore par le regroupement de députés indépendants.

Les partis les plus anciens ont été créés par le regroupement de députés indépendants qui, menacés par l'extension du droit de vote au dix-neuvième siècle, constituèrent des comités électoraux et, en s'alliant selon leurs affinités, structurèrent progressivement leurs organisations. La formation du Parti Libéral et celle du Parti Conservateur au Canada, au cours de la deuxième moitié du dix-neuvième siècle, ont suivi ce scénario classique. Ces partis, une fois bien implantés, se sont perpétués suivant le modèle originel de domination des parlementaires.

Au Québec, une scission au sein du Parti Libéral, au début des années trente, a donné naissance à l'Action Libérale Nationale (A.L.N.). Cette

---

[3] L'une des bonnes descriptions de l'origine électorale et parlementaire des partis peut être consultée dans *Les partis politiques* de Maurice Duverger (Paris, Librairie Armand Colin, 1951), pages 2-8.

formation dissidente, aux élections provinciales de 1935, conclut même une entente avec le Parti Conservateur afin d'accroître les chances de succès de ses candidats et réussit à faire élire vingt-six députés.

L'histoire des partis politiques québécois comporte également un cas de fusion de partis d'origine parlementaire : la création de l'Union Nationale en 1936. Cette fusion impliquait la branche québécoise du Parti Conservateur et l'Action Libérale Nationale. La nouvelle formation, aux élections provinciales d'août 1936, remporta la majorité des sièges à l'Assemblée législative du Québec.

Les partis engendrés par de vieilles formations d'origine parlementaire conservent généralement les caractères propres à leurs origines si bien qu'on les appelle des partis de notables. Au Québec, par exemple, l'Union Nationale et le Parti Libéral ont toujours recruté leurs candidats et principaux organisateurs dans les rangs de l'élite économique et sociale : les industriels, les commerçants, les hommes de loi.[4] Jusqu'à tout récemment, les ressources financières de ces derniers permettaient de couvrir, sans trop de peine, les frais considérables des campagnes d'information et de recrutement nécessaires aux victoires électorales. Le prestige et les qualités personnelles des porte-parole de ces partis simplifient d'ailleurs la tâche des propagandistes. Dans ces conditions, les « vieux » partis n'ont pas besoin de maintenir une organisation tellement considérable : un seul comité plus ou moins structuré, se réunissant de façon très irrégulière, suffit largement, dans le cas d'une circonscription moyenne, pour peu qu'on lui adjoigne en période électorale quelques équipes locales de propagandistes.

Méritent l'appellation d'origine « extérieure », les partis dont les promoteurs, au début, n'étaient ni des parlementaires, ni des membres dirigeants de partis déjà représentés au parlement. En général, ces partis « extérieurs » naissent des réticences des « vieux » partis face à certains intérêts ou objectifs particuliers qui, bien que défendus par certains groupes dans la société, sont plus ou moins contraires à ceux des élites représentées à la législature. La création du parti travailliste britannique et celle des partis créditistes au Canada illustrent bien ce cas.

Le Ralliement Créditiste, le Parti Québécois et le Nouveau Parti Démocratique sont des partis qui, au Québec, ont pris naissance par la volonté de groupes non parlementaires. Ces partis recrutent la plupart de leurs candidats dans les rangs des catégories sociales et économiques qui rivalisent le plus activement avec les élites traditionnelles. Le financement des activités

---

[4] Il convient de se rapporter aux travaux du professeur Robert Boily pour en avoir la démonstration. Voir notamment « Les candidats élus et les candidats battus » par Robert Boily, dans *Quatre élections provinciales au Québec, 1956-1966*, études publiées sous la direction de Vincent Lemieux (Québec, Les Presses de l'Université Laval, 1969), pages 67-122.

L'analyse politique et les partis 23

de ces partis est difficile, largement diversifié, et certainement beaucoup moins centralisé ou concentré que dans le cas des vieux partis. Pour compenser la faiblesse de leurs ressources et l'obscurité relative de leurs candidats, ces partis cherchent à maintenir en activité, durant toute l'année, des groupes locaux de partisans. Ces groupes locaux fournissent la main-d'œuvre nécessaire aux campagnes de financement et assurent une certaine permanence structurelle en vue des élections ; de plus, et à la différence des comités des vieux partis, ils cherchent à étendre « l'idéologie » du parti avant même que de recruter des électeurs.[5]

Les préoccupations idéologiques sont assez marquées, en effet, dans les partis d'origine extérieure. Cela va de soi puisque, contrairement aux partis d'origine parlementaire, ils ont justement été créés pour modifier tel ou tel aspect du *statu quo*. Et la contestation de l'ordre établi est facilitée par le recours à une idéologie de remplacement. Les tiers partis, au Québec, contestent l'ordre établi et chacun propose un idéal nouveau. Le Ralliement Créditiste, par exemple, conteste les interventions gouvernementales qui contribuent à accélérer les concentrations industrielles, commerciales, financières et même urbaines, tout en alourdissant le fardeau fiscal de ceux qui profitent le moins de ces concentrations. Le Nouveau Parti Démocratique, pour sa part, professant une idéologie à caractère socialiste, conteste les privilèges des propriétaires d'entreprises et ceux des professionnels organisés en corporations monopolistes et malthusiennes. Le Parti Québécois, enfin, selon l'avis de ses porte-parole, est l'expression d'une nouvelle idéologie nationaliste qui vise, entre autres, à faire accéder des francophones aux postes de commande et à transformer les conditions d'existence de la société québécoise afin qu'elle soit de plus en plus maître de son destin.

Les politologues contemporains sont portés à relier la naissance des nouveaux partis à l'accentuation de certains clivages au sein des sociétés. Le modèle théorique élaboré par le sociologue Talcott Parsons, pour l'étude des mouvements sociaux, est utilisé par certains pour tenter de découvrir des clivages significatifs dans le domaine politique.[6] C'est ainsi qu'on s'attarde en général à l'étude de quatre clivages principaux : d'abord le clivage culturel opposant un groupe culturel dominant et un groupe culturel dominé, ou encore, pour employer l'expression à la mode, opposant le centre et la périphérie ; ensuite le clivage matérialiste opposant les tenants de la science et

---

[5] Le terme « idéologie » est pris ici dans son sens habituel. Il signifie l'ensemble des représentations mentales des membres d'un groupe qui visent à décrire ce groupe et expliquer sa situation dans son environnement et qui définissent son destin. Parmi ceux qui donnent une définition analogue du mot « idéologie », citons Fernand Dumont, pages 1-2 dans *Idéologies au Canada français, 1850-1900* (Québec, Les Presses de l'Université Laval, 1971).

[6] « Cleavage Structures, Party Systems, and Voter Alignments : An Introduction », pages 1-64 de l'ouvrage édité par Stein Rokkan et Martin S. Lipset, *Party Systems and Voter Alignments : Cross-National Perspectives* (New York, The Free Press. 1967).

de la productivité matérielle d'une part, et les défenseurs de la foi et des valeurs spirituelles d'autre part ; en troisième lieu, le clivage « industrialiste » opposant les promoteurs de la machine et de l'automation aux intérêts agricoles ; enfin le clivage proprement économique opposant, d'un côté, les propriétaires et les employeurs et, de l'autre, les locataires et les employés. Ces divers clivages apparaissent nettement au Québec et on peut s'en servir pour expliquer, *en partie,* l'avènement des nouveaux partis politiques québécois. La naissance du Ralliement Créditiste est marquée par l'élargissement progressif du clivage matérialiste et du clivage industrialiste. Celle du Parti Québécois est liée, semble-t-il, à l'élargissement du clivage culturel. Celle du Nouveau Parti Démocratique reposerait, par hypothèse, sur le clivage économique.

On s'interroge beaucoup sur les chances de succès des partis extérieurs. Ceux-ci doivent affronter, outre un public largement apathique, une série de difficultés institutionnelles. Stein Rokkan et Martin S. Lipset ont identifié quatre seuils que les nouveaux partis doivent franchir au cours de leur développement.[7]

Le premier de ces seuils est celui de la *légitimation* des revendications que porte le parti en voie de formation. Dans les pays où la liberté d'expression est vivement réprimée, ce seuil est très élevé. Il est difficile en effet de trouver les moyens « légitimes » d'exprimer les protestations que la loi définit comme séditieuses ou diffamatoires. Aujourd'hui, dans la plupart des pays d'Europe et en Amérique du Nord, le seuil de la légitimation est facilement franchi.

Le deuxième seuil est celui de *l'incorporation.* Les membres du mouvement de protestation qui donnent naissance à un nouveau parti peuvent-ils, ou non, constituer ce parti et présenter des candidats aux élections ? Dans certains pays, par exemple, les partis communistes sont interdits. Dans d'autres, au Canada notamment (mais depuis quelques années seulement), aucune interdiction de cet ordre n'existe.

Le troisième seuil identifié par Rokkan et Lipset est celui de la *représentation.* Le nouveau parti peut-il faire élire les candidats qu'il propose ? Avec le mode de scrutin uninominal majoritaire à un tour, les nouveaux partis éprouvent d'énormes difficultés à faire élire leurs candidats. Au Canada, comme dans les autres pays qu'ont influencés les traditions britanniques, le seuil de la représentation est très élevé. Il l'est encore plus au Québec où les partis bien établis sont favorisés par la loi électorale (remboursement des dépenses encourues, participation au choix des officiers du scrutin). Il l'est moins en Belgique, en Hollande et dans les pays scandinaves où

---

[7] *Ibid.*

l'on a adopté depuis longtemps un régime de représentation proportionnelle.

Le dernier seuil à franchir est celui du *contrôle majoritaire* des institutions gouvernementales. Dans les régimes parlementaires dits de « collaboration des pouvoirs », dès que le nouveau parti obtient une majorité des sièges à l'Assemblée, il acquiert le contrôle de l'Exécutif. Il n'en va pas de même dans les régimes présidentiels dits de « séparation des pouvoirs ». Le seuil du contrôle majoritaire est moins élevé au Canada et au Québec qu'il ne l'est aux Etats-Unis ou en France.

Au cours des récentes années, dans chacune des provinces de l'ouest du Canada, un nouveau parti a réussi à franchir le dernier seuil. Au Québec, en 1970, le Parti Québécois et le Ralliement Créditiste ont atteint le seuil de la représentation. En 1973 toutefois, le Ralliement Créditiste, tout en maintenant l'essentiel de ses bases électorales, a régressé au plan de la représentation.

3. Que font les partis ?

Les partis majoritaires, comme les partis d'opposition, remplissent diverses fonctions à l'intérieur du système politique. Même les partis révolutionnaires, en présentant des candidats, contribuent d'un certain point de vue à la survie du système politique qu'ils prétendent combattre. Georges Lavau[8] l'a montré en indiquant comment les partis révolutionnaires et les partis dits « extrémistes » canalisent les revendications les plus violentes et servent d'exutoire aux groupes sous-privilégiés. Ces partis remplissent ainsi, à l'égard du système, une *fonction tribunitienne*, la fonction que remplissaient les tribuns de la plèbe, à l'époque de la Rome antique, qui apaisaient la colère des foules en exprimant leurs revendications de façon articulée. Il y a, en effet, dans toutes les sociétés, des groupes qui ont conscience de ne pas participer pleinement à la vie politique, qui ont le sentiment d'être tenus à l'écart des centres de décision. De ce point de vue, les partis révolutionnaires, de même que les partis séparatistes, expriment ces sentiments en adoptant une position hostile au système. Tout en préservant leur « style » révolutionnaire, plus ils abandonnent en fait leur idéal révolutionnaire, mieux ils remplissent leur fonction tribunitienne. Quand ils ont « acquis assez de force et de représentativité pour pouvoir bloquer ou entraver le fonctionnement du système », les autorités en place ne peuvent plus leur imposer une répression juridique. Finalement, ils prennent suffisamment d'ascendant sur les groupes qu'ils représentent « pour empêcher ceux-ci de se livrer

---

[8] Georges Lavau, « Partis et systèmes politiques : interactions et fonctions », *Canadian Journal of Political Science — Revue canadienne de science politique*, Vol. II, n⁰ 1, mars 1969, pages 18-44.

à des actions sauvages ou de se réfugier dans des comportements de retrait ou de boycottage ». Et comme le souligne Georges Lavau :[9]

> Pour les partis qui se complaisent dans l'accomplissement de cette fonction, elle comporte l'avantage de leur fournir un terrain favorable à leur croissance par l'exploitation systématique des mécontentements, mais elle comporte également le risque de leur faire perdre leur caractère révolutionnaire, de les rendre prisonniers de clientèles parfois instables, enfin de les faire exclure, de façon permanente ou prolongée, de l'exercice des responsabilités et donc des bénéfices du pouvoir.

Si les partis dits révolutionnaires remplissent ainsi une fonction tribunitienne à l'égard du système politique, les partis moins contestataires, de leur côté, remplissent plutôt, selon Georges Lavau, une *fonction de légitimation et de stabilisation*. Les partis qui ne contestent pas le système en bloc cherchent manifestement à le maintenir, tout en stabilisant les tensions qui l'affectent. Ces partis remplissent également, suivant la formulation proposée par Lavau, une *fonction de relève politique*.[10] Cette fonction est concrétisée non seulement par le recrutement et la formation de cadres politiques « de remplacement », mais aussi par la formulation de projets pratiques susceptibles d'être réalisés à titre de solutions aux problèmes posés.

Les fonctions définies par Lavau traduisent sa volonté d'envisager le rôle des partis politiques dans la société *par rapport au système* dans lequel ils s'insèrent.

Si, d'un certain point de vue, on peut envisager le rôle des partis en fonction du système, on peut également se contenter d'apprécier les activités qu'ils accomplissent à l'intérieur du système politique. C'est ainsi que, par ordre de « visibilité », on peut recenser les activités partisanes suivantes :

1. Le recrutement et la sélection des candidats aux élections et, plus largement, le regroupement de ceux qui aspirent aux fonctions officielles ;

2. La mobilisation des électeurs en fonction d'objectifs politiques identifiés et en faveur d'équipes spécifiques ;

3. L'élaboration de programmes d'action gouvernementale et la formulation d'options idéologiques ;

---

[9] *Ibid.*, page 39.
[10] *Ibid.*, page 40.

L'analyse politique et les partis 27

4. La conciliation des conflits secondaires entre les groupes d'intérêt par l'intégration des demandes conflictuelles, par la simplification des alternatives et par la création de symboles politiques de ralliement.

On peut décomposer ces activités en sous-activités et distinguer, par exemple, en ce qui concerne la « mobilisation des électeurs », les activités de publicité, de recrutement, d'éducation, d'intégration, etc.

On peut également procéder à des regroupements d'activités et, à l'exemple de Vincent Lemieux,[11] proposer les catégories d'activités suivantes :

1. Les activités électorales, c'est-à-dire celles qui sont orientées dans le but de gagner les élections ;

2. Les activités éducatives, c'est-à-dire celles qui visent une modification des attitudes et des comportements chez les électeurs en vue d'objectifs à long terme poursuivis par le ou les partis ;

3. Les activités gouvernementales, c'est-à-dire celles qui sont destinées à constituer les équipes au pouvoir et à guider leur choix politique.

Certains partis privilégient certains types d'activités et en négligent d'autres. C'est ainsi que l'on établit souvent une distinction entre partis *électoralistes* et partis *idéologiques*. Les partis électoralistes sont ceux dont les activités sont entièrement orientées vers l'élection de leurs candidats. Dans ces partis, les considérations philosophiques sont systématiquement reléguées dans l'ombre, au profit des préoccupations immédiates, conjoncturelles, liées à la volonté de conserver ou de réaliser, à court terme, les majorités électorales nécessaires à la victoire. Dans les partis idéologiques, au contraire, on poursuit des objectifs à long terme du genre « modification du système » ou « abolition des inégalités » ou même « transformation de la société ». Les militants de ces partis sont convaincus que leurs objectifs ne pourront jamais être réalisés par décrets, mais que seule une adhésion progressive de la société à leur « philosophie » peut assurer la réalisation de ces objectifs. Ces militants œuvrent donc dans le but plus immédiat d'obtenir cette adhésion progressive du plus grand nombre à leur philosophie, espérant, de toute façon, être portés au pouvoir le jour où une majorité aura adhéré à leur idéologie.

Au Québec, certains groupes reprochent aux militants libéraux et unionistes d'être trop « électoralistes » et d'autres — y compris certains pé-

---

[11] Vincent Lemieux, « Les partis politiques québécois », cours professé sur les ondes de Radio-Canada en 1966 et reproduit dans *Les partis politiques*, dossiers polycopiés de la Fédération des Jeunes Chambres du Canada français (Montréal, La Fédération des Jeunes Chambres, 1967).

quistes — reprochent au Parti Québécois d'être trop « idéologique ». Il s'agit là, d'ailleurs, d'une source de conflit à l'intérieur du parti.

4. Quelles sont les personnes actives à l'intérieur des partis ?

Il y a plusieurs catégories de personnes à l'intérieur de tous les partis : certaines se distinguent par leurs préoccupations idéologiques, d'autres par leurs préférences pour certaines activités spécifiques, quelques-unes participent à la vie du parti en raison d'objectifs personnels qu'elles espèrent réaliser grâce au parti.

Mais la distinction la plus élémentaire que l'on peut faire, à propos des personnes actives sur le plan politique et notamment à l'intérieur des partis, concerne l'intensité de leur adhésion à un parti. L'activité déployée en faveur d'un parti est un bon indice de cette adhésion et, par extension, un bon indice de la participation à la politique. C'est ainsi qu'on peut établir une pyramide qui illustre une certaine gradation de l'engagement politique.

Pyramide illustrant l'intensité de l'adhésion aux partis

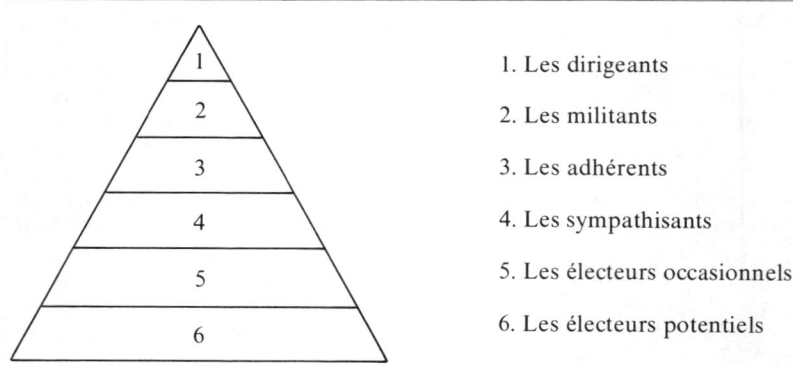

1. Les dirigeants
2. Les militants
3. Les adhérents
4. Les sympathisants
5. Les électeurs occasionnels
6. Les électeurs potentiels

Le temps consacré aux activités politiques ou partisanes par les personnes inscrites dans chacune des catégories représentées dans cette pyramide va de 70 heures par semaine dans le cas des dirigeants du parti à presque rien (deux ou trois heures par année, peut-être) dans le cas des électeurs potentiels du parti qui se caractérisent, de toute façon, par une profonde indifférence à l'égard de la politique.

Les militants constituent la catégorie intermédiaire la plus active. Les militants sont ceux qui, le plus souvent de façon bénévole et en tout cas de façon régulière tout au long de l'année, s'occupent de recruter des membres, d'animer des comités locaux ou associations du parti, de préparer des résolutions en vue des congrès, de percevoir les cotisations, d'organiser des réunions de partisans, des visites locales des têtes d'affiche du parti, de représenter la circonscription aux congrès, et ainsi de suite. Ces militants consacrent entre cinq et dix heures par semaine à leurs activités politiques et, en période électorale ou à l'occasion d'un congrès, ils peuvent consacrer tout leur temps au parti.

Mais le gros des effectifs d'un parti est constitué par ses adhérents et ses sympathisants. Toutefois, ces personnes ne consacrent au parti que quelques heures par année. Les adhérents sont ceux qui paient ou ont payé une cotisation mais ne sont pas des militants réguliers. Leur militantisme est occasionnel et se manifeste surtout lors des campagnes électorales (services bénévoles, propagande verbale). Les sympathisants sont ceux qui ne s'identifient pas comme membres du parti, mais votent régulièrement pour ses candidats. Les sympathisants ne militent pas pour le parti bien qu'ils puissent défendre ses positions lors des discussions qui marquent les campagnes électorales.

Ceci dit, deux questions importantes méritent d'être posées. Y a-t-il des différences dans les caractères socio-économiques des personnes qui, d'une part, se rangent dans une catégorie plutôt que dans une autre et qui, d'autre part, à l'intérieur d'une même catégorie, favorisent un parti plutôt qu'un autre ? Quelles que soient les différences, quelles motivations ces personnes identifient-elles pour justifier leur engagement politique particulier ?

Ces questions n'ont pas encore suscité d'études scientifiques au Québec, bien que plusieurs éléments, dans les résultats d'enquêtes réalisées pour le compte des *média* ou des partis, tendent à montrer que l'on devrait pouvoir vérifier au Québec les hypothèses suggérées par des travaux analogues aux Etats-Unis.

La première constatation des chercheurs américains qui semble se vérifier au Québec, c'est que l'intensité de l'adhésion partisane varie proportionnellement à l'accroissement des revenus, de l'instruction et des fonctions administratives. La proportion des électeurs « bien payés », « bien instruits », et « familiers avec les problèmes de gestion » est très élevée dans les catégories d'activité partisane intense et très faible dans les catégories « sympathisants », « électeurs occasionnels » et « électeurs potentiels ».[12]

---

[12] Voir l'article de Réjean Pelletier dans le journal *Le Devoir*, « Une voie québécoise vers la social-démocratie », vendredi, le 19 octobre 1973.

Divers éléments des données tirées de sondages effectués au Québec révèlent par ailleurs que, pour une même catégorie (les dirigeants, par exemple), on trouve plus d'anglophones dans le Parti Libéral que dans les autres et que les proportions caractéristiques des catégories les plus actives sont encore plus marquées dans le cas du Parti Libéral et du Parti Québécois que dans celui de l'Union Nationale et du Ralliement Créditiste.[13]

D'autre part, une étude due à Samuel J. Eldersveld[14] a révélé que les militants des partis attendent diverses satisfactions de leur bénévolat. La nature de ces satisfactions varie selon les niveaux hiérarchiques à l'intérieur du parti. Les militants qui sont près des centres de décision se caractérisent par leur attrait pour le pouvoir (la grande majorité) ou par leur espoir de réaliser des gains financiers grâce à leur action au sein du parti (environ 25% des organisateurs affichent ce dernier type de motivation). Les militants de la base, ceux qui travaillent au « bas de l'échelle », sont plutôt motivés par leur goût des relations sociales (c'est le cas de 60% des militants de la base) ou par leurs engagements idéologiques (c'est le cas d'une minorité). Il semble, selon cette étude, que l'on puisse classer les militants en fonction de leurs motivations principales : on aurait ainsi des « mondains » (*socializers*), des cupides (*greedy*), des ambitieux politiques (*power-seekers*) et des idéologues (*philosophers*). Qu'il y ait, chez un militant, une motivation dominante n'empêche nullement la présence de motivations accessoires ou secondaires.

Beaucoup d'observateurs s'étonnent de ce que la majorité des militants de partis prétend n'espérer aucune récompense financière, directe ou indirecte, pour leur bénévolat. On comprend aisément les organisateurs qui font du militantisme dans le but d'établir des contacts nouveaux dans le monde des affaires, ou dans le but d'étendre leur clientèle commerciale, ou dans le but de profiter des préférences que certains hommes d'affaires accordent aux fournisseurs ou sous-traitants de leur propre tendance politique, ou encore dans le but d'obtenir des faveurs des membres du parti qui accèdent aux postes d'autorité dans la fonction publique et dans le secteur parapublic (contrats, subventions, informations privilégiées, etc.). Mais on feint de ne pas comprendre ceux qui expliquent leur bénévolat au sein d'un parti par la satisfaction qu'ils retirent des contacts humains, du sentiment d'appartenir à une organisation ou par la satisfaction qu'ils ont de participer à la « prise de décision » et au « jeu politique ». Ces motivations non financières existent pourtant. On les retrouve même à l'extérieur des partis, dans n'importe quelle organisation d'envergure. Le goût du pouvoir, la soif

---

[13] Voir la série d'articles signés par Edouard Cloutier, Daniel Latouche et Serge Carlos dans le journal *La Presse*, « Des sondages pour expliquer les élections », lundi-samedi, 19-24 novembre 1973.
[14] Samuel J. Eldersveld, *Political Parties : A Behavioral Analysis* (Chicago, Rand McNally, 1964), pages 273-303.

L'analyse politique et les partis 31

de prestige et de considération sont des motivations que n'éprouve sans doute pas la majorité des citoyens. Mais ceux qui éprouvent ces motivations trouvent assurément beaucoup de satisfaction à l'intérieur d'un parti et ceux qui font une carrière au sein d'un parti sont des gens qui sont beaucoup plus intéressés par le pouvoir que par l'argent.

Pour la plupart, le degré d'engagement au sein d'un parti semble donc dépendre du goût plus ou moins marqué qu'ils ont pour les « contacts sociaux », pour le « pouvoir » ou pour l'argent. Pour un petit nombre, l'engagement partisan repose en outre sur une volonté d'intervention sociale (qualifiée habituellement d'idéologique). Certains militants, en effet, œuvrent à l'intérieur des partis afin d'atteindre des objectifs sociaux qui, même s'ils étaient réalisés, ne leur apporteraient rien, à eux, au plan du prestige, de la considération ou de l'argent. Tous les militants des partis connaissent quelques-uns de ces idéologues ou de ces idéalistes qui sont généralement impatients avec leur entourage et bien souvent ne respectent guère les conventions sociales et qui habituellement contestent le pouvoir à l'intérieur même du parti.

Ceux qui s'activent à l'intérieur des partis éprouvent probablement en même temps, mais à des degrés variables, chacune des quatre principales motivations que révèle l'étude de Samuel J. Eldersveld. Tous sont motivés, en partie, par le désir de réaliser des objectifs sociaux, mais il y a une motivation dominante qui n'est pas idéologique, chez la plupart. Les idéologues, ceux qui sont surtout motivés par des considérations altruistes, ne restent pas très longtemps dans les partis : leur intransigeance leur nuit et ils se lassent vite des contraintes qu'imposent les contacts réguliers avec des gens sociables et ambitieux. Toutefois, la dose d'idéologie ou d'idéalisme qu'il faut pour s'activer au sein des tiers-partis est plus grande que celle qu'on s'attend à trouver chez les militants du parti au pouvoir.

Ces diverses motivations du militantisme partisan reposent apparemment sur des conditionnements divers dont certains remontent à la tendre enfance. Les psychologues ne s'étonnent nullement de voir que les plus « actifs » sont aussi les plus instruits de leur catégorie et qu'ils sont, plus souvent qu'autrement, nés dans des familles déjà « privilégiées ». Sans qu'il soit nécessaire de s'étendre ici sur les divers aspects de la socialisation politique, on peut rappeler que les fils de politiciens sont attirés par la politique et qu'une forte majorité de militants compte d'autres militants dans leur famille. Il y a une propension à l'action politique et elle serait inégalement répartie dans la population.

Si ces observations jettent un peu de lumière sur les facteurs du militantisme, elles n'éclairent guère les raisons qui justifient le choix d'un parti plutôt qu'un autre, tant au niveau du militantisme que du vote.

5. Pourquoi adhérer à un parti plutôt qu'à un autre ?

Bien que certains distinguent nettement l'analyse des partis de l'analyse des comportements électoraux, d'autres jugent qu'on ne saurait comprendre un parti sans connaître sa clientèle. Il importe donc de savoir pourquoi les électeurs d'un parti ont préféré ce parti aux autres.

Il est évident que l'énumération des caractères socio-économiques des membres sympathisants d'un parti ne peut être considérée comme une explication de leur adhésion à ce parti. Si on découvre, par exemple, que 70% des hommes d'affaires ont voté pour le candidat libéral, l'important est alors de découvrir pourquoi et surtout de découvrir pourquoi 30% n'ont pas suivi la majorité.

Les études électorales américaines ont démontré que les électeurs obéissent à une conception particulière de leurs intérêts en appuyant un parti plutôt qu'un autre.[15] Il y a, bien entendu, au premier abord, les besoins d'identification que satisfait l'adhésion à un parti : beaucoup d'électeurs éprouvent une satisfaction dans l'appui accordé au parti et au candidat qui leur ressemblent le plus ou qui présentent un ou plusieurs traits qu'ils valorisent. Les anglophones du Québec, par exemple, ont tendance à appuyer les candidats anglophones ou les candidats du parti qui apparaît le plus anglophile. À la rationalité de l'identification s'ajoute fréquemment celle de l'habitude : il est plus facile et plus rassurant, donc plus rationnel, selon la loi du moindre effort, de conserver son appui au parti qu'on a déjà appuyé dans le passé. C'est ainsi qu'on estime à plus de 60% de l'électorat la proportion de ceux qui conservent dix ans et plus leur appui au même parti.[16]

Ce que j'appelle la rationalité de l'identification et la rationalité de l'habitude explique largement la stabilité des résultats électoraux et celle des partis politiques. La force relative des partis ne se modifie guère d'une élection à l'autre, mais les mouvements démographiques et les mécanismes du mode de scrutin accentuent considérablement les variations, en accordant une prime considérable à la représentation parlementaire du parti majoritaire. L'Union Nationale, par exemple, a obtenu successivement 51%, 51.5%, 52%, 46.6%, 42.1%, 40.9%, 19.6% et 5.5% des suffrages exprimés lors

---

[15] Voir notamment V.O. Key, *The Responsible Electorate* (Cambridge, Harvard University Press, 1966) qui écrit, page 7, que « the perverse and unorthodox argument of this little book is that voters are not fools ». Cette étude s'appuie elle-même sur des travaux antérieurs parus entre 1944 et 1964 : *People's Choice, The Voter Decides, The American Voter* et *Voting*.
[16] *Ibid.*, chapitre 2.

L'analyse politique et les partis 33

des élections provinciales tenues au Québec entre 1948 et 1973, alors qu'elle obtenait 89.1%, 73.8%, 77.4%, 45.2%, 32.6%, 51.9%, 15.5%, et, enfin, aucun des sièges à l'Assemblée. Les variations infimes dans l'appui accordé au parti ont eu des conséquences considérables sur sa représentation à l'Assemblée nationale.

Certaines élections entraînent toutefois des variations considérables, non seulement dans la représentation des partis à l'Assemblée, mais également dans la répartition des suffrages entre les divers partis. Ces « élections de réalignement »[17] (et les élections provinciales de 1970 et de 1973 au Québec en étaient) reflètent un troisième type de rationalité. Je l'appellerais volontiers la rationalité de conjoncture : c'est celle des électeurs qui analysent la situation politique avant de décider de leur vote et qui ne raisonnent guère en termes d'identification ou d'habitude.

Le tableau 1, qui illustre le réalignement des allégeances partisanes amorcé en 1960 et confirmé en 1970 au Québec, marque un contraste frappant par rapport aux chiffres utilisés plus haut pour caractériser la stabilité de la période 1948-1966.

Tableau I

Elections	Abstentions	Vote Libéral	Vote U.N.	Vote P.Q.	Autres	Total
1962	21.5%	44.3%	33%	—	1.2%	100%
1966	27.9%	34%	29.5%	—	8.6%	100%
1970	17.5%	37.5%	16.1%	19%	9.9%	100%
1973	21.1%	43%	3.8%	23.8%	8.3%	100%

La première manifestation de la rationalité de conjoncture, c'est la décision de voter plutôt que de ne pas voter. Cette décision a, évidemment, beaucoup d'incidence sur le soutien électoral des différents partis, car la décision de voter est liée à la décision d'appuyer un parti plutôt qu'un autre. Les facteurs conjoncturels les plus significatifs à cet égard sont la vivacité de

---

[17] *Une élection de réalignement* par Vincent Lemieux, Marcel Gilbert et André Blais (Montréal, Éditions du Jour, 1970).

la campagne, l'incertitude des résultats et la nature des enjeux. Les enjeux qui mettent en cause l'ordre établi sont toujours générateurs de fortes participations, pour peu que les autres facteurs conjoncturels cités soient présents. La campagne électorale d'avril 1970 au Québec présentait des caractéristiques des élections de lutte. Avec une participation de 82.5%, l'électorat a alors affiché un intérêt inégalé jusqu'alors (77.5% en 1936, lors du renversement du régime libéral en pleine crise économique et 80.3% en 1960, lors du succès de l'équipe de Jean Lesage). La participation « habituelle » est voisine de 75%.

Quand, comme en 1970, la campagne est très vive et la compétition particulièrement acerbe, quand, par ailleurs, l'issue du scrutin paraît incertaine, les électeurs sont stimulés et beaucoup concluent que leur vote sera peut-être décisif.

Cette décision de voter plutôt que de ne pas voter est l'élément « partisan » de la rationalité de conjoncture. Obéit alors à une rationalité de conjoncture celui qui, en réponse aux stimulations de la campagne et après une appréciation des enjeux, décide d'appuyer un parti déterminé plutôt que de s'abstenir ou que de voter pour un autre parti.

Quelle différence y a-t-il entre cette rationalité de conjoncture et la rationalité d'identification ? On peut dire que la rationalité de conjoncture est plus réfléchie et l'autre plus spontanée. La rationalité de conjoncture peut renforcer une adhésion spontanée : c'est le cas, possiblement, d'électeurs anglophones portés à s'identifier au Parti Libéral qui, après réflexion, concluent que leur choix spontané est, par ailleurs, conforme aux intérêts de leur groupe linguistique, à leur conception de l'ordre social, à leurs idées sur le rôle de l'État. Cette rationalité de conjoncture peut également, par contre, freiner une adhésion spontanée : ce serait le cas, sans doute, d'électeurs francophones des couches privilégiées de la population, naturellement portés à s'identifier au Parti Libéral qui, après réflexion, conclueraient que leur choix spontané n'est pas conforme aux vues qu'ils ont du rôle de l'État dans une société économiquement dépendante et à l'égard d'une collectivité linguistique menacée.

La rationalité de conjoncture s'appuie sur l'examen d'un nombre plus élevé de facteurs que la rationalité d'identification et la rationalité d'habitude. Selon ces deux derniers types de rationalité, l'électeur fonde son choix sur la considération des origines et caractéristiques des candidats, sur l'appréciation des tendances exprimées dans son entourage immédiat (famille, milieu de travail, cercle de loisirs), sur l'idée qu'il a des partis (image plus ou moins floue de l'histoire des partis, de leurs programmes, etc.) ou bien, plus simplement, il se rapporte à des choix antérieurs qu'il trouve plus facile de confirmer. Selon la rationalité de conjoncture, par contre, l'électeur, sans négliger les autres facteurs, s'interroge d'abord sur ce qu'il souhaite trouver dans la politique de l'État et sur ce qu'il attend du gouvernement et il examine ensuite, avec une certaine attention, les réalisations du parti au pouvoir au cours des années précédentes ainsi que les projets que ce parti est en voie de réaliser. Sans nécessairement vouloir reprocher au gouvernement en place les réalisations portées à son crédit, cet électeur peut trouver que les représentants de la majorité n'ont pas répondu à ses attentes personnelles. Quelle est alors l'alternative ? Quels avantages et quels inconvénients doit-on trouver dans l'appui accordé à tel ou tel parti ? Voilà les questions que les stimulations de la campagne électorale et des événements qui l'ont précédée mettent à l'esprit de l'électeur soucieux de réfléchir à ses options politiques.

L'attitude réfléchie, associée à ce que j'appelle une rationalité de conjoncture, est sans doute assez habituelle chez les électeurs qui affichent une personnalité ou qui ont profité d'une éducation qui les amène naturellement à peser le pour et le contre de toute décision. Mais des électeurs de ce type sont peu nombreux. Les autres — la grande majorité — n'adopteront cette attitude réfléchie que par réaction à des stimulations inhabituelles, à la suite d'événements exceptionnels, de nouvelles inquiétantes ou bouleversantes ou encore de sollicitations particulièrement pressantes. La rationalité de conjoncture est le fait d'une proportion de l'électorat qui varie en fonction, justement, de la conjoncture et elle est fondée sur une appréciation des éléments de cette conjoncture.

Tout élémentaire soit-elle, cette typologie des rationalités, qui président aux choix des électeurs, permet de rendre compte non seulement de la stabilité des effectifs électoraux des partis (et des réalignements occasionnels de ces effectifs), mais aussi des comportements que certains qualifient d'aberrants (selon l'acception «statistique» du terme). Nombreux sont ceux qui s'étonnent, par exemple, que des ouvriers et des assistés sociaux appuient massivement le parti que financent massivement les chefs d'entreprises. Inversement, bien des gens ne comprennent pas pourquoi de nombreux salariés privilégiés (les syndiqués des secteurs de pointe et des catégories qui exigent une formation technique très élevée) donnent leurs votes à des partis « égalitaristes ». L'examen des données des sondages électoraux, à la lumière des hypothèses qui découlent de cette typologie, paraît particulièrement éclairant. Pour une élection normale, ce qui apparaît au premier coup d'oeil, c'est le contraste entre, d'une part, l'ignorance de la majorité des électeurs des problèmes de l'heure et leur indifférence à l'égard des solutions proposées pour les régler et, d'autre part, l'appui qu'ils donnent aux partis politiques. Les données accumulées montrent également une tendance marquée des électeurs à appuyer des candidats et des partis qui reflètent le mieux leurs divers caractères sociaux (mais non pas économiques). Enfin, ces données indiquent clairement la relative permanence des loyautés partisanes et la concentration des effectifs partisans en fonction du lieu de résidence, des liens familiaux ou des rattachements professionnels.

Conclusion

En somme, tous les partis recherchent l'exercice du pouvoir politique, tous cherchent à mettre leurs dirigeants dans les postes d'autorité de l'appareil d'État et, à cet égard, il n'y a pas d'alternative électorale, contrairement à ce qu'espèrent certains créditistes québécois, car aucun parti ne veut prendre le pouvoir pour ne pas l'exercer. Par contre, ce que les partis comptent faire du pouvoir, leurs idées sur le rôle de l'État, leurs propositions de programme et leurs projets de « réallocation » des ressources publiques constituent les bases d'une alternative véritable et offrent normalement à l'électeur des choix réels.

L'analyse des programmes électoraux, des propositions qui ont mené à leur formulation, des appuis que chacun de leurs éléments s'est attirés, l'examen de la composition des cercles dirigeants des partis, de leur électorat et, accessoirement, des intérêts et points de vue qu'ils expriment, une étude, en somme, de ce que sont les divers partis politiques dans un pays déterminé révèle beaucoup de choses sur ce que veut et peut accomplir chacun et dans quelles conditions.

Il est sans doute facile de s'entendre sur la définition de l'expression « parti politique » et d'explorer les fonctions et activités des partis. Mais, il n'est pas si facile d'identifier les dirigeants effectifs des divers partis, de décrire leurs appuis et leur clientèle, de préciser les intérêts que chacun privilégie, et ainsi de suite.

L'étude des partis, somme toute, est susceptible de contribuer largement à la connaissance *du* politique et, dans une perspective d'intervention sociale, à l'information des citoyens. Les nombreuses questions que soulève l'examen des connaissances limitées qui ont été accumulées jusqu'ici ouvrent, par ailleurs, d'importantes avenues de recherche et jettent un doute fécond sur les certitudes les moins contestées.

Pluralisme social et partis politiques : quelques éléments d'une théorie

Maurice PINARD
Département de Sociologie
Université McGill

Une caractéristique* importante d'un grand nombre de pays contemporains, non seulement dans le Tiers-Monde, mais aussi dans le monde occidental, est la permanence, voire même la prééminence accrue des divisions culturelles d'ordres ethnique, religieux, linguistique ou autre, même si l'on avait cru que la décolonisation, l'urbanisation et l'industrialisation allaient affaiblir ces divisions. Ce qui est moins frappant, mais non moins important, c'est la fréquence avec laquelle ces divisions culturelles se voient soutenues par ce qu'on peut appeler la *fragmentation culturelle* ou le *pluralisme social* (bien que plusieurs autres concepts aient été et puissent être utilisés pour décrire ce phénomène).

Par fragmentation culturelle ou pluralisme social, nous entendons non seulement que la société, dans un grand nombre de pays, est *hétérogène*, c'est-à-dire divisée en deux ou plusieurs groupes culturels, que ce soit des groupes de langue, d'ethnie, de race, de tribu, d'appartenance religieuse ou des « familles spirituelles »,[1] mais qu'elle possède aussi cette caractéristique particulière que chacun (ou du moins quelques-uns) de ces groupes culturels est *compartimenté* au niveau local aussi bien qu'à l'échelle « natio-

---

*Nous sommes particulièrement reconnaissants à Les Laczko et Donald Von Eschen pour leurs commentaires sur une première version de ce texte.

[1] En incluant les « familles spirituelles » ici, nous voulons prendre en considération les groupes fragmentés de pays tels que la Belgique ou les Pays-Bas, où les libéraux et les socialistes sont les compléments de groupes religieux fragmentés, les protestants et les catholiques. Pour une étude comparative récente sur ce « pattern » de fragmentation culturelle, voir Val R. Lorwin, « Segmented Pluralism : Ideological Cleavages and Political Cohesion in the Smaller European Democracies », *Comparative Politics*, 3 (1971), 141-175. D'autres sources sur ce genre de fragmentation sont citées plus loin.

nale »,[2] *dans un ensemble plus ou moins complet d'institutions et d'organisations analogues, parallèles et non complémentaires, chaque groupe ayant de plus une culture ou sous-culture plus ou moins distincte.*[3] Ainsi, si la fragmentation culturelle dans un pays est d'ordre ethnique, chaque groupe ethnique aura tendance à avoir son propre réseau complet d'institutions sociales et culturelles, ses valeurs et ses normes propres, ses propres organisations, associations et groupes pour structurer ses activités dans les secteurs variés de la vie sociale. En d'autres mots, à la présence de différenciation et de spécialisation fonctionnelles se surajoute la présence de différenciation structurelle et culturelle entre chaque groupe. On aura donc tendance à trouver à *l'intérieur* de chaque groupe ethnique (quoique dans une certaine mesure aussi entre ces groupes) des cliques, des groupes d'amis, des écoles, des églises, des entreprises, des syndicats ouvriers, des associations professionnelles et d'hommes d'affaires, des associations bénévoles, des associations de loisir, des moyens de communication de masse, des partis politiques, etc., tous caractérisés par les normes et les valeurs plus ou moins distinctes du groupe en question et ne formant de réseaux complémentaires qu'au sein de celui-ci. En outre, dans beaucoup de cas, la fragmentation se trouve encore plus accentuée du fait qu'à cette dernière se juxtapose un degré élevé de *ségrégation territoriale*, ce qui a pour effet de créer, à l'intérieur d'un même état, plusieurs « sociétés » presque entièrement constituées qui fonctionnent côte à côte.

Alors que ce phénomène prévaut dans un nombre particulièrement élevé de pays en voie de développement — il suffit de songer, par exemple, à toutes les communautés tribales ou ethniques des nouveaux états africains, ou encore aux communautés multi-ethniques des pays du sud-est asiatique et des Antilles — le phénomène n'en est pas pour autant absent des sociétés plus développées. Le Canada n'est qu'un exemple parmi tant d'autres, tels la Belgique, l'Irlande du Nord, les Pays-Bas, la Suisse, l'Autriche, la Tchécoslovaquie, la Yougoslavie, pour ne nommer que les cas les

---

[2] Dans le même ordre d'idées que Despres, nous concevons les sociétés comme se situant sur un continuum allant de l'homogénéité culturelle (et donc de l'absence de fragmentation culturelle) à la fragmentation culturelle complète, allant jusqu'à (mais excluant) la formation de systèmes politiques séparés. Entre ces deux extrêmes, on va de l'hétérogénéité culturelle avec, presque inévitablement, au moins quelques éléments d'organisation communautaire locale ou « minimale », à un plus grand degré d'organisation locale et à des commencements d'organisation « maximale » au niveau du groupe entier ou de la société entière, et finalement à un degré prononcé d'organisation tant minimale que maximale ; voir Leo A. Despres, *Cultural Pluralism and Nationalist Politics in British Guyana*, Chicago, Rand McNally, 1967, pp. 21-22.

[3] Pierre L. Van den Berghe, *Race and Racism : A Comparative Perspective*, New York, John Wiley and Sons, 1967, p. 34 ; voir aussi son « Pluralisme social et culturel», *Cahiers internationaux de sociologie*, XLIII, 1967, pp. 67-68. On fera bien de noter que le concept de pluralisme social ainsi défini se distingue clairement du concept de pluralisme politique souvent employé par les politicologues. C'est pour éviter la confusion entre ces deux concepts que nous employons souvent comme synonyme du premier le concept de fragmentation culturelle.

plus connus. Mais si le Canada ne constitue qu'un cas parmi bien d'autres, ce pays a, par ailleurs, éminemment droit au titre de société fragmentée par suite de l'étendue même de sa fragmentation culturelle. En effet, dans une étude comparant 114 systèmes politiques à travers le monde, on a trouvé, sur un indice de ce que nous nommons fragmentation culturelle — indice établi cependant à partir d'indicateurs assez peu raffinés —, que le Canada occupait le septième palier sur une échelle de neuf paliers allant en ordre croissant de fragmentation ; d'ailleurs, sur cet indice, il n'y avait que dix états qui avaient un degré de fragmentation plus élevé que celui du Canada (cependant, pas moins de 22 autres pays occupaient le même rang).[4]

Personne ne doute que de tels arrangements au plan structurel et culturel puissent avoir des répercussions importantes sur le fonctionnement du système politique de telles sociétés. En effet, on constate un intérêt croissant pour ce phénomène de la part de chercheurs venant de presque toutes les disciplines en sciences sociales. Mais, comme ces disciplines sont elles-mêmes, à leur manière, des communautés fragmentées, le résultat final est une accumulation de schèmes conceptuels et d'orientations théoriques disparates tirant leur origine tout autant de traditions intellectuelles plus ou moins distinctes que de l'examen empirique de différents groupes de situations, de pays, ou de régions géographiques.

Sans vouloir entreprendre ici une revue générale de cette littérature, qu'il nous suffise de mentionner quelques-uns des travaux les plus significatifs. Il y a d'abord ceux des anthropologues sociaux qui se sont penchés, de la façon la plus intensive, sur ce problème. C'est à ces derniers que nous devons le schème conceptuel utilisé ici. D'abord énoncé par J.S. Furnivall, le concept de « pluralisme social » a été élaboré par M.G. Smith[5] et ceux qui l'ont suivi dans cette tradition, tels Leo Kuper, Pierre Van den Berghe et Leo Despres. En science politique, la contribution la plus pertinente nous vient de Karl Deutsch avec sa théorie du nationalisme formulée en termes de « communication »,[6] et sa notion de « peuple » définie comme « a larger group of persons limited by ... complementary habits and facilities of com-

---

[4] Parmi les 33 pays occupant les 6, 7 et 8ème paliers, il n'y avait, à part le Canada, que 4 autres pays d'Europe et des Amériques, soit la Suisse, la Yougoslavie, le Pérou et l'Équateur : voir Marie R. Haug, « Social and Cultural Pluralism as a Concept in Social System Analysis », *The American Journal of Sociology*, 73 (1967), 294-304, particulièrement le tableau 3.

[5] Pour ce qui est des exposés fondamentaux de cette approche, voir M.G. Smith, « Social and Cultural Pluralism », *Annals of the New York Academy of Sciences*, 83 (1959-60), 763-77 (cet article a été réimprimé dans son livre *The Plural Society in the British West Indies*, Berkeley and Los Angeles, University of California Press, 1965, chap. 4) ; voir aussi son plus récent exposé, comprenant plusieurs révisions, « Some Developments in the Analytic Framework of Pluralism » *in* Leo Kuper et M.G. Smith, *Pluralism in Africa*, Berkeley and Los Angeles, University of California Press, 1969, pp. 415-458. Voir aussi les autres contributions *in* Kuper et Smith, *ibid.*

[6] Karl W. Deutsch, *Nationalism and Social Communication : An Inquiry into the Foundations of Nationality*, 2nd edition, Cambridge, Mass., The M.I.T. Press, 1966.

munication » et « marked off from each other by communication barriers, by "marked gaps" in the efficiency of communication ». [7] Mais, dans beaucoup d'autres domaines des sciences politiques, on s'est aussi penché, quoique d'une façon plus indirecte, sur le phénomène de fragmentation culturelle. Ceci est évidemment le cas des études portant sur le fédéralisme, mais c'est aussi le cas des études portant sur les problèmes d'unification nationale ou internationale, sur le développement politique et sur les problèmes de stabilité et d'instabilité politiques.[8]

En sociologie (surtout dans la sociologie américaine), bien que d'importantes ressources aient été consacrées depuis plusieurs décennies déjà à l'étude des relations et des conflits ethniques, le problème de la fragmentation n'a pas retenu beaucoup l'attention des chercheurs. Cependant, le développement plus récent du concept de « plénitude institutionnelle » et l'étude de ses effets[9] concernent directement la question qui nous intéresse, puisque la notion de plénitude institutionnelle est presque l'équivalent de notre notion de pluralisme social. Finalement, les préoccupations des sociologues qui s'intéressent à l'étude comparative des relations ethniques sont aussi directement reliées aux nôtres.[10]

1. Pluralisme social et intégration sociale

Lorsqu'on considère le phénomène du pluralisme social, une question vient immédiatement à l'esprit. Comment des systèmes sociaux qui sont « compartimentés » à un si haut degré, qui sont affectés par tant de discontinuités, peuvent-ils réussir à demeurer intégrés malgré tout ? Si les divers fragments d'une société sont parfois si complètement « compartimentés » qu'ils peuvent être conçus comme des « sociétés » ou des « cultures » distinctes, dans quel sens ces fragments sont-ils encore les parties composantes d'une seule société ? Devant tant de discontinuités, quels éléments maintiennent leur intégration ?

Le problème de l'intégration sociale au sein des sociétés fragmentées est vaste et complexe et ne peut mener à beaucoup de propositions théori-

---

[7] *Ibid.*, pp. 96 et 100.
[8] Dans ce dernier cas, voir en particulier Arend Lijphart, *The Politics of Accommodation : Pluralism and Democracy in the Netherlands*, Berkeley, University of California Press, 1968, ainsi que les contributions de Lijphart, Noel, Bergeron, Irvine et Cameron au Colloque 1970, *Revue canadienne de science politique*, vol. IX, Mars 1971, pp. 1-25.
[9] Raymond Breton, « Institutional Completeness of Ethnic Communities and the Personal Relations of Immigrants », *The American Journal of Sociology* 70 (1964), 193-205, paru aussi dans Bernard R. Blishen *et al.*, *Canadian Society : Sociological Perspectives*, 3rd edition, Toronto, Macmillan of Canada, 1968, pp. 77-94.
[10] Voir par exemple Pierre L. Van den Berghe, *Race and Racism ;* voir aussi ses articles *in* Kuper et Smith, *Pluralism in Africa ;* et R.A. Schermerhorn, *Comparative Ethnic Relations : A Framework for Theory and Research*, New York, Random House, 1970.

ques précises. Il n'en demeure pas moins important pour comprendre les faits politiques dans de telles sociétés. C'est à l'un des aspects de cette intégration que nous nous attarderons dans cette étude. Notre but n'est donc pas d'examiner en détail les conséquences politiques d'une structure pluraliste, ni même d'étudier ses effets sur le niveau de conflit et d'accommodement dans une société fragmentée, ce qui fera l'objet d'une autre étude. Dans le présent article, après une brève mention des formes d'intégration qu'on retrouve le plus souvent dans les sociétés pluralistes, nous voulons simplement formuler quelques hypothèses sur les formes que tendent à prendre les partis politiques dans ces sociétés et sur le rôle qu'ils tendent à jouer en ce qui concerne l'intégration ou le manque d'intégration politique de ces sociétés. Si ces hypothèses sont valides, elles suggèrent que le « pattern » qu'on observe au Canada peut aussi s'appliquer à plusieurs autres pays du monde.

2. Quelques considérations préliminaires

On ne peut pas considérer le problème de la fragmentation culturelle sans du même coup considérer celui de l'intégration sociale. Ces deux aspects ne constituent que les deux faces d'une même réalité. Par *intégration sociale*, nous entendons le degré et les moyens selon lesquels les unités composantes d'un système social constituent une seule entité plutôt que des parties disparates[11] ou, pour employer le cadre conceptuel de Deutsch, le degré selon lequel les différents groupes d'une société donnée ne sont pas coupés les uns des autres par des barrières qui entravent la communication entre eux.

Lorsqu'on étudie une société pluraliste, on peut examiner jusqu'à quel point ses éléments sont compartimentés ou discontinus à un moment donné, mais on peut aussi examiner jusqu'à quel point les fragments sont malgré tout unis et la société entière est intégrée. Étant donné cependant que la fragmentation est souvent si étendue qu'elle tend à marquer tous les aspects de la vie sociale, et si profonde qu'il semble exister deux sociétés parallèles plutôt qu'une seule — chacune étant compartimentée au niveau du système d'éducation, de la religion, de l'organisation politique, des activités économiques, des loisirs, des organisations culturelles, etc. — les observateurs sont souvent conduits à négliger les liens importants qui maintiennent ces « sociétés » réunies.[12] De fait, étant donné l'étendue des discontinuités dans une société fragmentée, ce qui y devient problématique, ce n'est pas la

---

[11] Sur les divers types d'intégration possibles, voir Werner S. Landecker, « Types of Integration and Their Measurement », *in* Paul F. Lazarsfeld et Morris Rosenberg, *The Language of Social Research*, New York, The Free Press of Glencoe, 1955, pp. 19-27.
[12] Voir Donald Rothchild, « Ethnicity and Conflict Resolution », *in* Robert J. Jackson and Michael B. Stein, *Issues in Comparative Politics*, Toronto, Macmillan, 1971, pp. 181-193, surtout pp. 189-192.

présence, mais plutôt l'absence d'intégration. De toute façon, si l'on veut garder une vue équilibrée de l'impact de la fragmentation sur la vie politique et sociale, il est évidemment nécessaire d'examiner les deux aspects de la situation.

Par ailleurs, il faut aussi prendre note que nous n'assimilons nullement d'une part les concepts de fragmentation culturelle et de conflit culturel, ni d'autre part les concepts d'intégration sociale et d'accommodement culturel. En particulier, une société hautement fragmentée peut, à un moment donné, être caractérisée par un degré de conflit élevé (par exemple, la Suisse avant 1848, la Hollande de 1878 à 1917 ou le Canada depuis 1960) ou par un degré d'accommodement élevé (par exemple, la Suisse depuis 1848, la Hollande depuis 1917 ou le Canada de 1945 à 1960). En fait, la relation qui existe entre fragmentation et conflit culturels est un des problèmes majeurs dans ce domaine et nous l'aborderons ailleurs.

En ce qui concerne le degré de fragmentation et d'intégration prévalant dans chaque société particulière, c'est là un problème empirique. Il reste qu'en dehors de la description empirique de chaque cas particulier, il est possible de présenter quelques considérations plus générales. En particulier, on peut considérer les formes d'intégration les plus susceptibles de demeurer dans une société fragmentée. Qu'il nous suffise ici de mentionner brièvement deux formes importantes.

D'une part, la littérature portant sur les sociétés où le pluralisme social existe révèle qu'il y a de fortes chances que les institutions économiques assurent au moins un certain degré d'intégration des groupes culturels dans une société fragmentée. En fait, les institutions économiques semblent être, avec les institutions politiques, celles qui, de toutes les institutions, sont les moins susceptibles d'être fragmentées, même dans les cas où la fragmentation culturelle est très poussée. En d'autres mots, ces deux formes d'intégration paraissent constituer le degré minimal d'intégration qui puisse exister dans une telle société.

Non seulement l'intégration économique est-elle une forme courante et minimale d'intégration dans les sociétés fragmentées, mais elle tend aussi généralement à être l'un de ses modes d'intégration les plus importants et les plus efficaces. Il n'est pas difficile de découvrir les raisons de ce phénomène. Dans la mesure où, directement ou indirectement, la survie matérielle des membres de ces sociétés est facilement perçue comme dépendant, en tout ou en partie, du maintien de cette intégration, — dans la mesure où il existe, par exemple, des sentiments répandus d'interdépendance ou de dépendance économique entre les fragments — il en résulte des intérêts matériels puissants en faveur de sa préservation. Comme de tels intérêts matériels sont beaucoup plus immédiats et partagés par un bien plus grand nombre de personnes, quelle que soit leur position dans la société, que des intérêts concernant, par exemple, le statut social ou la distribution du pouvoir, ils tendent à donner à l'intégration économique une force que ni l'intégration politique, ni d'autres formes d'intégration ne sauraient posséder. De plus, cette interdépendance aura tendance à être d'autant plus grande que l'économie sera plus avancée, puisqu'une économie plus développée possède des marchés extrêmement interdépendants et devient aussi de plus en plus « unicentrique ».[13]

D'autre part, et en partie sous l'impact des forces d'intégration économiques, les sociétés pluralistes manifestent aussi toujours certaines formes d'intégration au niveau des institutions politiques. C'est d'ailleurs là le mode d'intégration le plus manifeste de telles sociétés. En fait, ceci découle en partie de la définition même du pluralisme social : dans la mesure où les divers fragments font partie d'un même système politique, le degré minimum d'intégration possible est au moins une forme quelconque d'arrangements politiques qui leur est commune. L'autorité gouvernementale suprême doit reposer sur des institutions politiques communes à tous les fragments. De plus, il est vraisemblable qu'on trouvera dans une situation de fragmentation équivalente[14] au moins un certain degré minimal de culture politique commune et, en particulier, un certain degré de consensus sur l'existence d'un système politique commun et sur les règles générales du jeu, quoique dans les périodes de conflit, tout ceci peut être complètement remis en question. Enfin, ces institutions politiques communes pourraient difficilement fonctionner sans quelque degré d'intégration communicative entre les élites politiques de chaque sous-groupe. Il n'est pas difficile de concevoir que le degré d'intégration de ces élites aura une grande influence sur le cours des événements politiques au sein des sociétés fragmentées. En effet, certains analystes voient, de façon exagérée, dans le comportement même de ces élites, un des facteurs les plus cruciaux du degré de conflit ou d'accommodement existant dans ces sociétés.[15]

Au-delà de ces formes minimales, le degré d'intégration politique d'une société fragmentée peut varier énormément d'une situation empirique à une autre. Une société fragmentée peut s'accommoder de n'importe quel type ou forme de structure politique et, en particulier, elle peut s'accommo-

---

[13] Paul Bohannan et George Dalton, *Markets in Africa : Eight Subsistence Economies in Transition*, Garden City, Doubleday and Company, 1965, « Introduction », pp. 1-32 ; Despres, *op. cit.*, p. 150.
[14] Nous distinguons la fragmentation culturelle équivalente, où les divers groupes culturels sont égaux entre eux sous tous les aspects, et la fragmentation différentielle, lorsque ces groupes sont inégaux sous certains aspects. Mais nous ne traiterons pas ici du problème fondamental des inégalités entre groupes culturels, que nous distinguons analytiquement du phénomène du pluralisme social, et qui sera examiné séparément ailleurs.
[15] Voir Arend Lijphart, *The Politics of Accommodation*.

der d'un gouvernement de forme unitaire — comme en Belgique et en Hollande — ou d'une certaine forme de système fédéral ou confédéral — comme au Canada et en Suisse. De fait, ce dernier mode semble « naturel » pour une société fragmentée, où les fragments sont séparés territorialement. Dans une telle situation, l'appareil gouvernemental de chaque groupe constituant — le gouvernement d'un état, d'une province ou d'un canton — n'est qu'un élément additionnel de l'ensemble d'institutions analogues, parallèles et non complémentaires, caractéristiques d'une société fragmentée et ainsi, accentue le degré de fragmentation qui existe déjà. De même, si le système politique n'est pas unitaire, le degré d'intégration qu'implique l'existence d'un gouvernement central variera selon la distribution des pouvoirs entre le gouvernement central et les gouvernements des parties constituantes. Les fédérations, par exemple, peuvent varier d'un haut degré de décentralisation à un fort degré de fragmentation ou d'intégration politique.

Il faut ajouter que, comme au plan économique, le gouvernement central jouera un rôle plus grand d'intégration dans les sociétés plus développées que dans celles qui le sont moins, et ceci pour deux raisons au moins. En premier lieu, dans une société développée, si le gouvernement est de forme fédérale, le nombre de secteurs communs de juridiction politique aux divers paliers de gouvernement aura tendance à être beaucoup plus grand que dans une société moins développée, où les secteurs respectifs de juridiction politique peuvent être plus facilement séparés. En conséquence, le nombre de transactions entre les divers niveaux de gouvernement — entre les hommes politiques et les fonctionnaires — devrait s'avérer beaucoup plus important dans des sociétés plus avancées que dans des sociétés moins développées. En second lieu, vu l'importance croissante des services gouvernementaux dans les sociétés avancées et, en particulier, le rôle plus important des gouvernements sur le plan de la redistribution, le gouvernement central aura tendance à établir des liens de communication aussi bien que des liens fonctionnels plus intenses avec les groupes et les individus dans ces sociétés plutôt que dans des pays moins développés. Le degré d'intégration politique devrait donc être plus élevé dans les sociétés plus avancées.

3. Les partis politiques et l'intégration

Si le système politique est démocratique, le degré de fragmentation ou d'intégration engendré par les partis politiques devrait aussi avoir tendance à varier beaucoup d'un pays à un autre et le rôle des partis politiques à cet égard devrait être crucial. Dans certains pays, les partis politiques reflètent exactement la fragmentation du pays et chaque groupe culturel est presque entièrement intégré à un parti qui lui est propre. Tel est le cas, par exemple, de pays comme la Guyane et la Hollande. Dans le premier cas, du moins au début des années soixante, plus de 80% des citoyens d'origine indienne appuyaient le « People's Progressive Party » et une proportion à peu près identique de citoyens d'origine africaine appuyaient le « People's National Congress ». Chacun de ces partis avait de plus des chefs et des cadres venant presque entièrement de ces groupes respectifs, de sorte que ces partis étaient devenus à peu près complètement fragmentés.[16]

D'un autre côté, il y a des situations où les groupes culturels se divisent plus également dans leur appui aux partis, du moins aux partis nationaux, comme c'est par exemple le cas de l'appui accordé à chaque parti national par les divers groupes ethniques du Canada et de la Belgique.[17] Dans ces pays, le vote est encore relié à l'appartenance ethnique, mais à un degré beaucoup moins profond que dans le premier groupe de pays. De plus, les chefs et les cadres de chacun de ces partis ont tendance à se recruter dans tous les groupes. Chaque fois que l'on trouve un tel « entrecroisement » entre l'appartenance à un groupe communal et les divisions partisanes, les partis politiques deviennent un élément d'intégration globale. Le système de partis qui contribue le mieux à cette intégration est celui dans lequel les divers partis, intégrant les groupes communaux à l'échelle nationale, ont tous un parti frère correspondant aux niveaux inférieurs, particulièrement dans un système fédéral. Ainsi, les partis rivalisant les uns avec les autres pour obtenir le pouvoir au niveau national le font aussi au niveau des états, provinces ou cantons, et leurs appuis ne sont pas trop reliés aux appartenances communales. Ceci est plus vrai, par exemple, d'un pays comme la Suisse que du Canada où l'on retrouve souvent des partis différents au niveau des provinces.

Sur la base d'un examen rapide de la situation qui prévaut dans certains pays démocratiques, il est possible de suggérer l'hypothèse centrale suivante : on devrait observer, dans des sociétés fragmentées, une relation

---

[16] Leo A. Despres, *Cultural Pluralism and Nationalist Politics*, pp. 169-174. En ce qui concerne la Hollande, voir Arend Lijphart, *The Politics of Accommodation*, pp. 30-36.

[17] Pour ce qui est du Canada, voir par exemple John Meisel, *Working Papers on Canadian Politics*, Montréal et London, McGill-Queen's University Press, 1972, pp. 9-10 et tableau 1 en appendice ; en ce qui concerne la Belgique, voir Val R. Lorwin, « Belgium : Religion, Class and Language in National Politics », in Robert A. Dahl, *Political Oppositions in Western Democracies*, New Haven, Yale University Press, 1966, pp. 147-187, particulièrement les tableaux 5.7 et 5.8, pp. 413-414. Au Canada, les partis politiques ont commencé à entrecouper les divisions ethniques à partir du milieu du XIXe siècle et ceci contribua à modérer les luttes « nationales ». Le gouverneur Elgin avait d'ailleurs écrit : « Je crois que la manière de gouverner le Canada ne serait plus un problème dès lors que les Français se scinderaient en un parti libéral et un parti conservateur qui s'uniraient aux partis du Haut-Canada portant les noms correspondants. La grande difficulté jusqu'ici a été que le gouvernement conservateur a signifié gouvernement par les Hauts-Canadiens, ce qui est intolérable pour les Français, et un gouvernement radical, gouvernement par les Français, ce qui n'est pas moins détestable pour les Britanniques... L'élément national se fondrait dans la politique si la scission que je propose était réalisée.»; voir Fernand Dumont, «Idéologies au Canada français, 1850-1900: quelques réflexions d'ensemble », *Recherches sociographiques*, vol. X, Mai-Décembre 1969, p. 149. (La citation de Elgin est tirée de Dumont, *ibid.*).

négative entre la fragmentation (ou l'intégration) au niveau des partis et la ségrégation (ou l'intégration) territoriale. Lorsque les groupes culturels ont tendance à occuper sur le territoire des unités ou groupes d'unités électorales distinctes — des districts électoraux, des régions, des provinces distinctes, — les partis politiques, au plan national, auront tendance à intégrer les divers groupes culturels ; par exemple, les groupes ethniques en Belgique, au Canada, en Grande-Bretagne et en Suisse sont, dans une large mesure, séparés territorialement, mais les partis nationaux les intègrent. Inversement, quand les groupes culturels ne résident pas dans des unités électorales distinctes, les partis politiques auront tendance à refléter la fragmentation culturelle déjà existante. Chaque parti aura tendance à devenir le parti d'un seul groupe. Ainsi, alors que les groupes raciaux en Guyane et les groupes religieux en Belgique, aux Pays-Bas et en Suisse sont plus intégrés au plan territorial, les différents partis nationaux sont très fragmentés selon ces lignes culturelles. Il y aura, par exemple, un ou des partis avec des appuis à prédominance catholique, et la même chose prévaudra dans le cas des autres familles spirituelles.[18]

Cette proposition, que nous avons formulée sur la base d'observations empiriques, peut aussi être déduite des postulats suivants. Les partis politiques nationaux veulent maximiser le nombre de votes et d'unités électorales qu'ils contrôlent. Étant donné que, dans une société fragmentée où domine la ségrégation territoriale, les partis doivent convoiter des circonscriptions à composition culturelle homogène, il en résultera facilement un système de partis dans lequel chaque parti se sera assuré des appuis dans chacun des groupes culturels, sauf dans des situations de conflit culturel très intense. Par ailleurs, si les groupes ont tendance à vivre dans des unités électorales à composition mixte, les leaders politiques de groupes culturels relativement nombreux auront intérêt à faire appel à des sentiments communautaires, sans pour autant devoir renoncer à maximiser le nombre d'unités électorales qu'ils peuvent contrôler. Dans ce cas-là, les nouveaux groupes d'opposition au parti (ou partis) existant déjà auront tendance à se former selon des lignes de division culturelle plutôt qu'en recoupant ces lignes.

Vue différemment, cette relation négative pourrait résulter du fait que, dans des unités électorales homogènes, tous les partis auront tendance à avoir des candidats du même groupe culturel, réduisant ainsi l'impact de l'appel aux sentiments communautaires, tandis que dans des unités hétérogènes, les différents partis trouveront facilement intérêt à s'opposer les uns aux autres avec des candidats de différents groupes communaux, ce qui aura pour effet de produire graduellement des partis fragmentés. De toute

---

[18] Pour des données suggestives, qui ont d'ailleurs suscité la formulation de ces hypothèses, voir Despres, *Cultural Pluralism and Nationalist Politics*, pp. 194-196.

façon, quel que soit le processus qui donne lieu à cette relation, le résultat final est le même : la fragmentation au plan du territoire s'accompagnera d'intégration au plan des partis et inversement.

Ajoutons qu'en raison même de ce qui précède, notre hypothèse ne saurait être valable que lorsque les systèmes politique et électoral sont tels que les partis doivent maximiser le nombre d'unités électorales qu'ils peuvent gagner, comme, par exemple, dans un système parlementaire avec mode de scrutin uninominal majoritaire. S'il ne s'agissait que de maximiser le nombre de votes sans tenir compte du nombre d'unités électorales, comme dans un mode de scrutin purement proportionnel ou dans un système politique présidentiel, notre hypothèse serait alors que les partis politiques tendront toujours à s'aligner assez fortement sur les lignes de clivages culturels, qu'il y ait ségrégation territoriale ou non. Ceci provient du fait que, dans ces derniers cas, le pays entier correspond alors à une immense unité électorale à composition mixte et cette situation est donc analogue à celle où les groupes culturels ne sont pas séparés territorialement.

Pour revenir à notre hypothèse centrale, il nous apparaît particulièrement intéressant de noter que, si elle est juste, il s'ensuit qu'un type important d'intégration tend à compenser l'absence d'un autre type important. Dans la première situation, l'intégration au niveau des partis compense la ségrégation territoriale, tandis que dans la seconde situation, l'intégration territoriale compense la fragmentation des partis.

Ceci est fondamental pour que persiste l'intégration du système global. En effet, il est possible de formuler, comme corollaire, l'hypothèse suivante : la présence combinée de ségrégation territoriale et de fragmentation des partis nationaux, lorsque ceci survient malgré une tendance généralement contraire, constituera une condition extrêmement favorable à l'éclosion de tendances sécessionnistes. Cette combinaison aura tendance à se produire lorsque les partis politiques auront pris naissance avant l'intégration politique de la société comme, par exemple, en Malaisie lorsqu'elle était unie à Singapour, ou encore lorsque les conflits culturels auront été si forts qu'ils auront réussi à fragmenter, selon les lignes de division culturelle, des partis auparavant intégrés.[19] L'opposition entre les élites politiques des divers groupes culturels, devenant ainsi institutionnalisée au niveau national par l'appartenance à des partis distincts, aura tendance à refléter et, en re-

---

[19] Ainsi, au Canada, des conflits ethniques semblent avoir été à l'origine de l'absence d'un recoupement parfait entre l'appui aux partis politiques fédéraux et l'appartenance aux principaux groupes ethniques. De même, les conflits actuels sont évidemment à l'origine du projet, jusqu'ici avorté, d'un « bloc québécois » sur la scène fédérale.

tour, à intensifier de profonds conflits d'intérêt entre les groupes culturels, ce qui devrait contribuer fortement à des poussées sécessionnistes.[20]

À cet égard, l'histoire récente du Nigéria et du Pakistan est révélatrice. Au Pakistan, par exemple, la sécession du Bangla Desh fut immédiatement précédée du succès électoral de la Ligue Awami, le parti fragmenté du Sheikh Mujibur Rahman. De même, la sécession de Singapour de la Fédération de la Malaisie eut lieu dans des conditions où les alignements de parti suivaient les lignes de division territoriale entre les deux groupes constituants de la Fédération.[21] Nous proposons donc que, dans des sociétés fragmentées dans lesquelles les fragments sont séparés territorialement, la présence de partis nationaux intégrant ces fragments est susceptible d'être une condition presque nécessaire pour le maintien, à long terme, d'un état politique unifié. En d'autres termes, quand l'appartenance aux partis se fait selon les lignes de séparations culturelle et territoriale, il y a de très fortes probabilités que des forces sécessionnistes d'importance fassent leur apparition pendant des périodes de conflit culturel aigu.

Cette proposition, incidemment, diffère quelque peu de celle de Riker sur le maintien d'un système fédéral. Même si toutes les sociétés fragmentées ne vivent pas sous un système fédéral et même si toutes les sociétés ayant un système fédéral ne sont pas fragmentées, il existe pourtant un assez grand nombre de cas où les deux éléments se retrouvent et leurs situations sont souvent assez semblables pour justifier une comparaison entre nos hypothèses sur les sociétés fragmentées et celle de Riker sur le fédéralisme. Après avoir fait l'examen d'une série de facteurs politiques qui pourraient expliquer le maintien du « marché » (bargain) fédéral, Riker conclut qu'il y a un facteur qui est particulièrement important, soit le degré de centralisation à l'intérieur des partis nationaux et, plus précisément, le degré auquel les partis, au niveau du gouvernement central, peuvent contrôler les partis au niveau des gouvernements constituants. Ceci peut avoir lieu si le même parti contrôle les deux niveaux de gouvernement et si chaque parti, pouvant possiblement gouverner au niveau central, est capable de contrôler les partis correspondants au niveau des gouvernements constituants.[22] Pour Riker, le degré de centralisation à l'intérieur des partis constitue donc « the proximate cause of variation in the degree of centralization (or peripherali-

---

[20] La possibilité que ce soit des facteurs indépendants de leur volonté qui poussent les élites politiques dans des voies de conflit ouvert, plutôt que vers la recherche de compromis, est ce qui semble manquer le plus à la théorie « consociationaliste » de Lijphart ; voir *op. cit.*

[21] Pendant que le reste de la Fédération était dominé par le « Alliance Party of Malaya », Singapour était sous le contrôle du « People's Action Party » ; voir Anthony H. Birch, « Approaches to the Study of Federalism », dans Aaron Wildavsky, *American Federalism in Perspective*, Boston, Little, Brown and Company, 1967, pp. 72-76.

[22] William H. Riker, *Federalism : Origin, Operations, Significance*, Boston, Little, Brown and Company, 1964, pp. 125-136.

zation) in the constitutional structure of a federalism », ou encore « the main variable intervening between the background social conditions and the specific nature of the federal bargain ». Finalement, Riker émet l'hypothèse que ceci est « a sufficient (but not necessary) condition of maintenance » du système fédéral.[23]

En quoi notre position diffère-t-elle de celle de Riker et en quoi est-elle en accord avec la sienne? D'abord, nous sommes d'accord avec Riker à l'effet que le système des partis est un facteur *immédiat* fondamental en ce qui concerne le maintien de l'unité d'une société fédérale fragmentée. Nous sommes aussi entièrement d'accord avec lui à l'effet que cela ne constitue qu'un facteur *intermédiaire* qui est lui-même conditionné par d'autres déterminants socio-économiques et politiques. Selon nous, ces déterminants sont principalement le degré de fragmentation, comme nous venons de le voir, et divers processus de conflit culturel.

Par ailleurs, nous différons sur ce que nous considérons comme la dimension fondamentale du système des partis qui soit pertinente ici. Nous prétendons que le degré de contrôle des partis, au niveau du gouvernement central, sur les partis des gouvernements constituants, pourrait certes avoir un effet, mais non pas un effet crucial, déterminant : cela pourrait affecter dans une certaine mesure, comme le démontrent les données mêmes de Riker,[24] le *degré* de centralisation ou de « périphérisation » d'un système fédéral — ce sont d'ailleurs là les termes employés par Riker. Mais cela ne devrait pas s'avérer un déterminant majeur du *maintien* ou de la *dissolution* du « marché » fédéral, ce dernier résultat étant beaucoup plus radical. D'autre part, comme nous l'avons soutenu plus haut, nous croyons que c'est la fragmentation même des partis au niveau central, suivant des lignes de divisions culturelle et territoriale, qui joura le rôle déterminant que Riker attribue au contrôle par les partis nationaux. Si ces partis sont organisés sur la base des groupes culturels, l'opposition entre ces groupes sera vraisemblablement beaucoup plus profonde que si les partis centraux, tout en n'exerçant pas un contrôle sur les partis des gouvernements constituants, recoupent au moins les divers fragments de la société.[25]

---

[23] *Ibid.*, p. 129, p. 136 and p. XIII (c'est nous qui soulignons).
[24] *Ibid.*, pp. 91-101 et pp. 116-124. Nous suggérons de plus que la définition opérationnelle du concept de contrôle des partis constituants par le parti central devrait se faire en termes de degré d'autonomie des partis constituants plutôt qu'en termes de discipline de parti, tel que suggéré par Riker (*ibid.*, p. 132). Ce degré d'autonomie pourrait varier de la dépendance complète (comme en Union soviétique) à des degrés divers d'autonomie à l'intérieur de partis nominalement identiques aux deux niveaux (par exemple, le Parti Libéral du Québec est graduellement devenu de plus en plus indépendant du Parti Libéral fédéral depuis le début du siècle) et à l'indépendance complète (comme lorsque les partis sont entièrement différents).
[25] Notre position diffère aussi de celle de Noel qui, tout en rejetant la position de Riker pour ce qui est du Canada, ne semble vouloir attacher aucune importance à la structure des partis : S.J.R. Noel, « Political Parties and Elite Accomodation : Interpretations of Canadian Fede-

Enfin, tandis que pour Riker la centralisation à l'intérieur du parti est considérée comme une condition suffisante mais non nécessaire au maintien du fédéralisme, nous avons suggéré plus haut qu'un système de partis nationaux non fragmentés est susceptible d'être une condition nécessaire au maintien à long terme de l'union des groupes dans une société fragmentée.

Revenant à notre hypothèse, nous pouvons en outre ajouter que la formation de partis à base culturelle à l'échelle nationale, dans des pays où il y a ségrégation territoriale, devrait être considérée comme une stratégie naturelle de la part d'élites culturelles visant à la décentralisation ou la sécession d'un système politique fragmenté. De tels partis nationalistes ou sécessionnistes au niveau national sont des phénomènes qui reviennent périodiquement dans des sociétés fragmentées, comme au Québec, en Ecosse, ou en Wallonie et en Flandre.

Pourtant, l'existence de la séparation territoriale est plus favorable au développement de partis à base culturelle au niveau des gouvernements constituants qu'au niveau national, puisqu'un tel parti n'a souvent l'occasion de prendre le pouvoir qu'au niveau constituant. Le succès d'un parti à base culturelle, à ce niveau, devrait d'ailleurs constituer un facteur sérieux de décentralisation ou même de sécession; le rôle de l'Union Nationale[26] et du Parti Québécois dans la politique provinciale du Québec en sont des exemples typiques. Il en est de même du parti séparatiste D.M.K. dans l'état de Madras aux Indes. Il faut cependant noter que, *caeteris paribus*, cela constitue une menace moins sérieuse à l'unité nationale que des partis à base culturelle qui dominent dans leurs groupes au niveau du gouvernement central. Dans le premier cas, un groupe culturel avec son propre parti au niveau constituant pourrait quand même être intégré à la vie nationale, grâce à des partis centraux qui réussiraient tous à garder quelques appuis dans ce groupe culturel, tandis que cela ne peut évidemment pas être le cas si le groupe culturel est surtout représenté par un parti qui lui est propre au niveau national.

Enfin, comme nous l'avons suggéré plus haut, dans un système politique fragmenté avec deux niveaux de gouvernement (e.g. dans un système fédéral), on peut parfois observer un plus haut degré d'intégration lorsque les partis au pouvoir, à chaque niveau, appartiennent à la même famille partisane que lorsque les partis sont différents, quoique cela variera selon le

---

ralism», communication présentée à la réunion de l'Association canadienne de science politique, Winnipeg, Juin 1970 ; voir aussi son « Consociational Democracy and Canadian Federalism », *Revue canadienne de science politique*, IV, mars 1971, pp. 15-18.

[26] Voir Steven Muller, « Federalism and the Party System in Canada », *in* Aaron Wildavsky, *op. cit.*, p. 151.

degré d'intégration d'un même parti entre les divers niveaux de gouvernement.[27]

Jusqu'ici, nous n'avons pris en considération que le rôle intégrateur ou non intégrateur des partis dans des systèmes politiques démocratiques où il y a plus d'un parti. Mais que peut-on dire du rôle du parti unique dans des systèmes politiques non compétitifs ? Sans doute, le système de parti unique peut être un moyen très puissant d'intégration dans des sociétés fragmentées, comme l'ont reconnu beaucoup d'analystes des pays du Tiers-Monde.[28] De fait, c'est là une des raisons pour lesquelles un tel système s'est avéré si populaire dans ces pays. En agissant comme courtier entre des intérêts culturels divergents, en stabilisant la distribution du pouvoir entre les groupes culturels, ce système peut constituer, du moins à court terme, une force importante d'intégration.[29] Le système de parti unique peut jouer ce rôle encore plus fortement dans les sociétés communistes qui sont très fragmentées, telles que l'U.R.S.S., la Yougoslavie et la Tchécoslovaquie. Mais, étant donné son aspect autoritaire, le système de parti unique ne possède pas toujours la flexibilité d'un système de partis compétitifs, lorsqu'il fait face à des pressions des groupes culturels, et peut ainsi contribuer à exacerber leurs griefs. Ceci est d'autant plus vraisemblable que le parti unique aura tendance à concentrer son attention sur les intérêts nationaux et à minimiser l'importance des intérêts des diverses communautés. Ainsi, les griefs de ces dernières peuvent demeurer en veilleuse pendant de longues périodes de temps, puisqu'il n'existe pas de canaux pour les résoudre, mais ils peuvent éclater plus tard sous des formes plus violentes encore.[30] De façon plus générale, on peut même suggérer que le monopole du pouvoir exercé par un parti unique au niveau national devienne une situation favorable à la concentration des forces d'opposition à un niveau inférieur, en particulier au niveau des communautés. Par suite du contrôle étroit exercé par un parti unique, il semblerait *a priori* plus facile de s'organiser au niveau plus restreint du groupe culturel, si l'on considère qu'à ce dernier niveau, on aura l'avantage de pouvoir tabler sur de forts sentiments de loyauté, sur une cohésion sociale plus grande et sur des structures organisationnelles bien développées. L'existence d'une telle possibilité apparaît du moins à la lumière des exemples multiples de conflits culturels à l'intérieur des pays du Tiers-Monde ou de l'état de malaise actuel entre les groupes ethniques en Yougoslavie. Si cette analyse est valable, elle suggère l'hypothèse que les

---

[27] Voir William H. Riker, *Federalism*, pp. 130-132, ainsi que les remarques de Caplan sur l'impact des différences partisanes entre niveaux de gouvernement dans son étude « Some Factors Affecting the Resolution of a Federal-Provincial Conflict », *Revue canadienne de science politique*, 2 (1969), p. 183.
[28] Pour une brève revue sur ce sujet, voir Claude Ake, *A Theory of Political Integration*, Homewood, Ill., The Dorsey Press, 1967, pp. 83-85.
[29] *Ibid.*, pp. 88-89.
[30] *Ibid.*, pp. 87-88, 93ff.

systèmes à parti unique (qui, par définition, entrecoupent les lignes de division culturelle) peuvent, à la longue, être plus favorables à l'émergence de partis à base culturelle que les systèmes à deux ou à plusieurs partis dans lesquels chaque parti entrecoupe aussi les lignes de division culturelle.[31]

Conclusion

Le schème conceptuel du pluralisme social ou de la fragmentation culturelle est un schème intéressant, mais jusqu'ici il n'a pas donné lieu au développement de théories bien spécifiques. Dans les pages qui précèdent, nous avons voulu combler en partie cette lacune. Nous avons d'abord brièvement considéré les forces d'intégration qui tendent à demeurer dans une société fragmentée. Puis, nous avons examiné, de façon plus détaillée, le rôle que les partis politiques jouent à cet égard. Nous avons suggéré quelques hypothèses qui mériteraient sans doute un examen plus approfondi que celui auquel il nous a été possible de les soumettre dans ce court article.

Le fait que nous ayons examiné les forces d'intégration existant au sein des sociétés fragmentées ne devrait pas cependant amener le lecteur à conclure que nous sous-estimons le degré de désintégration existant dans de telles sociétés ou encore les forces centrifuges qui s'y manifestent. En fait, c'est la double constatation d'une part, de ce degré particulièrement élevé de désintégration dans ces sociétés et d'autre part, du fait que celles-ci demeurent souvent unies, qui nous a poussé à rechercher les facteurs de cette unité. Pour ce qui est des forces centrifuges et, en particulier, de la relation qui existe entre pluralisme social et conflit culturel, cela non plus ne saurait être négligé et fera l'objet d'une partie subséquente de notre étude des sociétés pluralistes.

---

[31] Wallerstein a noté que, lorsqu'il existe, dans les pays de l'Afrique occidentale, d'autres partis que le parti nationaliste unique, ils ont tendance à reposer sur la base de groupes culturels ; Immanuel Wallerstein, « Ethnicity and National Integration in West Africa », *in* Eric A. Nordlinger, *Politics and Society : Studies in Comparative Political Sociology*, Englewood Cliffs, Prentice-Hall, 1970, p. 224.

Les partis provinciaux du Québec

Vincent LEMIEUX
Département de Science politique
Université Laval

Des transformations, dont les résultats sont encore incertains, se produisent actuellement chez les partis provinciaux du Québec.* Mais, avant d'examiner ces transformations, il est bon de montrer quels étaient, il y a encore dix ou quinze ans, les activités de ces partis politiques, leur organisation et leur système. Nous pourrons ensuite mieux saisir le sens des transformations actuelles.

Ce qui distingue un parti des autres forces politiques, c'est l'objectif qu'il a d'occuper les postes d'autorité par lesquels sont formulées officiellement les mesures politiques dans une société. À partir de là, on peut diviser en trois catégories les activités ou « fonctions » des partis politiques : les activités électorales, les activités de connexion et les activités gouvernementales. Autrement dit, les tâches d'un parti politique consisteraient à remporter la victoire aux élections ; à faire le lien entre le gouvernement et les publics, et tout spécialement les publics partisans ; ainsi qu'à organiser et diriger l'appareil gouvernemental.[1] Ajoutons que dans nos « démocraties occidentales », et plus généralement dans les systèmes compétitifs de partis, les activités principales des partis politiques sont forcément les activités électorales, exception faite des petits partis idéologiques qui se confinent ou presque aux activités de connexion. C'est-à-dire qu'à choisir entre les trois fonctions, la plupart des partis seront portés à donner la priorité à la fonc-

---

* Ce texte constitue la version révisée et mise à jour d'une étude d'abord publiée dans Louis Sabourin (dir.), Le système politique du Canada, Ottawa, Éditions de l'Université d'Ottawa, 1968.

[1] Cette division est proche de celle que fait Frank J. Sorauf entre les partis dans le corps électoral, les partis en eux-mêmes et les partis au gouvernement. Voir à ce sujet son livre Party Politics in America, Boston, Little Brown, 1972. On trouvera une division un peu semblable dans Léon Dion, Société et Politique, tome II, Québec, Les Presses de l'Université Laval, 1972 ; et dans Vincent Lemieux, « Pour une science politique des partis », Revue canadienne de science politique, décembre 1972, pp. 485-502.

tion électorale qui, si elle réussit, leur permettra d'occuper les postes d'autorité politique, alors que la fonction de connexion n'est qu'auxiliaire à la poursuite de cet objectif, et que la fonction gouvernementale n'est que conséquente à l'objectif électoral une fois atteint.

Les partis ne se distinguent donc pas tellement par la priorité qu'ils donnent à l'une ou l'autre des fonctions, mais plutôt par la façon dont ils remplissent leur fonction électorale et dont ils concilient avec elle l'exercice des deux autres fonctions.

Les partis provinciaux du Québec ne font pas exception. Il est bien connu que leurs activités de connexion ainsi que leurs activités gouvernementales furent toujours très dépendantes de leurs activités électorales, c'est-à-dire qu'ils ont été traditionnellement des « machines » électorales, avant tout. Mais comment au juste fonctionnaient ces machines ? Quel était le secret de leur réussite ?

1. Les activités traditionnelles des partis

Au risque de simplifier un peu, nous pouvons distinguer quatre types d'incitations ou de rétributions que les partis offraient à leurs électeurs, en échange de contributions.

Parmi ces rétributions, les plus nombreuses étaient d'ordre matériel, qu'il s'agisse de biens, d'emplois, de services, de contrats, etc. On pense ici au phénomène du patronage, c'est-à-dire à toutes ces récompenses et à tous ces appâts que les partis offraient aux électeurs en échange de leur vote, de leur travail d'élection, ou encore de leurs contributions à la caisse électorale. Il faut, à ce propos, distinguer entre le « petit » patronage qui concernait surtout les électeurs et les travailleurs d'élection, et le « gros » patronage dont bénéficiaient surtout les souscripteurs à la caisse électorale. Il faut aussi, d'un autre point de vue, faire la distinction entre le parti ministériel qui avait le contrôle quasi absolu du patronage, et le parti d'opposition qui en était dépossédé et qui ne pouvait donc pas en utiliser les rétributions pour sa fonction électorale, si ce n'est sous forme de promesse.[2]

Pour un nombre plus restreint de ses partisans, le parti offrait aussi la possibilité de faire carrière politique, à condition, généralement, de suivre une certaine filière où l'on n'accédait, par exemple, à une candidature qu'après plusieurs années de bons services au parti, à un poste de ministre qu'après toute une vie politique consacrée au parti. Notons que, là encore, le

---

[2] Sur ces thèmes, voir Vincent Lemieux, « Le patronage politique dans l'Ile d'Orléans », *L'Homme*, avril-juin 1970, pp. 22-44.

Les partis provinciaux du Québec

parti ministériel se trouvait en bien meilleure posture que le parti d'opposition.[3]

Les partis offraient aussi des rétributions plus immatérielles ou plus idéologiques. Si les partis provinciaux du Québec n'ont pas manqué d'exploiter les idéologies religieuses, libérales, patriotiques ou nationalistes qui avaient cours au Québec, c'est qu'ils rassuraient par là les élites dont ces idéologies étaient la nourriture quotidienne. Les partis atteignaient ainsi une clientèle plus vaste que celle qui cherchait à faire carrière politique, et qui ne recouvrait qu'assez peu celle du patronage, grand ou petit.

Enfin, les partis offraient un dernier type de rétributions, d'ordre immatériel lui aussi, soit l'identification bien souvent grisante à ce que les ethnologues appellent une « moitié », et plus concrètement à quelques hommes, chefs, députés ou candidats qui incarnaient cette moitié.[4] Autrement dit, il faisait bon dans les petites localités, dans les petits quartiers ou dans les petits comtés du Québec d'être « rouge » parmi les « rouges » et contre les « bleus » (ou vice versa), d'être du parti de Laurier, de Lavergne, de Taschereau ou de Duplessis. Des hommes, que ni le patronage, ni le désir d'une carrière politique, ni les grandes déclarations idéologiques attiraient aux partis, ont ainsi passé toute une vie à voter « rouge » ou « bleu », sans jamais « déteindre », parce que leurs pères l'avaient fait avant eux et que c'eut été une trahison d'agir autrement.

Les activités de connexion des partis étaient le plus souvent liées au travail électoral. On connaît bien ces cartes de différentes couleurs mises à la disposition des orateurs des tribunes électorales, où étaient stéréotypées les grandes lignes du programme du parti. Ou encore, cette propagande électorale où étaient exploitées les pulsions élémentaires et les idéologies mystificatrices dont il vient d'être question. Par ces procédés, les partis, dans leurs relations avec les publics, traitaient des problèmes gouvernementaux de façon abstraite, pour les rendre conformes aux stéréotypes partisans, plutôt que d'ajouter aux représentations (ce qui est la définition même de l'information) et de donner tout le contenu du problème, quitte à en traiter dans une optique partisane. Autrement dit, les partis éduquaient à leurs stéréotypes pour les appliquer ensuite à la version abstraite qu'ils donnaient

---

[3] On pourra lire à ce sujet l'article de Robert Boily, « Les hommes politiques du Québec 1867-1967 », Revue d'histoire de l'Amérique française, décembre 1967, pp. 599-634, ainsi que son chapitre « Les candidats élus et les candidats battus » dans Vincent Lemieux (dir.), Quatre élections provinciales au Québec : 1956-1966, Québec, Les Presses de l'Université Laval, 1969, pp. 87-122.

[4] Un ethnologue américain, George P. Murdock, a appliqué cette notion de « moitié » aux deux grands partis américains. Voir son chapitre « Political Moieties » dans Leonard D. White (éd.), The State of the Social Sciences, Chicago, the University of Chicago Press, 1956, pp. 113-148.

des problèmes qui s'imposaient à eux, plutôt que d'éduquer à l'ensemble du problème pour montrer ensuite comment ils se proposaient de le résoudre. La connexion dans l'autre sens, des publics au gouvernement, empruntait surtout les voies du patronage.

De même, le caractère électoraliste des activités gouvernementales des partis politiques québécois était-il manifeste. L'électrification rurale, la voirie rurale, les mesures d'assistance étaient autant de politiques qui, tout en répondant plus ou moins efficacement à de réels besoins de la population, avaient un caractère électoraliste très marqué, en ce qu'elles s'adressaient très précisément à des individus ou à des groupes d'individus bien déterminés : une mère « nécessiteuse » ou un colon, un rang, une paroisse. Le député ou le « patronneux » ne manquait d'ailleurs pas de se substituer aux administrations pour apparaître aux yeux de ses électeurs comme celui grâce auquel était administrée la mesure. Et les administrations elles-mêmes étaient remplies de partisans fidèles dont la participation à l'appareil gouvernemental était la récompense de bons services ou de la fidélité électorale au parti. Quant aux velléités autonomistes du gouvernement du Québec envers Ottawa, elles avaient pour fonction, sinon pour but, d'attacher au parti ministériel les élites et sous-élites nationalistes.[5]

Ce caractère prédominant des activités électoralistes des partis politiques québécois, ainsi que des aspects électoralistes dans les activités de connexion ou de gouvernement, explique assez bien l'organisation de ces partis.

2. L'organisation traditionnelle des partis

Nous avons dit des partis politiques québécois qu'ils avaient été, avant tout, des machines électorales. Trois traits principaux peuvent caractériser l'organisation de ces machines : la prédominance des parlementaires à la direction, les assises fortement locales et donc fortement décentralisées au parti, et les faibles articulations entre la base et le sommet.

La prédominance des parlementaires s'explique aisément quand le parti est, avant tout, une machine électorale. Ils sont alors les experts en la matière puisqu'ils ont été élus. Ils contrôlent aussi ou sont appelés à contrôler la distribution des incitations dont nous parlions plus haut, qu'il s'agisse du patronage, de l'accès aux postes politiques, des grandes idées à l'intention des élites, ou encore de l'identification à leur propre personne ou au parti qu'ils incarnent. Groupés autour d'un chef et se fréquentant à Québec,

---

[5] Sur ces questions, on pourra lire le livre de Herbert F. Quinn, *The Union Nationale*, Toronto, the University of Toronto Press, 1963 (en particulier les chapitres 5, 6 et 7). Voir aussi, Gérard Bergeron, « Political Parties in Quebec », *University of Toronto Quaterly*, April 1958, pp. 352-368.

que ce soit au Parlement ou ailleurs, il n'est pas étonnant que les parlementaires aient dirigé le parti, assistés de quelques subalternes.

Mais les partis n'en étaient pas pour autant fortement centralisés. Car les députés appartenaient avant tout à leur comté, et, si certaines incitations offertes aux électeurs, dont les incitations idéologiques, étaient surtout le fait des chefs du parti, la plupart des autres dépendaient des députés ou de leur équivalent, pris individuellement. Entourés des organisateurs locaux, ils assuraient le petit patronage, décidaient du choix d'un candidat et alimentaient les traidtions partisanes. Ainsi, le député était-il l'homme clé de la machine électorale et plus généralement de l'organisation du parti, puisqu'il participait, avec les autres parlementaires, à la direction du parti, et qu'il assurait, avec ses organisateurs, le bon fonctionnement de la machine sur le plan local.

Le député, ou son équivalent, faisait ainsi office d'articulation entre la direction du parti et ses cellules locales. Il le faisait plus ou moins bien, selon son expérience et ses aptitudes personnelles. Au total, les liens entre la direction du parti et les unités locales étaient assez fragiles et assez variables, parce que, justement, ils reposaient sur quelques individus plutôt que sur des institutions.

De ce point de vue, il apparaît extraordinaire que ce ne soit pas avant le milieu des années cinquante qu'un des partis politiques provinciaux se soit donné des règlements qui régissent son organisation, alors que toutes les associations de pareille ampleur ont des règlements après quelques années d'existence.[6]

3. Le système traditionnel des partis

Ces partis formaient ensemble un système dont nous voulons maintenant indiquer les principales caractéristiques.

La plus évidente était le bipartisme, mais d'un type bien particulier. Rappelons que le Parti Libéral s'est maintenu au gouvernement de 1897 à 1935, après que se furent estompées les luttes idéologiques de la fin du XIXe siècle, et l'Union Nationale de 1936 à 1960, exception faite de l'intermède de 1939 à 1944. Remarquons surtout que durant ces deux grandes périodes, l'une libérale, l'autre unioniste, le parti d'opposition fut à peu près

---

[6] Il n'y a pas de bonnes études de l'organisation traditionnelle des partis provinciaux. Michel Chaloult en a toutefois bien décrit certaines survivances dans *Les partis politiques sur le territoire pilote*, annexe technique n⁰ 14, Bureau d'aménagement de l'est du Québec, 1966 (polycopie).

toujours très faible, en nombre de sièges obtenus. En fait, ce n'est qu'au début ou à la fin de ces périodes que le parti d'opposition a obtenu plus d'un tiers des sièges : soit en 1935, en 1944 et en 1960.

Évidemment, le fameux effet mécanique de sous-représentation du parti minoritaire, propre au mode de scrutin majoritaire à un tour, explique en partie cette faiblesse de l'opposition. Cet effet veut, rappelons-le, que le rapport des sièges soit environ le cube du rapport des voix. Par exemple, si un parti obtient 60% des voix et l'autre 40%, le premier obtiendra environ 77% des sièges et l'autre 23%. Si, comme c'est le cas au Québec, les différences sont grandes dans la population électorale des comtés, et que le parti gouvernemental trouve sa plus grande force dans les petits comtés, sa surreprésentation pourra être plus grande encore. Ainsi, en 1948, l'Union Nationale, avec un peu plus de 50% des voix, obtenait 90% des sièges.[7]

Nous touchons là un autre trait caractéristique du système traditionnel des partis au Québec, soit l'appui massif que le parti ministériel a toujours trouvé dans les circonscriptions rurales, l'opposition trouvant sa plus grande force dans les villes : ce fut le cas de l'opposition conservatrice avant 1935, tout aussi bien que de l'opposition libérale après 1944. Ce fait s'explique aisément par la plus grande rentabilité électorale qu'avaient les incitations matérielles de patronage dans les comtés ruraux que dans les comtés urbains, plus populeux et donc plus difficiles à contrôler. Plus généralement, toutes les incitations, sauf les incitations idéologiques, qu'offraient les partis provinciaux du Québec étaient liées à une culture politique qui était surtout le fait des milieux ruraux, les milieux urbains s'en éloignant de plus en plus à mesure que s'écoulait le XXᵉ siècle.

On comprend alors que le parti ministériel ayant, comme nous l'avons indiqué, le contrôle presque entier de la plupart des incitations électorales — et l'ayant de plus en plus après quelques années au gouvernement — il ait pu maintenir très longtemps le parti d'opposition au plancher, dans une faiblesse extrême. Seuls alors des bruits de corruption, coïncidant avec le passage d'une génération partisane, et surtout avec une période de dépression économique (ainsi les années trente et la fin des années cinquante) pouvaient toucher un assez grand nombre d'électeurs pour provoquer un changement de gouvernement.

---

[7] Sur les aspects électoraux du système traditionnel des partis provinciaux du Québec, voir Jean Hamelin, Jacques Letarte et Marcel Hamelin. « Les élections provinciales dans le Québec », *Cahiers de Géographie de Québec*, octobre 1959 — mars 1960, pp. 5-207 ; et Paul Cliche, « Les élections provinciales dans le Québec, de 1927 à 1956 », *Recherches sociographiques,* juillet-décembre 1961, pp. 343-365.

Les partis provinciaux du Québec

Tel est le tableau qu'on peut faire des partis provinciaux du Québec, tels qu'ils fonctionnaient il y a dix ou quinze ans encore. Liés à un état de société et à une culture politique où prévalaient les relations personnelles, la socialisation intense mais à court rayon, la pauvreté de l'information et de la formation technique, ils pouvaient difficilement proposer et réaliser des formes d'activités électorales, connectrices ou gouvernementales révolutionnaires par rapport à cet état de société et à cette culture. Les partis politiques sont rarement à l'origine profonde de transformations économiques, sociales et culturelles : ils décident plutôt de leur extension dans la société globale, de leur accélération ou de leur stabilisation.

Dans cette perspective, nous voulons maintenant dégager ce que sont devenus les partis politiques provinciaux depuis dix ou quinze ans. Plusieurs traits que nous avons établis demeurent, mais d'autres se modifient, sans qu'il soit possible, encore une fois, de prévoir quels seront les résultats définitifs de ces modifications.

4. Les transformations du système des partis

Si on examine d'abord les résultats des élections provinciales de 1962 et de 1966, on s'aperçoit que, malgré les apparences, le système des partis est déjà différent de ce qu'il était avant 1960.

À ces deux élections, c'est le parti majoritaire, en votes obtenus tout au moins, qui reçoit des milieux urbains un appui massif, alors que l'Union Nationale ne se maintient, en 1962, et ne remporte le plus de sièges, en 1966, que grâce aux petits comtés ruraux. Donnons quelques chiffres significatifs : des 45 circonscriptions où les urbains représentaient, au moment du recensement de 1961, plus de 60% de la population, le Parti Libéral en a remporté 37 aux élections de novembre 1962, alors que, par opposition, l'Union Nationale triomphait dans 12 des 15 circonscriptions où les ruraux agricoles représentaient plus de 35% de la population. Elle gagnait aussi du terrain, par rapport à 1960, dans 16 des 25 circonscriptions où le revenu moyen des salariés ruraux n'excédait pas $2,000. En 1966, l'Union Nationale remportait la victoire dans 19 de ces circonscriptions et dans 13 des 15 circonscriptions où les ruraux agricoles formaient plus de 35% de la population. Par contre, elle ne triomphait que dans 13 des 39 circonscriptions où les urbains étaient plus de 80%.

Cette polarisation est remarquable à double titre. D'abord, parce que la situation traditionnelle est renversée et que ce sont les urbains maintenant qui assurent le succès du parti majoritaire en votes obtenus. Derrière ce renversement, il y a le fait que les ruraux qui formaient 60% de la population du Québec en 1901, et 44% en 1931, n'étaient plus que 26% en 1961.

En outre, les élections de 1962 et 1966 sont peut-être les premières au Québec où une division aussi nette se manifeste entre les électeurs d'un certain niveau d'instruction, d'occupation ou de revenu, et les autres. On se rappelle, d'ailleurs, qu'en 1962 la campagne des libéraux, centrée sur la nationalisation de l'électricité et le slogan « Maîtres chez nous », visait avant tout les classes supérieures et les classes moyennes, alors que l'Union Nationale cherchait à s'attirer le vote des « gagne-petit », c'est-à-dire des classes défavorisées de la population. La polarisation fut moins nette en 1966, à cause de la variété des thèmes électoraux, mais elle n'en fut pas moins évidente au niveau local surtout. Survenant après la poussée créditiste aux élections fédérales de 1962 et 1963, les résultats de ces deux élections indiquaient déjà le déclin des divisions partisanes traditionnelles et un impact de plus en plus prononcé des clivages socio-économiques sur les résultats électoraux, et par là sur les partis eux-mêmes.[8]

Ces deux caractéristiques se retrouvent dans les résultats des élections provinciales de 1970. L'Union Nationale n'obtient plus que 16% du vote des inscrits, alors que deux nouveaux partis, le Parti Québécois et le Ralliement Créditiste, obtiennent ensemble 29% de ce vote (20% au Parti Québécois et 9% au Ralliement Créditiste). Il y a donc réalignement important des divisions partisanes. Quant aux clivages socio-économiques, ils se maintiennent, tout en s'exprimant autrement dans un système où l'on compte maintenant quatre partis au lieu de deux. Comme au cours des années soixante, les électeurs non francophones du Québec continuent d'appuyer massivement le Parti Libéral. Ce parti demeure également un parti plus urbain que l'Union Nationale, dont le déclin, à Montréal, est tout particulièrement important. Mais les deux nouveaux partis empruntent aux deux partis traditionnels des caractéristiques que ceux-ci avaient prises au cours des années soixante. C'est maintenant le Parti Québécois, bien plus que le Parti Libéral, qui apparaît comme un parti de gens instruits, et c'est le Ralliement Créditiste, bien plus que l'Union Nationale, qui apparaît comme un parti d'électeurs peu scolarisés. Le Parti Libéral et l'Union Nationale n'ont plus de caractéristiques nettes sur ce plan, alors que le Parti Québécois et le Ralliement Créditiste apparaissent aussi contrastés que pouvaient l'être les deux partis traditionnels en 1962.[9]

---

[8] Les différences électorales entre les deux partis ont été étudiées plus en détail dans Vincent Lemieux, « Québec — Heaven is Blue and Hell is Red », dans Martin Robin (éd.), *Canadian Provincial Politics*, Scarborough, Prentice-Hall of Canada, 1972, pp. 262-289. Voir aussi les deux études de Maurice Pinard, « Classes sociales et comportement électoral » et « La rationalité de l'électorat : le cas de 1962 », dans Vincent Lemieux (dir.), *Quatre élections provinciales au Québec : 1956-1966*, Québec, Les Presses de l'Université Laval, 1969, pp. 141-195.

[9] Sur les élections provinciales de 1970, voir Vincent Lemieux, Marcel Gilbert et André Blais, *Une élection de réalignement*, Montréal, Éditions du Jour, 1970.

On verra, en conclusion, comment on peut interpréter ce phénomène et, plus généralement, les transformations du système des partis provinciaux du Québec.

5. Les transformations de l'organisation des partis

Ces transformations ont commencé avec la création de la Fédération libérale, au milieu des années cinquante, puis le début de structuration de l'Union Nationale en 1965. Ces deux créations qui se produisirent, remarquons-le, dans l'opposition, présentaient des caractères bien différents. L'Union Nationale s'en tenait à la constitution d'un Conseil national et à recommander la création d'associations de comtés, alors que le Parti Libéral avait mis sur pied une organisation très complexe, à tous les paliers.[10] Elle fut d'ailleurs un peu simplifiée en 1971.

Il semble qu'un des principaux objectifs des deux partis ait été de donner aux électeurs, chez qui s'affaiblissaient les traditions partisanes, une maison un peu moins close où appuyer le parti et travailler pour lui. Une autre motivation, qui rencontre celle-ci, fut sans doute de bâtir un parti apte à faire face à des activités connectrices et à guider des activités gouvernementales de plus en plus complexes, que le parti soit au gouvernement ou dans l'opposition.

Dès sa création, en 1968, le Parti Québécois se donnait une organisation officielle aussi complexe que celle du Parti Libéral, bien que différente. La principale nouveauté consistait à faire coexister deux réseaux dans l'organisation du parti, l'un orienté vers le programme ou, si l'on préfère, vers la fonction « politique » du parti, l'autre orienté vers les services, c'est-à-dire vers la fonction « électorale ».[11] Dans les termes que nous avons utilisés pour classer les activités des partis, on peut dire que le réseau « programme » recouvre surtout les activités gouvernementales et les activités de connexion ascendante du parti (des publics au gouvernement), tandis que le réseau « service » recouvre plutôt les activités électorales et de connexion descendante (du gouvernement aux publics). Le Ralliement Créditiste, pour sa part, se donnait une organisation beaucoup plus simple, davantage apparentée à celle de l'Union Nationale qu'à celle des deux autres partis. Le chef du parti y avait toutefois des prérogatives moins grandes que dans l'Union Nationale, comme on allait le constater par la suite.

---

[10] Sur les réactions qu'a provoquées, au plan local, cette organisation officielle, voir Paul-André Comeau, « Les transformations du Parti Libéral québécois », *Revue canadienne d'économique et de science politique*, août 1965, pp. 358-367.

[11] Cette distinction est faite dans André Larocque, *Défis au Parti Québécois*, Montréal, Éditions du Jour, 1971. Cet ouvrage donne une bonne description de l'organisation officielle du Parti Québécois.

La volonté, encore mal assurée, de répondre, par des organisations nouvelles aux défis nouveaux qui confrontent les partis, s'observe dans les modifications qui se sont produites à chacun des trois paliers structurels que nous avons distingués plus haut : le palier de la direction, celui de la base, et celui des articulations entre les deux.

Les parlementaires ont toujours une influence prédominante à la tête des deux partis traditionnels, et dans les deux autres, leur influence réelle est plus grande que leur autorité officielle. Mais ils sont maintenant entourés de spécialistes ou de permanents qui sont payés par le parti ou qui travaillent pour lui dans les différents comités ou commissions qui assistent la direction centrale.[12] Les partis, eux aussi, commencent à avoir leurs «technocrates» et on peut dire que le rôle de ceux-ci fut important dans les victoires libérales de 1960, de 1962 et de 1970. De ce point de vue, l'Union Nationale a marqué un retard qui l'a défavorisée lors de ces élections. Mais, sous Gabriel Loubier, l'Union Nationale s'est entourée de jeunes techniciens, aussi efficaces selon elle que ceux qui travaillent pour le Parti Québécois. Seul le Ralliement Créditiste n'a pas encore emboîté le pas, mais tout indique qu'il finira par le faire lui aussi.[13]

À la base, les partis ont fait des efforts pour devenir des partis de masse, comme ils disent parfois. Là où l'on n'avait autrefois que des groupes informels et restreints d'organisateurs, on a voulu grouper le plus grand nombre possible de partisans, hommes, femmes ou jeunes. Ces tentatives, qui s'inspiraient d'une formule dépassée, ont abouti à un échec ou à un quasi-échec. Les libéraux sont retombés à 50 000 membres environ, après en avoir compté beaucoup plus vers 1960 ; quant à l'Union Nationale, après avoir prétendu un temps compter 150 000 membres, elle a avoué, au cours de 1965, que quelques milliers seulement payaient la cotisation annuelle de $1 et son Conseil national a décidé que, désormais, il n'en coûtera rien pour adhérer au parti. Le Parti Québécois oscille autour du chiffre de 50 000 membres, et le Ralliement Créditiste en compte beaucoup moins. On est donc loin des grands nombres et de l'autofinancement par les membres, loin aussi de l'éducation politique selon une doctrine partisane, traits qui caractérisent les véritables partis de masse. Notons, toutefois, que les associations de comtés existent dans le Parti Libéral et le Parti Québécois, que ces associations se réunissent en assemblée, élisent des officiers, et qu'elles sont, pour les associations locales qu'elles regroupent, la voie d'accès officielle vers le député ou la direction du parti.

---

[12] Pour d'autres aspects de l'évolution du rôle du député, voir Jean-Charles Bonenfant (suivi d'un commentaire de Robert Boily), « L'évolution du statut de l'homme politique canadien-français », *Recherches sociographiques*, janvier-août 1966, pp. 117-129.
[13] Un diplômé en Science politique a été engagé, en 1972, pour assister le leader parlementaire du parti.

Les partis provinciaux du Québec

Nous touchons ici aux articulations entre les associations locales et la direction du parti. En plus des associations de comtés, il y a, dans le Parti Libéral et le Parti Québécois, des instances régionales, ce qui est un fait nouveau et sans doute indicatif d'une prise de conscience qui se produit actuellement au Québec. Les associations de comtés envoient des délégués officiels à ces instances, ainsi qu'au congrès général du parti, et elles sont représentées au Conseil national de l'Union Nationale, au Conseil général du Parti Libéral, au Conseil national du Parti Québécois et au Conseil provincial du Ralliement Créditiste. Ces organes de direction peuvent exercer certains contrôles sur les organisations de comtés, ce qui est un autre fait nouveau par rapport à l'autonomie quasi totale dont jouissait, il y a quelques années encore, l'organisation du parti dans le comté.[14]

Ces transformations, qui ont été accomplies au moins sur le papier, sont l'indice de ce qui est en train de changer dans les activités des partis et dans les situations auxquelles ces activités doivent répondre.

6. *Les transformations des activités des partis*

L'objet premier des partis reste le même : il est toujours de remporter la victoire aux élections pour pouvoir ainsi constituer le gouvernement. Mais, pour arriver à cette fin, les incitations électorales traditionnelles qu'offraient les partis ont perdu de leur efficacité. Les partis doivent maintenant en offrir de nouvelles, de même qu'ils doivent redéfinir leurs activités de connexion et leurs activités gouvernementales.

Nous avons déjà noté le déclin de l'esprit partisan et donc de l'identification traditionnelle au parti. C'est une remarque qui revient souvent dans la bouche des organisateurs politiques. Pour beaucoup d'électeurs, le parti n'est plus ce qu'il était « au temps des vieux ». L'identification aux hommes politiques ne peut plus être la même, également, maintenant qu'on les montre en gros plan à la télévision, ce qui ne les sert pas toujours.

Quant à la possibilité de faire carrière dans la politique, c'est là une incitation qui n'a jamais tenté et qui ne tente encore aujourd'hui qu'un tout petit nombre d'électeurs partisans. Là aussi, la situation change; il semble que, de plus en plus, les partis feront appel à des hommes dont les états de service dans le parti compteront moins que la compétence ou la réussite

---

[14] Sur l'organisation des partis du Québec, on trouvera quelques données, présentées selon un schéma conceptuel unifié, dans Vincent Lemieux et François Renaud, *Les organisations partisanes au Québec* (Annexe A à un rapport de recherche sur *Les partis dans la région de Québec*), Québec, 1970 (polycopié).

dans un domaine autre que politique, et il est probable que cette tendance se généralisera, même au niveau de la simple députation.[15]

On dit parfois que les années présentes sont celles de la « fin des idéologies ». On a raison si on veut indiquer par là qu'il n'y aura plus d'élites ou de notables qui, monopolisant l'information et la culture politiques, pourront imposer aux publics électoraux leurs vues abstraites et moralisatrices. Ou plutôt, une certaine élite continuera sans doute de pratiquer ces vues, faute de réussir d'autres pratiques, mais les partis voudront de moins en moins les reprendre à leur compte, car elles n'ont plus d'avenir chez des publics qui disposeront, de plus en plus, de la formation et de l'information suffisantes pour en mesurer le vide.

Enfin, les plus importantes rétributions dont disposaient les partis, soit les rétributions matérielles, généralement distribuées par patronage, sont maintenant beaucoup plus restreintes. Elles n'ont plus tout à fait le même attrait dans une société où la formation technique augmente.

Des mesures mieux réglementées ou plus collectives, qui sont administrées par des bureaucraties assez imperméables au pouvoir politique, ont remplacé la plupart des redistributions personnelles et localisées de jadis. C'est surtout le « gros » patronage qui subsiste, au profit des entrepreneurs, vendeurs, ingénieurs, architectes, avocats, etc. Il sert à garnir la caisse des partis, mais son impact électoral n'est pas aussi direct et aussi étendu que celui du «petit» patronage. D'ailleurs, la campagne de 1970 du Parti Québécois et du Ralliement Créditiste a montré que le travail bénévole des militants pouvait être aussi efficace, sinon plus, que celui, bien payé, des organisateurs traditionnels.[16]

Les partis ont tenté, non sans difficulté, de substituer aux incitations électorales traditionnelles des incitations nouvelles. Les programmes électoraux se sont généralisés. Aucun des deux partis n'avait un programme en 1956, seul le Parti Libéral en avait un en 1960, et seule l'Union Nationale en avait un en 1962. Mais en 1966 et en 1970, tous les partis ont présenté un programme écrit au corps électoral. Ils ont aussi tenté de construire une image favorable des chefs que l'on voit fréquemment à la télévision. Ces deux incitations nouvelles sont plus « nationales » que les anciennes, plutôt locales. Les programmes et l'image des chefs sont aussi projetés dans le fu-

---

[15] Cette tendance, au niveau de la politique fédérale, a été étudiée avec perspicacité par John Meisel, dans « The Stalled Omnibus : Canadian Parties in the 1960s », *Social Research*, Autumn 1963, pp. 367-390.
[16] Sur ces questions et plus généralement sur les activités des partis provinciaux, voir Vincent Lemieux et François Renaud, *Les partis dans la région de Québec*, Québec, 1970 (polycopié).

tur, bien plus qu'ils n'illustrent le passé, contrairement à ce que l'Union Nationale, sous Duplessis, disait de ses réalisations et de son chef.[17]

La projection dans le futur est sans doute symptomatique de la difficulté que les partis ont eu à gouverner le Québec depuis le milieu des années soixante. De 1962 à 1966, puis de 1966 à 1970, le parti ministériel a, en effet, subi un recul électoral important qui manifestait l'insatisfaction d'un grand nombre d'électeurs envers le gouvernement des partis.[18]

La politique au Québec n'est plus une simple affaire de voirie, de travaux publics, d'agriculture et de colonisation; que ce soit dans le domaine de l'éducation, des affaires sociales, des affaires économiques ou du travail, les mesures étatiques sont de plus en plus nombreuses et les problèmes qu'elles soulèvent, ou tentent de régler, font de plus en plus l'objet de débats et de luttes politiques, auxquels les partis ne sont plus les seuls à participer, et qui risquent toujours d'aliéner au parti ministériel les groupes et les individus forcément très nombreux qui s'estiment perdants.

Ces problèmes politiques, qui augmentent et se diversifient, sont aussi de moins en moins locaux et de plus en plus régionaux et provinciaux. D'où la nécessité pour les partis de s'ouvrir par des activités connectrices appropriées aux régions et à l'ensemble de la société.

De plus, parce qu'ils sont plus complexes ainsi que plus régionaux et plus provinciaux, ces problèmes, qui se posent aux partis politiques, ne peuvent être compris, étudiés ou réglés qu'avec le concours des individus et des groupes qui les vivent quotidiennement et qu'on ne trouve pas nécessairement dans les rangs du parti.

D'où les congrès ou assises ouverts à des experts non partisans, les réunions de penseurs, les séances d'information ou les colloques organisés pour des groupes spécialisés, qu'ont commencé de pratiquer, à des degrés divers, les partis provinciaux du Québec. Le Parti Québécois a, jusqu'à maintenant, compté presque uniquement sur ses propres ressources humaines pour animer ces réunions, tandis que l'Union Nationale, plus encore que le Parti Libéral, a ouvert ses portes à des ressources de l'extérieur. Le Ralliement Créditiste n'a eu, jusqu'à maintenant, que des velléités dans ce

---

[17] Sur les plates-formes électorales et la présentation des chefs, de 1956 à 1966, voir Vincent Lemieux, « Les plates-formes électorales des partis », dans Vincent Lemieux (dir.), *Quatre élections provinciales au Québec: 1956-1966*, Québec, les Presses de l'Université Laval, 1969, pp. 29-66.
[18] Nous avons tenté de donner une explication de ce phénomène dans « Les partis et leurs contradictions », dans Jean-Luc Migué (dir.), *Le Québec d'aujourd'hui*, Montréal, Hurtubise-HMH, 1971, pp. 153-171.

domaine, exprimant quand même le désir de se laisser envahir par des « jeunes » et des « intellectuels ».

7. Les différences idéologiques entre les partis

A y regarder de près, les activités et l'organisation des partis, ainsi que leurs positions dans le système de partis, manifestent assez clairement des différences idéologiques ou, si l'on préfère, culturelles, qui sont reliées à la « révolution tranquille » et, plus spécialement, à ce qu'elle a changé dans la société québécoise, entendue comme relation d'un gouvernement et d'une communauté.

Le Parti Québécois a des positions nettes à cet égard. Héritier de la révolution tranquille, il accorde au gouvernement un rôle moteur dans l'organisation de la communauté. S'il veut faire l'indépendance du Québec, c'est pour que tous les pouvoirs soient remis à un gouvernement qui puisse ainsi diriger comme il l'entend la société québécoise. Il n'est pas étonnant qu'il ait été appuyé, jusqu'à maintenant, par des classes de la population qui ont largement profité de la révolution tranquille. Elles estiment avoir peu à perdre d'une intervention de plus en plus active du gouvernement dans la communauté, ou encore, elles estiment que l'intervention des gouvernements libéraux ou unionistes, tout en étant inévitable, ne s'est pas exercée dans le bon sens. Il n'est pas étonnant non plus qu'un tel parti très interventionniste se soit donné une organisation aussi élaborée que le type de gouvernement qu'il propose, et qu'il tempère son interventionnisme par une insistance sur la participation sans laquelle le rôle moteur du gouvernement risque de tourner à la bureaucratie. Le Parti Québécois, parce qu'il défend une cause, l'indépendance, dont la valeur sentimentale est grande chez la jeunesse instruite du Québec, peut compter sur un bénévolat actif. D'autant plus que le parti n'a jamais connu l'épreuve du gouvernement.

À l'opposé du Parti Québécois, on trouve le Ralliement Créditiste. Pour lui, la révolution tranquille a surtout signifié chambardement, bureaucratisation, renforcement d'une classe politique qui croit savoir ce qui est bon pour la population. Le Ralliement estime que la communauté n'est pas aussi déficiente que le laisse supposer l'action trop interventionniste du gouvernement. Ce parti trouve sa clientèle dans des milieux où les solidarités traditionnelles résistent et qui ont peu profité de la révolution tranquille: cultivateurs, commerçants, petits vendeurs, artisans, ouvriers qui habitent hors des grands centres. L'organisation légère et fraternelle qu'il s'est donnée est, elle aussi, à l'image du gouvernement projeté. L'insistance sur la participation et sur les communications dans les deux sens n'est pas nécessaire dans un parti formé par l'imbrication les uns dans les autres de

Les partis provinciaux du Québec 67

groupes primaires. Enfin, l'attachement aux hommes et à ce qui reste de la doctrine créditiste, ainsi que la générosité traditionnelle des milieux où excellent les créditistes assurent un bénévolat pour le moins comparable à celui du Parti Québécois.

Le Parti Libéral, qui a porté, jusqu'au milieu des années soixante, la révolution tranquille, demeure un parti interventionniste, mais qui a opté pour une augmentation des ressources matérielles à l'intérieur du fédéralisme. Son action économique dans la société québécoise parvient mal à se dégager des contraintes créées par les réformes coûteuses de l'éducation, puis des affaires sociales. Il n'en attire pas moins les professionnels, les cadres, les milieux d'affaires — tout spécialement les vendeurs — ainsi que de nombreux ouvriers. Peu électoraliste avant 1966, l'action du Parti Libéral l'est devenue beaucoup plus après 1970. L'organisation du parti, comme ses activités de connexion, s'est conformée de plus en plus nettement à l'image de son style de gouvernement qui se veut compétent, gestionnaire et assez peu régionalisé. Ce style de gouvernement se laisse finalement assez peu informer par les aspirations nouvelles et minoritaires de milieux défavorisés qui n'ont pas un poids électoral comparable à leurs convictions. À choisir entre les minorités, le Parti Libéral a tendance à préférer celles des biennantis.

La nouvelle Union Nationale trouve difficilement sa place à travers les plates-bandes des trois autres partis qui recouvrent entièrement les positions qui peuvent être prises par rapport à la révolution tranquille et à l'indépendance du Québec. Il lui resterait, logiquement, à être non-interventionniste et indépendantiste, ce qui est difficilement concevable. Non-interventionniste au début des années soixante, l'Union Nationale a été impuissante à maintenir tout à fait cette position de 1966 à 1970. Fédéraliste, bien qu'autonomiste jusque-là, elle a côtoyé, sous Daniel Johnson, les rives de l'indépendance. Son organisation et ses activités ont manifesté la même hésitation au cours des années soixante : elle a tenté de se donner des structures plus officielles et de s'ouvrir davantage à des expertises autres qu'électoralistes. Il semble qu'elle ait choisi de devenir — ou de redevenir — une réplique un peu plus autonomiste, un peu plus régionalisée et un peu moins technocratisée du Parti Libéral.

Le succès ou non de cette nouvelle Union Nationale, dans sa tentative de reprendre pied en politique provinciale, pourra bien commander le sort de tous les autres partis. Si elle réussit, le Parti Libéral pourra y perdre une partie de sa clientèle de petites et de moyennes affaires, et la montée du Ralliement Créditiste pourra trouver son terme autour d'un 10 ou 15% des inscrits. Si elle échoue, le Ralliement, à condition qu'il se « modernise », pourrait bien devenir un parti aussi important que le Parti Québécois qui serait alors réduit à n'être *qu'une* des solutions de rechange au Parti Libéral. Les leaders du Parti Québécois, dont René Lévesque, savent bien qu'il leur faut éviter cela à tout prix, et s'imposer, dès les prochaines élections générales, comme *la* solution de rechange. Que cela arrive et l'on pourra croire qu'un gouvernement dirigé par le Parti Québécois ne sera plus qu'une question d'années. Mais si l'Union Nationale ou le Ralliement Créditiste (ou une fusion toujours possible des deux) s'impose comme l'autre grand parti, l'avenir du Parti Québécois apparaîtra pour le moins incertain[19].

---

[19] Il est inutile de dire que cette conclusion, comme bien d'autres passages de cet article, est « datée » dans le temps. Dans l'état d'évolution constante et peu prévisible où se trouvent les partis provinciaux du Québec, il est impossible d'écrire un article un peu actuel qui ne soit en même temps susceptible d'être démodé d'ici peu.

Les positions des partis

Vincent LEMIEUX
Département de Science politique
Université Laval

Dans les études* sur les partis et les élections, une technique et une méthode règnent actuellement : la technique des sondages et la méthode « causale ». La technique n'a pas besoin de présentation, puisque, par les journaux, elle a atteint le « grand public ». La méthode, par contre, exige quelques précisions, car les méthodologues, pas plus que les chercheurs, n'arrivent à s'entendre sur la notion de causalité.

De façon très générale, on entendra par méthode causale, toute méthode qui pose des liens de dépendance entre variables, que cette dépendance soit temporelle ou non, qu'elle soit unilatérale ou bilatérale (dans ce dernier cas, on parle d'effets d'interaction, de feedback, etc.). Les termes mêmes de variable indépendante et de variable dépendante illustrent bien le parti pris de ce que nous nommons la méthode causale.

1. Deux genres d'explication

On ne discutera pas ici des différentes techniques d'analyse de la méthode causale, mais plutôt de l'épistémologie sous-jacente.[1] Dans un article fort éclairant, Miguelez[2] l'a désignée comme une épistémologie qui formule des explications en termes de *régularités*, à laquelle il oppose une épistémologie nouvelle qui formule plutôt des explications en termes de *position*.

---

* Les remarques de Maurice Pinard et d'André Blais m'ont aidé à réviser une première version de cette étude. Je les en remercie très sincèrement. Cet article est déjà paru, sous une version légèrement modifiée, dans mon volume, *Le quotient politique vrai : le vote provincial et fédéral au Québec*, Presses de l'Université Laval, 1973, qui en autorisent la publication.

[1] On pourra lire, au sujet de l'analyse causale, le livre de H.M. Blalock, *Cuasal Inference in Non-Experimental Research*, Chapel Hill, the University of North Carolina Press, 1961. Pour une brève présentation des techniques, voir S. Carlos, « Les cheminements de la causalité », *Sociologie et Sociétés*, novembre 1970, pp. 189-201.

[2] R. Miguelez, « L'explication en ethnologie », *Information sur les sciences sociales*, juin 1969, p. 27-58.

Qu'elle procède de façon déductive ou inductive, la méthode causale recherche des lois générales qui seront confirmées dans la vérification d'hypothèses ou qui seront induites d'un certain nombre de généralisations empiriques. Miguelez résume cette démarche au moyen d'une équation qui relie trois termes : une loi, L ; une cause, C ; un fait ou un ensemble de faits, E. Dans sa forme déductive, l'explication en termes de régularités pose : L.C. ⟶ E. De la conjonction d'une loi(L) et d'une proposition causale (C) découle une explication des faits (E). Par exemple, dans le domaine des études électorales, si on a une loi voulant que le choix partisan des pères et des fils soit d'autant plus semblable qu'ils demeurent près l'un de l'autre (L) ; et qu'une enquête montre que la distance moyenne entre eux (C) a augmenté de l'élection E_1 à l'élection E_2, on en déduira qu'à cause de cela leur choix partisan différera davantage à la seconde élection qu'à la première (E).

La démarche inductive, quant à elle, peut être exprimée ainsi : E.C. ⟶ L. De la conjonction d'un ensemble de faits (E) et d'une cause (C), on induit une loi générale (L).

Dans son article, Miguelez montre par un exemple précis qu'on peut fournir deux explications tout à fait différentes et même contraires d'un même ensemble de faits, en suivant, de façon pourtant rigoureuse, la méthode causale d'explication en termes de régularités. La divergence se fonde sur les présupposés initiaux : choix d'*une* théorie et de *certaines* variables indépendantes, de *certains* indicateurs de ces variables et de *certaines* techniques d'analyse. Ces choix sont rarement, sinon jamais, justifiés par le domaine de recherche considéré — et encore moins par la façon dont les hommes « vivent » ce domaine — mais plutôt par des raisons de commodité, de tradition scientifique ou de simple caprice du chercheur. On pourrait donner de multiples exemples de ces présupposés divergents dans le domaine des études électorales, mais ce serait l'objet d'une autre étude... Enregistrons plutôt, pour le moment, la forte conclusion de Miguelez au sujet des explications en termes de régularités :

> ... l'impossibilité où nous nous trouvons de pouvoir décider empiriquement, entre les divers présupposés, le fait que leur plausibilité dépend exclusivement de l'unité explicative dont ils font partie, amène à un véritable cercle vicieux : d'une part, ils créent la cohérence de l'unité explicative, mais, d'autre part, c'est cette cohérence qui, en retour, fait leur plausibilité.

Comment pourrait-on échapper à ce cercle vicieux ? Il y a, nous semble-t-il, deux et seulement deux possibilités :

Ou bien formuler des hypothèses causales authentiques, c'est-à-dire des hypothèses où le rapport légal qui relie les variables ne

Les positions des partis

dépende pas d'un présupposé quelconque, mais, alors, la recherche comparative s'avère impuissante à vérifier de telles hypothèses ;
Ou bien partir d'un nouveau présupposé et construire un nouvel agencement ou, peut-être, reformuler, d'une façon intégrale, l'ensemble des propositions qui composent l'unité explicative. Mais nous ne recontrerons pas alors de processus de raffinement graduel et systématique d'un ensemble d'hypothèses légales, mais un ensemble d'explications indépendantes des mêmes faits élaborées avec des propositions plus ou moins générales qu'on ne peut pas appeler des « lois », sinon abusivement.[3]

En face de cette impasse, Miguelez propose un autre genre d'explication qu'on trouve illustrée dans certains travaux des structuralistes et, en particulier, dans l'œuvre de Lévi-Strauss. Ce sont les explications en termes de *position* dont il résume ainsi la démarche :

Premièrement, les faits constituent le point de départ de la réflexion, autrement dit *aucun présupposé n'est décelable à sa base ;* deuxièmement, les faits constituent un ensemble complet, autrement dit *aucun découpage n'est pratiqué* sur l'ensemble de faits ; troisièmement, *ces faits apparaissent classés* d'une manière quelconque à l'observation ethnologique : c'est la pensée indigène qui pratique le découpage dans l'univers des faits et ce découpage suppose un principe d'abstraction et de classement.

Si ce principe était formulé et son action transparente, l'ensemble de faits découpés par la pensée indigène apparaîtrait comme un ensemble cohérent, à moins de taxer d'incohérence la pensée indigène elle-même. Or, les éléments forment un ensemble que l'observation immédiate peut qualifier d'hétéroclite. Il faut donc supposer l'existence d'un principe d'organisation, et l'explication des faits ne sera alors que *l'explication de leur agencement particulier par la mise en lumière du principe qui commande cet agencement.* Nous appellerons « explication en termes de position » ce genre particulier d'explication.[4]

Si on veut l'exercer dans le domaine des études, électorales ou autres, sur les partis, ce genre d'explication exige une rupture radicale avec les façons habituelles de procéder, tributaires des explications en termes de régularités. La technique du sondage doit être écartée d'emblée puisqu'elle pra-

---

[3] R. Miguelez, pp. 43-44.
[4] R. Miguelez, p. 50. Les italiques sont dans le texte.

tique au départ un découpage indu sur l'ensemble des faits, et encore plus parce que le découpage qu'elle propose est celui de l'observateur et non pas de la « pensée indigène », entendez : les agents sociaux qui vivent et conçoivent dans leurs propres termes le domaine d'action étudié.

Il faut plutôt retenir tous les faits d'un domaine donné d'action, et chercher le ou les principes d'organisation de ces faits tels qu'ils ont été produits dans l'action elle-même, et non plus tels qu'ils sont constitués ou reconstitués par le découpage de l'observateur. On voudrait faire ici l'essai de cette méthode, dans l'étude des rangs ou positions respectives occupées par les partis lors des élections provinciales de 1970, au Québec.

2. Les rangs à l'échelle des circonscriptions

On entend par rangs des partis, leur place dans un ordre qui va du parti ayant obtenu le plus de votes au parti ayant obtenu le moins de votes. Si on symbolise les partis ainsi :

L : Parti Libéral

Q : Parti Québécois

C : Ralliement Créditiste

U : Union Nationale

L'ordre, entre eux, à l'échelle de l'ensemble du Québec, lors des élections provinciales de 1970, fut : LQUC. Il s'agit de l'ordre des *votes*, et non de l'ordre des *sièges* qui fut plutôt LUCQ.

Les rangs des partis à cette échelle ne présentent aucun intérêt puisqu'on ne peut les comparer à rien. Il n'y a là qu'un fait et non pas un ensemble de faits. Il n'en va pas de même à l'échelle des circonscriptions où on a déjà une plus grande variété de faits, comme le montre le tableau 1. L'échelle des circonscriptions apparaît significative du point de vue des agents eux-mêmes du domaine qui nous intéresse. L'élection des candidats se fait à cette échelle, et avec un mode de scrutin qui veut qu'un seul parti remporte toute la victoire, c'est-à-dire obtienne un siège au Parlement, les résultats obtenus au niveau des circonscriptions ont une forte signification, conférée par les règles mêmes du jeu.

Le vote des électeurs a produit 12 ordres différents, sur une possibilité de 24 (4! = 24). Avant de s'interroger sur les permutations absentes, notons les traits les plus apparents des permutations réalisées :

Les positions des partis

Tableau 1
Les différents ordres définis par les positions des partis à l'échelle des circonscriptions

CLQU (3)
Abitibi-Est
Richmond
Rouyn-Noranda

LCQU (3)
Chauveau
Drummond
Sherbrooke

LUCQ (8)
Brôme
Champlain
Charlevoix
Kamouraska
Limoilou
L'Islet
Papineau
Rivière-du-Loup

QLUC (7)
Bourget
Gouin
Lafontaine
Maisonneuve
Saguenay
Sainte-Marie
Saint-Jacques

ULCQ (7)
Bagot
Bellechasse
Maskinongé
Montmagny
Shefford
Témiscouata
Wolfe

UQLC (1)
Saint-Maurice

CLUQ (6)
Abitibi-Ouest
Dorchester
Lévis
Lotbinière
Portneuf
Saint-Sauveur

LCUQ (6)
Arthabaska
Compton
Laviolette
Montmorency
Stanstead
Témiscamingue

LUQC (17)
Argenteuil
Bonaventure
Châteauguay
Deux-Montagnes
Gaspé-Sud
Gatineau
Huntingdon
Iles-de-la-Madeleine
Joliette
Pontiac
Richelieu
Roberval
Rouville
Saint-Hyacinthe
Trois-Rivières
Vaudreuil-Soulanges
Yamaska

ULQC (9)
Berthier
Chicoutimi
Dubuc
Gaspé-Nord
Iberville
Labelle
Missisquoi
Montcalm
Nicolet

CULQ (3)
Beauce
Frontenac
Mégantic

LQUC (38)
Ahuntsic
Beauharnois
Bourassa
Chambly
D'Arcy McGee
Dorion
Duplessis
Fabre
Hull
Jacques-Cartier
Jeanne-Mance
Jean-Talon
Jonquière
Lac-St-Jean
L'Assomption
Laurier
Laval
Louis-Hébert
Marguerite-Bourgeois
Matane
Matapédia
Mercier
Napierville-Laprairie
Notre-Dame-de-Grâce
Olier
Outremont
Rimouski
Robert Baldwin
Sainte-Anne
Saint-Henri
Saint-Jean
Saint-Laurent
Saint-Louis
Taillon
Terrebonne
Verchères
Verdun
Westmount

1. Cinq des six ordres possibles où les libéraux viennent en tête se réalisent. Dans le cas de l'Union Nationale et du Ralliement Créditiste, trois sur six des ordres qu'ils dominent se réalisent. Quant au Parti Québécois, il ne vient en tête que d'un seul ordre possible sur six.

2. Cet ordre unique est QLUC. Quand le Parti Québécois arrive en tête, les libéraux sont toujours deuxièmes ; les unionistes, troisièmes ; et les créditistes, quatrièmes. Cet ordre se réalise aussi bien dans le Saguenay que dans les circonscriptions de la région montréalaise.

3. Inversement, les libéraux ne viennent jamais au dernier rang et l'Union Nationale n'y vient que dans 2 permutations sur 12, tandis que le Parti Québécois et le Ralliement Créditiste sont derniers dans 5 permutations sur 12.

4. Les circonscriptions qui réalisent une même permutation ont parfois des caractéristiques communes apparentes. Ainsi Beauce, Frontenac et Mégantic, qui donnent l'ordre CULQ, sont voisines. D'autres séquences territoriales se retrouvent dans une même permutation, même si elles ne l'épuisent pas : Dorchester-Lévis-Lotbinière (CLUQ) ; L'Islet-Kamouraska-Rivière-du-Loup (LUCQ) ; Chicoutimi-Dubuc (ULQC) ; etc.

Douze permutations n'ont pas été réalisées, soit :

CQLU	LQCU	QCLU	UCLQ
CQUL		QCUL	UCQL
CUQL		QLCU	UQCL
		QUCL	
		QULC	

Reste à savoir pourquoi ces douze permutations sont absentes, ou — ce qui revient au même — pourquoi les douze autres sont apparues. Autrement dit, dans les termes mêmes de Miguelez, quel est le principe d'organisation pouvant expliquer l'agencement particulier de ces résultats qui apparaissent hétéroclites à l'observation immédiate ? Pourquoi CULQ a-t-il été réalisé (trois fois), et non pas CQLU ? Pourquoi ULQC (neuf fois), et non pas UCLQ ? Un observateur attentif de la scène politique trouvera, bien sûr, une explication à chaque coup. Il vous dira que CQLU ne pouvait se réaliser parce qu'il était impensable, en 1970, que les deux tiers partis arrivent aux deux premiers rangs ; que UCLQ n'était pas possible parce que là où l'Union Nationale est demeurée forte, les créditistes ne pouvaient pas être très forts... Pourtant, CULQ a été réalisé trois fois !

Une suite, même intelligente, d'explications parcellaires ne peut permettre d'elle-même d'accéder au principe d'organisation des faits observés.

Les positions des partis 75

Il faut suivre une autre voie qui peut d'abord apparaître plus abstraite, mais qui, comme on le verra, a l'avantage de rendre compte de tous les faits ou presque, avec une grande économie d'explications.

Cette voie consiste, selon la méthode même énoncée par Miguelez, à poser que les faits observés, c'est-à dire les 12 ordres particuliers qui ont été réalisés s'expliquent par un ou quelques ordres sous-jacents, qui commandent en quelque sorte ces ordres particuliers. Autrement dit, on suppose que les unités électorales — ici les circonscriptions — établissent un ordre en se fondant sur une espèce d'échelle ou d'axe communément admis où les partis sont disposés l'un par rapport à l'autre. Ces axes ne « causent » pas les ordres particuliers, ils sont leur commune mesure. Plus exactement, les ordres particuliers sont pensables par lex axes, mais les axes, à leur tour, ne peuvent être pensés que par les ordres particuliers.

3. Deux objections

Avant de poursuivre, il faut répondre à deux objections qui peuvent être formulées à ce moment-ci contre cette idée d'axes sous-jacents au choix collectif des unités électorales. La première porte sur la notion de choix collectif, et la seconde sur celle d'axes sous-jacents.

En considérant les circonscriptions comme des unités électorales au même titre que les individus, on assimile l'ordre des votes obtenus par les partis à l'ordre de préférence qu'un électeur établit entre ces partis. Contre cela, on pourrait objecter que s'il est sensé de parler de préférences individuelles, et d'un choix dicté par ces préférences, il ne l'est pas de parler d'un choix collectif, puisque ce choix est fondé sur une grande variété de préférences individuelles, dont il peut même arriver qu'aucune d'entre elles ne corresponde au choix collectif, alors tout à fait artificiel.

Mais est-ce bien sûr que les préférences d'un individu ne sortent pas elles-mêmes de l'agrégation d'un grand nombre de préférences partielles ? Leur sublimation en un ordre présumément « individuel », au niveau de la conscience, peut être encore plus artificielle que l'agrégation des préférences individuelles en une préférence collective, qui elle au moins se fait selon des règles fixes. Le mathématicien Barbut a bien montré la fragilité des préférences individuelles et des choix qu'elles commandent, quand on les voit dans cette perspective :

> (Soit) le cas d'un individu qui ... est placé devant plusieurs options entre lesquelles il veut déterminer son ordre de préférence ; mais ces options, il pourra en général les classer au moyen de plusieurs critères, ou, si l'on veut, en se plaçant de plusieurs « points de vue » : le classement qui lui semblera le meilleur du point de

vue de sa profession, par exemple, sera très différent de celui auquel il aboutira en tant que père de famille, ou comme homme politique ou membre d'une certaine religion. Si l'on assimile ces diverses personnalités aux votants du problème de Condorcet, on est ramené à la même situation de décision collective ; dans cette hypothèse, chacun de nous serait, en face d'une décision à prendre, une assemblée délibérante où s'affrontent des individualités aux intérêts divergents.[5]

Les objections à la notion d'un choix collectif reposent en fait sur un individualisme idéologique et, par là, méthodologique qui postule que l'individu est la réalité première dont est faite ensuite la collectivité, alors que d'autres cultures et d'autres civilisations postulent plutôt que la collectivité est la réalité première où se découpent ensuite des individus.[6] Ce « collectivisme » vaut bien, méthodologiquement, notre individualisme qui se survit encore. Quoi qu'il en soit, la relativité qu'il établit dans les sciences de l'homme nous permet de maintenir, au même titre que celle de choix individuel, la notion d'un choix collectif qui, comme l'autre, est composé des « individualités » dont parle Barbut.

La seconde objection porte sur la « réalité » d'axes sous-jacents qui réduiraient le nombre des ordres réalisables. Elle vise, en somme, l'existence même des principes d'organisation dont parle Miguelez, et pose, plus généralement, un problème épistémologique fondamental dans toutes les sciences. Si on croit en celles-ci, une réponse s'impose : pour expliquer une disposition non aléatoire des faits, il faut dégager l'ordre ou la structure la plus simple possible qui permette de rendre compte de tous les faits, et qui fasse sens par rapport aux explications voisines, — dont la nouvelle explication pourra fort bien, d'ailleurs, exiger la reformulation.

On voit de quelle « réalité » relèvent les axes sous-jacents. Ce n'est pas uniquement de celle qui est perçue par les individus confrontés à un questionnaire. Elle est plutôt sous-jacente à tout ce qu'ils expriment dans leurs pratiques comme dans leurs représentations, mais ils ne parviennent jamais à se la représenter tout à fait à eux-mêmes. Car, selon la forte affirmation de Marx, dans *Le Capital*, « toute science serait superflue si l'apparence et l'essence des choses se confondaient ».

Quant à la constitution même des axes sous-jacents, nous postulons que dans un système de partis qui fut longtemps dualiste ils continuent de

---

[5] M. Barbut, « Quelques aspects mathématiques de la décision rationnelle ». *Les temps modernes*, octobre 1959, p. 736.
[6] Cette primauté du collectif sur l'individuel a été fortement montrée dans les travaux de Paul Mus sur l'Asie. Voir, par exemple, son ouvrage posthume, *Hô Chi Minh, Le Vietnam, l'Asie*, Paris Seuil, 1971.

Les positions des partis

l'organiser autour de dualismes opposant d'abord deux partis *modaux* puis ensuite les partis *marginaux* à l'un ou l'autre des partis modaux. Les positions des partis modaux correspondent à de plus fortes concentrations d'électeurs que celles des partis marginaux. Donnons tout de suite un exemple qui fera comprendre ce postulat. On peut penser qu'au Québec, avant les élections générales de 1970, le dualisme *premier* opposait l'Union Nationale et le Parti Libéral, partis « modaux ». Mais, à ce dualisme premier, s'ajoutaient deux dualismes *seconds*, celui entre le Ralliement Créditiste et l'Union Nationale d'une part, et celui entre le Parti Québécois et le Parti Libéral d'autre part. Sur le plan du gouvernement interne du Québec, en effet, c'est le Parti Libéral qui s'opposait principalement à l'Union Nationale, le Parti Québécois étant au Parti Libéral ce que celui-ci était à l'Union Nationale, et le Ralliement Créditiste étant à l'Union Nationale ce que celle-ci était au Parti Libéral.[7] On a ainsi un axe qu'on peut représenter de la façon suivante :

P.Q./P.L./U.N./R.C./ (ou R.C./U.N./P.L./P.Q. peu importe).

Ou, plus simplement, selon les symboles qu'on a utilisés depuis le début :

Q/L/U/C (ou C/U/L/C).

Si ce postulat est exact, les résultats d'une élection dans une circonscription devront se conformer d'une certaine façon à un axe donné. Nous poserions à cet effet que l'un des deux partis modaux doit arriver en tête, ce qui va de soi, et que le deuxième rang doit être occupé ou bien par l'autre parti modal, ou bien par le parti marginal opposé au parti modal dominant (parce qu'il profite de la forte « visibilité » de ce parti). Plus explicitement :

1. Si un axe est opérant dans une circonscription, l'un des deux partis modaux arrivera au premier rang.

2. Le parti qui arrivera au deuxième rang sera ou bien l'autre parti modal, ou bien le parti marginal opposé au parti modal qui arrive le premier.[8] Par contre, il faut exclure la possibilité qu'un parti marginal arrive avant un parti modal avec lequel il est en opposition première.

---

[7] On peut tirer cette interprétation de certaines données présentées dans A. Blais, M. Gilbert et V. Lemieux, « The Emergence of New Forces in Quebec Electoral Politics », dans W.E. Mann (éd.), *Canada : A Sociological Profile*, Toronto, Copp Clark, 1971, pp. 537-544.
[8] Soit, pour prendre un exemple simple, un axe A/B/C/D et 10 électeurs. Un premier groupe de six électeurs hésitent entre B et C, un deuxième groupe de trois hésitent entre A et B, et un troisième groupe d'un seul électeur hésite entre C et D. Cinq électeurs du premier groupe votent pour B et un pour C ; deux électeurs du deuxième groupe votent pour A et un pour B ; l'électeur du troisième groupe s'abstient. Le choix collectif qui en résulte est BACD.

3. Si l'autre parti modal arrive au deuxième rang, l'un ou l'autre des deux partis marginaux pourra arriver au troisième rang : si, par contre, le parti marginal opposé au parti vainqueur arrive au deuxième rang, le second parti modal arrivera au troisième rang.

Au total, ces trois règles posent que six ordres particuliers sont cohérents par rapport à un axe donné, dans le cas où quatre partis s'affrontent. Par rapport à l'axe Q/L/U/C (ou C/U/L/Q), les six ordres particuliers cohérents sont les suivants :

LUCQ

LUQC

LQUC

ULCQ

ULQC

UCLQ

On voit en quoi cette notion d'un axe des oppositions, ou des positions respectives, se distingue de la notion d'ordre objectif ou sous-jacent qu'on trouve dans la littérature sur l'agrégation des préférences.[9] Les partis ne sont pas échelonnés par le contenu de leurs positions sur une dimension allant d'une position *extrémiste* à l'autre, en passant par une ou des positions *centristes*. Les positions respectives s'organisent plutôt au plan de leur *expression* autour d'un dualisme premier auquel s'ajoute un ou des dualismes seconds. Les partis qui s'opposent dans le dualisme premier sont dits *modaux*, en ce sens que leurs positions correspondent à celles des plus fortes concentrations d'électeurs, tandis que les partis qui n'entrent que dans des dualismes seconds sont dits *marginaux*, parce que leurs positions sont plus éloignées de celles des plus fortes concentrations d'électeurs.

Ajoutons que d'autres types d'axes d'oppositions sont concevables, auxquels nous n'aurons toutefois pas recours ici. On pourrait imaginer, par exemple, deux oppositions premières et une seule opposition seconde entre quatre partis, ce qui reviendrait à un triadisme auquel s'accrocherait une opposition seconde. Ou, encore, il y a possibilité d'une opposition première, d'une opposition seconde, et d'une opposition tierce comprenant le parti

---

[9] Sur cette notion d'ordre objectif, ou sous-jacent, et sur l'utilisation qu'on peut en faire pour l'étude des préférences partisanes, voir V. Lemieux, « La composition des préférences partisanes », *Revue canadienne de science politique*, décembre 1969, pp. 497-518.

Les positions des partis 79

marginal de l'opposition seconde et un autre parti encore plus marginal. On aura l'occasion d'évoquer la possibilité de quelques-uns de ces types, à la fin de l'article.

4. *Les axes d'oppositions*

On a noté plus haut que 6 ordres particuliers sont cohérents par rapport à un axe comprenant quatre partis disposés l'un par rapport à l'autre en une opposition première et deux oppositions secondes. Il en découle qu'un seul axe d'oppositions ne peut rendre compte des 12 ordres particuliers qui ont été réalisés lors des élections générales de 1970.

Comme point de départ, on peut chercher l'axe d'oppositions qui « explique » le plus grand nombre d'ordres particuliers et surtout le choix du plus grand nombre de circonscriptions. C'est l'axe Q/L/U/C (ou C/U/L/Q) que nous avons utilisé comme exemple un peu plus haut. On l'emploie pour disposer les partis de « gauche » à « droite », ou de « droite » à «gauche», ou mieux, pour les ranger selon le degré d'intervention gouvernementale qu'ils proposent, ou qu'ils ont accompli, s'ils ont déjà gouverné. Cet axe oppose principalement le Parti Libéral et l'Union Nationale, le Parti Québécois apparaissant plus à gauche que les libéraux, et le Ralliement Créditiste plus à droite que les unionistes. Il est possible également que l'Union Nationale et le Parti Libéral soient apparus, en 1970, comme les deux principaux partis de gouvernement, les deux autres partis n'étant auprès d'eux que de pâles répliques.

Par rapport à cet axe, 5 ordres particuliers sur 12 et 79 circonscriptions sur 108 sont cohérents, comme le montre le tableau 2.

Ajoutons qu'un autre ordre particulier serait cohérent, mais qu'il ne s'est pas réalisé, soit UCLQ.

À l'examen, les ordres non cohérents présentent au moins deux traits remarquables : 5 fois sur 7, le Ralliement Créditiste y vient aux deux premiers rangs,[10] et 6 fois sur 7, il voisine le Parti Libéral. Dans les ordres cohérents, le Ralliement ne vient jamais aux deux premiers rangs et il ne voisine le Parti Libéral que 1 fois sur 5.

Comme il y a sept ordres particuliers qui sont incohérents par rapport à Q/L/U/C, il n'existe pas un autre axe qui rende compte d'eux. La présence fréquente des libéraux et des créditistes aux deux premiers rangs des

---

[10] Ce trait correspond à un phénomène que nous avons déjà observé, au niveau des individus, dans deux circonscriptions fédérales. Là où la ferveur créditiste est grande, les axes qui rendent compte ailleurs des choix partisans semblent peu opérants. Voir à ce sujet V. Lemieux, « La composition des préférences partisanes ».

Tableau 2

Ordres particuliers qui sont cohérents et non cohérents par rapport à l'axe Q/L/U/C (ou C/U/L/Q)

Ordres cohérents	Ordres non cohérents
LQUC = 38 circonscriptions	CLQU = 3 circonscriptions
LUCQ = 8 circonscriptions	CLUQ = 6 circonscriptions
LUQC = 17 circonscriptions	CULQ = 3 circonscriptions
ULCQ = 7 circonscriptions	LCQU = 3 circonscriptions
ULQC = 9 circonscriptions	LCUQ = 6 circonscriptions
	QLUC = 7 circonscriptions
	UQLC = 1 circonscription
Total = 79 circonscriptions	Total = 29 circonscriptions

ordres restants nous invite à poser un deuxième axe où ils occupent les positions modales. Des deux axes ainsi constitués, c'est Q/L/C/U (ou U/C/L/Q) qui donne les meilleurs résultats. Il rend compte de 5 ordres particuliers (CLQU, CLUQ, CULQ, LCQU et LCUQ) et du choix de 21 circonscriptions, tandis que U/L/Q/C (ou C/Q/L/U) ne rend compte que de 4 ordres particuliers (il ne rend pas compte de CULQ) et du choix de 18 circonscriptions seulement.

Cet axe Q/L/C/U (ou U/C/L/Q) comporte aussi une transformation plus simple par rapport à notre premier axe Q/L/U/C (ou C/U/L/Q). Le Ralliement Créditiste y remplace tout simplement l'Union Nationale comme parti modal, en opposition première avec l'autre parti modal, le Parti Libéral, tandis que les oppositions secondes demeurent les mêmes. Les 21 cas où cet axe commande le choix des circonscriptions se trouvent presque tous dans les trois régions du Nord-Ouest, de l'Estrie et de Québec, où l'on reconnaît généralement que les créditistes ont supplanté l'Union Nationale comme opposition principale aux libéraux.

On arrive donc à la conclusion provisoire que deux axes rendent compte de tous les ordres particuliers moins huit qui ont été exprimés, au

Les positions des partis 81

niveau des circonscriptions, aux élections générales de 1970. Là où les créditistes viennent aux deux derniers rangs, les choix collectifs semblent reposer sur un axe où le Parti Libéral et l'Union Nationale occupent les positions modales, avec le Parti Québécois contigu au Parti Libéral et le Ralliement Créditiste contigu à l'Union Nationale. Là où le Ralliement Créditiste n'arrive pas troisième ou quatrième, un axe où c'est lui qui s'oppose avant tout au Parti Libéral, les deux autres partis maintenant les mêmes voisinages que dans le premier axe, rend compte de tous les ordres particuliers qui ont été exprimés.

Ces deux axes réfèrent, selon nous, à ce qu'on peut désigner très généralement comme l'intervention du gouvernement dans la société. Dans les deux axes, le Parti Libéral, en dualisme avec un autre, est identifié à la position modale la plus interventionniste, le Parti Québécois apparaissant plus interventionniste que lui, en une position électoralement plus faible. Le dualisme fondamental du premier axe aurait comme autre protagoniste l'Union Nationale, alors que, dans le deuxième axe, c'est le Ralliement Créditiste qui serait identifié à cette position. Ces deux partis apparaîtraient, de ce point de vue, comme la solution de rechange l'un de l'autre dans la partie la moins interventionniste de l'axe.[11]

On peut se demander à ce point si notre analyse n'est pas tout à fait irréaliste en ce qu'elle néglige un axe « national », dont on a pourtant le sentiment qu'il sous-tendait lui aussi, en 1970, les choix collectifs des circonscriptions du Québec. La distinction entre positions modales et positions centristes prend ici tout son sens. Car si on établit un axe « national » qui va du parti le plus indépendantiste, le Parti Québécois, au parti le plus fédéraliste, le Parti Libéral, en passant par l'Union Nationale et le Ralliement Créditiste, on constate que cet axe a un très faible pouvoir d'explication, et qu'en particulier il ne peut rendre compte des 38 ordres LQUC et des 7 ordres QLUC. On peut pourtant estimer que ces ordres ont été déterminés en bonne partie par l'opposition constitutionnelle entre le Parti Québécois et le Parti Libéral.

Mais justement, si dans ces circonscriptions et dans d'autres, l'expression de ce dualisme opposait surtout ces deux partis, il faut, selon notre postulat, les situer au milieu de l'axe et non aux positions extrêmes, même si sur le plan du contenu ils tenaient bien des positions extrêmes par rapport à celles de l'Union Nationale et du Ralliement Créditiste. Ce qui importe de notre point de vue, c'est la « visibilité » électorale des positions, au plan de leur expression, plutôt que leur sens, au plan du contenu. Dans cette perspective, on peut présumer un axe constitutionnel U/Q/L/C (ou

---

[11] Le Parti Libéral et le Parti Québécois ayant obtenu ensemble près de 70% des votes exprimés, on peut croire qu'aux élections générales de 1970 la tendance interventionniste avait une plus grande force que l'autre.

C/L/Q/U), au lieu de l'axe Q/U/C/L (ou L/C/U/Q) qu'on serait porté à présumer au plan du contenu.

L'axe U/Q/L/C (ou C/L/Q/U) rend compte du choix des sept circonscriptions qui ont donné une majorité au Parti Québécois et qui ont toutes exprimé l'ordre QLUC. De plus, il rend compte de deux autres ordres particuliers dont le choix a déjà été expliqué : LCQU qui a été réalisé trois fois et que l'axe Q/L/C/U explique également ; LQUC qui a été réalisé trente-huit fois et que l'axe Q/L/U/C explique également. Par contre, il n'explique pas — pas plus que les deux autres axes — le choix de Saint-Maurice, soit UQLC, qui apparaît aberrant.[12]

Le cas de Chauveau, Drummond et Sherbrooke, qui ont choisi LCQU, semble révélateur. Ce sont les trois seules circonscriptions où le Parti Québécois et le Ralliement Créditiste se suivent aux deuxième et troisième rangs. On pourrait dire, de façon imagée, que la vague créditiste vient mourir dans ces circonscriptions (situées dans des régions qui lui sont favorables) qui sont un peu trop urbanisées pour la porter au premier rang, tandis que la vague péquiste ne trouve pas dans ces milieux de banlieue ou de villes moyennes un souffle suffisant pour porter le parti au premier rang. On comprend alors que les axes Q/L/C/U et U/Q/L/C semblent se rencontrer pour rendre compte, aussi bien l'un que l'autre, du choix collectif des trois circonscriptions.

Quant aux 38 circonscriptions dont le choix semble commandé par Q/L/U/C (ou U/Q/L/C), elles sont trop nombreuses et trop variées pour qu'on puisse en dégager des traits communs. Notons toutefois que la plupart appartiennent à la région métropolitaine ou encore à la grande région de Montréal (29 sur 38). Font exception : Duplessis ; Hull ; Jean-Talon et Louis-Hébert dans la région de Québec ; Jonquière et Lac-St-Jean dans la région du Saguenay-Lac-St-Jean ; Matane, Matapédia et Rimouski dans la région du Bas-du-Fleuve.

On a tout lieu de croire que lorsque l'axe « gouvernemental » Q/L/U/C a prédominé, le Parti Québécois n'a pas obtenu plus de votes que l'Union Nationale et le Ralliement Créditiste réunis, tandis que dans les circonscriptions où l'axe «national» U/Q/L/C a prédominé, le contraire s'est produit. Si on divise de cette façon les 38 circonscriptions qui ont choisi LQUC, on arrive aux résultats du tableau 3.

---

[12] Dans Saint-Maurice, le Parti Québécois n'a dépassé le Parti Libéral que de quelques votes (19 votes). Un ordre ULQC aurait été cohérent par rapport au premier axe Q/L/U/C. Mais on ne tient pas compte ici de ces différences quantitatives entre les partis. Si on prend l'ordre UQLC tel quel, trois axes peuvent en rendre compte : C/L/U/Q, C/U/Q/L et L/U/Q/C.

Les positions des partis

Tableau 3

Les 38 circonscriptions qui ont choisi LQUC selon que $Q < C + U$ ou que $Q > C + U$

Q < C + U (8)
Hull
Lac-St-Jean
Matane
Napierville-Laprairie
Rimouski
Sainte-Anne*
Saint-Jean
Terrebonne

Q > C + U (30)
Ahuntsic
Beauharnois
Bourassa
Chambly
D'Arcy McGee
Dorion
Duplessis
Fabre
Jacques-Cartier
Jeanne-Mance
Jean-Talon
Jonquière
L'Assomption
Laurier
Laval
Louis-Hébert
Marguerite-Bourgeois
Matapédia
Mercier
Notre-Dame-de-Grâce
Olier
Outremont
Robert Baldwin
Saint-Henri
Saint-Laurent
Saint-Louis
Taillon
Verchères
Verdun
Westmount

* On a compté les votes du candidat indépendant Hanley avec ceux du Ralliement Créditiste et de l'Union Nationale.

Les résultats indiquent que l'axe « national » U/Q/L/C aurait prédominé dans 30 cas sur 38, l'axe « gouvernemental » ne prédominant que 8 fois sur 38, dans des circonscriptions qui sont toutes, à l'exception du cas spécial de Sainte-Anne, hors de l'Ile de Montréal.

Notons ici que si nous modifions la deuxième règle concernant la façon dont les axes d'oppositions opèrent sur les ordres particuliers, en excluant la possibilité qu'un des partis marginaux dans l'axe vienne au deuxième rang, l'ordre LQUC ne serait cohérent que par rapport à l'axe « national » U/Q/L/C. Par contre, les choix de Chauveau, Drummond et Sherbrooke (LCQU) ne seraient cohérents que par rapport à Q/L/C/U ; et trois autres circonscriptions, Beauce, Mégantic et Frontenac qui ont choisi CULQ s'ajouteraient à Saint-Maurice dans la catégorie des cas inexpliqués. Les trois axes, ainsi restreints dans leur opération sur les ordres particuliers, expliqueraient 104 cas sur 108. Avec nos trois axes, définis de telle façon qu'un parti marginal peut arriver au deuxième rang, on explique 107 cas sur 108 — 40 cas étant expliqués deux fois.

5. Une explication en termes de position

On voit peut-être mieux maintenant en quoi une explication en termes de position se distingue d'une explication en termes de régularités. Nous sommes parti d'un ensemble complet de faits, à leur échelle : les rangs ou positions respectives des partis provinciaux du Québec, dans toutes les circonscriptions, lors des élections générales d'avril 1970. Aucun découpage n'est donc pratiqué, au départ, si ce n'est celui, nécessaire, qui retient une échelle plutôt qu'une autre. Nous n'avons pas cherché à vérifier des hypothèses dans cet ensemble, c'est-à-dire à faire découler une explication de la conjonction d'une loi et d'une proposition causale extérieures aux faits. Nous n'avons pas emprunté non plus la voie inductive qui aurait consisté à « essayer » diverses propositions causales extérieures aux faits et à retenir finalement, pour en dégager ou non des lois, celles qui auraient donné les meilleurs résultats. Nous sommes plutôt resté à l'intérieur de l'ensemble des faits pour tenter d'en dégager le principe d'organisation.

Les rangs des partis et les ordres particuliers qu'ils définissent ont alors été vus comme des permutations qui manifestent la présence de ce que nous avons appelé des axes, faits d'oppositions entre les partis. Nous avons vu là les principes d'organisation dont parle Miguelez. Comme les ordres particuliers, les axes se définissent par les positions respectives des partis. Mais pour qu'ils organisent ou contraignent les ordres particuliers, il faut qu'il y ait application des axes dans un certain nombre d'ordres. Nous inspirant de notre propre expérience de la politique au Québec et de ce que nous connaissons de celle des électeurs, nous avons posé que les axes se construisaient d'abord autour de deux partis *modaux*, en dualisme *premier* l'un avec l'autre. Chacun des deux partis modaux a ensuite été posé en dua-

Les positions des partis

lisme *second* avec l'un ou l'autre des deux autres partis dits marginaux. Rappelons que d'autres types d'oppositions sont possibles, mais celles-ci suffisent à notre propos.

Nous avons ensuite proposé trois règles qui nous semblent commander l'application d'un axe dans des ordres particuliers. L'axe Q/L/U/C (ou C/U/L/Q), appliqué selon ces règles, rend compte du choix collectif de 79 circonscriptions sur 108. Si on lui ajoute une variante Q/L/C/U (ou U/C/L/Q) qui s'applique là où les créditistes sont forts, on rend compte du choix de 100 des 108 circonscriptions. Enfin, un axe U/Q/L/C (ou C/L/Q/U) permet de rendre compte de 7 des 8 autres cas, tout en fournissant une explication supplémentaire de 40 cas déjà expliqués par l'un ou l'autre des deux axes précédents.

Le premier et le deuxième axe, où le Parti Libéral a une position modale, en dualisme second avec le Parti Québécois — l'Union Nationale et le Ralliement Créditiste passant du modal au marginal — nous ont semblé renvoyer à des oppositions de nature gouvernementale, touchant surtout le degré d'intervention du gouvernement dans la société. Le troisième axe nous a semblé référer plutôt à des oppositions de nature nationale, avec une grande opposition entre le Fédéralisme du Parti Libéral et l'indépendantisme du Parti Québécois, doublée d'oppositions secondes entre Parti Libéral et Ralliement Créditiste d'une part, Parti Québécois et Union Nationale d'autre part.

Dans cette perspective, le choix collectif de toutes les circonscriptions du Québec moins une, aux élections provinciales de 1970, s'explique par référence à ces trois axes significatifs pour elles. Le premier se retrouve dans un peu toutes les régions du Québec, avec toutefois une « visibilité » moins grande dans les régions métropolitaines et de Montréal, dans le Nord-Ouest, dans l'Estrie et dans la région de Québec. Le deuxième axe semble en concurrence avec le premier dans toutes ces régions, sauf celles de Montréal métropolitain et du grand Montréal, prédominant nettement dans le Nord-Ouest. Le troisième a sa plus grande visibilité dans la région métropolitaine et dans celle de Montréal, s'étendant aussi à quelques autres circonscriptions de la zone urbaine de Québec, ou qui reposent sur des villes moyennes.

6. Les trois axes : rétrospective et prospective

Les trois axes qui sous-tendent le choix collectif des circonscriptions, en 1970, se caractérisent en ce que le Parti Libéral y occupe une position modale dans tous les cas, chacun des trois autres partis y occupant tour à tour l'autre position modale. Il s'ensuit que ces trois partis occupent une position marginale dans deux axes sur trois, à la différence du Parti Libéral qui n'occupe jamais cette position.

Ces phénomènes sont évidemment reliés au fait que les libéraux ont remporté la victoire dans 72 circonscriptions, tandis que les unionistes n'ont gagné que dans 17 circonscriptions, les créditistes dans 12, et les péquistes dans 7. On notera toutefois que l'axe national U/Q/L/C, où le Parti Québécois occupe une position modale, rend compte du choix de 48 circonscriptions contre 21 seulement qui sont expliquées par l'axe Q/L/C/U où le Ralliement Créditiste occupe une position modale. Là où l'axe national semble s'appliquer, le Parti Québécois, en plus de ses 7 victoires, vient au deuxième rang 38 fois et au troisième rang 3 fois. Le Ralliement Créditiste l'emporte 12 fois sur 21 là où l'axe Q/L/C/U semble s'appliquer, et vient au deuxième rang dans les 9 autres cas. L'explication de cette différence réside dans la plus grande force de la position modale du Parti Libéral en U/Q/L/C qu'en Q/L/C/U. Le tableau 4 montre que là où les trois axes s'appliquent, un des deux partis modaux domine l'autre, plus ou moins nettement.

Tableau 4

Nombre de victoires remportées par chacun des deux partis modaux dans les trois axes d'oppositions

Axe Q/L/U/C	victoires de L : 62	victoires de U : 17
Axe Q/L/C/U	victoires de L : 9	victoires de C : 12
Axe U/Q/L/C	victoires de L : 40	victoires de Q : 7

Le Parti Libéral domine nettement l'Union Nationale et le Parti Québécois respectivement, dans le premier et dans le dernier axe, mais il est dominé par le Ralliement Créditiste dans le deuxième axe. En poussant plus loin l'examen des résultats, on voit que là où les deux axes gouvernementaux s'appliquent, le parti marginal accolé au parti modal dominant arrive plus souvent avant l'autre, alors que le contraire se produit là où l'axe national s'applique.

Ces données nous semblent éclairer le problème qui se pose à chacun des partis provinciaux du Québec, à l'approche des prochaines élections provinciales. Remarquons d'abord que seulement deux d'entre eux ne se trouvaient pas opposés, ni dans un dualisme premier ni dans un dualisme

Les positions des partis 87

second, en 1970: le Parti Québécois et le Ralliement Créditiste. Encore, actuellement, leurs positions apparaissent trop différentes les unes des autres pour donner lieu à une opposition première ou seconde. À l'autre extrême, le Parti Libéral et le Parti Québécois sont opposés dans les trois axes : une fois dans un dualisme premier et deux fois dans un dualisme second.

Dans une vue prospective, il n'est pas dit que les axes, leur extension territoriale et la force respective des partis en chacun d'eux seront, au moment des prochaines élections provinciales, les mêmes qu'en 1970. Tous les partis, sauf peut-être le Parti Libéral, ont avantage à modifier la situation.

Le Parti Libéral a joui, en 1970, d'une situation très favorable, affrontant en dualisme premier chacun des trois autres partis et les dominant tous, sauf le Ralliement Créditiste qu'il affrontait toutefois dans un champ restreint de 21 circonscriptions. Il s'agit donc pour lui de maintenir cette situation en se renforçant aux dépens des créditistes dans l'axe Q/L/C/U ou encore, en diminuant la portée territoriale de cet axe. Il lui faut aussi maintenir sa position forte dans les deux autres axes, ce qui suppose, en particulier, que les partis marginaux, opposés au parti modal adverse, gardent une certaine force. On peut penser en effet que si l'Union Nationale déclinait au profit du Parti Québécois dans l'axe U/Q/L/C, et le Ralliement Créditiste au profit de l'Union Nationale dans l'axe Q/L/U/C, les chances du Parti Libéral deviendraient moins bonnes.

Cette deuxième modification est moins probable que l'autre. Pour l'Union Nationale, le problème consiste plutôt à faire en sorte que, malgré la réforme de la carte électorale et le peu d'intérêt que le parti suscite actuellement, l'axe Q/L/U/C se maintienne dans un nombre assez grand des nouvelles circonscriptions, évitant ainsi un glissement trop accentué vers les deux autres axes.

Le Ralliement Créditiste, au contraire, a tout avantage à ce glissement, s'il se fait vers Q/L/C/U où il se trouve en position de force. Par contre, un glissement vers l'axe « national » U/Q/L/C ne lui apporterait rien de bon : 45 fois sur 48 il est arrivé dernier, en 1970, là où cet axe semble avoir sous-tendu le choix des circonscriptions.

Le Parti Québécois, enfin, a tout à gagner d'un glissement de plus en plus accentué vers l'axe national. Il peut même espérer que les deux autres axes évolueront de telle façon qu'il en viendra à constituer un parti modal, en opposition première avec le Parti Libéral, les deux autres partis, ou ce qu'il en restera, ne constituant plus qu'un parti marginal en opposition seconde avec le Parti Libéral — ou encore deux partis marginaux, dont l'un sera en opposition seconde avec le Parti Libéral et l'autre en opposition tierce avec le premier.[13] Selon notre approche, c'est seulement quand ce réalignement sera achevé que le Parti Québécois pourra obtenir une majorité des sièges, à moins que l'axe national en vienne à occuper presque toute la place, et que le Parti Québécois y renforce sa position.

Conclusion

On a exploré dans cet article un nouveau genre d'explication des phénomènes sociaux qui se fait en termes de *position* plutôt qu'en termes de *régularités*. On est parti d'un ensemble complet de faits, les rangs des partis dans les 108 circonscriptions du Québec, aux élections générales de 1970. Pas plus qu'on a découpé dans cet ensemble de faits, on n'a découpé des variables, appartenant à d'autres univers, qui auraient agi comme des causes sur les phénomènes observés. Un seul présupposé a été fait : puisque les phénomènes n'apparaissent pas au hasard, il doit y avoir un principe d'organisation — logique et non métalogique — du même ordre que ces phénomènes. Ce principe, nous l'avons cherché dans des axes où les partis sont disposés les uns par rapport aux autres, comme dans le choix collectif des circonscriptions, à cette différence près que les axes sont fondés sur des oppositions qui s'appliquent à un certain nombre d'ordres particuliers et les expliquent du même coup.

En plus d'être fidèle au précepte de Durkheim voulant qu'on explique un phénomène par un phénomène du même ordre — et non par des causes « métalogiques » qui renvoient à d'autres ordres — cette méthode nous semble correspondre davantage que l'autre à ce qui est vécu et conçu par les agents sociaux eux-mêmes qui sont les « physiciens » du monde ou ils se trouvent pris, plutôt que des « métaphysiciens » qui vivraient ou concevraient un monde par d'autres mondes extérieurs au premier. Les explications en termes de position refusent d'expliquer les faits par des causes qui se trouveraient *avant* eux et qui les produiraient à titre d'effets ; elles cherchent plus modestement à montrer comment ces faits s'organisent *entre* eux, en métaphore les uns des autres.

---

[13] Il ne serait toutefois pas de bonne guerre pour un parti marginal d'être repoussé dans une position de dualisme tierce avec un autre parti marginal. Mieux vaudrait pour lui, tout probablement, se déplacer tout à fait, pour entrer en dualisme second avec le parti modal qui ne connaîtrait pas de tel dualisme.

Deuxième partie

Les partis au Québec

Le pouvoir au sein du Parti Libéral provincial du Québec, 1897 – 1936

J.A.A. LOVINK
Département d'Études politiques
Université Queen's

Les analyses* de la structure interne du pouvoir au sein des partis politiques se concentrent généralement sur les trois questions fondamentales auxquelles est confronté régulièrement tout parti politique, à savoir :

a) qui en sera le chef (ou, plus généralement, quels seront ceux qui en assureront la direction) ;

b) qui seront ses candidats ;

c) et quel sera son programme.

Selon la manière dont les partis traitent de ces problèmes, on les identifie comme tendant à la « centralisation organisationnelle » (oligarchie) ou à la « décentralisation » (stratarchie). Ces analyses tentent parfois de relier la forme du pouvoir au succès du parti en question (aussi bien par rapport à lui-même que par rapport au système politique en général) et « d'expliquer » la répartition interne du pouvoir au sein du parti en tenant compte, par exemple, des exigences et des ressources organisationnelles internes (Michels, Eldersveld), de l'environnement auquel doit s'adapter le parti (R.T. McKenzie) ou des caractères particuliers de son leadership.

---

* Une première version de cet article a fait l'objet d'une communication au quarantième Congrès annuel de l'Association canadienne de Science politique, à Calgary, en 1968. Traduit de l'anglais par Ferry de Kerckhove, Jean Gobeil et Réjean Pelletier.

Étant donné la complexité du problème et l'exiguïté du cadre de cet article, il ne paraît pas sage de s'aventurer dans tous ces domaines.[1] C'est pourquoi cet article se limite à une étude de la prise de décision au sein du Parti Libéral provincial du Québec, entre 1897 et 1936, en l'occurrence, le choix d'un chef de parti, la désignation des candidats et la formulation de son programme. Où se situait le pouvoir (tel que défini ci-dessous) par rapport à ces trois activités dans le parti ? Où doit-on situer le parti sur l'axe centralisation-décentralisation ?

1. La notion de pouvoir

Le mot « pouvoir », comme on le sait, est au nombre des termes les plus ambigus et les plus difficiles à définir de la science politique. En raison de l'absence totale d'accord sur la définition du terme, il nous est indispensable de préciser le sens qui lui sera donné dans cet article. À la lumière de cette définition, il sera possible de souligner les forces comme les faiblesses des résultats empiriques qui vont être présentés.

Du pouvoir, on a dit de façon très appropriée, qu'il a « deux faces ».[2] La première, plus fréquemment étudiée, renvoie à la capacité de prendre des décisions, généralement acceptées par ceux qu'elles concernent, à propos d'un ensemble spécifique de politiques ou de questions administratives. L'autre face, qui, en dépit de son importance — tout aussi, sinon plus, considérable — a rarement fait l'objet d'études systématiques, renvoie à la capacité de *choisir* les problèmes sur lesquels on prendra des décisions, c'est-à-dire de ne prendre que certains problèmes en considération et de reléguer les autres aux oubliettes. Ces deux formes du pouvoir ne sont pas toujours détenues par les mêmes personnes ; cependant, il va de soi que là où les détenteurs des deux types de pouvoir ne se confondent pas, on peut s'attendre, à long terme, à une coordination étroite entre eux. Si les détenteurs du pouvoir sont les mêmes dans les deux cas, il est fort probable que les deux faces du pouvoir se fondront en une seule ; de même lorsque les détenteurs du pouvoir parviendront à confiner la discussion aux problèmes pour lesquels ils sont habilités à prendre une décision.

Pour connaître avec précision l'étendue du pouvoir tel qu'il est défini ici dans sa dualité, il faudrait déterminer :

1. quel est l'éventail des problèmes politiques et administratifs auxquels le pouvoir de décision s'applique ;

---

[1] Pour un examen général de ces questions, voir notre *The Politics of Québec : Provincial Political Parties, 1897-1936*. Thèse de doctorat non publiée, Université Duke, 1967.

[2] Peter Bachrach et Morton S. Baratz, « The Two Faces of Power », *American Political Science Review*, LVI, décembre 1962, pp. 947-952.

Le pouvoir au sein du Parti Libéral... 93

2. qui les « décideurs » consultent, directement et indirectement (« réactions anticipées ») [3] et quel poids ils accordent à ces avis ou opinions ;

3. pourquoi leurs décisions sont acceptées. Parmi les raisons suivantes, laquelle est la plus fréquente :

a. parce que les décideurs imposent des sanctions ou menacent de le faire (y compris la suspension de privilèges) envers ceux qui ne se plient pas aux décisions, ou encore parce que ces derniers s'attendent à de telles sanctions ;

b. en raison du respect qu'inspire l'autorité légitime des décideurs ;

c. à cause de l'accord général qui s'établit sur la valeur intrinsèque des choix posés ;

d. parce que les intérêts de ceux que la décision affecte ont été ménagés ;

e. parce que ces derniers ont été consultés à leur entière satisfaction ;

f. parce que des compensations avantageuses ont accompagné la décision ;

g. parce que les décisions ne semblent pas avoir une portée suffisante pour justifier une réaction ;

h. parce qu'il n'existe aucun moyen pour annuler ou modifier la décision ;

i. parce que ceux que la décision affecte n'ont aucune connaissance du processus décisionnel ; ou

j. parce que plusieurs de ces raisons jouent simultanément.

4. si et dans quelle mesure le style adopté par les décideurs (consultation, sanctions, récompenses) est nécessaire ou non pour faire accepter leurs décisions ;

---

[3] Pour une bonne discussion sur l'importance des réactions anticipées dans la « mesure » de l'influence, voir Carl J. Friedrich, *Man and His Government*, Toronto, 1963, pp. 199-215.

5. quelle est la proportion de décisions acceptées ; et dans le cas de réponses partielles ou de solutions de rechange, quel est le degré de conformité de ces réponses ;

6. si la situation aurait été essentiellement différente, dans le cas où aucune décision n'aurait été prise ;[4] et enfin,

7. si les décisions à l'étude ne représentent pas en fait le stade ultime d'un processus historique dans lequel les décisions véritables auraient été prises longtemps auparavant, parfois même par d'autres dirigeants que ceux du moment (quand par exemple, la décision de choisir un ministre A du Cabinet comme chef du parti a été précédée, bien des années auparavant, par la décision du Premier ministre d'exclure les chefs éventuels B et C du Cabinet, dans un contexte où l'expérience ministérielle est considérée comme une condition préalable indispensable à toute désignation).[5]

Il se peut fort bien que l'étude du pouvoir ne puisse jamais surmonter les obstacles empiriques et méthodologiques qui se posent pour résoudre d'une façon précise cette série de questions. Néanmoins, cette façon de définir le problème non seulement peut s'avérer utile sur le plan heuristique (pour tant qu'elle n'entraîne pas une paralysie complète), mais aussi peut mettre en évidence « l'impressionnisme » de nombreuses études sur la question. Prenons, par exemple, l'excellente étude de R.T. McKenzie sur le répartition des pouvoirs au sein des principaux partis politiques britanniques.[6] Dans le dernier chapitre de son étude, McKenzie présente la conclusion suivante :

> Les facteurs « techniques » et « psychologiques », comme les appelle Michels, jouent manifestement un rôle considérable; ces facteurs tendent à favoriser l'émergence d'un petit groupe de chefs dans chaque parti (majeur) de même que la concentration du pouvoir au sein de ces petits groupes. Mais . . . la « loi de l'oligarchie » ne constitue assurément pas une « loi d'airain ». Les partis se contentent généralement d'être dirigés, mais cette situation tient surtout au fait qu'il n'est guère possible de faire autrement. Ce qui ne veut pas dire, cependant, que les groupes à la tête d'un parti puissent ignorer impunément les humeurs et les aspirations de ceux qui les soutiennent; ils doivent entraîner avec eux leurs partisans (particulièrement leurs collègues au Parlement). Pour ce faire, ils

---

[4] Cf. Robert A. Dahl, « The Concept of Power », *Behavioral Science*, II, 1957, pp. 201-215, qui définit le pouvoir en termes de probabilité que A puisse obliger B à agir comme A l'entend et comme B, sans cela, n'aurait pas agi.
[5] Voir W.J.M. Mackenzie, *Politics and Social Science*, Penguin Books, 1967, pp. 232-234.
[6] *British Political Parties*, deuxième édition, Londres, 1963.

doivent tenir compte, à tout moment, des courants d'opinion importants au sein de leur parti.[7]

Les données dont disposait McKenzie ne lui ont pas permis de présenter une conceptualisation plus précise de l'étendue du pouvoir décisionnel des chefs de parti; sa définition laisse beaucoup de place à l'imagination.

Samuel Eldersveld s'exprime déjà beaucoup plus clairement dans son ouvrage récent sur l'organisation partisane dans le comté de Wayne (Détroit, Michigan), même si le contexte est nettement plus restreint.[8] Bien que l'on soit tenté d'attribuer la clarté de l'exposé aux données présentées par Eldersveld (résultats impressionnants d'enquêtes sur les caractéristiques, les perceptions et les activités des membres actifs du parti à différents niveaux), il semble aussi significatif que la situation politique elle-même dans le comté de Wayne ait empêché l'exercice hiérarchisé du pouvoir. La détermination des relations de pouvoir est évidemment moins compliquée quand l'intégration organisationnelle est faible et que les décisions à prendre au plan du « leadership » sont peu nombreuses.

L'étude qui suit repose sur des données beaucoup plus limitées que celles dont disposait McKenzie, pour ne pas parler de celles d'Eldersveld. Ainsi, les résultats ne seront pas décisifs. Nous prétendons cependant qu'il y a un certain mérite à tirer de l'histoire toutes les données qu'elle peut nous fournir.

2. Le choix d'un chef

Au cours de la période qui s'étend de 1897 à 1936, le Parti Libéral provincial a dû se choisir un nouveau chef quatre fois, en 1900, 1904, 1920 et 1936. Nous évoquerons brièvement chacune de ces occasions.

En 1900, la mort du Premier ministre Félix-Gabriel Marchand a ouvert la succession. Ce sont sans doute le Premier ministre Wilfrid Laurier et ses principaux collègues québécois du Cabinet fédéral qui ont choisi le successeur de M. Marchand; c'est sur leur demande que le Lieutenant-gouverneur a prié Simon-Napoléon Parent de former le nouveau gouvernement. Ce choix était assez particulier, car il laissait de côté deux aspirants de taille qui avaient occupé des postes plus importants dans le gouvernement Marchand; ils bénéficiaient d'une expérience politique plus longue et, au dire de certains, ils étaient plus qualifiés que Parent. *La Gazette* de Montréal souligna immédiatement que Parent entretenait des relations très étroites avec deux des principaux collègues de Laurier. De son côté, le *Courrier*

---

[7] *Ibid.*, p. 644.
[8] *Political Parties : A Behavioral Analysis*, Chicago, 1964.

du Canada, organe conservateur, conclut que le choix de cette « nullité » signifiait tout simplement que « le gouvernement fédéral avait besoin d'un instrument à Québec ».[9]

Le Soleil, organe officiel du Parti Libéral dans l'Est du Québec, ne tenta même pas de dissiper ces allégations d'intervention fédérale. Le journal se contenta de défendre Parent et de le présenter comme un administrateur de premier ordre, d'une honnêteté exemplaire. Il n'est donc pas étonnant qu'en 1905 le journal ait franchement déclaré que Parent avait été invité à constituer un gouvernement « sur la recommandation de Sir Wilfrid Laurier ».[10] Cela correspond parfaitement à l'observation de H.B. Neatby selon laquelle Laurier aurait « virtuellement reconnu » qu'il avait été responsable du choix de Parent.[11] Il faut remarquer également que toutes les critiques soulevées par le processus de sélection, à cette occasion, étaient adressées exclusivement au résultat final et à l'intervention directe d'Ottawa, mais non au style élitiste du procédé.

En 1905, une nouvelle succession s'ouvrit à la suite de luttes de factions qui culminèrent avec la démission de Parent comme Premier ministre et comme chef de parti. Ce conflit, déjà dévoilé depuis quelque temps par des querelles publiques entre certains personnages haut placés du parti, éclata au début du mois de février 1905 lors de la démission de trois ministres de Parent, Lomer Gouin, Adélard Turgeon et W.A. Weir. Au cours des six semaines qui suivirent, les deux factions engagèrent les hostilités pour obtenir l'appui officiel et public des « backbenchers » du parti. Laurier sembla prendre parti pour Parent en faisant appel à la discipline et à l'unité du parti. *Le Soleil,* qui s'enorgueillissait du titre de « voix de Laurier », ne fit que confirmer cette impression en publiant un éditorial insidieux, mettant en doute les raisons profondes de la sécession des trois chefs rebelles.[12] Parent ne put néanmoins tenir le coup et sa démission fut presque immédiatement suivie de la désignation de Gouin pour lui succéder.

Le rôle théorique du caucus libéral dans cette querelle de succession était d'une importance considérable — il avait le pouvoir de maintenir ou

---

[9] *The Gazette,* Montréal, 1er octobre 1900, p. 1 ; *Le Courrier du Canada,* Québec, 1er octobre 1900, p. 2.
[10] *Le Soleil,* Québec, 8 février 1905, p. 4.
[11] *Laurier and a Liberal Quebec.* Thèse de doctorat non publiée, Université de Toronto, 1956, p. 247. Robert Rumilly déclare de façon péremptoire que « Parent devait son poste à Laurier », *Histoire de la province de Québec,* Montréal, 1940 —, IX, p. 246.
[12] Le 11 février 1905, en plein milieu de la lutte, le journal déclarait dans son éditorial, en page 4 : « *Le Soleil* est l'organe du Parti Libéral. Jamais sa marche ne déviera d'un pouce de la direction de son chef, Sir Wilfrid. Nos amis libéraux sont assurés, en nous lisant, d'avoir la saine doctrine du parti auquel ils se font, comme nous, un honneur d'appartenir. Ce sont leurs idées, que *Le Soleil* reflète et c'est la direction du chef vénéré, sir Wilfrid, qu'il leur transmet ». Pour l'attaque portée contre Gouin, Turgeon et Weir, voir le numéro du 8 février 1905, p. 4.

de modifier le statu quo. Et pourtant, son rôle dans le choix d'un nouveau chef semble avoir eu seulement un caractère très informel, uniquement rattaché à la dissension au sein de l'élite du parti. Le choix de Gouin ne semble pas avoir été décidé par un vote formel du caucus. Le nouveau chef ne fut pas élu, il « accéda », à la suite d'une longue évolution, au poste de leader. Cette fois, personne ne tenta d'attribuer à Laurier un rôle majeur dans ce choix.

En 1920, Gouin décida de se lancer dans la politique fédérale, Louis-Alexandre Taschereau, au dire de tous, était le ministre le plus capable du Cabinet Gouin; il avait longtemps été son bras droit, et partageait son conservatisme économique et social. Son choix au poste de Premier ministre, sur la recommandation de Gouin, ne semble pas avoir soulevé d'opposition; au contraire, il apparaissait comme le candidat logique à la succession.[13] Comme par le passé, la direction du parti se rattachait directement à la fonction, aussi n'apparut-il pas nécessaire de procéder à une désignation officielle, ni même à une confirmation périodique du mandat.

En 1936, la démission de M. Taschereau fut suivie, *le même jour*, par la convocation d'Adélard Godbout chez le Lieutenant-gouverneur. Godbout était alors ministre de l'Agriculture. Comme en 1920, il appert que ce fut un groupe très restreint, composé du chef sortant et de ses plus proches conseillers, qui a décidé du choix du nouveau Premier ministre et chef de parti.[14] Rien n'indique que les députés ordinaires ou les forces extra-parlementaires du parti aient été autorisés (ou aient demandé) à participer à la désignation du nouveau chef d'une façon directe, ou qu'on ait même recueilli leur opinion, si ce n'est par hasard.[15]

---

[13] Voir *The Gazette*, 8 juillet 1920, p. 1 ; *Le Soleil*, 9 juillet 1920, p. 1 ; Rumilly, *Histoire*, XXIV, p. 133.

[14] Nous avons envoyé à dix personnes qui participaient activement à la vie politique provinciale avant 1936, un questionnaire assez détaillé sur la succession des chefs, les procédures de nomination des candidats et la formulation de la politique législative au cours de l'ère libérale. Nous avons reçu cinq réponses plus ou moins complètes, selon les cas. À l'exception d'un seul (M. Jean Martineau, un membre important de l'Action Libérale Nationale), tous ont demandé de garder l'anonymat. Il y avait trois libéraux, le quatrième étant un autre membre de l'Action Libérale Nationale. Il est toujours possible d'examiner ces questionnaires conservés dans les dossiers de l'auteur. Nous les citerons ici comme « réponses au questionnaire » avec le nombre de ces réponses. La proposition ci-dessus est fondée sur trois réponses.

[15] Au contraire, les conservateurs provinciaux ont commencé à tenir des conventions « à la chefferie » dès 1922, répétant l'expérience en 1929 et en 1933 (date à laquelle fut choisi M. Maurice L. Duplessis). *Canadian Annual Review*, 1922, p. 695 ; 1929-30, p. 393 ; 1932, p. 169 ; 1933, pp. 185-190 ; 1934, pp. 200-1. Voir aussi Rumilly, *Histoire*, XXXI, pp. 40-2 ; XXXIII, pp. 9, 53, 119, 189-90.

On peut probablement attribuer la différence entre les deux partis provinciaux à cet égard au fait que les conservateurs n'étaient pas au pouvoir, cette situation conduisant le parti à accepter une plus grande diffusion du pouvoir dans l'espoir de découvrir une formule gagnante. À l'appui de cette thèse, on peut rappeler que les deux grands partis fédéraux n'ont adopté le principe de la convention de nomination du chef qu'au moment où ils n'étaient pas au pouvoir.

En ce qui nous concerne, trois aspects de ces successions semblent revêtir une importance particulière. En premier lieu, il faut mentionner la nature élitiste du processus de sélection — en autant qu'on puisse juger à partir de données aussi élémentaires. Ce style ressemble beaucoup à celui du parti conservateur en Grande-Bretagne, avant sa récente « démocratisation ».[16] Le deuxième point à noter est l'expérience législative considérable, à l'échelon provincial, des quatre hommes choisis ; en outre, au moment de leur sélection, ils étaient tous membres du Cabinet provincial (voir tableau 1). Si l'on suppose que ce mode de recrutement n'était pas simplement une coïncidence, mais correspondait au contraire à une tradition délibérément respectée, il obligeait les ambitieux à canaliser leurs efforts au sein même du parti. Cette canalisation donnait à la direction du parti des possibilités accrues d'exercer un pouvoir dont elle n'aurait pu se prévaloir autrement. Le troisième point important porte sur le rôle du parti fédéral dans le choix des chefs provinciaux : dans le cas de Parent, ce rôle est majeur alors que pour Gouin, Taschereau et Godbout, il semble avoir été beaucoup moins important.[17] Contrairement à Parent, Gouin et Taschereau ne devaient pas leur sélection au chef du groupe libéral québécois à Ottawa. Les chefs, aux deux niveaux, semblent plutôt avoir entretenu des rapports égalitaires d'association ; ils étaient indépendants l'un de l'autre en matière de politique mais s'associaient bien vite dès qu'il s'agissait de campagne électorale et d'organisation du parti.

3. Nomination des candidats

Il nous faut trouver maintenant si la centralisation apparente du pouvoir dans le processus de sélection d'un chef se retrouve au niveau de la nomination des candidats à l'Assemblée législative. Pour examiner la distribution du pouvoir au sein d'un parti politique, il est pratiquement aussi important de répondre à cette question que de savoir qui avait voix au chapitre dans le choix d'un chef.

Comme l'a remarqué E.E. Schattschneider, « la nature de la procédure de nomination détermine la nature du parti ; le parti appartient à celui qui décide des candidats (pour tous les postes, y compris celui de chef) ».[18]

---

[16] Voir McKenzie, pp. 21-54, 579-594, pour le système traditionnel de sélection dans le parti conservateur britannique.
[17] Il est douteux que le parti fédéral ait pu exercer la moindre influence sur la sélection de Gouin et de Taschereau. Dans le choix de Godbout toutefois, les membres du Cabinet fédéral originaires du Québec ont été apparemment consultés. Voir *Le Devoir*, 8 juin 1936, p. 2 et les commentaires de C.G. Power dans Norman Ward (éd.), *A Party Politician: The Memoirs of Chubby Power*, Toronto, 1966, pp. 340-341.
[18] *Party Gove nment*, New York, 1942, p. 64.

Tableau 1

Expérience politique et administrative des quatre chefs libéraux provinciaux de 1897 à 1936

Expérience avant d'accéder au poste de chef du parti et de Premier ministre	S.N. Parent	Lomer Gouin	L.A. Taschereau	Adélard Godbout
Nombre d'années à l'Assemblée législative	10	8	20	7
Nombre d'années au Cabinet	3	4	13	6
Fonctions ministérielles détenues	Ministre des Terres, Forêts et Pêcheries	Ministre des Travaux publics Ministre de la Colonisation et des Travaux publics	Ministre des Travaux publics et du Travail Procureur général	Ministre de l'Agriculture

Source : *The Canadian Parliamentary Guide*, 1904, 1919, 1936 ; Québec, *Annuaire Statistique*, 1945-46, (Québec, 1946), Chapitre III, tableau 3.

Dans l'ensemble du Canada, selon R.M. Dawson, le contrôle sur la nomination des candidats à l'Assemblée a généralement été décentralisé. M. Dawson écrivait en 1947 :

> Les associations de comtés éprouvent un ressentiment chaque fois que les quartiers généraux provinciaux ou fédéraux interviennent dans les affaires du parti au niveau local ; aussi, même quand les organisations locales sont déchirées par des conflits' internes, les autorités supérieures du parti n'interviennent qu'avec réticence et beaucoup de circonspection.[19]

En Ontario (qui passait pour avoir à la fois un système d'organisation partisane « assez typique » et « plus sophistiqué » que la plupart des autres provinces),[20] l'autonomie locale était particulièrement forte :

> Les conventions des circonscriptions électorales sont extrêmement jalouses de leurs prérogatives et de leur indépendance ; elles ne tolèrent aucune ingérence quelle qu'en soit l'origine et encore moins si elle émane du sommet de la hiérarchie partisane.[21]

Il semblerait qu'à cet égard, les pratiques électorales québécoises différaient profondément des habitudes dans le reste du Canada. Il en va de même en ce qui concerne l'intervention fréquente des ministres fédéraux dans les élections provinciales. Une étude de trois principaux journaux du Québec révèle un nombre considérable d'interventions de la direction d'un parti dans le déroulement des nominations dans les circonscriptions.[22] En outre, cinq observateurs informés, qui ont accepté de répondre aux questions que nous leur avons posées, ont tous reconnu que ce mode d'intervention de la part de la direction provinciale d'un parti était courant et généralement considéré comme normal.[23] Comme l'un des observateurs de la vie politique québécoise l'a souligné, « au temps des gouvernements Gouin et Taschereau, il y avait de nombreuses interventions (centrales) et elles étaient rarement ressenties. On requérait plutôt leur participation pour régler des problèmes locaux. On peut dire qu'on les considérait comme légitimes. »[24]

---

[19] *The Government of Canada,* 1re édition, Toronto 1947, pp. 517-518.
[20] *Ibid.,* p. 521.
[21] *Ibid.,* p. 531.
[22] *Le Soleil* et *The Gazette* ont fait l'objet d'une étude minutieuse pour trouver des données sur les conventions de nomination avant chaque élection générale provinciale. *Le Devoir* a été ajouté aux journaux étudiés à partir de 1910, date de sa première parution.
[23] Fondé sur cinq réponses au questionnaire, les cinq rejetant catégoriquement la généralisation de Dawson pour le Québec.
[24] Tiré de la réponse au questionnaire d'un éminent député libéral canadien-français, élu pour la première fois lors de l'élection générale fédérale de 1917.

Au Québec, la participation populaire, relativement faible, dans les affaires des partis provinciaux, facilitait ces ingérences extérieures fréquentes dans les procédures de nomination. Dans la plupart des circonscriptions du Québec, les organisations partisanes étaient squelettiques, sans vie d'association aucune. Comme un analyste l'a noté :

> Il ne faut pas oublier que les forces libérales au Québec, à l'époque dont nous parlons (avant 1936), était beaucoup moins organisées au niveau des comtés que celles des autres provinces, telle que l'Ontario, par exemple. Les conventions, quand elles avaient lieu, étaient généralement convoquées par l'organisateur du parti qui faisait appel à ceux qu'il considérait comme les chefs des diverses paroisses, pour choisir un candidat. Ces chefs, chargés pour la plupart de l'organisation de la paroisse, étaient généralement des hommes sur qui l'organisation centrale du parti pouvait compter pour soutenir le candidat qu'elle aurait choisi.[25]

Cette observation permet de présumer qu'on ne tenait pas nécessairement toujours des conventions de nomination. Dans les circonscriptions où le député sortant désirait être nommé à nouveau et où aucun concurrent ne se présentait, il arrivait fréquemment que la formalité des conventions était supprimée par entente tacite. Les interventions évidentes venant de l'extérieur ne se manifestaient qu'à l'occasion de la tenue d'une convention ou lorsque la réunion d'une convention était réclamée par les électeurs.

On peut dégager quelques généralisations à partir des nombreux articles de presse consacrés au déroulement des conventions de nomination.[26] Les réunions regroupaient environ une centaine de militants (souvent moins dans les régions rurales, davantage dans les comtés urbains). Il est impossible de préciser la façon dont ces délégués étaient choisis, mais si l'on en croit les récriminations fréquentes dans la presse à propos de réunions truquées d'avance, comme l'auteur cité ci-dessus le laissait entendre, la prati-

---

[25] Réponse au questionnaire d'un député libéral. Un autre répondant libéral écrivait : « Au cours des régimes de l'honorable Sir Lomer Gouin et de l'honorable Taschereau, il n'existait pas d'associations de comtés. Il y avait des organisateurs dans chaque circonscription, de même que des organisateurs régionaux pour la province, l'un à Québec, l'autre à Montréal ». Voir aussi la déclaration de C.G. Power à l'effet que « dans la plupart des circonscriptions de notre district, il n'existait pratiquement aucune organisation qui méritât ce nom » ; il faisait allusion au district de Québec (toutes les circonscriptions dans la moitié orientale de la province) au cours des années 20. Ward (éd.), *A Party Politician*, p. 315.

[26] Les données sur lesquelles s'appuient ces propositions — comptes rendus de journaux de 166 conventions de nomination entre 1897 et 1936 dans la province — ont la faiblesse de n'être pas complètes d'une part et de ne pas représenter un échantillon choisi statistiquement au hasard. Il n'est pas possible d'extrapoler les résultats et ceux-ci ne peuvent, à proprement parler, être considérés comme représentatifs du système de nomination au Québec. Par contre, il n'y a

que consistait davantage à nommer les délégués qu'à les élire.[27] Les conventions se déroulaient souvent sous la présidence de l'organisateur du district ou d'un ministre important du Cabinet, ce qui constitue déjà en soi un signe évident de la légitimité des interventions de la direction du parti dans le processus de nomination. En règle générale, le président s'efforçait de garantir le caractère définitif de la décision prise par la convention, en demandant à l'avance à tous les candidats éventuels de s'engager par écrit à la respecter.

Lors de ces conventions, la lutte prenait diverses formes qui dépendaient de facteurs tels que le désir du député sortant d'être nommé de nouveau ou les chances du parti de sortir victorieux aux élections suivantes. En fait, quand les députés sortants entendaient se présenter de nouveau, les données recueillies montrent que 75% d'entre eux étaient sans opposants (voir le tableau 2). Des 25% qui restent, une forte majorité (13 sur 16) conservait leur titre. Globalement, 95% des députés sortants, qui affrontaient une convention, étaient choisis de nouveau candidats, résultat que l'on peut comparer à celui des membres du Congrès américain dans les districts « sûrs ».[28]

---

pas de raison de croire que ces données présentent un biais systématique ; aussi peut-on les accepter comme une image approximative de la réalité.
    Cependant, contrairement à ce qui vient d'être dit, l'idée peut venir au lecteur que les journaux urbains d'où sont tirées les données (*Le Devoir*, *The Gazette*, *Le Soleil*) puissent avoir accordé une plus grande attention aux conventions urbaines ou semi-urbaines qu'aux conventions rurales, ce qui rendrait les données non représentatives de l'ensemble de la province. Les chiffres suivants montrent que le doute est permis mais non la réfutation absolue.

Distribution des circonscriptions

	Urbaines	Semi-urbaines (pourcentage)	Rurales	N
Données tirées des journaux	27	20	53	166
Distribution réelle (1897-1936)	21	11	68	979

[27] Une étude de cas d'une organisation locale du Parti Libéral dans la circonscription provinciale de Shefford montre que des tentatives récentes faites par l'organisation provinciale du parti pour démocratiser les structures locales du parti n'ont pas été entièrement couronnées de succès. Voir Paul-André Comeau, « La transformation du Parti Libéral québécois », *Canadian Journal of Economics and Political Science*, XXXI, août 1965, pp. 358-367.
[28] Voir Julius Turner, « Primary Elections as an Alternative to Party Competition in 'Safe' Districts », *Journal of Politics*, XV, 1953, pp. 197-210. L'analyse de Turner couvre la période de 1944 à 1950 et montre que 96.1% des titulaires cherchant à être réélus voyaient les primaires confirmer leur mandat presque sans opposition (Voir *ibid.*, tableau V, p. 208).

Tableau 2
Concurrence pour la nomination libérale, reliée à la députation sortante et aux résultats des élections subséquentes : données incomplètes, 1897-1936

Pluralité des voix libérales sur le plus proche adversaire dans l'élection subséquente :	Concurrence pour la nomination						
	Député sortant cherchant à être choisi de nouveau candidat				Pas de député sortant cherchant à être choisi de nouveau candidat		
	Un candidat seulement	Deux ou plusieurs candidats	Total	Echec des députés sortants	Un candidat seulement	Deux ou plusieurs candidats	Total
En pourcentages				(nombre de cas)			
à −10	1	3	4	..	10	10	20
−9,9 à 0	2	2	4	1	9	9	18
0 à +9,9	5	6	11	1	12	16	28
10 à 29,9	17	5	22	1	11	18	29
30 +	7	..	7	..	4	7	11
Par acclamation libérale	9	..	9	..	2	1	3
Total	41	16[1]	57	3	48	61[2]	109

1. Plus de deux candidats se sont affrontés dans six cas.
2. Plus de deux candidats se sont affrontés dans trente et un cas.

Sources : Rapports officiels d'élections, les données de l'auteur sur les affiliations partisanes des candidats et tous les comptes rendus des conventions de nomination dans *Le Devoir*, *Le Soleil*, *The Gazette* et dans Rumilly, *Histoire de la province de Québec*. Nous n'avons repris que les données qui nous sont parues authentiques. Comme les données sur les nominations ne sont pas complètes, il est impossible d'établir des comparaisons numériques en valeur absolue entre le côté gauche et le côté droit du tableau.

La possibilité pour un député sortant, candidat à la réélection, de se voir contester son titre dépendait, semble-t-il, des chances de succès du parti à la prochaine élection (basées sur les résultats mêmes des élections en supposant que les résultats attendus et les résultats réels vont normalement correspondre assez bien). En effet, comme l'indique le tableau 2, la possibilité pour le député sortant de se voir contester son poste *diminue* à mesure que les chances qu'il a d'être réélu augmentent. Si ses chances d'être réélu sont faibles, ou au mieux passables, les nouveaux venus à la politique estiment qu'ils peuvent faire mieux que lui : dans le cas contraire, leur goût pour la lutte était moins fort. D'une façon plus simple, les députés qui avaient le moins à craindre de la rivalité interpartisane avaient aussi le moins à craindre de la concurrence intrapartisane.

Dans les circonscriptions où le député sortant ne cherchait pas à être de nouveau choisi candidat, la concurrence à l'intérieur du parti était très différente. Cette concurrence s'accroissait évidemment à mesure que les chances de victoire du parti aux élections augmentaient (voir tableau 2). On constate pourtant que pour les sièges où les chances du Parti Libéral étaient *les plus faibles* (c'est-à-dire une « pluralité » subséquente des voix de -10% ou moins), près de 50% des nominations donnaient lieu à une lutte entre deux ou plusieurs candidats — ce qui laisse entendre que ceux qui combattaient et perdaient pour le parti en retiraient probablement quelque chose — tandis que dans les circonscriptions où les chances du parti étaient les meilleures (c'est-à-dire une pluralité libérale de 10% ou plus, y compris l'élection par acclamation), près de 40% des nominations n'étaient pourtant pas contestées — ce qui ressemble fort à des nominations « organisées ».

En ce qui concerne le besoin manifeste d'une intervention de la direction du parti, on peut classer les conventions sous différentes catégories. Ainsi qu'on vient de le constater, de nombreuses conventions n'avaient lieu que pour la forme — puisqu'il n'y avait qu'un seul candidat à la nomination — mais servaient apparemment à stimuler l'ardeur des militants pour la prochaine lutte électorale. Dans un second groupe, les conventions réussissaient à imposer un choix entre divers candidats (que ce soit par manipulation effective ou autrement). Dans aucun de ces cas, une intervention particulière des autorités centrales n'était normalement requise. Le chef se contentait de reconnaître le candidat élu par la convention comme le représentant officiel du parti.

Deux autres catégories de cas créaient cependant des problèmes pour la direction. Ou bien la convention ne parvenait pas à imposer sa décision en raison « d'irrégularités » dénoncées publiquement ; ou bien c'était la nécessité même d'une convention qui était en cause, une faction à l'intérieur de la circonscription exigeant la tenue d'une convention, l'autre faction (généralement celle du député sortant et de ses partisans) estimant qu'il n'y avait pas lieu d'en convoquer une. Dès qu'un conflit de ce genre se révélait, une faction ou l'autre en appelait invariablement au chef pour obtenir son appui.

Dans ces cas-là, il semblerait que le chef n'était nullement obligé d'arbitrer le combat ; en effet, on a rencontré quelques cas où le bureau central est resté neutre, comme ce fut le cas à Saint-Hyacinthe en 1919 et au Charlevoix-Saguenay en 1927. Dans ce dernier conflit, par exemple, l'organisateur en chef à Québec informa les libéraux de la circonscription qu'ils étaient libres de voter pour l'un ou l'autre candidat libéral, « sans se croire liés par une préférence officielle ».[29]

Mais une telle neutralité n'était pas courante. La plupart du temps, la direction du parti répondait aux divisions internes par un arbitrage exécutoire. Ainsi, dans la première catégorie mentionnée ci-dessus (qui impliquait une contestation de la décision prise par la convention de nomination), l'organisation centrale du parti confirmait généralement le choix de la convention en reconnaissant le candidat nommé comme candidat officiel. Dans de nombreux cas, elle parvint également à convaincre les rebelles d'accepter le verdict avec bonne grâce et de se retirer « pour le bien du parti»; généralement, ce désistement s'obtenait assez facilement, en raison des cuisantes défaites que subissaient presque toujours ceux qui se présentaient aux élections sous l'étiquette de Libéral Indépendant. Ainsi qu'un observateur contemporain le notait :

> L'envoyé des quartiers généraux réussit la plupart du temps ; car il vient de loin, il a du prestige, et surtout il a des fonds à sa disposition, pour le cas où ils seraient nécessaires. Devant lui, les objections se contrastent, les motifs de discorde perdent leur valeur dans l'esprit de ceux qui les entretenaient, l'ardeur tombe. Car le délégué rappelle à tous le parti pour lequel il ne faut pas se diviser car l'adversaire en profiterait.[30]

À ces raisons qui expliquent le succès fréquent des interventions en haut lieu, un candidat fédéral désappointé ajoute celle de la légitimité ou du « droit » du chef alors qu'il écrit à Laurier : « Vous m'avez préféré un autre candidat, c'est votre droit, c'est vous qui avez le droit de choisir vos candidats ».[31]

---

[29] Cité dans *Le Soleil* du 11 mai 1927, p. 1. Quand on lui a demandé d'intervenir dans Saint-Hyacinthe en 1919, le Premier ministre Gouin a hésité pour finalement refuser, estimant que les électeurs n'avaient qu'à déterminer eux-mêmes qui serait le bon candidat. Voir *Le Devoir* des 12, 13 et 18 juin 1919.
[30] L.P. Desrosiers, correspondant du *Devoir*, 23 septembre 1925, p. 2. Le français employé est celui du journal.
[31] Lettre de Tancrède Marsil, un vieux « Rouge », citée dans *Le Devoir* du 26 novembre 1917, p. 1.

Dans le second type de conflit (qui implique une querelle sur la nécessité d'une convention de nomination), la direction penchait, à l'occasion, du côté de ceux qui exigeaient la tenue d'une convention. Cependant, il était bien plus fréquent de la voir reconnaître qu'une convention, en effet, serait inutile et que le candidat nommé de son propre chef (généralement le député sortant) serait le candidat officiel du parti. Lors d'un conflit de ce genre, un candidat déçu s'était exclamé : « (La direction du parti) c'est l'autorité légitime dans le parti. Quand les chefs auront parlé de façon définitive, ce sera final pour les loyaux soldats ».[32]

Avant l'élection provinciale de 1935, ce mode élitiste de nomination des candidats prévalait un peu partout. Dans la circonscription de Montréal-Saint-Laurent, par exemple, l'organisateur en chef fit savoir qu'il avait été décidé, avec l'approbation de M. Taschereau, qu'une convention ne serait « ni nécessaire ni utile ». On rejeta donc la demande de la tenue d'une convention et le député sortant fut nommé de nouveau par la volonté du chef.[33] Dans la circonscription de Lévis, à une délégation qui était venue demander à M. Taschereau la tenue d'une convention, on fit la réponse suivante (selon les termes mêmes du *Soleil*) : « Selon la coutume, le candidat libéral officiel est le député sortant ».[34] Les cas qui viennent d'être cités illustrent bien qu'il serait exagéré de dire du système de nomination libéral au Québec qu'il était « un modèle de démocratie », ainsi que l'a qualifié un ancien député libéral de l'Assemblée législative, interrogé par l'auteur.

Un éditorial de l'époque, publié par *Le Soleil*, présentait ce qui ressemble à un résumé quasi officiel de la politique du parti concernant la nomination des candidats. En voici les principaux points :

1. Les conventions de nomination ne sont pas toujours nécessaires. Quand le député sortant désire être choisi de nouveau candidat, il n'est pas nécessaire de convoquer une convention.

2. Quand le député sortant se retire, plusieurs candidats peuvent se présenter. Mais le choix d'un remplaçant ne peut être fait que par les « chefs reconnus des groupes libéraux dans les différentes paroisses ».

3. C'est un devoir pour les autres candidats de s'effacer de bonne grâce et d'offrir leur concours à l'élu de la convention.

4. Les chefs locaux n'ont pas à craindre des pressions de la part de leur chef de parti, aussi devraient-ils solliciter ses conseils.

---

[32]Cité dans *Le Devoir* du 30 septembre 1925, p. 3.
[33] Voir *The Gazette,* 5 novembre 1935, p. 5 ; *Le Devoir,* 5 novembre 1935, p. 3.
[34] 7 novembre 1935, p. 3.

5. Une intervention extérieure dans la convention de nomination, bien qu'elle puisse susciter des ressentiments, est certainement justifiable et légitime quand elle provient du chef de parti. Bien qu'on puisse prétendre que les chefs locaux connaissent mieux les mérites des divers aspirants, « ils ne savent peut-être pas aussi bien (que le chef) quel est celui d'entre eux qui pourrait obtenir le plus facilement une élection par acclamation et sauver au parti les frais et les ennuis d'une lutte ».

6. En outre, *Le Soleil* ajoutait mystérieusement : « D'autres considérations existent que nous ne pouvons mentionner ici ».[35]

Si l'on en juge d'après ces données — fragmentaires, il faut en convenir — on ne peut affirmer que les chefs libéraux du Québec n'intervenaient dans le processus de nomination qu'avec « réticence et beaucoup de circonspection », selon les mots mêmes de Dawson. Bien qu'il n'y ait pas de preuve absolue démontrant que la direction du parti pouvait (ou cherchait à) imposer son propre candidat quand les chefs locaux soutenaient solidement le leur, les données recueillies permettent néanmoins d'affirmer que là où l'unanimité locale ne s'était pas réalisée sur un candidat, l'intervention du chef, *de par le poids de sa légitimité*, était généralement décisive. Il est assez remarquable de constater que ces interventions favorisaient généralement le député sortant ou encore le candidat officiel de la convention de nomination. Cela signifiait tout d'abord que, au plan local, les risques politiques du député sortant (déjà limités par la présomption en faveur du renouvellement de son mandat) s'en trouvaient considérablement réduits, en échange d'une allégeance fidèle à la direction du parti. Deuxièmement, ces interventions ont probablement renforcé les prétentions de la convention officielle de nomination d'être le seul organe décisionnel légitime au plan local. Dans la mesure où l'organisation centrale du parti « manipulait » les conventions — un point sur lequel nous reviendrons plus bas — toute action susceptible de renforcer leur statut tendait à accroître le contrôle du chef sur le recrutement des candidats.

4. L'élaboration des politiques

Tout comme on l'a fait dans la section précédente, cette section se concentre sur la question de la participation. Qu'est-ce que les données relevées suggèrent à propos du rôle des « backbenchers » et des militants non parlementaires dans la formulation des politiques du parti ? Ont-ils eu voix au chapitre de façon directe dans le processus d'élaboration de la politique ou leur influence a-t-elle été tout au plus indirecte, prenant la forme d'une contrainte opérant par le biais des « réactions anticipées » ?

---

[35] 23 septembre 1899, p. 1.

Pour traiter d'abord de la participation des militants non parlementaires, notons que nous n'avons trouvé nulle part la manifestation d'une vie d'association régulière et formelle au sein du Parti Libéral, que ce soit au niveau de la circonscription (comme nous l'avons déjà fait remarquer) ou à l'échelon provincial. Le parti ne tenait pas de congrès réguliers, ni même exceptionnels ; il ne semble pas y avoir eu de canaux organisationnels formels par lesquels les militants, en tant que groupe, auraient pu exercer une influence sur la conduite des affaires du parti au-delà du niveau local. Bien plus, nous n'avons trouvé nulle part l'expression d'un désir de voir de tels canaux se constituer. On peut supposer que les chefs locaux ne se préoccupaient pas de la politique du parti ou encore qu'ils se contentaient d'une quelconque influence qu'ils pouvaient exercer individuellement par des canaux informels, tels que les organisateurs régionaux et locaux du parti et les députés libéraux de l'endroit, quand il s'en trouvait un.[36]

Il est plus difficile de répondre à la deuxième question sur l'étendue de la participation des «backbenchers» à l'élaboration de la politique. D'une part, le secret qui entourait les délibérations du caucus et, d'autre part, le décès de la plupart des participants de l'époque ont fortement restreint les possibilités d'obtenir des données sur la question. Faute de données de première main, il faut se rabattre sur des sources indirectes susceptibles de fournir des éléments de réponse. Dans les circonstances, nous proposons d'évaluer la cohésion des votes libéraux dans les scrutins à l'Assemblée législative, pour déterminer le nombre de fois où les « backbenchers » se sont dissociés de la majorité. Ces résultats devraient donner une mesure (si élémentaire soit-elle) de l'incapacité dans laquelle se trouvait la direction libérale d'imposer sa volonté (ou les décisions prises en caucus) à tous ses fidèles. Il faudrait évidemment définir d'autres instruments de mesure pour cerner le pouvoir d'élaboration des politiques que détenait la direction libérale, par rapport au pouvoir qu'avaient les « backbenchers » qui ne s'écartaient pas de la ligne générale du parti, c'est-à-dire ceux qui votaient avec la majorité.[37]

---

[36] Une étude récente des activités locales des partis dans trois circonscriptions provinciales du Québec (Brôme, Missiquoi et Saint-Henri) montre que les militants locaux ne se préoccupent guère de la politique du parti. Voir Peter Leslie, *The Role of Constituency Party Organizations in Representing the Interests of Ethnic Minorities and Other Groups*, Thèse de doctorat non publiée, Université Queen's, 1967, spéc. pp. 81-86, 162-177.

[37] Il n'est pas possible de déterminer, d'après les données, les scrutins qui avaient fait l'objet d'une intervention du whip et ceux qui n'en avaient pas fait l'objet. Il n'est donc pas possible d'évaluer l'efficacité de la discipline du Parti Libéral, bien qu'on puisse mesurer sa limite inférieure en traitant chaque vote comme étant sujet à l'intervention du whip, de telle sorte que tout député libéral, votant contre la majorité de son parti, constituerait un cas d'indiscipline. Comme l'analyse le montre, même en employant un tel critère restrictif, l'efficacité disciplinaire demeure élevée, même selon les normes britanniques.

Le pouvoir au sein du Parti Libéral...   109

Pour déterminer la cohésion des votes libéraux, nous avons étudié tous les scrutins à l'Assemblée législative de 1897 à 1936.[38] Les résultats de cette étude, dont on trouvera une partie au tableau 3, révèlent un accroissement étonnant de la cohésion du Parti Libéral au cours de la période. Par contre, une analyse plus minutieuse montre que cet accroissement est largement dû à une nette diminution dans le nombre des projets de loi privés (présentés par des députés qui ne sont pas membres du gouvernement) donnant lieu à un scrutin. Sur un bon nombre de ces projets, la cohésion des libéraux était faible, aussi leur disparition progressive de la liste des votes enregistrés a-t-elle permis un redressement automatique du niveau général de cohésion.

Comme l'indique le tableau 3, l'indice de cohésion du Parti Libéral, après 1922, s'éleva à 100 (soit l'unanimité) dans 72 à 87% des scrutins enregistrés. Dans la plupart des autres votes, l'indice est descendu dans la catégorie des 81 à 99 et la majorité de ces cas se trouvaient dans la moitié supérieure de l'échelle. Il s'ensuit que l'indice moyen de cohésion du parti pour la dix-septième et la dix-huitième législatures (1928-1935) s'élève à 93.9 et 93.4 respectivement, c'est-à-dire légèrement en dessous de la cohésion presque parfaite que l'on trouve maintenant aux Chambres des communes britannique et canadienne.[39] Comme dans ces deux autres assemblées, les réfractaires obstinés étaient peu nombreux et il faut souligner que ces députés rebelles, à une exception près, furent élus au cours de la première moitié de l'ère libérale.[40]

---

[38] Comme on le sait, les votes enregistrés, comme mesure de la cohésion au sein d'un parti, sont un indice assez faible. Entre autres choses, cette mesure ne tient pas compte des abstentions qui peuvent exprimer une dissidence : elle ne donne pas non plus une idée du degré d'engagement derrière le décompte des voix — aussi risque-t-on d'exagérer le degré d'unité du parti. La mesure a cependant le mérite d'indiquer avec précision le nombre de députés qui sont prêts à appuyer une mesure à laquelle s'oppose une majorité de leurs collègues, et à quelle fréquence. Pour une bibliographie commentée sur les études ayant recours aux votes inscrits, voir Norman Meller, « Legislative Behavior Research », *Western Political Quarterly*, XIII, 1960, pp. 131-153.

[39] Si l'on élimine du calcul les scrutins répétés sur les projets de loi qui donnent aux femmes le droit de vote de même que celui de pratiquer le droit, deux questions non partisanes extrêmement controversées, l'indice de cohésion pour le dix-septième et dix-huitième législatures s'élève à 97.5 et 94.8 respectivement. Pour des données sur le degré de cohésion des partis en Grande-Bretagne, voir S.H. Beer, *British Politics in the Collectivist Age*, New York, 1965, pp. 184-185, 257, 262. Pour des données semblables sur la Chambre des communes à Ottawa, voir Norman Ward, *The Canadian House of Commons : Representation*, Toronto, 1950, pp. 135-139.

[40] Les réfractaires furent rares de 1897 à 1936 mais, à l'exception de l'un d'entre eux, ils furent tous élus dans la première moitié de l'ère libérale. Il s'agissait de : Cyprien Dorris, député de Terrebonne de 1900 à 1916 ; Godfroi Langlois, député de Montréal, n° 3 et de Montréal-Saint-Louis de 1904 à 1916 ; J.-A. Langlois, député de Saint-Sauveur de 1909 (élection partielle) à 1916 ; et T.-D. Bouchard, député de Saint-Hyacinthe de 1912 à 1919 et de 1923 à 1944. La défaite de Bouchard en 1919, aux mains d'un autre libéral, survint en partie parce que le Premier ministre Gouin lui avait refusé « l'investiture » officielle dont bénéficiaient normalement tous les députés sortants. Voir ci-dessus, référence 29.

L'exception à laquelle nous faisions allusion est celle de J.-O. Drouin, député de Québec-Est de 1928 (élection partielle) à 1935 alors qu'il se présenta contre le candidat libéral sous la bannière de l'Action Libérale Nationale. Ce cas est traité dans le texte.

Tableau 3

*Cohésion des votes parmi les députés libéraux :
tous les scrutins inscrits de 1897 à 1936*

Législature	Indice de cohésion[1]				Nombre de scrutins	Nombre moyen par session
	100	81-99	41-80	0-40		
	(Pourcentages des votes enregistrés)					
9e (1897-1900)	50	7	16	27	175	55
10e (1900-04)	49	13	18	20	123	41
11e (1905-08)	55	16	12	17	51	13
12e (1909-12)	68	19	9	4	185	46
13e (1912-16)	73	14	6	7	90	22
14e (1917-19)	..	*	..	*	2	1
15e (1919-22)	78	..	*	*	32	8
16e (1923-27)	87	9	*	*	105	26
17e (1928-31)	73	18	6	*	113	28
18e (1931-35)	72	18	6	4	158	39
19e (1936)	*	..	..	..	3	3
Total	66	14	10	10		
N =	682	144	101	110	1037	27

* Moins de cinq cas.

1. Cet indice bien connu a été conçu par Stuart Rice, *Quantitative Methods in Politics*, New York, 1928. On le calcule en soustrayant le pourcentage des membres du parti qui sont minoritaires sur une question du pourcentage pour la majorité, en calculant les pourcentages sur la base du nombre total de membres du parti qui participent au vote. Un indice de 0 indique donc un partage parfait, 50-50 ; un chiffre de 50 indique une répartion 75-25 et 100 est égal à l'unanimité.

Sources : Québec, *Journal de l'Assemblée législative*, XXXII (1897-98) à LXX (1936), de même que les données de l'auteur sur l'affiliation aux partis à l'Assemblée. On a obtenu ces données en comparant les affiliations aux partis rapportées par les documents suivants : *The Canadian Parliamentary Guide*, publié chaque année à partir de 1898 ; Québec, Ministère du Commerce, *Annuaire statistique du Québec, 1958* (Québec), 1959), tableau 11, pp. 35-54 ; les journaux *Le Soleil* et *The Gazette* à partir de 1897, et le journal *Le Devoir* depuis sa fondation en 1910. Quand les sources ne concordaient pas (ce qui arrivait très souvent, surtout pour la période la plus ancienne), et qu'aucune nouvelle source ne pouvait résoudre le problème, nous avons tranché en faveur de l'opinion majoritaire.

Le pouvoir au sein du Parti Libéral... 111

Nous ne connaissons pas de cas où une cohésion partisane aussi élevée que celle que nous avons relevée pour le Québec ait été le résultat de négociations et de marchandages intenses au sein du parti. Il est certain, par exemple, qu'on n'a jamais reconnu aux « backbenchers », dans les principaux partis canadiens et britanniques, plus qu'un rôle de consultation (ou une capacité de contrainte latente) dans l'élaboration de la politique.[41] Il n'empêche qu'il faille tenir compte de la possibilité théorique d'une telle démocratie intrapartisane au Québec et en examiner l'hypothèse.

Plusieurs données circonstancielles tendent à réfuter cette hypothèse au départ sans que d'autres considérations viennent la défendre. On peut résumer de la façon suivante les raisons qui nous permettent de croire que la direction libérale détenait un pouvoir considérable dans la formulation des politiques du parti :

1. L'absence d'intérêt marqué pour les problèmes de politique générale parmi les militants des circonscriptions suggère que les orientations locales, face au système politique, correspondaient surtout à un « esprit de clocher » ou à un « esprit de soumission ».[42] Il est donc douteux que des pressions locales aient été exercées sur les députés de l'Assemblée pour la mise en œuvre de politiques précises ;

2. Le taux de remplacement des députés libéraux était assez élevé (voir tableau 4), ce qui ne cadre pas tellement avec l'image que l'on pourrait avoir d'un «backbencher» libéral, en tant que formulateur actif de politiques. Ce taux élevé de remplacement suggère également que bien peu de députés libéraux auraient eu le temps de constituer leur propre base de puissance personnelle ;[43]

3. Les compensations matérielles dont disposait la direction libérale étaient nombreuses. Comme l'indique le tableau 4, près de 25% de tous les députés libéraux ont volontairement mis un terme à leur carrière politique

---

[41] Il faudrait atténuer cette assertion en soulignant que les « backbenchers » travaillistes en Grande-Bretagne ont plus souvent voix au chapitre quand le parti est dans l'opposition que lorsqu'il est au pouvoir. Voir McKenzie, pp. 412 et suivantes.

[42] Voir, d'une façon générale, Gabriel A. Almond et Sydney Verba, *The Civic Culture*, Princeton, 1963. C'est la traduction approximative des termes « parochial » et « subject » employés par ces deux auteurs.

[43] Il faut souligner que le pourcentage de députés libéraux défaits, tel que l'indique le tableau 4, exagère leur «mortalité politique» avant 1935 et 1936. Si l'on exclut ces deux années d'élections de réalignement, le taux diminue de 30% à un peu plus de 16%. On peut ajouter que ceux qui se sont retirés invaincus, qui étaient nommés ailleurs, ou qui se retiraient pour des raisons inconnues, ne le faisaient généralement pas pour éviter une défaite imminente. 20% seulement des cas de « retraits volontaires » aboutissaient à une perte subséquente du siège par le Parti Libéral et, là encore, les élections de 1935 et 1936 comprennent les deux tiers de ces cas.

Tableau 4

Durée du mandat parlementaire et causes de la retraite des députés libéraux à l'Assemblée législative, 1897-1936[1]

Raisons motivant la fin du mandat	Durée du mandat en années[2]					Plus de 20	Total	Nombre de députés libéraux
	0-4	5-8	9-12	13-16	17-20			
	(pourcentage du sous-total)							
Défait	38	29	29	19	..	*	30	93
Nommé[3]	16	22	35	38	38	*	24	72
Retraite sans avoir été battu[4]	10	19	15	*	38	*	16	48
Décédé	13	9	13	19	*	*	12	38
Passé à la politique fédérale	4	6	*	*	..	..	4	13
Raison inconnue[5]	19	15	*	*	*	*	14	42
Sous-total	100	100	100	100	100	100		
Pourcentage du sous-total	37	30	17	9	4	3	100	
Sous-total: N =	114	93	52	26	13	8		306
Invaincu en 1936: N =	5	2	2	2	1	1		13[6]
Total: N =	119	95	54	28	14	9		319
Battu en 1935 ou en 1936: N =	20	10	6	4	..	3		43

* Moins de cinq cas
1. Le tableau ne comprend que les députés élus pour la première fois en 1897 ou après.
2. Mandat ininterrompu à l'Assemblée législative dans la même circonscription.
3. Comprend les nominations au Conseil législatif, à la Cour ou à tout autre poste payé par la Couronne.
4. Comprend tous les députés qui ont démissionné de leurs sièges ou qui n'ont pas brigué de nouveau les suffrages des électeurs, sans qu'ils aient jamais été battus ou nommés ailleurs (apparemment), qui n'ont pas rejoint la scène fédérale et qui ne sont pas décédés au cours de la période.
5. Comprend tous les membres qui sont disparus sans laisser de traces, selon les sources utilisées par l'auteur.
6. Un libéral, C.A. Bertrand (Montréal-Laurier), fut élu pour la première fois en 1936, portant la représentation libérale à 14.

Sources : *Québec, Annuaire statistique, 1958* (Québec, 1959), tableau 11, pp. 35-54: Québec, *Journal de l'Assemblée législative*, XXXII (1897-98) à (1936) ; *Canadian Parliamentary Guide*, 1898 à 1937 ; Rumilly, *Histoire*, IX à XXV ; et les données de l'auteur sur l'affiliation partisane des députés de l'Assemblée.

Le pouvoir au sein du Parti Libéral... 113

pour accepter un poste public offert par le Parti Libéral provincial (ou, dans certains cas, fédéral).[44] La possibilité théorique, qui voudrait que ces bénéfices aient été extorqués en échange d'une coopération soutenue, ne résiste pas à l'examen quand on la compare aux autres données empiriques. Il s'agissait plutôt de récompenses « discrétionnaires ». Il est douteux, par exemple, qu'un caucus comptant de nombreux « backbenchers » dotés de ce type de puissance coercitive ait accepté un rôle passif dans le processus de sélection des chefs ;

4. Il semblerait que, sous Taschereau, la direction libérale se soit efforcée de promouvoir le recrutement et la nomination de candidats complaisants en Chambre. Des deux observateurs qualifiés qui ont décrit les pratiques du parti dans les nominations après 1920, l'un déclarait qu'il était « incontestable » que M. Taschereau cherchait, « par l'intermédiaire de l'organisateur provincial et en consultation avec les chefs locaux », à assurer la nomination de candidats qui lui convenaient, et qu'il réussissait « presque chaque fois ». L'autre informateur soulignait que ces tentatives étaient « assez fréquentes » et qu'elles étaient « souvent » couronnées de succès.[45]

Une phrase des mémoires de C.G. Power souligne le désir de M. Taschereau de s'entourer de candidats dociles, sans agressivité et sur lesquels il pouvait compter. Power précise qu'après les élections de 1931, il avait recommandé à Taschereau de mettre à la retraite les députés les plus fades parmi ceux qui s'étaient montrés les plus faibles sur le plan électoral, pour infuser du sang nouveau dans le parti. Selon Power, Taschereau refusa en disant :

> Oui, c'est très bien d'accueillir ces jeunes gens, mais la plupart sont pétris d'ambition et prêts à s'engager dans l'action au point de nous causer beaucoup de difficultés. Je préfère conserver les vieux qui se satisfont de leur situation dans la mesure où nous leur permettons de jouir du patronage dans leurs circonscriptions, ainsi que des honneurs et du prestige qui accompagnent leur présence à la Législature. Ils ne sont pas indûment ambitieux, aussi ne nous dérangent-ils pas.[46]

---

[44] L'importance de ces incitations à la coopération avec la direction pouvait varier en fonction de la conception que se faisaient les députés de leur rôle de législateur. Nous n'avons pas de données sur ce point.
[45] La première déclaration provient d'un ancien politicien libéral; la deuxième émane de M. Martineau.
[46] Cité dans Ward (éd.), *A Party Politician*, pp. 329-330.

Cette attitude explique peut-être pourquoi J.-Oscar Drouin (Québec-Est), le seul nouveau venu imbu d'un véritable esprit de réforme parmi les « backbenchers » libéraux dans la dernière décennie du régime, ait suscité, dit-on, un veto de la part de Taschereau en tant que candidat officiel. Il se peut que Taschereau finît par céder parce que Drouin était le protégé d'Ernest Lapointe, le chef du groupe libéral québécois à Ottawa, et parce que Taschereau désirait éviter un partage du vote libéral dans Québec-Est.[47]

Conclusion

Comme on pouvait s'y attendre, les données présentées ici ne permettent pas d'établir des affirmations solides sur la distribution du pouvoir aux trois niveaux d'activité étudiés. De trop nombreuses questions, du genre de celles qui ont été indiquées dans l'introduction de cet article, demeurent sans réponse. On ne sait pas vraiment, par exemple, ce qu'il en est exactement du pouvoir de la direction dans le processus de nomination des candidats. Combien de fois les préférences de la direction ont-elles été acceptées uniquement parce qu'il arrivait qu'elles coïncidaient avec celles des chefs locaux et combien de fois ces préférences ont-elles été ignorées quand les deux ordres de la hiérarchie s'opposaient sur la personne d'un candidat ? Combien de fois les décisions prises par la direction en matière de politique ont-elles été acceptées sans récrimination de la part des « backbenchers », principalement parce qu'elles correspondaient à leurs vœux ? À quel point le pouvoir de la direction du parti lui permettait-il de faire accepter une décision impopulaire ?

Les questions de ce type soulignent le problème fondamental de l'absence de données sur les attitudes et les préférences des militants non-parlementaires, des « backbenchers » et des chefs de parti, ou sur l'exactitude de la transmission de ces attitudes. Une bonne étude du pouvoir nécessiterait une analyse des relations entre ces variables, de même qu'entre ces données et les véritables décisions.

Toutes ces limites étant précisées, on peut cependant conclure qu'en ce qui concerne la formulation des politiques et le choix d'un chef, le pouvoir décisionnel effectif dans le Parti Libéral provincial du Québec semblait principalement être détenu par la direction du parti. Seule la période de désunion dans la direction, de 1904 à 1905, a provoqué une diffusion relative du pouvoir (au moins en ce qui concerne la sélection des chefs). Quant au choix des candidats, le pouvoir décisionnel semble avoir été moins centralisé, bien qu'ici encore les chefs du parti aient apparemment joué un rôle important. Quant aux deux modèles concurrents d'organisation partisane, l'oligarchie de Michels et la stratarchie d'Eldersveld, considérés comme

---

[47] Rumilly, *Histoire*, XXX, pp. 116-117, 119.

Le pouvoir au sein du Parti Libéral... 115

« types idéaux », c'est du premier que se rapprocherait le plus le Parti Libéral provincial du Québec.

Ces résultats soulèvent au moins deux questions que nous avions déjà évoquées succinctement au début. Tout d'abord, il y a l'éternel problème du « et alors ? ». Quelle est, par exemple, l'importance de ce type de distribution du pouvoir pour la « performance » fonctionnelle du Parti Libéral ? L'autre question est le « pourquoi ? ». Pourquoi cette distribution du pouvoir ? Nous ne pouvons traiter ici ces questions en profondeur, mais nous pouvons quand même souligner le type de questions épineuses qu'affronte le chercheur qui s'aventure dans ce domaine.

En ce qui concerne le «et alors?», le problème majeur est de définir les exigences fonctionnelles auxquelles il faut rattacher la structure du pouvoir, pour ensuite établir des relations empiriques entre ces exigences et les activités du parti. Donnons un exemple : si la structure interne du pouvoir dans le parti décourage la participation, la situation est-elle nécessairement dysfonctionnelle pour le parti lui-même ou pour le système en général ? Tout dépend de la façon dont on définit les « objectifs » du parti ou du système politique en question, et de l'analyse que l'on fait de la relation entre ces objectifs et le niveau de participation politique.

En ce qui concerne la question du «pourquoi?», on cherche généralement des explications au comportement d'un parti dans son environnement. Mais quels sont les aspects les plus significatifs de l'environnement ? Doit-on expliquer l'élitisme apparent du Parti Libéral provincial, essentiellement à partir des structures gouvernementales de type britannique, comme l'a fait McKenzie en parlant des partis anglais ? Ou doit-on d'abord examiner la culture politique, apparemment dominée par des attitudes de type « esprit de clocher », « esprit de soumission » et « autoritaire », et, semble-t-il, caractérisée par un sens profond d'insécurité collective ? Ou bien doit-on donner la priorité au degré relativement élevé d'homogénéité sociale et économique, renforcée par la quasi-unanimité idéologique de l'élite intellectuelle ? Et quelle importance faut-il accorder au nombre limité d'avenues possibles d'ascension sociale au Canada français ? L'effet net de ce dernier facteur était-il centralisateur (parce qu'il augmentait la valeur du patronage à la disposition du chef) ou décentralisateur (en imposant des limites à la manipulation par le « centre » des conventions de nomination) ?

Il est impossible de répondre à ces questions, à moins de se livrer à une analyse comparative dans l'espace et dans le temps. Est-ce que les autres partis au Canada, au cours de la même période, ont connu le même mode d'organisation ? S'il en est ainsi, quels étaient les dénominateurs communs entre le Québec et ces autres régions qui pourraient expliquer cette similitude ? De la même façon, quelles étaient, d'un environnement à l'autre, les différences qui apparaissent relativement sans conséquence ? Quant à une comparaison dans le temps, on peut s'interroger sur ce qui s'est passé dans l'organisation libérale depuis 1936. Si, pratiquement, les changements d'organisation ont été minimes, comme le donnent à penser de récentes études de cas de P.A. Comeau et de P.M. Leslie, alors que certaines variables de l'environnement ont beaucoup changé et que d'autres sont demeurées les mêmes, qu'est-ce que cela implique pour l'incidence relative des divers éléments de l'environnement sur la structure du parti ? Ou encore, qu'est-ce que cela suggère quant à la capacité du parti de maintenir un certain degré d'autonomie structurelle ?

Toutes ces questions ont une orientation commune : la nécessité d'en savoir davantage sur le lien entre le parti et l'environnement.[48] Avec le temps, on parviendra peut-être à une compréhension plus raffinée de la nature des partis politiques, à la lumière d'études écologiques combinées aux analyses descriptives du type de celle qui a été tentée ici. Cette connaissance nous permettrait entre autres d'avancer des hypothèses nouvelles ou plus précises sur les conséquences, pour un parti, de son environnement spécifique et de changements dans cet environnement, sur les possibilités de changements d'organisation et d'activités au sein d'un parti par la manipulation directe et enfin, sur l'impact d'un tel type de « gestion politique » sur le système politique et la société en général. Nous devons, en d'autres termes, développer une idée plus précise du degré de dépendance ou d'indépendance des partis à l'égard de leur environnement. Sans ces connaissances, on continuera à exagérer ou, au contraire, à minimiser la responsabilité des partis politiques pour le fonctionnement du système politique. Une telle situation peut perpétuer l'optimisme excessif comme le pessimisme passif, voire l'aliénation ou, au contraire, la suffisance devant les possibilités de réformer les partis d'une façon significative.

---

[48] Pour d'excellentes remarques sur ce point, voir Frank J. Sorauf, *Political Parties in the American System*, Boston et Toronto, 1964, pp. 153-169.

Le Parti Québécois à la recherche du pouvoir

Daniel LATOUCHE
Centre d'Études canadiennes-françaises et
Département de Science politique
Université McGill

Dans les pages* qui vont suivre, nous tenterons de répondre à une question fort simple mais combien importante pour l'avenir du Québec. « *Le Parti Québécois peut-il espérer remporter la victoire lors d'une prochaine consultation électorale* »? En fait, il s'agit là de la version québécoise d'une question que l'on se pose tout aussi bien en France qu'aux États-Unis ou en Italie.

De plus, c'est une question que l'on choisit souvent d'oublier, car la réponse risque de déranger certaines de nos rationalisations les plus chères quant à l'efficacité et aux mérites de l'action électorale. Pour les réformistes et autres partisans du changement dans l'ordre, il semble aller de soi que la voie électorale est moralement supérieure parce que non violente et plus respectueuse de la volonté de la majorité. Par contre, pour les partisans de la révolution, la victoire électorale est un piège, car elle ne peut être acquise qu'avec la complicité des tenants du pouvoir. Elle constituerait même, selon plusieurs, un facteur important de démobilisation des masses.

---

* Une première version de ce texte a été présentée au colloque du « Caucus for a New Political Science » tenu à Washington, en Septembre 1972, dans le cadre de la réunion annuelle de l'American Political Science Association. Plusieurs des idées exprimées dans ce texte ont été suggérées par Édouard Cloutier, au cours d'innombrables discussions. Je l'en remercie. Il est bon de rappeler que ce texte a été rédigé avant l'élection provinciale de 1973. Il n'a été que très légèrement retouché en juin 1975. Certaines des prédictions et des analyses qui y sont menées apparaissent aujourd'hui dépassées. Mais nous n'avons pas cru bon de les corriger à posteriori. Elles témoignent du fait que politicologues et analystes politiques sont aussi sujets à l'erreur. La problématique, croyons-nous, demeure la même. Ces analyses, effectuées en 1973, peuvent peut-être contribuer à expliquer l'état de la pensée stratégique du P.Q. à cette date. À ce titre, elles peuvent nous aider à mieux comprendre le marketing électoral du P.Q. lors de ce scrutin ; voir sur ce sujet J. Benjamin, *Comment on fabrique un Premier ministre québécois*, Montréal, Les Éditions de l'Aurore, 1975.

Au moment des élections françaises de 1973, Jean-Paul Sartre décrivait la consultation électorale comme un « piège-à-cons » où il faut à tout prix éviter de tomber. D'autres observateurs, sans nier le caractère hypocrite du processus électoral, en acceptent tout de même la nécessité devant l'impossibilité d'organiser une révolution violente et devant l'importance indéniable que lui attache encore la grande majorité de la population. Le débat est donc engagé et il s'agit de déterminer si, dans le cas du Québec, la lutte électorale doit être considérée comme la continuation d'une lutte révolutionnaire par des moyens non violents ou si elle constitue, au contraire, une idée petite-bourgeoise avec laquelle il faut rompre définitivement si l'on veut faire progresser le combat politique.

Au Québec, cette question n'a eu, jusqu'à tout récemment, qu'une existence purement théorique. Mais, depuis la percée électorale du Rassemblement pour l'Indépendance Nationale en 1966 et celle plus récente (1970) du Parti Québécois, et devant l'échec évident de l'insurrection armée, il a bien fallu se rendre à l'évidence et convenir que le changement politique pouvait à l'occasion emprunter les chemins détournés de l'électoralisme.[1]

La victoire électorale d'Allende au Chili, la défaite de Guevara en Bolivie et le piétinement des forces révolutionnaires à travers le Tiers-Monde n'ont fait qu'accélérer cette remise en question.[2] D'ailleurs, ici même au Québec, la vigueur avec laquelle les tenants du pouvoir se sont acharnés, depuis la Crise d'Octobre, contre le Parti Québécois a forcé de nombreux militants à redécouvrir cette loi fondamentale de la tactique révolutionnaire : ce qui dans l'esprit de votre adversaire constitue son point défensif le plus faible constitue toujours votre meilleur point offensif.[3] Ainsi, depuis 1970, les gouvernements canadien et québécois ont réalisé que l'électoralisme du Parti Québécois constituait pour eux un danger plus menaçant que l'action violente du Front de Libération du Québec. En conséquence, c'est le P.Q. et non les groupes révolutionnaires que l'on a voulu briser politiquement, sous prétexte de mater une insurrection qui n'est jamais venue. Paradoxalement, c'est donc seulement après avoir fait les frais de la répression officielle que le P.Q. est subitement devenu pour plusieurs un véritable instrument de lut-

---

[1] L'autocritique de Pierre Vallières en est probablement le meilleur exemple, voir son livre *L'Urgence de choisir*, Montréal, Éditions Parti Pris, 1971. Depuis l'élection de 1973, le débat n'a pas cessé, au contraire, il a pris une nouvelle ampleur à la suite des injustices dont est victime une fois de plus le P.Q. dans sa représentation parlementaire.
[2] Sur le piétinement des forces révolutionnaires, surtout en Amérique latine, voir Richard Gott, *Guerilla Movements in Latin America*, New York, Doubleday, 1972.
[3] Il s'agit en fait d'un vieux principe du jeu de Gô récemment remis à la mode par Mao Tse Tung. Voir Scott Boorman, *Gô et Mao : pour une interprétation de la stratégie maoïste en termes de jeu de gô*, Paris, Editions du Seuil, 1972.

te et non pas seulement un catalyseur dans l'attente du « grand soir » de l'insurrection armée.[4]

De plus, si les partis politiques traditionnels et l'élite économique locale réagissent dans l'ensemble de façon si négative à l'idée de l'indépendance du Québec, c'est que cette idée n'est pas aussi réactionnaire que certains voudraient nous le faire croire. À moins qu'elle ne se leurre complètement sur ses véritables intérêts de classe, — ce qui serait étonnant — l'élite économique québécoise a très bien compris que l'accession à l'indépendance modifierait profondément les règles du jeu et menacerait ses privilèges.[5] C'est parce qu'il a réussi dans son message à établir une certaine jonction entre l'aliénation économique et l'aliénation nationale que le P.Q. est perçu, par les élites dirigeantes, comme un danger si menaçant. Si pour les tenants du statu quo politique et économique, il ne fait plus aucun doute que le P.Q. constitue un danger véritable, par contre une majorité de ceux qui préconisent des changements radicaux demeure sceptique sur l'orientation et les chances de succès du Parti Québécois.

1. Le programme du Parti Québécois

Certes, au niveau du programme, le Parti Québécois ne constitue qu'une version nord-américaine d'une démocratie sociale à la scandinave, ce qui déjà n'est pas trop mal. Mais doit-on juger le potentiel de changement véhiculé par ce parti uniquement à son programme actuel? Évidemment non. Malgré les efforts déployés dans ce sens au congrès de février 1973, le programme du P.Q. demeure avant tout un programme de prise de pouvoir et non pas un programme de gouvernement. Certes, on peut reprocher à ce parti, comme le font d'ailleurs avec justesse de nombreux syndicats et mouvements populaires, de jouer le jeu électoral en se donnant un programme qui tienne plus de la plate-forme publicitaire que d'une analyse fouillée de la situation économique des Québécois. Mais si on peut lui reprocher de jouer le jeu électoral, on ne peut pas en même temps lui reprocher de jouer « pour gagner ». Certains acceptent volontiers que le P.Q. se définisse comme un parti politique qui tente de prendre le pouvoir par la voie électorale, mais ils voudraient, en même temps, que ce parti se comporte avec toute la pureté idéologique d'un groupe de cinquante intellectuels. Si tel devait être le cas, il est évident que le P.Q., comme tant d'autres groupes, devra se contenter de victoires morales dont l'inutilité n'a d'égal que le réconfort idéologique qu'elles procurent.

---

[4] Cette attitude n'est évidemment pas partagée par tous. Voir Charles Gagnon, *Pour le parti prolétarien*, Montréal, l'Équipe du Journal, 1972.
[5] La réaction quasi hystérique de Charles Perreault, président du Conseil du Patronat, à l'annonce du programme du P.Q. en est un exemple. Voir son article dans *Le Devoir*, 14 mars 1973.

Il faut convenir que le programme électoral du P.Q. n'est pas très radical. Il est même probable qu'il ne reflète pas fidèlement le rapport de forces qui existe à l'intérieur du parti. Mais un ensemble de facteurs nous incitent à croire que, dans le contexte d'un Québec qui se rapproche de plus en plus de la prise en main de ses destinées, que ce soit sous la forme d'une indépendance politique ou d'une souveraineté culturelle, ce programme se radicalisera à une allure accélérée.

On peut mentionner, à l'appui de cette hypothèse, l'acceptation croissante par la population québécoise de mesures qui encore, tout récemment, étaient jugées comme « socialistes ». Ainsi, en 1962, seulement 50.1% des Québécois appuyaient l'instauration d'un régime d'assurance-santé. En 1970, ce pourcentage avait grimpé à 81.7%.[6] Il y a donc eu, depuis 1960, une acceptation plus grande de l'intervention de l'État, de même qu'un déplacement vers « la gauche » d'une bonne partie de l'électorat québécois, déplacement auquel les partis politiques indépendantistes ne sont pas insensibles. Il suffit de rappeler qu'en 1957, l'Alliance laurentienne proposait l'établissement au Québec d'une république corporatiste et chrétienne fondée sur le respect de la famille, de la libre entreprise et de la doctrine sociale de l'Église. À peine 15 ans plus tard, le P.Q. inscrivait à son programme la nationalisation pure et simple d'une de ces vaches sacrées de la libre entreprise nord-américaine, soit les compagnies de finance. On peut prévoir que dans 10 ans des mesures telles la cogestion et les nationalisations deviendront, sans pour autant être vidées de toute substance, des mesures « rentables » sur le plan électoral, tellement rentables qu'elles ne seront probablement plus la propriété exclusive du Parti Québécois.

La mystique du changement et de la nouveauté qui imprègne si profondément la vie économique des pays capitalistes affecte aussi leur vie politique. En effet, s'il veut percer ou même seulement survivre, un parti politique doit être en mesure d'offrir à l'électorat un produit différent de celui des autres partis, comme l'ont montré Przeworski et Soares. Cette nécessité de conquérir une partie du marché électoral s'applique tout aussi bien aux partis de gauche qu'aux partis de droite.[7] Les partis doivent donc être constamment à l'affût de nouveaux besoins et même contribuer à les susciter si cela s'avère nécessaire. Il existe donc, en démocratie libérale, une dynamique de changement électoral qui, sans être accompagnée d'une prise de conscience du caractère de classe de cette société, force tout de même

---

[6] Ces chiffres sont tirés d'un sondage effectué en mars 1970 par le Centre de sondage de l'Université de Montréal (voir note 8) et d'une enquête du Groupe de recherche sociale, *Les préférences politiques des électeurs québécois en 1962*, Montréal, 1964.
[7] A. Przeworski et G.A.D. Soares, « Theories in Search of a Curve : A Contextual Interpretation of Left Vote », *American Political Science Review*, 65, 1, (1971), pp. 51-68 ; voir aussi V.O. Key, Jr., « A Theory of Critical Elections », *Journal of Politics*, 17, 1, (1955), pp. 3-18.

certains partis à modifier leur programme dans le sens d'une plus grande radicalisation. Cette radicalisation, même si elle est récupérée par les classes dirigeantes (comme c'est le cas actuellement pour la lutte antipollution, n'en laisse pas moins derrière elle des bénéfices importants pour la population, tout en créant chez elle de nouvelles demandes et de nouvelles attentes qui poussent les partis à se radicaliser davantage.

Les résultats d'un sondage effectué en avril 1970, dans la région de Montréal, nous laissent croire que cette évolution du Parti Québécois ne s'arrêtera pas à son stade actuel. Certes, un sondage ne constitue jamais plus qu'une photographie d'un ensemble d'opinions et de comportements parcellaires qui ne prennent un sens qu'en fonction des prémisses épistémologiques et idéologiques de celui qui les interprète.[8] Mais toute photographique et idéologique qu'elle soit, l'image qui ressort du sondage d'opinions nous permet tout de même d'identifier certains des dynamismes politiques tels qu'ils ont existé à un moment donné. Ce n'est qu'à partir de ces images fragmentaires que nous pourrons arriver à reconstruire les mécanismes de la vie politique en société libérale.

Ces réserves étant faites, une lecture même très rapide du tableau 1 nous révèle que les électeurs du Parti Québécois sont en général plus politisés que ceux des autres partis. Leur niveau d'intérêt, d'information et de connaissance des rouages de la vie politique est nettement plus élevé que dans le cas des autres partis. En conséquence, ils participent plus étroitement à la vie de leur parti. Pour chacune de ces variables, nous avons calculé les coefficients Q, afin de mesurer la force de l'association entre chaque variable et le vote P.Q. Les coefficients varient entre .31 et .75 et dénotent une association relativement étroite entre certains indices d'activisme politique et la propension à appuyer le Parti Québécois. Ce même tableau nous indique aussi que près de la moitié (46.5%) des électeurs péquistes seraient prêts à appuyer un candidat qui s'identifierait ouvertement à la « gauche ». Le pourcentage n'atteint que 10.9 dans le cas de l'électorat des autres partis (le coefficient Q pour cette variable est de .75). En conséquence, il serait surprenant qu'avec une telle clientèle le programme du P.Q. ne se radicalise pas considérablement au cours des prochaines années. Sur ce point, l'élection de 1973 et les mois qui ont suivi n'ont pas infirmé cette tendance.

Ce processus de radicalisation ne devrait pas rencontrer d'obstacles majeurs au plan des structures du parti. Certes, comme dans tout parti politique, il s'est formé au sein du Parti Québécois une oligarchie qui contrôle

---

[8] Les données méthodologiques sur le sondage sont discutées dans l'article de Serge Carlos et Daniel Latouche, « La composition de l'électorat péquiste » dans G. Lord, D. Latouche, J.-G. Vaillancourt et S. Carlos (éds.), *Le processus électoral au Québec*, Montréal, Éditions HMH, à paraître. Pour une critique épistémologique des sondages d'opinion, voir H. Schieler, « Les sondages d'opinion sont-ils vraiment neutres ? » *Psychologie*, 38 (mars 1973), pp. 44-51.

Tableau 1

Intention de vote en 1970 dans la région de Montréal selon certains indices d'insertion politique (en pourcentages)

Indices d'insertion politique	Parti Québécois	Autres Partis*	Q**
Niveau de connaissance (N = 331)			
Faible	70.1	81.1	.31
Élevé	29.9	18.3	
Niveau d'intérêt (N = 279)			
Faible	30.1	46.0	.32
Élevé	69.9	54.0	
Niveau de participation (N = 279)			
Faible	55.2	80.1	
Élevé	44.8	19.9	.54
Niveau d'accès à l'information (N = 269)			
Faible	67.4	83.6	.43
Élevé	32.6	16.4	
Appui à un candidat de gauche (N = 369)			
Non	53.5	89.1	.75
Oui	46.5	10.9	

Définitions des variables :

Connaissance politique : Cet index fut construit à partir des réponses à 18 questions où le répondant devait identifier les chefs de parti, son député, son comté, le nombre de sièges requis pour former une majorité en Chambre.

Intérêt politique : La question posée était la suivante : « De façon générale, diriez-vous que vous vous intéressez régulièrement, aussi souvent que possible, irrégulièrement ou jamais aux questions politiques ? »

Participation politique : Cet index comprend les item suivants : appui financier à une organisation politique ; participation aux activités ; assistance aux réunions ; travail bénévole.

Information politique : Cet index fut construit à partir des item suivants : discussion avec des parents et amis ; avec des collègues ; lecture de journaux et de pamphlets ; écoute de la télévision et de la radio ; assistance à des réunions d'information.

Candidat de gauche : La question posée était la suivante : « Toute chose étant égale, voteriez-vous pour un candidat de gauche ou de droite ? »

* Comprend l'Union Nationale et le Parti Libéral
** Il s'agit du Q de Yule

Le Parti Québécois à la recherche du pouvoir 123

d'assez près les leviers de commande et l'orientation du programme. Mais même là, le parti demeure suffisamment ouvert pour que la volonté des membres y soit respectée.

D'abord, le programme du parti est discuté à chaque congrès annuel, ce qui empêche la sclérose des idées et favorise une mise à jour continuelle. Ensuite, les résolutions qui définissent ce programme proviennent, de façon quasi exclusive (98%), des associations de comtés et non pas de l'Exécutif ou de groupes d'experts. De plus, lorsqu'elles sont adoptées par le congrès, ces résolutions sont automatiquement incorporées au programme officiel du parti. Elles ne peuvent être modifiées par le président, l'Exécutif, les candidats ou même les députés du parti. À cela s'ajoute le fait que l'aile parlementaire du P.Q. ne contrôle pas les décisions du parti, car elle ne compte que quatre des onze membres du Conseil exécutif du P.Q. D'ailleurs, ce Conseil exécutif ne constitue pas, comme chez la plupart des partis politiques, l'autorité suprême du parti entre les congrès annuels. Ce rôle appartient au Conseil national où 110 des 125 membres sont élus par les associations de comtés. Donc, au plan des structures formelles, les membres du Parti Québécois ont la possibilité de modifier le programme du parti à condition, bien entendu, qu'ils réussissent à convaincre une majorité de leurs collègues de la nécessité d'un tel changement. Évidemment, il serait naïf de croire que la volonté des membres s'exprime toujours de façon libre et est immédiatement reflétée dans le programme du parti, mais il est indéniable que, depuis trois ans, cette volonté majoritaire des délégués de pousser (lentement) le parti vers la gauche s'est accentuée.[9]

Mais toutes ces spéculations sur la radicalisation éventuelle du programme du P.Q. et sur la possibilité que ce parti entraîne le Québec sur la voie du socialisme sont en fait subordonnées à la question fort simple que nous posions au début de cet article : *Le Parti Québécois peut-il gagner les élections et former le prochain gouvernement tout en continuant de prôner l'indépendance et un socialisme à la scandinave ?*

2. Les obstacles structurels à la victoire du Parti Québécois

Certains répondent à cette question en insistant sur le fait que les chances de victoire du P.Q. sont nulles, à cause de la présence au Québec d'une forte minorité anglophone et d'un système électoral qui défavorise les tiers partis. Et, comme si ces obstacles ne suffisaient pas, on ajoute aussi que, de toute façon, le gouvernement fédéral ne permettra pas une victoire électorale du P.Q. (i.e. intervention de l'armée, terrorisme psychologique, annulation de l'élection). Certes, à ce stade-ci de la conjoncture politique, il

---

[9] Les résolutions adoptées au congrès national de février 1973 en sont un indice probant.

est impossible de prédire la réaction des gouvernements face à une possibilité de victoire électorale pour les forces indépendantistes. Mais, sans pour autant minimiser la possibilité d'une réaction fédérale violente, il faut éviter d'y accorder trop d'importance dans l'élaboration d'une stratégie électorale. Ce serait alors tomber dans le piège du terrorisme politique et ce, avant même que ne débute officiellement la campagne électorale.

Quant à l'influence du système électoral (carte, mode de scrutin et lois) sur les résultats électoraux, il ne faut pas en exagérer l'importance, comme il ne faut pas exagérer les effets négatifs du régime majoritaire uninominal à un tour par rapport à d'autres régimes. Certes, lors des élections de 1970, le Parti Québecois, tout en recueillant 23.1% des suffrages valides, n'a obtenu en retour que 6.5% des sièges à l'Assemblée nationale. Mais il serait faux d'attribuer au système électoral la cause exclusive de cette injustice flagrante. À notre avis, il s'agit là d'une situation extrême qui tient à l'action combinée d'un certain nombre de facteurs dont les résultats ont été amplifiés par les particularités de la carte et du régime électoral en vigueur à ce moment.

1. Le parti gouvernemental (Union Nationale) n'avait pas obtenu aux élections de 1966 la pluralité des votes. Son pourcentage des votes (40.8%) le situait loin derrière le deuxième parti (47.3%). En 1970, le parti majoritaire quant aux sièges a aussi remporté la majorité des votes. Il ne risque donc pas d'y avoir d'effet multiplicateur comme en 1970, où la débandade de l'Union Nationale est venue fausser considérablement le jeu électoral.

2. Le passage, en 1970, d'une situation de bipartisme à une situation de multipartisme avec l'apparition, à l'Assemblée nationale, non pas d'un mais de deux nouveaux partis. Une telle situation risque peu de se reproduire aux élections de 1973 (et de fait ne s'est pas reproduite).

3. La chute du parti gouvernemental. Bien que possible, cette situation n'est guère probable en 1973. On voit mal comment l'Union Nationale, le Parti Québécois ou le Ralliement Créditiste pourraient enlever la victoire au Parti Libéral. De toute façon, cette possibilité est actuellement moins plausible qu'une possibilité similaire pouvait l'être avant les élections de 1970.

4. Il est aussi fort peu probable que l'on assiste, en 1973, à un réalignement des votes aussi marqué qu'en 1970, alors que le parti gouvernemental est passé de 40.8 à 19.6% des suffrages exprimés et que les tiers partis ont recueilli 34.3% des votes contre 8.8% en 1966. (Les tiers partis n'ont recueilli qu'un peu plus de 15% des suffrages en 1973).

L'ensemble de ces conditions contribue à expliquer (bien que cela reste à démontrer de façon empirique) certaines des aberrations dans les ré-

Tableau 2

Classement du Parti Québécois dans les circonscriptions selon la carte électorale de 1970 et celle de 1972*

Rang du P.Q.	Carte de 1970		Carte de 1972	
	N	%	N	%
Premier	(7)	6.5	(9)	8.2
Deuxième	(39)	36.1	(47)	42.7
Troisième	(32)	29.6	(23)	20.9
Quatrième	(30)	27.8	(31)	28.2
Total	(108)	100.0	(110)	100.0

* Il s'agit, rappelons-le, des résultats électoraux de 1970.

sultats de 1970, notamment au niveau de la non-identité entre le pourcentage des votes obtenus et le pourcentage des sièges remportés. Une telle situation, comme nous l'avons souligné, a de très faibles chances de se répéter au prochain scrutin.

Même si rien n'est changé en 1973 quant au système électoral, la situation du P.Q. en termes de représentation parlementaire peut difficilement être pire que celle qui a résulté de l'élection de 1970, où le P.Q. n'a obtenu que 28% des députés auxquels il avait droit en vertu de son pourcentage du vote.[10]

Depuis 1970, le système électoral québécois a connu deux modifications qui devraient favoriser le P.Q. Premièrement, on a modifié la carte électorale de façon à diminuer l'importance des circonscriptions rurales. Comme nous l'indique le tableau 2, une telle redistribution place le P.Q. dans une position légèrement supérieure à celle de 1970. Certes, la nouvelle carte n'augmente pas considérablement le nombre de circonscriptions où le P.Q. aurait pu remporter la victoire, soit 9 circonscriptions au lieu de 7 avec l'ancienne carte. Par contre, au niveau des circonscriptions où le P.Q. aurait terminé deuxième, l'amélioration est beaucoup plus sensible. Ainsi, avec la nouvelle carte, le P.Q. aurait terminé deuxième dans 42.7% des comtés (contre 36.1% avec l'ancienne carte). Ce gain a surtout été effectué aux dépens du Parti Libéral, dont le pourcentage de deuxièmes places passe de 29.6 à 19.1%.

---

[10] Mais, effectivement, elle l'a été et ce, pour des raisons que nous avancions dès 1973 avant même de connaître les résultats de l'élection.

Tableau 3
Principales oppositions partisanes selon la carte électorale de 1970 et de 1972

Oppositions*	Carte de 1970 N	%	Carte de 1972 N	%
P.L.Q. – P.Q.	(45)	41.7	(52)	47.3
P.L.Q. – U.N.	(39)	36.1	(36)	32.7
P.L.Q. – R.C.	(21)	19.4	(15)	13.6
U.N. – R.C.	(2)	1.9	(5)	4.6
U.N. – P.Q.	(1)	1.0	(2)	1.8
Total	(108)	100.1	(110)	100.0

* Il s'agit des deux partis qui ont obtenu le plus de votes dans chaque comté.

La nouvelle carte électorale favorise donc indirectement le P.Q. en renforçant sa position de principal parti d'opposition. Avec la nouvelle carte, le P.Q. occupe la première ou la seconde place dans 50.9% des circonscriptions contre 42.6% avec l'ancienne carte. Par contre, l'Union Nationale qui, en 1970, occupait la première ou la seconde place dans 40.7% des circonscriptions voit ce pourcentage réduit à 37.3% avec la nouvelle carte. Au plan des deuxièmes places, l'écart entre l'Union Nationale et le P.Q. s'est accru considérablement passant de 1.9% à 13.6%. Quant au Ralliement Créditiste, son pourcentage passe de 20.4% à 19% des deux premières places, tandis que le Parti Libéral arrivait en première ou en deuxième position dans 96.4% des cas en 1970, contre 94.4% avec la nouvelle carte.

Au niveau des circonscriptions, la lutte pourrait se faire maintenant entre le Parti Libéral et le Parti Québécois, plutôt qu'entre le Parti Libéral et l'Union Nationale (tableau 3). Le changement de carte électorale semble donc d'une part avoir confirmé la position dominante du Parti Libéral et, d'autre part, relégué l'Union Natioale au rôle de tiers parti en lutte avec le Ralliement Créditiste. La réforme de la carte électorale favorise donc le P.Q. dans sa lutte pour remplacer l'Union Nationale comme le principal adversaire des libéraux, mais sans toutefois rendre irrémédiable ce remplacement. En effet, alors qu'avec l'ancienne carte l'Union Nationale devançait le P.Q. dans 52.8% des comtés, avec la nouvelle carte ce pourcentage se maintient à 50.9%. Il s'agit donc d'une lutte à finir entre ces deux partis pour le titre de deuxième parti majoritaire et où le P.Q. part légèrement gagnant, à cause de son pourcentage de votes supérieur et d'une réforme de la carte électorale qui l'avantage légèrement.

Certains ont laissé entendre que le léger avantage conféré au P.Q. par la réforme de la carte électorale était en fait annulé par l'absence d'une réforme du mode de scrutin. De fait, il n'en est rien.

Si nous transposons dans le contexte québécois certaines des conclusions de l'étude menée par D. Rae sur les conséquences politiques des systèmes électoraux dans 20 pays (121 élections et 664 partis), nous sommes amenés à conclure que :[11]

1. Le mode de scrutin n'a qu'une influence secondaire sur la représentation parlementaire des partis. Le pourcentage de votes obtenus par un parti constitue le meilleur indicateur du pourcentage de sièges qu'il obtiendra. Par exemple, jamais un parti n'a obtenu une majorité absolue des votes pour se retrouver avec seulement une minorité des sièges. Le P.Q. n'a donc pas à s'inquiéter de ce problème. Rae souligne, par contre, que les effets des systèmes électoraux sont souvent d'ordre psychologique. Ainsi, si un parti est convaincu que le système électoral joue contre lui, il est facilement amené à développer une mentalité de perdant. Pour le P.Q., il s'agit là d'un danger beaucoup plus réel.

2. Même si le système majoritaire uninominal à un tour multiplie de façon exagérée la représentation parlementaire du premier et du deuxième parti, un tiers parti peut lui aussi espérer bénéficier de cet effet multiplicateur s'il atteint un certain seuil dans la proportion des votes. Rae propose la formule suivante pour déterminer la proportion de sièges qu'un parti obtiendra en régime majoritaire :

$$P^s = 1.20 \ P^v - 0.063$$

où P^s est la proportion des sièges et P^v la proportion des votes obtenus. Donc, à partir de 30.8% des votes, un parti peut espérer recevoir une prime dans sa représentation parlementaire (i.e. $P^s > P^v$). À la lecture de ces chiffres, on comprend mieux pourquoi le P.Q., après s'être prononcé avec insistance en faveur du régime proportionnel, a récemment tempéré son enthousiasme pour cette formule, puisqu'il est en bonne position de dépasser le seuil de 30.8% dès la prochaine élection.[12] À partir de ce seuil, le mode de scrutin bénéficierait peut-être plus qu'il ne nuirait au P.Q., tout autre facteur étant égal évidemment.

---

[11] Douglas Rae, *The Political Consequences of Electoral Laws*, New Haven, Yale University Press, 1971.

[12] Avec le recul du temps, ce pourcentage de 30.8% apparaîtra assez ironique. En 1973, le P.Q. a réussi à obtenir le pire résultat possible, du moins en ce qui a trait au nombre de députés. On peut même supposer qu'avec un pourcentage moindre du vote, le P.Q. aurait pu mériter un plus grand nombre de sièges. Évidemment, ce chiffre de 30.8% ne constitue pas une loi scientifique, mais une généralisation fondée sur l'observation empirique. D'autres facteurs, telle l'implantation géographique du parti, doivent aussi être considérés. Sur la base de ce seul pourcentage, il faudrait donc éviter de construire toute une stratégie électorale. Ce n'est pas un chiffre magique, mais seulement une approximation.

3. Par rapport au régime proportionnel, le régime majoritaire diminue le degré de fractionnalisme dans la représentation parlementaire des partis. En effet, pour un même nombre de partis et une même distribution des votes entre les partis, la distribution des sièges sera moins concentrée dans un régime majoritaire que dans un régime proportionnel. C'est donc dire que dans la mesure où le P.Q. dépasse la marque du 30.8% et devient le principal parti d'opposition, il peut espérer bénéficier de cette concentration du pouvoir parlementaire que fournit le régime majoritaire uninominal. Au Québec, la réforme de la carte électorale n'a fait que légèrement diminuer l'index de fractionnalisme parlementaire qui passe de .51 à .43 si on transfère les résultats de 1970 sur la carte de 1972.[13]

4. Rae souligne aussi que les diverses formules de représentation proportionnelle, même si elles permettent une meilleure représentation parlementaire de toutes les tendances qui se sont manifestées lors du vote, n'en demeurent pas moins des formules plus « conservatrices » (« stability-oriented ») que les formules majoritaires. En effet, la formule majoritaire multiplie considérablement, au plan de la représentation parlementaire, les changements survenus dans les performances électorales des partis. Ainsi, dans les régimes où le mode de scrutin proportionnel est utilisé, une augmentation ou une diminution de 1% dans le pourcentage de votes obtenus par un parti entraîne ordinairement une augmentation ou une diminution de 1.04% dans le pourcentage des sièges que ce parti obtiendra. Par contre, dans le cas des régimes majoritaires comme celui du Québec, l'effet d'amplitude est de 2.12%, soit le double de l'effet d'amplitude obtenu avec le mode de scrutin proportionnel. C'est donc dire que dans un régime majoritaire, un changement même mineur dans la distribution des allégeances partisanes peut entraîner des bouleversements considérables au niveau de la représentation parlementaire. Au Québec, d'après une étude de Sankoff et Mellos, l'effet d'amplitude serait encore plus élevé et atteindrait même 3.8%.[14] C'est donc dire que le régime électoral québécois enregistre, en l'amplifiant de façon presque exagérée, toute modification dans les choix électoraux de ses citoyens. Reste à savoir si le P.Q. va pouvoir bénéficier d'une augmentation suffisante de ses votes pour qu'elle se traduise par une multiplication de sa représentation parlementaire.

On voit donc, d'après ces quelques considérations, comment le seuil des 30.8% est important pour le P.Q. En deçà de ce pourcentage, il demeure

---

[13] L'index de fractionnalisme se calcule ainsi :
If = $1 - (\Sigma i = 1^n Pvi^2)$
où Pvi est la proportion de votes du parti i. Encore ici, ces commentaires, écrits en 1973, se sont avérés exacts. Malheureusement, le P.Q. n'a pas dépassé le score de 30.8%.

[14] David Sankoff et Koula Mellos, « The Swing Ratio and Game Theory », *American Political Science Review*, 66, 2, (1971), pp. 551-554.

un tiers parti défavorisé par le système électoral. Au-delà de ce seuil, il peut devenir un parti majoritaire bénéficiant, tout comme le Parti Libéral, du caractère inégalitaire du système électoral. Le cadre légal dans lequel se déroule le combat électoral au Québec ne constitue donc pas un obstacle infranchissable à une victoire du Parti Québécois. Certaines modifications récentes de ce cadre viennent, au contraire, lui faciliter la tâche. C'est donc ailleurs, au niveau strictement politique plutôt que légal, qu'il faut chercher les principaux obstacles à une victoire péquiste. C'est au niveau politique que le dilemme, entre la victoire électorale et la pureté idéologique, prend sa véritable acuité.[15]

3. Les obstacles politiques à la victoire du Parti Québécois

À la suite des résultats obtenus en 1970 et compte tenu de l'évolution de l'échiquier politique du Québec depuis trois ans, on peut identifier six paramètres qui, d'un point de vue électoral, définissent la position stratégique du Parti Québécois.

1. À strictement parler, le P.Q. ne peut plus être considéré comme un nouveau parti politique, puisqu'il s'est déjà présenté devant l'électorat et que certains de ses membres siègent depuis trois ans (en 1973) à l'Assemblée nationale. Par contre, face à l'Union Nationale et au Parti Libéral, le P.Q. peut encore projeter l'image d'une nouvelle formation politique.

2. Le P.Q. ne peut plus être considéré comme un tiers parti, mais il n'est pas encore devenu un parti majoritaire. Ainsi, au niveau des sièges obtenus, la performance du P.Q. est la moins bonne parmi les tiers partis. Par contre, au niveau du pourcentage des votes, le P.Q. peut être considéré comme l'opposition officielle. (Ceci a été confirmé en 1973).

3. Le P.Q. opère maintenant dans un contexte de multipartisme, alors qu'en 1970, il n'y avait encore que deux partis officiellement représentés à l'Assemblée nationale.

4. Le P.Q. est associé à un thème idéologique précis (l'indépendance du Québec) qu'il peut difficilement abandonner, mais dont peuvent se rapprocher plus aisément les autres partis.

---

[15] Il ne s'agit pas pour nous de nier les effets importants qu'ont eus la carte électorale et le mode de scrutin sur les résultats de l'élection 1970 ou encore d'affirmer que la réforme de la carte électorale diminue les distorsions entre le pourcentage des votes obtenus et le pourcentage des sièges. Serge Carlos a très bien démontré qu'à ce niveau-là, la nouvelle carte ne changeait rien. Nous avons seulement voulu faire ressortir que le P.Q. pouvait lui aussi espérer profiter des injustices de notre système électoral. Voir Serge Carlos, « L'énigme des distorsions entre le suffrage populaire et la composition des parlements » dans G. Lord, D. Latouche, J.-G. Vaillancourt et S. Carlos (éds.) *op. cit.*.

Tableau 4

Les coefficients d'association entre certaines variables socio-économiques et nationalistes et le vote P.Q.

Association entre le niveau d'éducation (8 ans/ + 8 ans) et le vote P.Q.	: Q = −.02
Association entre le niveau des salaires ($8,000/ + 8,000) et le vote P.Q.	: Q = −.08
Association entre le type de travail (manuel/non manuel) et le vote P.Q.	: Q = −.07
Association entre l'identification nationale subjective et le vote P.Q.	: Q = .80
Association entre le nationalisme linguistique (bill 63) et le vote P.Q.	: Q = .53
Association entre l'attitude face à l'indépendance du Québec et le vote P.Q.	: Q = .90
Association entre l'attitude face au fédéralisme canadien et le vote P.Q.	: Q = .90

5. Le P.Q. est surtout implanté dans la région de Montréal.

6. Le P.Q. doit compter sur l'opposition quasi irréductible d'environ 18% de l'électorat québécois (anglophone).

À leur tour, ces paramètres, que l'on peut considérer comme autant de variables exogènes, définissent un certain nombre d'alternatives entre lesquelles le P.Q. devra faire des choix. À titre d'exemple, nous avons retenu cinq de ces alternatives :

1. Le P.Q. doit-il viser le pouvoir ou chercher plutôt à influencer les autres partis de façon à ce qu'ils inscrivent l'idée d'indépendance à leur programme ?

2. Le P.Q. doit-il chercher à maximiser le nombre de ses votes ou le nombre de ses sièges ?

Le Parti Québécois à la recherche du pouvoir   131

3. Le P.Q. doit-il insister sur ou mettre en veilleuse son appui à l'indépendance du Québec ?

4. Le P.Q. doit-il se présenter comme un tiers parti ou doit-il, au contraire, se présenter comme un parti de gouvernement ?

5. Le P.Q. doit-il tenter de devenir le seul, sinon le plus important, des partis d'opposition en favorisant une distribution bipolaire des votes entre lui et le Parti Libéral ou doit-il, au contraire, ne pas chercher à éliminer les autres partis d'opposition ?

La combinaison de ces cinq alternatives — et il est évident qu'il en existe plusieurs autres — nous donne un total de 64 stratégies distinctes entre lesquelles le P.Q. devra choisir (ce nombre grimpe à 729 si on inclut la possibilité pour le P.Q. de choisir une autre stratégie que les deux suggérées pour chacune des alternatives). C'est donc dire que l'élaboration d'une stratégie électorale représente pour le P.Q. un défi d'une ampleur déroutante. Certes, le choix d'une alternative peut déterminer le choix à faire d'une autre alternative. Par exemple, si le P.Q. décide de tenter d'influencer les autres partis plutôt que de viser à prendre le pouvoir, il devra nécessairement se présenter comme un tiers parti et appuyer sans réserve l'idée d'indépendance. De fait, seule une analyse morphologique nous permettrait d'identifier le nombre véritable de stratégies électorales distinctes pour le P.Q. Une fois cette analyse complétée, il faudrait ensuite déterminer la probabilité d'implantation ainsi que les conséquences en termes de votes de chaque stratégie, au moyen d'un modèle qui tienne compte des cinq paramètres identifiés plus haut. À ce moment seulement, serions-nous en mesure d'évaluer de façon relativement précise les chances de victoire du Parti Québécois. Parce qu'il exige une grande quantité d'informations sur les attitudes et les comportements de l'électorat québécois, un tel travail demeure pour l'instant hors d'atteinte, bien que nous disposions déjà d'instruments statistiques et de modèles théoriques qui nous faciliteraient la tâche.[16] Nous limiterons donc notre spéculation à un seul paramètre, soit celui de l'attitude que doit prendre le P.Q. face à la question de l'indépendance du Québec.

Cette décision de s'attarder exclusivement à la dimension nationaliste de la stratégie péquiste n'est pas aussi arbitraire et limitative qu'elle peut sembler à première vue. Ainsi, il a déjà été souligné que la clientèle péquis-

---

[16] Voir I. de Sola Pool, R. Abelson and S. Popkin, *Candidates, Issues and Strategies : A Computer Simulation of the 1960 and 1964 Presidential Elections*, Boston, Massachusetts Institute of Technology, 1965 ; W.R. Shaffer, *Computer Simulations of Voting Behavior*, London, Oxford University Press, 1972. Ces deux simulations pouvaient compter sur la banque d'informations accumulées par le Survey Research Center depuis 1948. Au Québec, malheureusement, il n'existe rien de comparable.

te présentait peu de caractéristiques spéciales au niveau des critères socio-économiques.[17] Par contre, cette clientèle se différenciait de celle des autres partis surtout par sa dimension nationaliste. Par exemple, le tableau 4 révèle que les coefficients d'association Q entre certaines variables socio-économiques (occupations, éducation...) et le vote péquiste ne dépassent pas .08, tandis que dans le cas des variables mesurant le nationalisme linguistique ou politique, ces mêmes coefficients atteignent .90. La dimension nationale est donc un paramètre plus important de la stratégie électorale péquiste que les considérations d'ordre socio-économique. Ce qui explique notre décision de s'y arrêter plus longuement.

Auparavant, il faut cependant souligner que, face à la question nationale, le P.Q. n'est pas complètement libre de se situer n'importe où. Jusqu'à un certain point, il demeure prisonnier de son image de parti indépendantiste dont il ne peut espérer se détacher complètement. Ainsi, d'après notre sondage de 1970, une majorité de Québécois associe étroitement indépendantisme et péquisme, puisque 86.8% de ceux qui ont répondu à la question jugent que le P.Q. est le plus indépendantiste des partis (ce pourcentage monte à 95.4% dans le cas des électeurs péquistes). C'est donc en toute connaissance de cause que l'on décide d'appuyer le P.Q. et non parce que l'on ignore la prise de position indépendantiste de ce parti. Par conséquent, tout abandon par le P.Q. d'une position indépendantiste pourrait avoir des conséquences énormes pour le parti. Tout au plus peut-il songer à faire passer cet appui à l'indépendance au second plan en insistant sur d'autres aspects de son programme électoral.

La première question que nous devons nous poser face à la rentabilité électorale de l'option indépendantiste est la suivante : *Un parti indépendantiste peut-il espérer remporter la victoire ?* La réponse à cette question dépend, certes, de facteurs structurels tels le nombre de partis en lice et le mode de scrutin, mais elle dépend avant tout de la distribution des attitudes des électeurs face à la question de l'indépendance et du fédéralisme. Dans la région de Montréal, notre sondage nous révèle que 38.5% des répondants se disent favorables et même très favorables à l'idée d'indépendance pour le Québec. Il s'agit là d'un pourcentage très élevé qui nous porte à conclure qu'un parti indépendantiste peut espérer rassembler une majorité relative ou même une majorité absolue des électeurs de la région de Montréal (à condition, évidemment, que tous votent pour ce parti indépendantiste, ce qui, comme nous le verrons plus loin, n'est pas le cas). Ce qui complique la question, c'est qu'au Québec, le problème constitutionnel, tel que perçu par l'électorat, recouvre en fait deux composantes distinctes : une composante pro-indépendantiste et une composante antifédéraliste. Bien que ces deux composantes soient étroitement liées (Q = .97), il n'existe pas de relation

---

[17] Voir Serge Carlos et Daniel Latouche, *op. cit.*

Tableau 5
Attitude face à l'indépendance du Québec selon l'attitude face au fédéralisme canadien (en pourcentages)

Fédéralisme \ Indépendance	Très défavorable	Défavorable	Indifférent	Favorable	Très favorable
Très favorable	74.2	28.8	11.9	12.0	8.0
Favorable	14.5	49.1	15.3	34.7	6.7
Indifférent	10.5	17.5	64.4	36.0	29.3
Défavorable	0.0	3.5	5.1	10.7	16.3
Très défavorable	1.0	0.0	3.4	6.7	40.0
Total	100.2	99.9	100.1	100.1	100.3
N = 390	(124)	(57)	(59)	(15)	(75)

d'identité entre elles, puisque 14.7% de ceux qui se disent favorables à l'indépendance du Québec affirment partager la même attitude face au fédéralisme canadien (tableau 5). Il est donc possible d'être favorable à l'indépendance du Québec, sans pour autant être défavorable au fédéralisme canadien.

C'est dans le cadre de cette discordance entre la perception du fédéralisme et de l'indépendantisme que le P.Q. doit décider de continuer à privilégier ou non son appui à la thèse de l'indépendance du Québec. Dans les pages qui vont suivre, nous allons tenter d'évaluer les conséquences électorales de chacune de ces options.

Pour y arriver, nous avons tout d'abord combiné nos échelles d'antifédéralisme et d'anti-indépendantisme pour définir, de façon plus précise, la position de chaque répondant face à la question nationale.

Ainsi, un individu qui se dit *très défavorable* au fédéralisme canadien et *très favorable* à l'indépendance du Québec nous apparaît plus indépendantiste ou du moins plus convaincu ou plus stable dans sa position indépendantiste qu'un individu qui se dit *favorable* à l'indépendance et *indifférent* à l'égard du fédéralisme canadien. Comme un individu peut posséder cinq attitudes différentes sur l'échelle d'antifédéralisme et sur l'échelle d'anti-indépendantisme (très favorable, favorable, indifférent, défavorable, très défavorable), il existe donc théoriquement 25 combinaisons d'attitudes différentes à partir de ces deux échelles. Ayant regroupé dans une seule catégorie (catégorie 11) ceux qui se disent également favorables et défavorables aux deux options et ceux qui sont apparemment indécis entre les deux, nous obtenons une distribution d'attitudes avec 21 positions possibles (tableau 6). L'étude de ce tableau révèle que :

1. Le bloc des fédéralistes est beaucoup plus important que celui des indépendantistes (51.9% contre 29.5%). C'est donc dire qu'un parti indépendantiste, même s'il peut obtenir l'appui de tous les indépendantistes, ne peut pas aspirer à rassembler une majorité absolue de l'électorat québécois. La clef du succès pour un parti indépendantiste réside donc dans son habileté à se gagner des appuis parmi les indécis (catégorie 11) et parmi les fédéralistes les moins convaincus (catégories 6,7,8,9,10).

Tableau 6
Échelle d'indépendantisme construite à partir des attitudes face au fédéralisme et face à l'indépendance

Attitude face au fédéralisme	Attitude face à l'indépendance	Numéro de la catégorie	Pourcentage dans chaque catégorie	Pourcentage cumulatif
Très favorable	Très défavorable	1	23.6	23.6
Très favorable	Défavorable	2	4.4	28.0
Favorable	Très défavorable	3	4.6	32.6
Favorable	Défavorable	4	7.2	39.8
Très favorable	Indifférent	5	1.8	41.6
Indifférent	Très défavorable	6	3.3	44.9
Favorable	Indifférent	7	2.3	47.2
Indifférent	Défavorable	8	2.6	49.8
Très favorable	Favorable	9	2.3	52.1
Défavorable	Très défavorable	10	0.0	52.1
Indifférent	Indifférent	11	18.7	70.8
Très défavorable	Défavorable	12	0.0	70.8
Favorable	Très favorable	13	1.3	72.1
Défavorable	Indifférent	14	0.8	72.9
Indifférent	Favorable	15	7.0	79.9
Très défavorable	Indifférent	16	0.5	80.4
Indifférent	Très favorable	17	5.6	86.0
Défavorable	Favorable	18	2.1	88.1
Très défavorable	Favorable	19	1.3	89.4
Défavorable	Très favorable	20	3.1	92.5
Très défavorable	Très favorable	21	7.7	100.2

Le Parti Québécois à la recherche du pouvoir 135

2. Il existe une fraction importante de l'électorat (18.7%) qui, lors de l'élection de 1970, était indifférente ou indécise entre l'option indépendantiste ou fédéraliste.[18] Pour plusieurs électeurs, il n'y a pas nécessairement d'opposition entre deux options qui suscitent chez eux des attitudes parallèles dans leur intensité sinon dans leur direction. L'élection de 1970, malgré toutes les passions qu'elle a pu déclencher, n'était donc pas aussi idéologique qu'on a pu le croire à l'époque. En fait, ces deux options ne suscitent un intérêt marqué que chez 61.4% de l'électorat montréalais (catégories 1, 2, 3, 4, 5, 17, 18, 19, 20, 21).

3. De façon générale, les fédéralistes semblent plus stables dans leurs convictions que les indépendantistes : 45.3% des fédéralistes se situent dans les catégories 1, 2, et 3 contre 26.1% des indépendantistes dans les catégories 19, 20 et 21.

4. Il existe un bloc de 23.6% des électeurs de la région de Montréal qui peuvent être considérés comme des fédéralistes irréductibles et un autre groupe de 16.2% (catégories 2, 3 et 4) qui semblent passablement ancrés dans leur option fédéraliste.

Il est clair, d'après le tableau 6, qu'un parti indépendantiste n'avait, en 1970, qu'une très faible chance de remporter la victoire, puisqu'il ne pouvait compter que 29.5% de l'électorat (montréalais) parmi sa clientèle privilégiée.

Dans l'évaluation des chances électorales d'un parti indépendantiste, il faut aussi tenir compte du fait qu'il n'y a pas identité parfaite entre indépendantisme et péquisme : comme on peut être indépendantiste sans être antifédéraliste, on peut aussi être indépendantiste sans être péquiste, et vice versa.

Dans le tableau 7, nous avons divisé l'électorat de 1970 en sept strates regroupant chacune un certain nombre de catégories définies au tableau 6 et allant de la strate (I) la plus favorable à l'indépendance à la strate (VII) la moins favorable. Pour chaque strate, nous avons mesuré la force d'attraction du Parti Québécois, du Parti Libéral et du Parti «Autre » (i.e. Crédit Social et Union Nationale).[19] Un coup d'œil rapide au tableau 7 révèle entre autres que :

---

[18] Il se peut que ce haut taux d'indécision soit causé par le refus de plusieurs répondants d'afficher publiquement leur position face à une question aussi controversée que celle de l'indépendance. Bien qu'il ne s'agisse pas là d'indécision à proprement parler, un tel refus de s'engager publiquement dénote tout de même une absence de conviction très forte face à l'une ou à l'autre des options.

[19] Afin de faciliter la discussion, nous avons réparti ceux qui n'ont pas indiqué leur allégeance partisane entre les différents partis, selon la force d'attraction de chaque parti parmi les diverses strates où se répartissent ces répondants. Par exemple, le P.L. et le P.Q. attirant chacun

1. Le Parti Québécois réussit mieux auprès des 3 strates fédéralistes (17.9%, 12.5% et 1.2%) que le Parti Libéral auprès des strates indépendantistes (7.6%, 8.3% et 0%). Pour le P.Q., cela pouvait apparaître en 1973 comme un signe encourageant.

2. Le Parti Québécois réussit mieux auprès des indépendantistes (78.9%, 91.7% et 93.1%) que le Parti Libéral auprès des trois strates fédéralistes (69.6%, 75% et 90.4%).

3. Le Parti « Autre » recueille la majorité de ses appuis auprès de ceux qui se disent indécis ou favorables au fédéralisme.

4. Le Parti Libéral recueille une majorité des votes de ceux qui se disent indécis face à la question constitutionnelle.

Il ressort de ces constatations que la force du Parti Libéral ne réside pas tant dans sa capacité à faire le plein des électeurs fédéralistes ou dans son habileté à gagner l'appui d'un certain nombre d'indépendantistes, mais dans le simple fait que les fédéralistes sont plus nombreux et plus convaincus que les indépendantistes, et dans le fait que le Parti Libéral réussit à gagner l'appui d'une majorité des indécis.

Face à cette situation, quelle stratégie le P.Q. doit-il privilégier (au sujet de la question constitutionnelle)? Deux stratégies lui sont ouvertes : d'une part, il peut espérer que le pourcentage d'indépendantistes augmente de façon suffisante pour lui donner une majorité des votes, ou encore il peut choisir d'augmenter sa force d'attraction auprès des diverses strates d'électeurs. Considérons maintenant les conséquences de chacune de ces deux stratégies.

Stratégie I : Augmentation du nombre d'indépendantistes

Aux élections de 1970, le P.Q. a pu compter sur l'appui de 85.3% des électeurs favorables à l'indépendance (dans la région de Montréal). À ce titre, il lui faudrait compter sur un réservoir de 58.7% d'indépendantistes (et non 29.4% comme en 1970) pour obtenir 50.1% des votes. Pour y arriver, il faudrait que 80% des indécis, 50% des fédéralistes instables, 30% des fédéralistes modérés et 10% des fédéralistes irréductibles se convertissent à l'option indépendantiste. Il s'agit là d'une tâche qui nous apparaît impossible. Il faut donc chercher la clef d'une victoire péquiste ailleurs que dans un simple gonflement des forces indépendantistes. À moins que nous assis-

---

50% des répondants de la strate IV, nous répartirons selon cette proportion les individus qui n'ont pas indiqué d'allégeance partisane.

Tableau 7

Force d'attraction des partis parmi sept strates de répondants ordonnés selon une échelle d'indépendantisme

Strate*	% de répondants dans la strate	Force d'attraction du Parti Québécois	% des votes au Parti Québécois	Force d'attraction du Parti Libéral	% des votes au Parti Libéral	Force d'attraction du Parti « Autre »	% des votes au Parti « Autre »
I	7.7	93.1	7.2	0.0	0.0	6.9	0.5
II	6.5	91.7	5.9	8.3	0.6	0.0	
III	15.2	78.9	12.0	7.6	1.1	13.5	2.1
IV	18.7	32.9	6.1	49.4	9.2	17.7	3.4
V	12.3	17.9	2.2	69.6	8.6	12.5	1.5
VI	16.2	12.5	2.0	75.0	12.1	12.5	2.1
VII	23.6	1.2	0.3	90.4	21.2	8.4	2.1
TOTAL	100.2		35.7		52.8		11.7

* Strate I   = Catégorie 21
  Strate II   = Catégories 18, 19, 20
  Strate III = Catégories 12, 13, 14, 15, 16, 17
  Strate IV   = Catégorie 11
  Strate V   = Catégories 5, 6, 7, 8, 9, 10
  Strate VI   = Catégories 2, 3, 4
  Strate VII = Catégorie 1

tions, depuis 1970, à un raz de marée indépendantiste, un parti politique se définissant surtout à partir de la question nationale n'a guère de chances de réussir au Québec.

Figure I

Distribution des opinions sur la question de l'indépendance

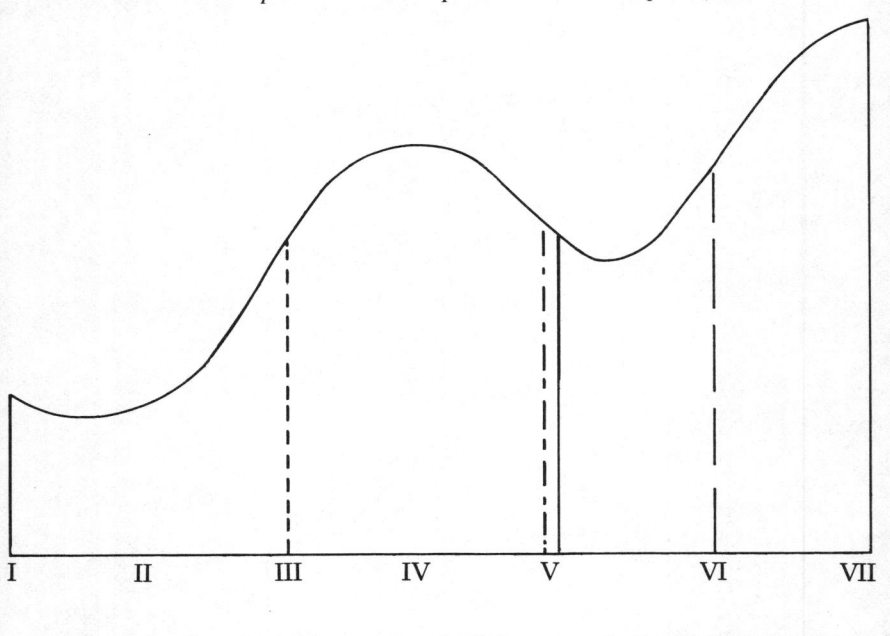

— — — — — — — Position moyenne du P.Q. sur un index d'indépendantisme

——— ——— ——— Position moyenne du P.L.Q. sur un index d'indépendantisme

———————— Position moyenne de l'ensemble des électeurs sur un index d'indépendantisme

— - — - — - — Position moyenne des électeurs du parti « Autre » sur un index d'indépendantisme

Stratégie II : Augmentation de la force d'attraction du P.Q.

L'autre stratégie présume que la distribution des opinions sur la question de l'indépendance n'a guère changé depuis 1970 et que la clef de la victoire péquiste réside dans la capacité de ce parti d'attirer un plus grand nombre d'électeurs de chacune des sept strates, i.e. indépendamment de leur position sur la question de l'indépendance. Et, encore là, la tâche ne sera pas facile, car il est probable que dans la mesure où le P.Q. cherchera à attirer le vote des non-indépendantistes (strates IV, V, VI et VII), il risque de perdre celui des strates indépendantistes.

Une première solution pour le P.Q. consiste à tenter de faire le plein de tous les votes indépendantistes. Cette tâche n'est pas impossible, car il suffit pour y arriver que le P.Q. attire les votes des indépendantistes qui favorisent le Parti « Autre » (61% des indépendantistes non péquistes appuient le Parti « Autre » et 39% le Parti Libéral). Il suffit donc pour le P.Q. de « tuer » complètement l'Union Nationale (à Montréal) et de s'emparer du vote nationaliste qui s'y trouve. Malgré son apparente simplicité, cette stratégie n'est guère rentable. Le P.Q. attire déjà un pourcentage élevé de ceux qui se disent favorables à l'indépendance (85.3%). Même si ce pourcentage passait à 98%, une telle amélioration n'entraînerait qu'une augmentation de 10.3% de l'électorat péquiste (35.7 à 39.4% de l'électorat total).

C'est donc surtout auprès des indécis et des fédéralistes que le P.Q. doit chercher à améliorer sa position, au risque de perdre certains de ses appuis parmi les strates indépendantistes. La figure 1 illustre bien le dilemme auquel fait face le P.Q. La courbe représente la distribution des opinions de l'électorat montréalais sur la question de l'indépendance. La moyenne de cette distribution se situe aux environs de 4.7 (sur une échelle d'indépendantisme qui va de 1 à 7).[20] Pour le groupe des électeurs péquistes, la moyenne est de 2.9, pour les partisans du Parti Libéral, elle est de 5.8 et pour ceux qui appuient le Parti « Autre », elle est de 4.7.[21] Bien qu'il ne constitue qu'une représentation spatiale de la distribution des opinions sur la question de l'indépendance, ce graphique semble représenter assez fidèlement la position réciproque des partis sur cette question.

---

[20] Nous avons considéré les sept strates comme définissant une échelle par intervalles.
[21] Cette approche s'apparente aux modèles spatiaux de compétition électorale. Voir Anthony Downs, *An Economic Theory of Democracy*, New York, Harper and Row, 1957 ; Gordon Tullock, *Toward a Mathematic of Politics*, Ann Arbor, University of Michigan Press, 1967 ; Otto A. Davis et al., « An Expository Development of a Mathematical Model of the Electoral Process », *American Political Science Review*, 64,2, (1970), pp. 426-448. En français, voir Jacques Attali, *Analyse économique de la vie politique*, Paris, Presses universitaires de France, 1973.

Ainsi, on découvre que la position du Parti «Autre» (surtout l'Union Nationale), telle que perçue par l'ensemble de ses partisans, est identique à celle de la moyenne de l'ensemble des électeurs. Selon Downs, il s'agirait là de la position la plus avantageuse, celle vers laquelle doivent tendre tous les partis. Malheureusement pour l'Union Nationale, la distribution des opinions n'est pas unimodale et l'Union Nationale se retrouve avec « le creux de la vague » entre la clientèle indécise (et péquiste) et la clientèle fédéraliste. Si elle veut survivre, l'Union Nationale doit donc se déplacer vers le pôle plus nationaliste, car, en 1970, elle était perçue comme trop fédéraliste par les péquistes et les indécis et pas assez fédéraliste par les fédéralistes.[22]

Le graphique nous révèle aussi que le Parti Libéral n'a aucune raison de déplacer son centre de gravité vers la gauche, car il s'y trouve un nombre décroissant d'électeurs et, de plus, il entre alors en compétition avec le Parti « Autre ». De plus, si le P.L.Q. se déplace trop vers la gauche, il risque de voir surgir à sa droite un parti fédéraliste attiré par la clientèle électorale des strates VI et VII.

Par contre, le Parti Québécois a tout avantage à se déplacer légèrement vers le pôle fédéraliste. D'une part, il s'y trouve une clientèle importante et d'autre part, il ne risque pas de voir surgir un parti sur sa gauche, car la clientèle des strates I et II n'est pas assez importante pour justifier la création d'un tel parti. Ce déplacement ne doit pas être trop considérable, sinon le P.Q. risque de se confondre avec le Parti « Autre » tout en laissant derrière lui une clientèle considérable.

Un tel déplacement sera-t-il suffisant pour assurer une majorité des votes au P.Q.? Il semble que non, puisqu'il faudrait que le P.Q. augmente sa force d'attraction de 130% auprès des indécis et auprès des trois strates fédéralistes pour obtenir une majorité des votes (i.e. 75.7% des indécis, 41.2% des fédéralistes instables, 28.8% des fédéralistes modérés et 2.8% des fédéralistes irréductibles). Il semble donc que cette stratégie soit, elle aussi, assez peu réaliste.

Pour remporter la victoire, le P.Q. devra donc compter à la fois sur une augmentation du nombre d'indépendantistes et sur une augmentation de sa force d'attraction auprès des indépendantistes et des fédéralistes. Ainsi, le P.Q. peut obtenir une majorité s'il se produit un déplacement de 10% de la population dans le sens d'un plus grand appui à la thèse de l'indépendance et si le P.Q. peut s'accaparer des votes qui vont actuellement au Parti « Autre » (tableau 8).

---

[22] C'est précisément la stratégie contraire que l'Union Nationale utilisa en 1973 en se présentant une fois de plus comme le parti du « juste milieu ».

Tableau 8

*Position du P.Q. après un déplacement de 10%
de l'électorat et la disparition du Parti « Autre »
(en pourcentages)*

Strate	% des répondants dans la strate	Force d'attraction du P.Q. dans cette strate	% total des votes au P.Q.
I	9.1	100.0	9.1
II	8.1	91.7	7.4
III	16.0	92.4	14.8
IV	17.3	50.6	8.8
V	13.1	30.4	4.0
VI	17.8	25.0	4.5
VII	18.8	9.6	1.8
Total	100.2		50.4

Conclusion

Il semble donc qu'en 1973, et la situation n'a guère changé depuis, la victoire d'un parti strictement indépendantiste est impossible au Québec, à moins que nous assistions à un déplacement massif de l'électorat en faveur de l'indépendantisme. Un parti tel le P.Q., s'il envisage de remporter la victoire, devra donc modifier sa position constitutionnelle de façon à la rendre plus acceptable aux indécis et aux fédéralistes instables. Par contre, ce déplacement de la position du P.Q. devra s'effectuer de façon à ce qu'il ne perde pas d'appuis parmi les strates indépendantistes. Ainsi donc, un parti qui prône une option telle l'indépendance peut remporter la victoire, mais seulement s'il accepte de jouer à fond la carte électoraliste.

Cette analyse, évidemment, ne tient compte que d'une des cinq alternatives qui s'offrent au P.Q. La décision de diluer ou non sa position indépendantiste ne peut être prise isolément. En effet, même s'il décidait de mettre en veilleuse son appui à l'indépendance du Québec, le P.Q. devra quand même décider s'il doit viser véritablement le pouvoir ou s'il doit plutôt chercher à créer une situation telle que le thème de l'indépendance serait repris par un ou par tous les autres partis politiques, ce qui assurerait alors sa réalisation. Si tel devait être le cas, le P.Q. n'a plus alors aucun intérêt à diluer son appui à l'indépendance. Il doit plutôt chercher à faire la preuve qu'une plate-forme indépendantiste est rentable électoralement et qu'elle constitue de fait la seule façon pour le Parti Libéral ou l'Union Nationale d'empêcher la victoire de l'équipe péquiste.

Le P.Q. doit aussi décider s'il veut maximiser son pourcentage des suffrages ou s'il veut maximiser son pourcentage de sièges. Dans le premier cas, il serait souhaitable que le P.Q. maintienne sa décision de chercher à s'attirer les suffrages de tous les secteurs de la population et de toutes les régions, en faisant porter ses efforts surtout sur les régions rurales, les femmes et (possiblement) les anglophones. Dans l'autre cas, le P.Q. devrait concentrer tous ses efforts sur ces régions et ces groupes qui lui confèrent ses plus forts pourcentages d'appuis.

Cette deuxième décision, quant à la maximisation des votes ou des sièges, est étroitement liée à cette autre décision face à l'image que cherchera à projeter le Parti Québécois lors de la prochaine campagne électorale. En effet, le P.Q. se présentera-t-il comme un tiers parti, différent des vieux partis par la pureté de ses principes, ou projettera-t-il, au contraire, l'image d'un parti de gouvernement à qui on doit maintenant confier l'administration de la province ? En d'autres termes, le P.Q. de 1973-75 ressemble-t-il au Parti Libéral de 1960 ou à l'Union Nationale de 1966, c'est-à-dire à un parti de remplacement ? Ou cherchera-t-il à ressembler à ces éternels perdants que sont les créditistes ou le Nouveau Parti Démocratique ? Dans le premier cas, il est évident que le P.Q. doit accentuer le caractère agressif de ses attaques contre le système et les vieux partis, dans l'autre cas, il doit plutôt adopter un « low profile » qui accentuerait le caractère plausible de sa victoire.

Finalement, le P.Q. doit-il favoriser une distribution bipolaire des votes en se définissant comme le principal, sinon le seul adversaire valable du Parti Libéral ou doit-il, au contraire, ne pas chercher à éliminer les autres partis d'opposition, notamment l'Union Nationale ? En cherchant à rallier les suffrages de tous les mécontents, il est possible que le P.Q. confirme sa position de principal parti d'opposition, mais il est tout aussi possible que même avec les suffrages de tous les mécontents, le P.Q. ne fasse pas le poids face à un Parti Libéral qui pourra facilement conserver l'appui des nombreux mécontents qui ne sont pas prêts à faire le saut avec le P.Q. Par contre, en ne cherchant pas à éliminer les autres partis d'opposition, le P.Q. pourrait bénéficier d'un éparpillement des voix entre tous les partis et ainsi, éventuellement, être appelé à participer à un gouvernement de coalition.

Dynamique de la protestation de la droite : Le Crédit Social dans la province de Québec — Sommaire et développements

Michael B. STEIN
Département de Science politique
Université McGill

Ce texte* reprend les idées fondamentales déjà exprimées dans mon volume[1] et en développe la thèse centrale qui s'articule autour de la notion de factionnalisme et de schismes, comme éléments susceptibles de provoquer des changements ou une évolution dans les mouvements sociaux et politiques. Mais cette recherche veut aussi s'arrêter à certains développements plus récents dans l'évolution du mouvement créditiste (depuis 1970) et s'interroger sur la possibilité d'appliquer mon hypothèse fondamentale à d'autres phénomènes apparus sur la scène québécoise ou dans d'autres sociétés.

Plus précisément, je voudrais tenter de répondre aux quatre questions suivantes :

1. Qu'est le phénomène créditiste ? Est-il un parti ou un mouvement politique ?

2. Quelle sorte de mouvement politique est le créditisme ?

---

* Cet article est déjà paru, sous une version légèrement modifiée, dans la *Revue* canadienne de science politique, VI, 4 (1973), pp. 563-581. Reproduit avec la permission de la revue.

[1] *The Dynamics of Right-Wing Protest : A Political Analysis of Social Credit in Quebec* (Toronto : University of Toronto Press, 1973).

3. Comment peut-on expliquer, de ses débuts en 1936 jusqu'à présent, les phases fondamentales du développement de ce phénomène, le mode d'apparition du factionnalisme et les scissions qui s'y sont produites ?

4. Quelles sont les conséquences de ce phénomène sur la politique québécoise et canadienne et les applications possibles de cette analyse à d'autres phénomènes, au Québec ou ailleurs ?

1. Le phénomène créditiste : parti ou mouvement politique ?

La plupart des commentateurs traitent le phénomène créditiste exclusivement comme un parti politique dont les débuts remontent à 1957, avec la fondation du Ralliement des Créditistes sous la direction de Réal Caouette.[2] Mais le phénomène créditiste est un aspect important de la scène politique québécoise depuis la crise des années 30. Et il ne l'est pas comme parti politique, mais comme mouvement politique.[3]

La structure originelle du Crédit Social au Québec a été la Ligue du Crédit Social, fondée en 1936 par Louis Even, journaliste et traducteur dans une imprimerie à Gardenvale, près de Montréal, Armand Turpin, alors directeur de production pour la Compagnie Borden à Hull, et Louis Dugal, jeune avocat montréalais. L'organe principal de propagande de la Ligue était les *Cahiers du Crédit Social*, rédigés par Louis Even. Conçus comme un mensuel, ils ont paru irrégulièrement pendant trois ans. Le contenu de ce périodique ressemblait beaucoup aux journaux et périodiques de diverses branches ultérieures du mouvement ; c'était un mélange de certaines doctrines de réforme monétaire du Major Douglas d'Angleterre sur le Crédit Social (qui ont été présentées pour la première fois en 1918) et des doctrines sociales de l'Église, basées sur les encycliques du pape. Les structures de la Ligue ressemblaient aussi aux structures établies plus tard dans le mouvement : des comités locaux dans les diverses paroisses de la province, un président et un secrétaire qui sont devenus membres des conseils de comtés, des districts régionaux composés des membres de ces conseils, et enfin, un exécutif provincial formé en partie des présidents nommés dans ces districts et en partie des officiers (président, secrétaire et cinq vice-présidents) élus par les délégués au congrès provincial annuel. Mais la Ligue était principalement un mouvement d'éducation situé à Montréal, englo-

---

[2] Ces remarques sont tirées de mes lectures des revues françaises et anglaises et des journaux consacrés aux aspects du Crédit Social au Québec depuis 1962.

[3] Un parti politique se définit comme une structure politique dont l'objectif premier est de conquérir le pouvoir politique pour ses membres. Un mouvement politique a des objectifs plus vastes incluant la transformation de la société. Ses moyens d'action sont aussi plus variés. Voir section 2 ci-dessous.

bant plusieurs milliers de personnes, dirigé et largement formé de gens de professions libérales ou commerciales. Ses buts principaux étaient l'éducation et la formation d'une élite d'experts en Crédit Social. La Ligue ne réussit jamais à bâtir un mouvement de masse.

C'est avec la fondation de l'Union des Électeurs en 1939 que le Crédit Social réussit vraiment à s'installer comme mouvement populaire dans la province. Cette branche du mouvement fut créée par Louis Even et Gilberte Côté, fille d'un manufacturier de chaussures de Montréal, de famille aisée, ayant reçu une formation universitaire et très dynamique. Ces deux personnes quittèrent la Ligue et lancèrent le journal bimensuel *Vers Demain*, en septembre 1939, avec l'intention de faire du mouvement réservé à une petite élite un mouvement de base.

Les créditistes étaient très bien connus au Québec, spécialement dans les villes et villages des régions rurales et semi-urbaines de la province (en dehors de la région métropolitaine de Montréal). Le journal *Vers Demain*, publié bimensuellement à Montréal, était distribué par leurs membres à 60 000 personnes peut-être, au cours des années de leur plus grand succès (c. 1948). Leurs cellules étaient implantées dans les fermes et usines de la plupart des grandes régions du Québec : l'Abitibi (Rouyn-Noranda), les Cantons de l'Est, la ville de Québec, la Mauricie et le Saguenay-Lac-Saint-Jean.

De plus, l'Union des Électeurs participa directement à plusieurs élections fédérales et provinciales de 1940 à 1957. Elle ne réussit à gagner qu'un seul siège, celui de Pontiac, lors d'une élection fédérale partielle, qu'occupa Réal Caouette de 1946 à 1949. Néanmoins, elle obtint plus de 150 000 votes à son apogée (en 1948), soit presque 10% du vote provincial québécois.

Mais l'Union des Électeurs niait toujours que ses objectifs étaient de gagner le pouvoir, comme le voulaient les partis politiques conventionnels. Au début, elle définissait ses buts, comme l'éducation des masses (y compris les classes les plus populaires et les plus pauvres), à la doctrine du Crédit Social. L'objectif du mouvement était de mobiliser un groupe de partisans dans chaque région, de faire pression sur les autorités, afin de les persuader d'adopter et d'implanter la philosophie et la technique économique du Crédit Social. Suivant les directives du Major Douglas, l'Union des Électeurs rejetait le système des partis qu'elle considérait comme un jeu de marionnettes manipulé par les grands financiers, les banquiers, etc. Elle hésitait à se présenter aux élections et elle affirmait publiquement à haute voix que ses candidats étaient choisis démocratiquement par une union d'électeurs et n'étaient que des délégués de leur circonscription sujets à révocation (c'était une application de la théorie de la démocratie plébiscitaire).

Même en 1957, quand Réal Caouette et onze de ses amis quittèrent l'Union des Electeurs et fondèrent le Ralliement des Créditistes, avec l'intention de participer aux élections et de gagner le pouvoir,[4] les éléments distinctifs du mouvement dans le phénomène créditiste n'avaient pas disparu. Les structures, le mode de financement et les moyens de propagande étaient tous basés sur le modèle de l'Union des Électeurs. Une grande partie des premiers militants étaient d'anciens membres de l'Union des Électeurs ; ils sont devenus et restés les leaders du Ralliement pendant toutes les années soixante. Ces années furent marquées par une tension entre les idées du parti et du mouvement. Même le parti provincial, le Ralliement Créditiste du Québec, fondé en 1970, a continué d'être inspiré par certaines idées du mouvement. En février 1973, après un schisme éclatant qui a duré presque un an, la plupart des militants se sont tournés vers un « non-créditiste », Yvon Dupuis, pour faire l'unité. À ce moment, le feu de l'ancien mouvement était pratiquement éteint.

En somme, le phénomène créditiste, au moins pour la période 1936-57, se définit comme un mouvement politique plutôt que comme un parti politique.[5] Les origines du phénomène créditiste en tant que mouvement ont défini son processus de développement pendant les vingt premières années de sa vie. Et elles ont continué à déterminer les grandes lignes d'évolution des deux partis politiques créditistes jusqu'à nos jours.

Mais le phénomène créditiste ne se définit pas seulement comme un simple mouvement politique. C'est un mouvement d'un type spécial que j'appellerais un mouvement de protestation de la droite. D'après moi, ce type de mouvement manifeste des caractéristiques particulières qui déterminent ses propres modes d'évolution et leurs conséquences pour la société dans laquelle il se trouve.

2. Le type sociologique du créditisme : mouvement de protestation de la droite

Dans la littérature de sociologie politique, un mouvement social se définit comme n'importe quelle forme d'action collective visant à mobiliser des individus qui ont pour but d'effectuer des changements fondamentaux dans l'ordre social.[6] Dans toutes les définitions du concept « mouvement social », les éléments centraux sont le sentiment commun de mécontentement et le désir général de changer la société.

---

[4] La scission complète ne s'est pas produite avant 1958. Voir section 3 ci-dessous.
[5] La définition du concept « mouvement politique » est présentée dans la section 2 ci-dessous.
[6] Rudolf Heberle, *Social Movements : An Introduction to Political Sociology* (New York : Appleton Century-Croft, 1951), p. 6.

Dynamique de la protestation de la droite... 147

Un « mouvement politique » est un type particulier de mouvement social, en ce sens qu'il est dirigé vers un changement de l'ordre politique. Il partage un certain nombre de traits communs avec d'autres structures politiques, comme les partis politiques et les groupes de pression, qui sont eux-mêmes en compétition dans l'arène politique (par exemple, il s'agit de l'organisation des individus autour d'idées et d'intérêts communs qu'ils essaient de promouvoir par des moyens politiques).[7] Mais ce qui est plus important, c'est la façon dont les mouvements politiques se distinguent des autres structures politiques plus conventionnelles.

Premièrement, les mouvements politiques ont des buts plus larges que la plupart des autres structures de compétition politique, comme l'éducation politique, la mobilisation des masses, et autres modes d'action dirigés vers un changement général. Deuxièmement, les mouvements politiques sont généralement organisés autour d'une série de croyances ou de buts utopiques concrétisés dans une idéologie politique qui agit comme force d'unification de ses membres.[8] Troisièmement, les mouvements politiques manifestent une structuration des rôles politiques et une distribution de pouvoir, d'influence et d'autorité parmi leurs membres, ce qui les distingue des autres structures politiques. Les structures d'organisation ont tendance à être plus rigides au sein du leadership et plus souples chez les partisans. Les leaders ont tendance à concentrer le pouvoir et l'autorité entre leurs mains, afin de maintenir un contrôle sur les décisions qui définissent la stratégie et les tactiques du mouvement.[9]

Il y a deux types principaux de mouvements politiques définis par leurs buts : un mouvement de protestation et un mouvement révolutionnaire. Le mouvement révolutionnaire est voué à la destruction du système et à l'obtention du pouvoir afin de transformer complètement l'ordre social. Le mouvement de protestation a des buts plus limités : changer la façon dont les décisions sont prises ou transformer les normes qui délimitent ce processus décisionnel sans détruire le système lui-même.[10]

Les mouvements de protestation ont comme buts de politiser la masse et de la gagner à leur idéologie et, par une série d'actions dissidentes contre le régime ou ses autorités, d'attirer l'attention de la population sur leurs griefs. Leurs objectifs sont, ou de persuader les autorités d'adopter leurs points de vue, ou de les déplacer et de prendre le pouvoir eux-mêmes afin d'appliquer les changements qu'ils désirent. Mais ils n'ont pas pour ob-

---

[7] *Ibid.*, p. 9.
[8] *Ibid.*, p. 12, 434.
[9] K. Lang and G.E. Lang, *Collective Dynamics* (New York : Thomas Y. Crowell, 1961), p. 495.
[10] R.J. Jackson and M.B. Stein, *Issues in Comparative Politics : A Text with Readings* (New York : St. Martin's Press (Toronto : Macmillan) 1971), p. 266.

jectif de changer fondamentalement les règles du régime ou les bases de la société. En ce sens, les mouvements des Noirs en 1960-65 pour obtenir leurs droits civiques, menés par les groupes modérés comme le NAACP et CORE, étaient des mouvements de protestation plutôt que des mouvements révolutionnaires.

Sur le plan idéologique, il y a deux types principaux de mouvements de protestation : les mouvements de droite et les mouvements de gauche. Les mouvements de droite font appel surtout, d'une façon générale, aux secteurs de la population qui sont, à long terme, appelés à décliner (par exemple, les paysans dans une époque d'industrialisation et les ouvriers « cols-bleus » dans la société « postindustrielle »). Leurs appels sont caractérisés par un désir de préserver les conditions sociales et économiques existantes ou de recréer la société du passé. Les mouvements de gauche, par ailleurs, font appel à des secteurs de la population qui augmentent à long terme (par exemple, les ouvriers « cols-bleus » dans la société industrialisée et les ouvriers « cols-blancs » ou les « technocrates » dans la société « post-industrielle »). Ils veulent établir les conditions d'une société future, comme un revenu minimum garanti, des mesures sévères contre la pollution, des services de santé décentralisés, etc.).[11]

Les créditistes se définissent comme un mouvement de *protestation*, parce que leur opposition au système financier et politique n'a jamais été révolutionnaire. Ils n'ont jamais voulu plus que changer la méthode de distribution du crédit, en pensant que tous les autres changements désirés dans l'ordre économique, social ou politique étaient déterminés par la technique économique. Ils ne veulent pas transformer le régime parlementaire ni le système fédéral canadien. Ils ne veulent pas de grandes transformations dans les méthodes d'organisation des groupes sociaux de la société. Ils ne veulent pas la destruction ni l'abolition du système capitaliste dans l'ordre économique. De plus, à l'exception d'une brève période de 1944-48, ils n'ont jamais voulu de changements fondamentaux du système démocratique.[12]

De plus, le « créditisme » est un mouvement de protestation *de la droite,* parce que son appel est essentiellement conservateur et orienté vers la préservation d'un ordre social et économique qui est en voie de disparaître

---

[11] Il faut évidemment prendre ceci comme la simple description d'une tendance. En certains cas, des suggestions et des tactiques de gauche peuvent plaire à des gens des secteurs déclinants de la population. De même, des mesures de droite peuvent plaire à des gens d'un segment de la population en pleine croissance. Du reste, certaines mesures sont proposées en termes suffisamment vagues et émotifs pour attirer des adhérents de droite comme de gauche.

[12] De 1946 à 1948, les directeurs du mouvement ont demandé la création de corps législatifs parallèles aux parlements fédéral et provincial, mais qui représenteraient plus fidèlement les électeurs de chaque circonscription. Cette idée aurait été empruntée à l'expérience russe des Soviets et aux essais du gouvernement de Lublin en Pologne. Il y eut une tentative de créer de telles structures (unions d'électeurs), mais ce projet se montra irréalisable et fut abandonné.

très rapidement au Québec. Les créditistes croient que les valeurs traditionnelles comme l'obéissance, le devoir et la moralité étaient plus répandues dans le système social du passé que dans le système actuel, et qu'elles seront rétablies aussitôt que l'influence corrompue du capitalisme monopoliste et les appétits avares des banquiers seront restreints par le système du Crédit Social. Ils prévoient un nouvel essor du fermier, du marchand dans les petites villes et des artisans, dès qu'ils auront assez de crédit pour se financer. Ils croient au renouveau de ferveur de la population à l'égard de l'Église et des institutions religieuses et demandent la préservation du système d'enseignement confessionnel. Ils dénoncent les ravages de la pornographie et des drogues. Ils veulent que le système de communication dans les petites villes et villages soit protégé des effets trop corrompus des moyens de communication urbains.

3. *Évolution du mouvement créditiste :*
ses trois phases fondamentales et leurs catalyseurs

Les analystes des mouvements sociaux ont rarement essayé de décrire les modes d'évolution de ces mouvements et de mettre en évidence les facteurs responsables de leur transformation. On a généralement observé, cependant, que les mouvements politiques tendent à évoluer en trois phases principales qui peuvent être assimilées à des traits caractéristiques de leurs leaders. On peut, grosso modo, les différencier en phases 1) de mobilisation, 2) de consolidation, 3) d'institutionnalisation. Le processus global d'évolution peut être considéré comme une sécularisation graduelle du mouvement et une perte de son élan idéologique, menant à sa transformation éventuelle en une autre forme institutionnelle ou à sa disparition.

La phase de mobilisation est la période au cours de laquelle on recrute les militants du mouvement, soumet la masse de la population au prosélytisme et à la propagande, établit les structures de base et les modes d'action. On peut décrire le processus type de cette phase de la façon suivante: un noyau de personnes est attiré par l'idéologie dissidente pour plusieurs raisons — griefs d'ordre économique, politique ou social, besoins et intérêts personnels ou collectifs, etc.[13] Ces personnes proviennent de différentes classes sociales, des éléments marginaux aussi bien que des groupes intégrés, et même de l'élite. Elles sont plus dévouées aux buts du mouvement et consacrent plus de temps et d'efforts à les définir et à les réaliser que les autres adhérents. Ce groupe soulève et oriente les émotions et les griefs des

---

[13] Voir, par exemple, les raisons diverses des adhésions à des mouvements politiques, données par Hadley Cantril dans : *The Psychology of Social Movements* (New York : Wiley, 1944), chapitres 2-3, Eric Hoffer, *The True Believer* (New York : Harper, 1951), chapitre I-III, Heberle, chapitre 5, et Gabriel Almond, *Appeals of Communism* (Princeton : Princeton University Press, 1954), chapitres IV-XI.

masses alinées.[14] Durant cette phase, les leaders sont plutôt des « prophètes » ou des « prédicateurs ». Ils doivent leur leadership à leur capacité de concrétiser les principales idées du mouvement et de convertir à leur cause de nouveaux membres. Leur autorité vient de la supériorité qu'on leur reconnaît dans la formulation ou l'interprétation de la foi, et dans l'art de la mettre à la portée des masses.[15]

À la phase de consolidation, le mouvement développe ses ressources et augmente le nombre de ses adhérents, affermit ses structures, en précise les rouages et modifie sa stratégie et ses tactiques pour faire face aux situations nouvelles. Au cours de cette phase, le mouvement est généralement dirigé par des hommes qui ont des talents d'organisateurs, d'administrateurs ou de propagandistes nécessaires pour cette période.[16]

À la phase d'institutionnalisation, le mouvement essaie de maintenir et d'augmenter ses appuis par des négociations et des alliances avec d'autres groupes ; sa stratégie et ses tactiques deviennent plus pragmatiques et moins liées à l'idéologie première et aux buts du mouvement ; il accepte des compromis. Il est alors généralement dirigé par des hommes pragmatiques et opportunistes qui ne sont pas aussi versés dans la doctrine originale que ne l'étaient les premiers leaders ; ils n'y sont pas aussi dévoués non plus et sont prêts à sacrifier à des fins immédiates ce qui reste du mouvement original.[17]

Une des caractéristiques dominantes des mouvements sociaux est leur tendance inhérente à favoriser l'apparition de factions. On attribue généralement cette tendance aux conflits inévitables qui s'élèvent entre membres doctrinaires et membres moins doctrinaires, quand ils essaient de mettre l'idéologie en action. Cette tendance se manifeste particulièrement dans les mouvements politiques. Outre ce facteur, on a aussi expliqué ce phénomène par d'autres raisons : par exemple, le conflit entre membres d'âge et d'expérience non similaires, conflit qui se manifeste dans des luttes entre différents types de leaders et différents styles de leadership.[18] En outre, de nouvelles bases de pouvoir tendent naturellement à se développer en dehors du grou-

---

[14] Lang et Lang, p. 495.
[15] Les idées exprimées dans ce passage sont tirées en grande partie de Hoffer, chapitre XV ; C.W. King, *Social Movements in the United States* (New York : Random House, 1956), p. 72 ; Neil Smelser, *The Theory of Collective Behavior* (New York : Free Press, 1963), p. 361, et Lewis N. Killian, « Social Movements », dans Robert E.L. Faris (éd), *Handbook of Modern Sociology* (Chicago : Rand McNally, 1964), pp. 441-3.
[16] Les idées exprimées ici sont tirées en grande partie de Hoffer, chapitre XVII ; King, pp. 72-4 ; Lang et Lang, p. 520 ; Faris (ed.), pp. 441-2 ; et Smelser, p. 361.
[17] Les idées exprimées ici sont tirées en grande partie de Lang et Lang, pp. 359, 518-520.
[18] Heberle, pp. 118-19.

pe du leadership primitif ; on peut attribuer cette tendance au fait que l'hétérogénéité s'accroît à mesure que le mouvement évolue.[19] Un autre facteur expliquant l'apparition de factions dans les mouvements politiques est la faiblesse de l'appareil de contrôle, particulièrement dans les mouvements de type non révolutionnaire ou protestataire ; quand des divergences d'orientation se manifestent, le leadership dominant a peu de récompenses à offrir et peu de sanctions en son pouvoir pour maintenir sa prédominance sur les membres du mouvement.[20]

Bien que ce soit là des éléments valables d'explication, ces raisons ne vont pas jusqu'au fond des choses. Et, ce qui est plus important, elles ne font pas vraiment le lien entre le phénomène des factions et la dynamique de changement sous-jacente dans les mouvements politiques. La plupart des analystes ont tendance à considérer les factions comme une cause de faiblesse, comme une force brisant l'énergie, comme une aberration par rapport à la marche normale des processus d'évolution et de développement de ces mouvements.

Cependant, à mon avis, même si les factions provoquent un conflit interne ou un schisme avoué, elles n'en conduisent pas moins le mouvement vers de nouvelles phases d'évolution, provoquant le remplacement de ses leaders, la réorientation de sa stratégie et de ses tactiques, et la réorganisation de ses structures. Ces orientations nouvelles peuvent être cruciales et déterminer le succès ou l'échec relatif du mouvement. En d'autres termes, c'est le conflit et non l'accord qui devient la norme des mouvements politiques et l'ingrédient essentiel dans la détermination de leur développement et de leurs effets ultimes sur la société dans laquelle ils opèrent. C'est l'hypothèse que j'ai tenté d'exposer dans mon étude du mouvement du Crédit Social au Québec et que je voudrais reprendre ici, sans chercher à faire une analyse détaillée du factionnalisme.[21]

Puisque le créditisme est un prototype d'une catégorie particulière de mouvement politique, à savoir un mouvement de protestation de la droite, on peut s'attendre à ce qu'il présente de nombreuses caractéristiques générales des mouvements politiques. De plus, il pourrait présenter plusieurs traits particuliers à son espèce. De fait, le créditisme est déjà passé par deux des trois phases typiques de l'évolution des mouvements politiques,

---

[19] Lang et Lang, p. 533, Smelser, p. 361, et M. Zald et R. Ash, « Social Movement Organizations : Growth, Decay and Change » dans Barry McLaughlin (éd.), *Studies in Social Movements : A Social Psychological Perspective* (New York : Free Press, 1969), p. 478.
[20] Lang et Lang, p. 533. Voir aussi Joseph Nyomarky, *Charisma and Factionalism in the Nazi Party* (Minneapolis : University of Minnesota Press, 1961).
[21] Pour un examen plus détaillé du processus de factionnalisme dans le mouvement créditiste, voir Part III, Introduction, chapitres 6, 7 et Conclusion, et Part IV de *The Dynamics of Right-Wing Protest*.

mobilisation et consolidation, et il entre maintenant dans la troisième phase, l'institutionnalisation.

La première phase de développement du mouvement créditiste au Québec, de 1936 à 1957, correspond à peu près dans ses détails au type idéal de « mobilisation ». C'est durant les trois premières années de la période commençant avec l'établissement de la Ligue du Crédit Social et de son journal *Cahiers du Crédit Social* que les nombreux militants de première heure, qui formaient le noyau du leadership de la première génération créditiste, se sont joints au mouvement. Mais la venue de militants et d'un segment important de la masse ne se produisit qu'en 1940, avec la création de l'Union des Électeurs et de son journal bimensuel *Vers Demain*. De 1939 à 1948, le mouvement créditiste a grandi très rapidement en utilisant une méthode de recrutement très simple mais très efficace : on attribuait à chaque membre un certain quota de recrutement. Les formules d'abonnement se trouvaient dans le journal *Vers Demain*. Quiconque obtenait son quota de 25 membres était automatiquement nommé au corps d'élite du mouvement, l'Institut d'action politique, qui, à son apogée, comprenait de 2000 à 3000 membres environ. Les membres les plus dévoués et les plus efficaces de ce groupe étaient nommés au directorat du mouvement, ayant à sa tête Louis Even et Gilberte Côté-Mercier ; ce directorat n'a jamais compté plus de sept membres. Les directeurs, avec l'aide de leurs lieutenants dévoués, prenaient les décisions politiques majeures du mouvement et maintenaient un strict contrôle sur la troupe. Le nombre des adhérents passa de 2000 au moment de la fondation de l'Union à 65 000 — selon leur propre estimation — à son sommet en 1948.

Louis Even et Gilberte Côté-Mercier étaient les chefs indiscutables du mouvement. Even jouait le rôle de « prophète » et d'idéologue du mouvement. Il présenta les doctrines abstraites du Major Douglas en termes compréhensibles pour la petite bourgeoisie, les travailleurs et les cultivateurs du Québec. Gilberte Côté-Mercier était l'organisatrice et la propagandiste par excellence : elle prit la majeure partie des décisions de stratégie politique et elle choisit la plupart des symboles du mouvement, y compris les bérets blancs que les membres portèrent à partir de 1949.

Au cours de cette première phase, les créditistes furent loin d'atteindre leur objectif qui était d'amener une grande proportion des Québécois à soutenir les doctrines du Crédit Social. Dans son effort le plus intense, aux élections provinciales de 1948, l'Union des Electeurs présenta des candidats dans les 92 circonscriptions de la province. Mais elle n'obtint que 150 000 votes, sans avoir un seul candidat élu. À la suite de cet échec, l'Union s'abstint de toute autre tentative électorale.[22] Pendant quelques années, de 1950 à 1957, elle essaya une autre technique d'action politique pour implanter le Crédit Social, en faisant directement pression sur les politiciens. Quand cette technique échoua également et que le nombre de membres commença à diminuer, les directeurs se désintéressèrent des choses temporelles et l'Union prit un caractère plus religieux.

La seconde phase du mouvement créditiste, celle de consolidation, commença en 1957, avec l'arrivée, à la tête du mouvement, de la deuxième génération de créditistes, sous la direction de Réal Caouette. Caouette s'était joint au mouvement en 1940 et s'était affirmé, dès le début, comme un propagandiste et meneur de campagnes électorales de premier ordre.[23] Il se présenta aux élections provinciales de 1944 et aux élections fédérales de 1945, comme candidat de l'Union des Électeurs et arriva honorablement en deuxième place dans les deux cas. Mais son appétit pour l'action électorale fut assouvi en 1946, quand il remporta le siège de Pontiac au cours d'une élection partielle. D'autres créditistes de la seconde génération partageaient son point de vue, tels Laurent Legault, son organisateur dans plusieurs campagnes électorales, Gilles Grégoire, fils de J.E. Grégoire, ancien maire de Québec et leader de l'Union dans la plupart de ses premières campagnes, et François Even, fils de Louis Even. Les leaders de la deuxième génération étaient convaincus que le meilleur moyen d'établir le Crédit Social était de fournir un effort électoral concerté. Ils s'opposaient à l'orientation de plus en plus religieuse du mouvement. C'est pourquoi, en septembre 1957, douze membres — surtout de la seconde génération créditiste — se réunirent à Montréal pour former le Ralliement des Créditistes.

Les fondateurs du Ralliement n'avaient pas au début l'intention de former une organisation complètement nouvelle. Ils voulaient plutôt créer, au sein de l'Union, une structure politique parallèle qui rallierait à l'action électorale tous les créditistes de la province, y compris les factions dissidentes.[24] Quand les directeurs de l'Union, Even et Côté-Mercier, eurent rejeté cette idée, les leaders de la deuxième génération proclamèrent leur indépendance. À l'origine, le Ralliement des Créditistes fut conçu à la fois com-

---

[22] Ils ont participé, sur une base limitée, aux élections fédérales de 1949, et ils se sont aussi alliés aux libéraux aux élections provinciales de 1956. Ce furent là leurs seuls autres efforts de participation directe aux élections.
[23] Dès 1944, le journal *Vers Demain* décernait à Caouette l'épithète admiratrice : « le tonnerre ».
[24] Les factions dissidentes incluaient la poignée de membres survivants de la Ligue et les créditistes expulsés de l'Union par Gilberte Côté-Mercier, à cause de leur opposition à sa politique — qui, d'année en année, finirent par être assez nombreux.

me parti et comme mouvement ;[25] son objectif principal était d'amener les électeurs à voter pour ses candidats et donc de prendre le pouvoir. Mais il n'abandonna jamais ses objectifs d'éducation.

À ses débuts, le Ralliement était surtout composé de membres sécessionnistes de l'Union des Électeurs et, de ce fait, ne se développa que très lentement. Mais, en 1960, Caouette et Legault firent alliance avec le Crédit Social de l'ouest, que Robert Thompson était en train de réorganiser. Caouette fut battu de peu par Thompson au leadership national et fut nommé leader adjoint du parti national. Fait plus important, dès 1958, le Ralliement établit dans diverses régions de l'intérieur du Québec, une série de programmes de télévision de 15 minutes — qui furent plus tard diffusés sur une échelle plus vaste — où Caouette apparut comme une personnalité puissante et très populaire. Ce qui gagna au mouvement plusieurs nouveaux membres qui n'avaient pas fait partie de l'Union des Électeurs. Un grand nombre d'entre eux étaient des gens de professions libérales d'un statut élevé qui donnèrent du prestige au mouvement (Marcoux, Chapdelaine, Côté). Mais les « bérets blancs » demeurèrent l'élément dominant parmi les militants. Sous la direction et l'organisation de Legault, le « parti-mouvement » se donna dans les mêmes structures électorales et les mêmes méthodes de financement que celles de l'Union qui sont les deux éléments principaux de la définition du «parti de masse», selon Duverger.[26] Si l'idéologie du Ralliement était essentiellement la même, la stratégie et les tactiques étaient fondamentalement transformées. Les leaders du Ralliement cherchaient maintenant sans équivoque à prendre le pouvoir. Les associations de circonscriptions gardaient leurs cercles d'étude, mais l'organisation des futures élections devenait leur but principal.

Le Ralliement gagna un nombre d'électeurs beaucoup plus élevé que ne l'avait fait son prédécesseur, l'Union des Électeurs. L'Union n'avait jamais pu obtenir plus de 10% du vote populaire, tandis que le Ralliement remporta 26% des voix au Québec aux premières élections où il briguait les suffrages (1962). et il obtint 29% des voix aux élections de 1963. Ainsi, le Ralliement non seulement consolida la base du mouvement créditiste au Québec, mais il l'élargit également. Mais cette base semble limitée, diminuant parfois, augmentant parfois légèrement, mais n'atteignant rarement plus du quart de la population totale du Québec, se limitant aux régions rurales et semi-urbaines de la population. En fait, jusqu'aux élections fédéra-

---

[25] Au cours des entrevues faites en 1964, Caouette a indiqué qu'il utilisait les termes « parti » et « mouvement » indifféremment quand il mentionnait le Ralliement. Cependant, Legault concevait plutôt le Ralliement comme un mouvement dont l'objectif premier était l'éducation politique et économique d'une élite.

[26] Voir Maurice Duverger, *Political Parties,* traduit par Barbara et Robert North, (New York : John Wiley and Sons, 1954), p. 63.

les de 1972, il semblait que le Ralliement Créditiste était en déclin permanent.[27]

Il n'est donc pas surprenant de constater que vers 1970, avec le vieillissement de la deuxième génération créditiste, une troisième génération, comprenant plusieurs fils de créditistes de la deuxième génération,[28] arriva à maturité et commença à prôner la réorientation des buts du « parti-mouvement ». Ils ont compris que la survivance du créditisme était menacée et que le mouvement ne s'était pas adapté aux nouveaux courants de la population, tels l'urbanisation, le nationalisme et le désir de modernisation économique et culturelle. Ils conçurent une stratégie destinée à transformer le mouvement de protestation de droite en un parti politique conventionnel d'idéologie conservatrice plus pragmatique et de base plus large et plus urbaine. Ils contribuèrent à amener le mouvement à sa troisième phase dite d'institutionnalisation.

C'est la tenue d'une convention, en mars 1970, destinée à choisir le leader du parti provincial nouvellement créé, qui annonce l'apparition de la troisième phase du mouvement. Il est intéressant de noter que ce fut Caouette lui-même qui traça la voie à cette phase. Il résista à toutes les flatteries et aux efforts les plus intenses pour le désigner comme leader provincial et proposa Yvon Dupuis comme son choix personnel au leadership. Mais les militants créditistes présents, pour la plupart membres de la deuxième génération, refusèrent d'accepter un homme qui, non seulement n'était pas un créditiste authentique, mais avait été le pire ennemi du mouvement aux élections fédérales de 1963.[29] Par conséquent, ils ne tinrent pas compte de l'appel de Caouette et votèrent, à majorité écrasante, en faveur de Camil Samson, jeune protégé de Caouette à Rouyn.

Ce qui ne découragea pas pour autant les ambitions de Dupuis au leadership du parti. Bien que, sous la direction de Camil Samson, les cré-

---

[27] Sur la scène fédérale en 1962, le Ralliement reçut 26% du vote populaire au Québec, obtenant 26 sièges ; en 1963, il eut 29% du vote populaire et 20 sièges ; en 1965, il obtint 19% du vote populaire et 9 sièges. En 1968, il reçut 16% du vote populaire, mais augmenta son nombre de sièges à 14 ; en 1972, il eut 24% du vote populaire au Québec et 14 sièges. Sur la scène provinciale, le Ralliement Créditiste du Québec reçut 12% du vote populaire et 12 sièges en 1970.
[28] Y compris les députés fédéraux, André Fortin, René Matte, Lionel Beaudoin, et les députés provinciaux, Camil Samson, Fabien Roy, Yvon Brochu, Florian Guay, Antoine Drolet, Ronald Tétrault et Paul-André Latulippe, ces deux derniers étant fils de députés fédéraux.
[29] Dupuis, lorsqu'il était candidat libéral, faisait des imitations de Caouette et se moquait des politiques monétaires des créditistes en utilisant des trucs comme le papier-monnaie. Il fut récompensé pour ses efforts en étant choisi ministre sans portefeuille dans le premier Cabinet Pearson. Mais il fut destitué, peu après, à la suite d'un présumé trafic d'influence dans l'octroi d'un permis de course à Saint-Jean, Québec. La Cour le disculpa plus tard de cette accusation. En 1970, lorsque Caouette tenta de l'imposer à la tête des créditistes, il se signalait comme annonceur à un programme populaire de « ligne ouverte » au réseau radiophonique CKVL. Il commença à montrer des attitudes politiques conservatrices et de droite assez semblables à celles des créditistes.

ditistes provinciaux aient fait bonne figure aux élections de 1970, la troisième génération des créditistes n'approuvait pas le choix de Samson comme leader du parti, car il n'avait ni l'éducation nécessaire, ni une certaine sensibilité aux mouvements actuels de la province, ni la « sophistication » nécessaire pour prendre le pouvoir. C'est pourquoi un groupe de députés provinciaux, mené par le jeune directeur des relations publiques et président provincial fort compétent Phil Cossette, réussit à fomenter un complot pour évincer Samson du leadership provincial. Ils choisirent un vieux créditiste, Armand Bois, comme leader intérimaire et cherchèrent un candidat plus approprié pour diriger la troisième génération. L'homme auquel ils s'adressèrent finalement à la fin de 1972 fut Yvon Dupuis — qui remporta la victoire au deuxième tour de scrutin au congrès créditiste provincial de février 1973.

Dupuis est, à bien des égards, l'incarnation du leader pragmatique de la phase de l'institutionnalisation. Il projette une image attrayante, jeune, possède une expérience politique et a prouvé ses dons d'orateur. De plus, il s'est gagné une large clientèle politique dans la ville de Montréal, en se servant avec succès de son programme radiophonique et de son journal *Le Défi*, publiant les lettres des lecteurs en réponse à ses éditoriaux et à ses commentaires à la radio.

Même s'il partage l'orientation conservatrice des créditistes, Dupuis a donné des signes d'un désir de moderniser et renouveler l'idéologie créditiste pour attirer au parti des éléments nouveaux de la population. Il semblait bien capable de s'allier à d'autres partis, comme l'Union Nationale, pourvu que cette alliance se montre avantageuse.[30] Il ne semblait pas posséder une grande connaissance ni un grand intérêt pour la doctrine orthodoxe du Crédit Social, ni pour les traditions passées du mouvement. Ses discours ne s'attardaient pas aux questions économiques.[31] Son objectif principal était de conquérir le pouvoir politique, et il semblait prêt à prendre tous les moyens nécessaires pour y parvenir. Par exemple, il a déjà transformé les structures financières du parti basées sur les souscriptions populaires, en faisant appel ouvertement aux grandes corporations. Il ne fait pas de doute que, si la responsabilité de tout le leadership avait reposé complètement sur

---

[30] L'ancien leader de l'Union Nationale, Gabriel Loubier, a déjà fait plusieurs déclarations publiques réclamant une alliance des partis d'opposition. Cependant, Dupuis a repoussé ces avances, probablement parce que l'opinion publique a tenté de le discréditer juste avant son élection comme leader, en disant justement qu'il conduirait les créditistes à ce genre d'alliance. Voir *La Presse*, le 3 février 1973, *Le Devoir*, les 3 février et 23 février 1973, et *The Montreal Star*, le 3 mars 1973.
[31] Tiré d'un travail basé sur une analyse du journal *Le Défi* et d'une interview avec Dupuis faite par Mme Vera Murray, lors d'un séminaire de deuxième cycle conjoint UQAM-McGill sur la culture politique au Québec, avril 1973.

Dynamique de la protestation de la droite... 157

ses épaules et sur celles de la troisième génération, le « créditisme » se serait transformé de mouvement de protestation de droite en parti politique conventionnel de centre droite, comme cela existe à l'heure actuelle en Alberta et en Colombie-Britannique.

Mais, depuis ce temps, la venue d'Yvon Dupuis à la tête du Ralliement a été marquée par un échec cuisant de ce parti aux élections d'octobre 1973, ce qui provoqua d'autres affrontements dans le parti et la fondation du Parti Présidentiel d'abord dirigé par Yvon Dupuis et ensuite par Yvon Brochu. Le 31 mai 1975, le Parti Présidentiel fusionna avec l'Union Nationale sous la direction de Maurice Bellemare. Entre-temps, Camil Samson était réélu à la tête du Ralliement Créditiste, ce qui semble concrétiser le retour de la deuxième génération à la tête du mouvement.

Ainsi, le créditisme est passé par les phases typiques des mouvements politiques dans leurs processus d'évolution et d'adaptation aux changements des conditions de la société. Mais nous en savons peu sur les catalyseurs de ces phases. L'expérience créditiste nous suggère un certain nombre d'hypothèses.

Premièrement, chaque nouvelle phase et chaque réorientation du mouvement semblent avoir été causées par une nouvelle génération de leaders partageant de nouveaux points de vue, mais demeurant toujours dans le cadre de la famille créditiste. Ainsi, Yvon Dupuis semble avoir été l'instrument de la troisième génération plutôt que son maître. Son succès dépendait de sa capacité d'adaptation aux conditions qui existaient à l'intérieur du mouvement ; ses chances de modifier ses forces étaient plus limitées.

Deuxièmement, à chaque phase, le changement d'orientation du mouvement a généralement été précédé d'une période de factionnalisme interne qui s'est intensifiée et a provoqué des scissions ouvertes. Ce conflit semble avoir servi de catalyseur primaire en créant et en imposant un changement fondamental et une réorientation du mouvement.

Troisièmement, bien que le factionnalisme et les scissions se soient produits au cours de toute l'évolution du mouvement, le factionnalisme semble avoir atteint son plus haut degré à la phase de consolidation, en dépit du leadership ferme de Réal Caouette. Ceci semble dû à plusieurs facteurs : c'est à ce stade que le conflit entre partisans du concept de « mouvement » et ceux du concept de « parti », entre protestataires modérés et protestataires très dissidents[32] (« highly disaffected ») a été le plus intense ; les moyens de contrôle interne à la disposition du leadership s'étaient affaiblis lorsque le mouvement a commencé à se transformer en parti plus conventionnel ;

---

[32] La définition de ces concepts est donnée à la note 34.

les forces externes du milieu québécois — nationalisme, modernisation économique et sociale, conflit économique et linguistique — ont progressé et ont influencé sérieusement les développements internes du mouvement ; le mouvement semblait avoir atteint sa limite extrême d'expansion.

Quatrièmement, même si les causes du factionnalisme à chaque stade sont évidemment complexes, on peut isoler certains sous-groupes parmi les leaders qui peuvent être considérés comme les forces motrices du changement. Lors d'un sondage mené auprès de 69 leaders créditistes en 1967,[33] j'ai pu distinguer deux sous-groupes principaux : les leaders « modérés » et les leaders « très dissidents » (highly disaffected).[34] Ces deux sous-groupes, qui se distinguent non seulement par leurs attitudes politiques, mais aussi par leurs origines socio-économiques et leurs modes de participation politique, sont en conflit constant au sujet des objectifs, de la stratégie et des tactiques du mouvement. À la phase de mobilisation, ce conflit prend moins d'ampleur puisque le mouvement est en cours d'expansion. Cependant, à la phase de consolidation, il se produit des reculs inévitables, particulièrement chez un mouvement de protestation avec un potentiel électoral restreint. Les leaders de cette phase, plus politiquement orientés que ceux de la première génération et plus modérés aussi, font face à l'opposition des leaders plus dissidents. On peut alors énoncer l'hypothèse suivante : à ce stade, l'absence de contrôles structurels, sociaux et personnels et l'importance primordiale accordée par les membres aux buts du mouvement, laissent libre cours à la tendance naturelle des membres « très dissidents » (highly disaffected) de retourner leur insatisfaction contre le mouvement lui-même et contre les chefs modérés. Il en résulte des conflits insolubles. Quand ces conflits sont renforcés par des différences d'origine et de statut social entre ces deux sous-groupes, un désaccord s'élève sur l'attribution des statuts et des rôles à l'intérieur du mouvement. Le conflit et les alliances qui en résultent provoqueront un schisme.[35] Cette hypothèse de comportement « schis-

---

[33] Pour une description de l'échantillon et du questionnaire, voir les Appendices A et B dans *The Dynamics of Right-Wing Protest*, pp. 240-246.

[34] Les leaders créditistes « très dissidents » ont été définis comme ceux dont les réponses au sondage ont montré une forte désapprobation des systèmes politique et économique (c'est-à-dire que, dans l'échelle de désapprobation, ils arrivaient aux cinquième et sixième rangs). Ils diffèrent aussi des autres créditistes sur plusieurs points, tels leur statut socio-économique, leurs modes de participation aux associations volontaires et au mouvement, leur autoritarisme, leurs allures conspiratrices et leurs conceptions de la protestation. Les leaders « modérés » sont les autres créditistes non inclus dans ce sous-groupe qui ont répondu d'une façon beaucoup plus modérée aux questions concernant ces attitudes. Voir chapitres 5 et 7 dans *The Dynamics of Right-Wing Protest*.

[35] Dans mon volume, je pousse plus loin cette hypothèse basée sur les données de l'enquête, en subdivisant les leaders « très dissidents » en deux groupes : ceux de statut socio-économique élevé (qui tendent à se perdre dans le mouvement et à se refuser à toute participation active dès le début du processus de factionnalisme) et ceux de statut socio-économique plus bas (qui s'allient avec des dissidents plus modérés de bas statut). Ce nouveau sous-groupe, qu'on classifie comme « les dissidents de classe inférieure », poussera le mouvement à un schisme.

matique», que nous avons établie d'après les renseignements recueillis au cours de notre sondage, peut être représentée graphiquement (voir figure I).[36] En utilisant cette hypothèse, on peut expliquer non seulement la scission de 1963, comme j'ai essayé de le faire dans mon volume, mais aussi celles de 1966 et de 1972 (avec les modifications appropriées).[37]

4. Les conséquences de ce phénomène pour la politique québécoise et canadienne et l'application possible de la thèse à d'autres phénomènes

Pour évaluer les conséquences de ce phénomène sur la politique québécoise et canadienne, il est nécessaire de situer le mouvement créditiste dans un contexte socio-économique et politique plus large. Comme nous l'avons indiqué précédemment, il s'agit d'un mouvement de droite au plan idéologique et représentant la réaction conservatrice d'un segment de la population québécoise aux forces inexorables de modernisation qui se manifestent au Québec au moins depuis le début du siècle. Les statistiques concernant l'appui électoral accordé aux créditistes, présentées par Vincent Lemieux et Maurice Pinard,[38] montrent que la base électorale du mouvement se limite presque exclusivement aux régions rurales et semi-urbaines du Québec (Abitibi, Cantons de l'Est, Québec-sud, Saguenay-Lac-Saint-Jean en particulier). C'est essentiellement la même base et le même bastion qui existaient au temps de l'Union des Électeurs.[39] Aux élections fédérales de 1972, dans la région métropolitaine de Montréal, les créditistes firent une percée pour la première fois, sans toutefois réussir à gagner un seul siège dans cette région.[40] Quelques indications suggèrent que le choix de Dupuis

---

[36] Ce graphique est une réplique exacte du modèle graphique présenté à la page 182 de *The Dynamics of Right-Wing Protest*. Je suis reconnaissant au professeur Maurice Pinard de m'avoir aidé à construire ce modèle graphique.

[37] Je formulerais l'hypothèse que ces «schismatiques» de 1966, qui ont aidé à fonder le Ralliement National, étaient formés en grande partie de leaders «très dissidents» de la seconde génération créditiste. À la suite du piètre résultat obtenu aux élections provinciales de 1966, et surtout après la formation du Parti Québécois en 1968 et l'absorption d'un bon nombre de créditistes les plus indépendantistes, les «schismatiques» retournèrent au Ralliement Créditiste. En 1968-70, ils furent, avec les créditistes les plus pragmatiques de la troisième génération, les principaux instruments de la formation du parti créditiste provincial. La rupture entre les factions Bois et Samson, en 1972, eut lieu essentiellement entre les créditistes très dissidents de la deuxième génération et les créditistes de la troisième génération plus modérés, plus pragmatiques et plus orientés vers la modernisation.

[38] Voir Vincent Lemieux, «Les dimensions sociologiques du vote créditiste au Québec», *Recherches sociographiques*, VI, 2 (1965), pp. 181-95 et Maurice Pinard, *The Rise of a Third Party: A Study in Crisis Politics* (Englewood Cliffs, N.J.: Prentice-Hall, 1971).

[39] Voir Lemieux, *op. cit.*, pp. 182-3.

[40] Leurs votes passèrent dans la région métropolitaine de Montréal de 19,188 à 107,172.

comme leader provincial a donné un élan aux efforts du parti provincial pour pénétrer dans les régions hautement urbanisées de Montréal et de Québec, quoique de récents sondages laissent penser que cette expansion n'a qu'une envergure limitée.[41] On peut prédire avec quelque certitude que le créditisme restera dans un avenir prochain un phénomène surtout rural et semi-urbain, à la fois dans son soutien électoral et (comme le montrent les résultats de mon propre sondage) dans les cadres de son leadership.[42]

Il y eut des tentatives de transformer l'idéologie protestataire de droite qui combinait les doctrines du Major Douglas et les idées sociales conservatrices catholiques, en un conservatisme plus modéré de centre droite semblable à celui de l'Union Nationale. Par exemple, Caouette prône maintenant un projet de revenu annuel garanti que préconise habituellement la gauche (bien que ceci puisse être simplement une adaptation moderne habile de la vieille idée sociale créditiste d'un dividende national). Les appels de Dupuis sont plus négatifs dans leur orientation, quoiqu'il insiste aussi sur de vagues notions sociales créditistes comme « la personne humaine » et « la démocratie du peuple ». Ses appels s'en prennent surtout aux forces insidieuses du socialisme dans la province, comme les politiques de Claude Castonguay, ancien ministre libéral des Affaires Sociales, de Jean Cournoyer, ministre du Travail, et de Jean-Paul L'Allier, ministre des Communications. Il attaque aussi fortement les « communistes », les « felquistes » et les orientations révolutionnaires des leaders syndicaux comme Louis Laberge de la F.T.Q., Marcel Pépin et Michel Chartrand de la C.S.N. et Yvon Charbonneau de la C.E.Q.. Il attaque aussi les idées séparatistes et socialistes de René Lévesque, Claude Morin, Jacques Parizeau et d'autres membres du Parti Québécois.[43] Ces appels peuvent aider les créditistes à maintenir leur force actuelle et attirer certains employés non syndiqués des districts ouvriers de Montréal et de Québec, particulièrement au sein de la

---

[41] Voir le sondage fait par le Centre de recherche sur l'opinion publique (CROP) publié pour la première fois dans *Le Devoir* du 8 juin 1973 et repris dans le même journal après correction d'une erreur de pondération, le 15 juin 1973. Le sondage révisé accorde comme soutien total dans la province 12.6% aux créditistes, comparé à 34.7% aux libéraux, 17.7% au Parti Québécois et 3.8% à l'Union Nationale. 31.2% des personnes interrogées refusèrent d'indiquer leurs préférences électorales. En tenant compte du pourcentage habituel de votes inconnus pour les 4 partis, ceci montre que, depuis les élections de 1970, le R.C.Q. n'enregistre qu'une légère augmentation. Le bastion principal du parti se situe toujours en dehors des villes de Québec et de Montréal. L'appui donné à Dupuis comme leader était légèrement inférieur à l'appui accordé au parti lui-même.

[42] Pour une description des lieux de résidence des leaders créditistes, voir *The Dynamics of Right-Wing Protest*, pp. 124-25.

[43] Ces remarques sont basées sur des impressions personnelles à la suite des discours prononcés par Dupuis au congrès de leadership à Québec en février 1973, de programmes de télévision et de radio ultérieurs et des rapports de la presse (v.g. *Le Devoir* du 13 juin 1973). Voir également Vera Murray, *op. cit.*

Figure I
Modèle de comportement « schismatique »

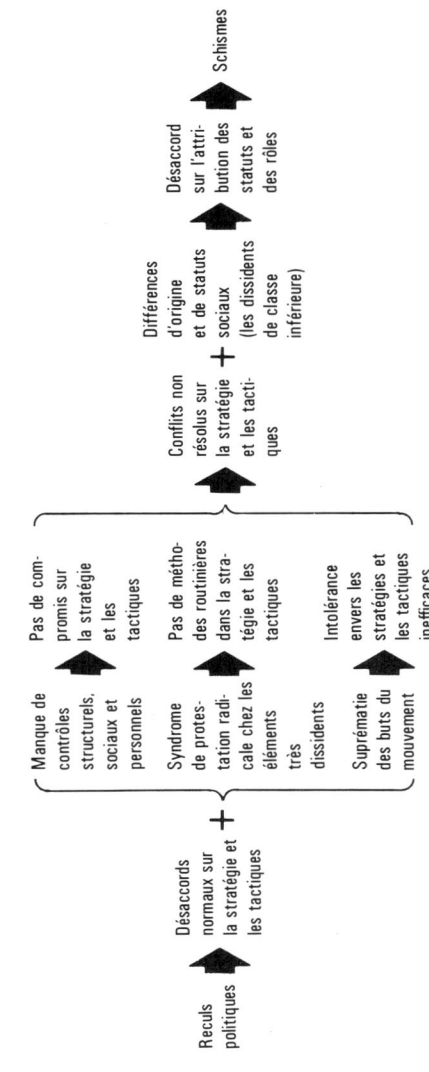

classe ouvrière de type « autoritaire ».⁴⁴ Cependant, il semble improbable qu'ils trouvent appui chez les ouvriers de gauche plus organisés, ni chez les gens plus « sophistiqués » des professions libérales et de la bureaucratie québécoise de classe moyenne.⁴⁵

Selon moi, tous les mouvements socio-politiques reflètent les forces socio-économiques et politiques plus larges présentes dans la société où ils se trouvent. Le mouvement créditiste est un mouvement politique authentiquement québécois qui est apparu dans la province au cours des années de la « crise » et qui répondait aux sentiments d'anxiété et d'insécurité chez certains segments de la population québécoise en situation économique déclinante. Ils ne pouvaient pas comprendre ce qui se passait et donc se méfiaient et craignaient les nouvelles tendances à l'urbanisation, à l'industrialisation, à la bureaucratisation et à la sécularisation, ainsi que l'explosion des moyens de communication. Depuis quelque temps au Québec, le courant de la modernisation a été évident : une société qui, d'après le recensement de 1881, était rurale à 77% était devenue, en 1931, urbaine à 56%.⁴⁶ Les premières étapes importantes d'industrialisation ne commencèrent qu'au début de ce siècle, mais après la première guerre mondiale, elles s'intensifièrent à un degré remarquable.⁴⁷ Ces forces, lentes au début, prirent beaucoup d'expansion après la deuxième guerre mondiale, avec l'encouragement donné par le régime de Duplessis aux investissements étrangers. Elles ont aidé à provoquer des changements dans les relations entre l'Église et l'État, dans l'éducation, dans les communications et dans l'accroissement de la bureaucratie provinciale, toutes choses généralement associées à la révolution tranquille de 1960.

Le créditisme, avec son idéologie protestataire de droite et sa base rurale et semi-urbaine, est un mouvement qui répond de façon satisfaisante au segment de la population québécoise qui se sent sérieusement menacé par ces tendances. De fait, ces craintes sont justifiées en ce sens que les

---

⁴⁴ Le concept d'autoritarisme chez la classe ouvrière est défini par Seymour Lipset, *Political Man* (Garden City, N.Y. : Doubleday & Co., 1960), chapitre 4. De plus, il est possible que les travailleurs récemment arrivés dans les régions urbaines aient gardé leurs attitudes traditionnelles et conservatrices sur plusieurs questions économiques et politiques, de même que leurs attaches partisanes antérieures.

⁴⁵ Les récents sondages tendent à confirmer ceci. De plus, voir l'enquête faite par Maurice Pinard, «The Ongoing Political Realignments in Quebec » dans Dale C. Thomson, *Quebec Society and Politics*, (Toronto : McClelland and Stewart, 1973), pp. 119-135. Pinard souligne, cependant, que les appels protestataires des mouvements de droite comme de gauche peuvent être formulés en termes suffisamment vagues pour attirer des électeurs mécontents sans discernement. Voir *The Rise of a Third Party*, pp. 95-6.

⁴⁶Voir Marcel Rioux, « Sur l'évolution des idéologies au Québec », *Revue de l'Institut de sociologie*, Université libre de Bruxelles (1968), pp. 108-109.

⁴⁷ Voir P.E. Trudeau, *La grève de l'amiante* (Montréal : Les Éditions Cité Libre, 1956), Introduction, pp. 3-10.

traditions rurales et semi-urbaines québécoises sont appelées, à longue échéance, à céder aux forces inexorables de la modernisation. Dans ces régions, il y aura une progression du déclin économique, de la diminution de la pópulation et de la transformation des valeurs acceptées par la jeunesse. Ainsi, le créditisme lui-même est appelé à décliner en tant que force politique, à moins qu'il ne se transforme en un phénomène fondamentalement différent, c'est-à-dire en un parti conservateur modéré qui attirerait un certain groupe des secteurs urbains et industriels croissants de la population.

En résumé, le créditisme a actuellement deux choix : radicaliser son appel protestataire de droite en s'écartant ainsi du Québec d'aujourd'hui ou moderniser son idéologie, recruter de nouvelles élites urbaines et se transformer en parti modéré de centre droite. Le vacuum laissé dans l'éventail politique par l'Union Nationale, parti modéré de droite, a pour effet d'encourager les créditistes provinciaux à opter pour le deuxième choix.[48] En dépit de leur démagogie et de leur négativisme actuels, il semble évident que les leaders créditistes présents ou futurs trouveront en fin de compte ce choix attirant.

Cependant, la modernisation elle-même n'a guère de chance d'amener le Ralliement Créditiste à son but ultime qui est de prendre le pouvoir au provincial ou au fédéral. Aussi longtemps que trois partis seulement se partageront l'électorat de la province, il faudra plus qu'un tiers de la population pour conduire un parti au pouvoir. Dans le contexte québécois actuel, le Ralliement Créditiste du Québec, avec son actuel leadership, semble peu susceptible d'enlever un nombre suffisant de votes urbains aux libéraux ou au Parti Québécois pour atteindre ses objectifs. Seule une crise économique et politique, entraînant un déséquilibre extrême pour le Québec, pourrait changer cette conjoncture.

Quant aux créditistes fédéraux qui constituent le noyau du parti réunifié et rebaptisé Crédit Social du Canada, leur avenir, à long terme, semble encore moins prometteur. Quoiqu'il ait fait meilleure figure au Québec et dans les autres provinces aux élections fédérales de 1972,[49] le parti n'a jamais récupéré les pertes subies dans les provinces de l'Ouest, ce qui était un de ses objectifs majeurs lors de la réunification. Le parti du Crédit Social

---

[48] Un récent sondage de CROP a montré que 3.8% seulement de la population avait l'intention de voter pour l'Union Nationale aux élections de 1973. Voir *Le Devoir*, le 15 juin 1973, p. 11. Ce qui continue de montrer le déclin de l'appui accordé à l'Union Nationale, indiqué par quatre sondages successifs faits depuis le 18 avril 1970. *Le Devoir*, le 8 juin 1973, p. 1.
[49] Au Québec, le parti a augmenté son appui électoral de 16% en 1968 à 24% en 1972. Dans tout le Canada, il a doublé son soutien électoral par rapport à 1968 et obtenu 708 000 votes. Chiffres tirés de *Regards*, vol. 12, n°s 9-10-11, 1972.

du Canada semble voué à demeurer un parti fédéral à base régionale, dont les bastions sont limités aux régions rurales et semi-urbaines du Québec. Caouette — leader et pilier du parti — pourrait se retirer de la politique pour des raisons de santé. De fait, appuyant de façon non équivoque Dupuis, dont l'âge et les orientations pragmatiques appartiennent tout à fait à la troisième génération créditiste, il a peut-être montré son intention de laisser le fardeau du leadership à des hommes plus jeunes. Il est intéressant de noter qu'au début de 1973, il a désigné son fils Gilles, élu pour la première fois au Parlement fédéral en 1972, comme porte-parole officiel du parti en son absence.

Étant donné ces perspectives futures plutôt pessimistes pour le mouvement, on peut s'attendre à ce que les processus de factionnalisme et de schisme se répètent à la troisième phase d'institutionnalisation. Ces conflits internes produiront sans doute de nouveaux leaders qui auront des orientations différentes et pourront peut-être amener une amélioration temporaire dans le parti. Mais le processus de factionnalisme devrait finalement diminuer lorsque la tension entre les idées de « mouvement » et de « parti » et entre les leaders « très dissidents » et « modérés » sera résolue en faveur de ces derniers. Si cela se produit, la survie du Crédit Social, à long terme, en tant que parti canadien distinct au fédéral comme au provincial, sera en danger.[50]

Le mouvement créditiste n'est en aucune façon un phénomène unique au Québec et au Canada. Ainsi que j'ai tenté de le prouver, c'est un prototype d'une forme politique plus générale qui se manifeste dans bien des sociétés en voie de transformation. Ceci est vrai non seulement des mouvements protestataires de droite qui ont surtout la faveur de la petite bourgeoisie, des ouvriers non organisés et des cultivateurs des régions rurales et semi-urbaines à la périphérie de la société moderne, urbaine et industrialisée. Mais c'est vrai aussi pour les mouvements protestataires et révolutionnaires de gauche qui se manifestent dans diverses sociétés chez les ouvriers organisés, les professionnels et les bureaucrates de la classe moyenne, et les étudiants. Ces mouvements sont susceptibles de montrer bien des caractéristiques communes avec leur contrepartie de droite, quoique leur mode d'évolution et la dynamique de leur conflit et de leur changement soient susceptibles d'être différents. Par exemple, le Parti Québécois peut être considéré comme un mouvement social-démocrate et nationaliste modéré de gauche, dont le leadership se recrute surtout parmi les étudiants des CEGEP et des universités, les professeurs et autres professionnels. Mais il a une forte base électorale dans les quartiers de classe ouvrière de Montréal. On y observe sans aucun doute la même tendance à la formation de

---

[50] Une crise économique ou politique soudaine pourrait aider à améliorer son avenir, à court terme au moins.

sous-groupes à l'intérieur du leadership, ainsi que l'a montré la division entre les « électoralistes » et les « participationnistes » à un récent congrès politique du Parti Québécois.[51] Si ce mouvement connaissait un recul aux prochaines élections provinciales, il se produirait un processus similaire de factionnalisme, de conflit interne et de schisme, qui aura le même effet de changer le leadership actuel et de réorienter l'idéologie du mouvement. Cependant, le Parti Québécois est au stade de la mobilisation. Son avenir paraît brillant s'il continue sa course actuelle en exposant des idées sociales et économiques nouvelles et modérées et une politique qui séduit les secteurs en croissance de la société québécoise contemporaine, c'est-à-dire les professionnels, les bureaucrates, les ouvriers syndiqués et les jeunes.[52] Le modèle exposé ici (distinction de phases fondamentales et de leurs catalyseurs) peut aussi s'appliquer à ce « parti-mouvement ».

---

[51] Voir *Le Devoir*, le 26 février 1973, p. 6.

[52] Comme l'a suggéré son manifeste *Quand nous serons vraiment chez nous* et le programme social-démocrate modéré adopté à son congrès de février 1973. Il y a conflit entre ses objectifs politiques d'indépendance et ses objectifs socio-économiques caractéristiques d'une démocratie sociale modérée qui attirent différents segments de la population québécoise. Voir Daniel Latouche, « The Independence Option : Ideological and Empirical Elements », dans Dale C. Thomson, *op. cit.*, pp. 179-194. Ce sera peut-être le point le plus vulnérable pour le parti. Ce conflit est d'ailleurs toujours latent, même après l'adoption, au congrès de novembre 1974, de la tenue d'un référendum sur la question de l'indépendance.

La scission au sein du Ralliement Créditiste et ses conséquences électorales

Maurice PINARD
Département de Sociologie
Université McGill

Les mouvements politiques, comme les mouvements sociaux en général, sont plus souvent que d'autres organisations la proie de conflits internes portant sur diverses dimensions du mouvement*. Ainsi, leurs buts, leurs moyens, leurs stratégies, leurs tactiques ou leur leadership deviennent facilement l'objet de sérieuses dissensions internes. Ceci est peut-être encore plus prononcé quand le mouvement fait lui-même partie d'une société soumise à des mutations profondes, où tout, ou à peu près tout, semble remis en question. Il y a alors de fortes chances que le mouvement soit la proie de profondes divisions conduisant à des schismes à l'intérieur du mouvement.

C'est ainsi que le Ralliement Créditiste du Québec, vieux de deux ans à peine, éclatait en deux factions au printemps de 1972. Contesté de l'intérieur par divers éléments du parti, son chef, monsieur Camil Samson, remettait alors sa démission comme leader et demandait du même coup la tenue d'un nouveau congrès au leadership. Acceptant la démission, mais refusant de tenir un nouveau congrès, le comité exécutif procédait immédiatement à la nomination d'un chef intérimaire, en la personne de monsieur Armand Bois. Ainsi acculé au mur, monsieur Samson ne devait pas hésiter

---

* Plusieurs personnes et organismes ont collaboré à cette étude. Nous voulons d'abord exprimer notre reconnaissance à Inter-Vidéo et Jean Lebel, pour nous avoir permis d'utiliser les données de ce sondage aux fins de cette étude. La collaboration des gens de SORECOM et de l'INCI, en particulier Soucy Gagné, Ghislaine Martin et Pierrette Boileau, fut des plus utiles lors de la cueillette des données. Nous remercions sincèrement les gens de CROP, en particulier Yvan Corbeil et Raymond Cyr, qui, sans frais, nous ont procuré les tableaux additionnels nécessaires à la préparation de ce texte. Yvette Baumans et Jean Desjardins nous ont aussi assisté de diverses manières. Finalement, nous sommes redevable à Vincent Lemieux pour ses commentaires sur une première version de ce texte.

à convoquer sa propre convention, où il fut facilement réélu à l'unanimité chef des effectifs lui demeurant fidèles. Du même coup était consacrée la scission du mouvement en deux groupes distincts, avec messieurs Bois et Samson comme leaders respectifs. Le premier groupe ne devait d'ailleurs pas tarder à exclure officiellement M. Samson de ses rangs.

Nous n'avons pas l'intention de proposer ici une interprétation de ce nouveau schisme au sein du mouvement créditiste, encore moins de proposer une théorie plus générale des conflits au sein des mouvements sociaux. Michael B. Stein s'est déjà attaqué en partie à cette tâche dans son étude sur ce mouvement.[1]

Notre but est différent. Nous voulons simplement présenter les résultats d'un sondage visant à mesurer les réactions du public vivant à l'extérieur de Montréal face à ce schisme. Nous voulons de plus, à l'aide de ces données, suggérer quelques explications de ces réactions. Finalement, nous voulons considérer les conséquences électorales possibles de ce schisme. Ceci nous amènera à faire des considérations d'un intérêt plus vaste sur l'importance du leader d'un parti et sur la place relative des tiers partis québécois en province. Par ailleurs, comme il ne s'agit que d'entrevues relativement courtes, nous ne pourrons pas pousser très loin notre analyse. Mais puisque de tels conflits sont rarement étudiés sous l'angle des préférences et des options des masses populaires, il nous apparaît important de nous y arrêter. Ce qui soulève une question importante qui ressort des vieilles préoccupations des politicologues et des sociologues, à savoir le degré de démocratie subsistant dans les organisations bureaucratiques. Dans ce cas-ci, il s'agit de savoir jusqu'à quel point les cadres d'un mouvement, dans leurs décisions importantes, reflètent les préférences de leurs membres et de la masse des électeurs. Les masses ayant très peu de ressources pour faire connaître leurs préférences, les sondages peuvent devenir un instrument privilégié à cette fin. Au plan théorique, l'étude de la correspondance ou des décalages entre les préférences des masses et les décisions des élus, dans quelque secteur de la société que ce soit, est importante pour faire avancer la sociologie de la représentativité dans les institutions démocratiques et plus généralement la sociologie du pouvoir.

Les données

Les données que nous utiliserons proviennent d'un sondage qui fut réalisé sous la responsabilité de la Société de recherches en communications (SORECOM) et commandé par Inter-Vidéo, producteur de l'émission de télé « Droit de Regard » pour le compte de Radio-Canada. L'auteur de ces

---

[1] Michael B. Stein, *The Dynamics of Right-Wing Protest : Social Credit in Quebec*, University of Toronto Press, 1973.

lignes était responsable de la fabrication du questionnaire et de l'analyse des résultats. Il s'agissait d'un sondage par téléphone effectué entre le 6 et le 10 avril 1972 auprès de 577 personnes de 18 ans et plus, de langue française, résidant au Québec, *mais en dehors de la région métropolitaine de Montréal*. Il s'agit d'un échantillon tiré au hasard, à partir d'annuaires du téléphone, et représentatif des électeurs vivant en province (sauf pour ce qui est de la petite minorité de ceux qui n'ont pas le téléphone). À partir d'une liste originale de 801 numéros éligibles, un total de 577 entrevues furent complétées, soit un taux de 72%.[2] Ceci correspond aux taux généralement obtenus au Québec pour des sondages à caractère politique.

1. Les réactions populaires face au schisme

Dans cette première section, nous allons nous demander comment la population en général et les électeurs créditistes en particulier ont réagi à quatre épisodes majeurs de la crise, ainsi qu'à la crise dans son ensemble. Nous voulons surtout savoir lequel des deux groupes de protagonistes a le plus reçu l'approbation du public pour son attitude au cours du conflit et lequel demeure le groupe préféré des électeurs.

a. Démission de Samson et réactions de l'Exécutif du parti

Considérons d'abord les deux premiers épisodes. Le premier est celui qui précipita le début de la crise, laquelle couvait secrètement depuis apparemment quelque temps. Prenant tout le monde par surprise,[3] monsieur Samson annonçait, le dimanche 13 février 1972, sa démission comme leader du parti et demandait une nouvelle élection du chef lors du congrès du parti prévu pour le mois de mars. Le deuxième épisode concerne la réaction du groupe « orthodoxe » au geste de M. Samson. Lors de sa réunion du 20 février, le Conseil exécutif du parti acceptait la démission de monsieur Samson, mais, contrairement au vœu de ce dernier, remettait à une date ultérieure indéterminée la tenue d'une convention au leadership et s'empressait de nommer monsieur Bois comme chef intérimaire.

---

[2] Les entrevues non complétées (28%) se répartissent comme suit:
Pas de réponse après 3 appels 6%
Absence de la personne sélectionnée après 3 appels 6%
Refus de répondre à l'entrevue 14%
Malades, trop âgés, etc. 2%
Tous les résultats présentés ici sont pondérés de façon à obtenir, pour chacune des neuf régions du Québec comprises dans l'échantillon, une représentation correspondant à sa population.

[3] Les journalistes et les observateurs sont tellement coupés de ce qui se passe dans ce parti qu'il n'est pas étonnant que rien de cette crise n'ait transpiré plus tôt. Il faut dire cependant qu'en décembre 1971, l'Exécutif du parti avait déclaré qu'aucun congrès au leadership n'était nécessaire et avait confirmé M. Samson à son poste. Celui-ci avait publiquement accepté cette marque de confiance.

Pour mesurer les réactions populaires face à ces épisodes, les deux questions suivantes furent soumises aux personnes de notre échantillon :

Comme vous le savez peut-être, les désaccords ont commencé lorsque M. Samson a donné sa démission comme chef du Ralliement Créditiste, en demandant une nouvelle élection du chef à la convention du parti en mars. D'après vous, M. Samson a-t-il eu raison, oui ou non, de donner sa démission comme chef ?

La direction du parti a alors refusé de tenir une élection du chef durant le mois de mars et a élu M. Bois comme chef intérimaire à la place de M. Samson. À votre avis, la direction du parti a-t-elle eu raison, oui ou non, de refuser de tenir une élection du chef au mois de mars ?

Les résultats des réponses obtenues à ces questions sont présentés au tableau 1, d'abord pour l'ensemble de l'échantillon, et séparément pour les seuls électeurs créditistes.[4]

La première chose à noter est le fort pourcentage de personnes dans l'ensemble de l'échantillon — près de 50% — qui, dans les deux cas, n'avaient pas d'opinion. On constatera plus loin d'ailleurs que cette proportion est à peine inférieure — autour de 45% — pour ce qui est des deux autres épisodes. De toute évidence, ceci est relié d'une part au faible degré d'information de la population sur la crise elle-même (comme nous le verrons plus loin[5]), et, d'autre part, la nature spécifique des événements sur lesquels les gens étaient appelés à se prononcer. En effet, nous verrons au tableau 3 que le pourcentage des indécis diminue sensiblement lorsqu'on tente d'obtenir une mesure globale de la faveur populaire des deux groupes en présence.

On peut aussi constater que les indécis étaient un peu moins nombreux parmi les électeurs créditistes — de 35 à 40% —, ce qui s'explique sans doute par le fait que tout ceci les touchait de plus près. D'ailleurs, on pourra réaliser, en comparant les tableaux 1 et 2, qu'à mesure que les actions des deux groupes deviennent moins ambiguës au plan stratégique, le pourcentage des indécis diminue parmi les électeurs créditistes — de 40 à 29%.

---

[4] Les électeurs créditistes, dans ce tableau et les suivants, réfèrent aux 108 personnes qui ont dit avoir l'intention de voter créditiste (86) ou être tentées de voter créditiste (22) « si demain il y avait une élection provinciale ».
[5] Notons immédiatement, par exemple, qu'en ce qui concerne la démission de M. Samson, le taux des indécis n'était que de 25% chez ceux qui étaient très ou assez au courant des événements, alors qu'il s'élevait, à l'autre extrême, à 70% chez ceux qui n'étaient pas au courant avant l'entrevue (N = 149 et 170 respectivement).

Tableau 1

La démission de M. Samson et le refus de la direction de tenir une élection

	Ensemble de l'échantillon %	Les seuls électeurs créditistes %
1. M. Samson a-t-il eu raison de démissionner ?		
Oui	25	31
Non	28	29
Ne sait pas	47	40
N =	(577)	(108)
2. La direction a-t-elle eu raison de refuser une élection du chef ?		
Oui	26	24
Non	26	41
Ne sait pas	48	35
N =	(577)	(108)

En ce qui concerne ceux qui avaient émis une opinion, les résultats du tableau 1 indiquent que les deux groupes d'électeurs considérés ici étaient assez bien partagés entre l'approbation et la désapprobation, sauf pour ce qui est des créditistes dans le cas de la deuxième question. Encore une fois, ceci reflète, pour une part, l'ambiguïté tactique des gestes des protagonistes à ce stade. En effet, une analyse plus poussée révèle que, par exemple, les partisans de M. Samson étaient divisés sur l'opportunité de sa démission : si 40% l'approuvaient, il reste que 31% la désapprouvaient (N = 199). Il en était de même chez les partisans de M. Bois : 39% approuvaient la démission de monsieur Samson, contre 46% qui la désapprouvaient (N = 40). Il est d'ailleurs vraisemblable que dans les deux camps on approuvait (ou désapprouvait) cette démission pour différentes raisons ! Cependant, il reste qu'en ce qui concerne la deuxième question, les partisans de chaque groupe se différenciaient davantage par leur position face au refus de la direction du parti de tenir une élection : les partisans du groupe Bois approuvaient à 5 contre 1, ceux du groupe Samson désapprouvaient à 2 contre 1. Ceci explique la forte désapprobation des électeurs créditistes sur cette question, comme l'indique le tableau 1, puisqu'une très forte majorité d'entre eux, comme nous le verrons plus loin, étaient favorables au groupe Samson.

b. Convention de Samson et son exclusion du parti

Ce partage inégal des électeurs créditistes devient d'ailleurs plus évident en ce qui concerne les deux autres épisodes de la crise. Rappelons d'abord ces épisodes. Devant le refus de l'Exécutif d'obtempérer à son désir d'élection, le groupe de M. Samson, qui ne compte dans ses rangs que trois des douze députés créditistes à l'Assemblée nationale, décide de convoquer lui-même une convention à Québec pour la fin de semaine des 18 et 19 mars, au moment même où auraient dû avoir lieu les assises originellement prévues. M. Samson y est plébiscité par un vote unanime des queique 800 délégués présents et devient chef incontesté d'un nouveau groupement, le Ralliement Créditiste Inc., qui devait plus tard prendre le nom de Parti du Crédit Social du Québec. Au même moment et au même endroit, le groupe orthodoxe, composé entre autres de neuf des douze députés créditistes à l'Assemblée nationale et de la majorité des membres de l'Exécutif, réunit, au lieu des assises normalement prévues, un Conseil provincial, organisme qui jusque-là n'avait existé que sur papier. Environ 125 personnes sont présentes et on y décide de reporter les assises au mois de mai, de tenir le congrès au leadership à l'automne et, finalement, d'exclure monsieur Samson des rangs du parti.

En vue d'évaluer ce que les gens pensaient de ces gestes, nous avons posé les deux questions suivantes :

> Devant la décision de la direction du parti, M. Samson et son groupe ont alors décidé d'organiser eux-mêmes une convention à laquelle M. Samson a été réélu à l'unanimité chef du parti. D'après vous, le groupe de M. Samson a-t-il eu raison, oui ou non, d'organiser sa propre convention ?
>
> À la suite de tous ces événements, la direction du parti a décidé d'expulser M. Samson des rangs du parti. Selon vous, la direction a-t-elle eu raison, oui ou non, d'expulser M. Samson du parti ?

Le tableau 2 présente les résultats sous la même forme que précédemment. Contrairement à la tendance générale du tableau 1, on observe ici que la population se partage inégalement et que, pour chacun de ces deux nouveaux épisodes, les gens se prononcent davantage en faveur de M. Samson, dans des rapports d'environ 2 contre 1. De plus, et ceci est intéressant, cet appui à M. Samson est beaucoup plus fort parmi les électeurs du mouvement : on y approuve sa tenue d'une convention et on y désap-

Tableau 2

La convention du groupe Samson et l'expulsion de ce dernier par le parti

	Ensemble de l'échantillon %	Les seuls électeurs créditistes %
1. Le groupe Samson a-t-il eu raison d'organiser sa propre convention ?		
Oui	36	57
Non	21	10
Ne sait pas	42	33
N =	(574)	(108)
2. La direction a-t-elle eu raison d'expulser M. Samson du parti ?		
Oui	19	12
Non	35	59
Ne sait pas	46	29
N =	(576)	(108)

prouve son expulsion du parti dans des rapports de 6 et 5 contre 1, respectivement. Il est clair qu'au moment du sondage, les gestes du groupe Samson étaient très positivement évalués par les supporters du parti. Le groupe « orthodoxe » de M. Bois y trouvait, par contre, bien peu d'appuis pour sa propre stratégie.

c. Faveur respective des deux groupes

C'est ce qui se dégage encore plus clairement des résultats du tableau 3. Après avoir mesuré l'opinion des gens sur ces épisodes spécifiques, nous avons voulu savoir, de façon générale, lequel des deux groupes en présence recevait le plus la faveur de l'électorat. A cette fin, nous avons posé la question suivante :

> En gros, diriez-vous que vous êtes plus favorable au groupe de M. Bois ou plus favorable au groupe de M. Samson ?

Tableau 3

Faveur respective des deux groupes en présence

	Ensemble de l'échantillon %	Les seuls électeurs créditistes %
Favorables au groupe Bois	7	8
Favorables au groupe Samson	34	66
Favorables aux deux également	10	11
Défavorables aux deux	18	1
Ne sait pas	31	14
N =	(573)	(108)
Favorables au groupe Bois	10	9
Favorables au groupe Samson	50	78
Favorables aux deux également	15	12
Défavorables aux deux	26	1
N =	(399)	(93)

Comme on peut le constater au tableau 3, le nombre des indécis dans l'échantillon total est tombé à 31%. Chez les créditistes, il diminue encore davantage et il n'y a plus que 14% des personnes interrogées qui sont indécises. Et alors qu'un interviewé sur trois, dans l'ensemble de l'échantillon, se disait plus favorable au groupe Samson, seulement un sur quinze favorisait davantage le groupe Bois. Comme les résultats précédents le laissaient présager, cet appui déjà massif au groupe Samson était encore plus écrasant chez les électeurs créditistes : à peu près deux créditistes sur trois (66%) favorisaient le groupe Samson, contre seulement un sur treize (8%) pour le groupe Bois. Dans la deuxième partie du tableau, nous avons calculé de nouveau les mêmes résultats, mais en excluant cette fois les indécis, ce qui met encore davantage en relief le déséquilibre des appuis respectifs des deux groupes en présence.

À la lumière de ces résultats, on peut facilement soupçonner ce qui serait advenu (en province, il faut le rappeler) si, au moment du sondage, il y avait eu une élection et si les deux groupes y avaient participé. De fait, nous avons soumis la question suivante à ceux qui mentionnèrent comme intention de vote le Ralliement Créditiste :

La scission au sein du Ralliement Créditiste...

Voteriez-vous pour le groupe de M. Samson ou pour le groupe de M. Bois ?

Pas moins de 75% indiquèrent leur intention de voter pour le groupe Samson, contre seulement 7% pour le groupe Bois, les autres (19%) disant ne pas le savoir. Si on exclut les indécis, les proportions deviennent, pour les deux groupes, 92 et 8% respectivement.

Bien plus, dans toutes les régions de la province (le Montréal métropolitain n'étant évidemment pas considéré), une majorité se dit plus favorable au groupe Samson. En effet, retournant aux données du tableau 3, on constate que le rapport de 50 à 10% de gens favorables au groupe Samson, pour l'ensemble du territoire considéré, (tableau 3, 2ème partie, 1re colonne) était encore plus fort dans les régions les plus créditistes, sauf dans les Cantons de l'Est ; dans ces régions, les rapports étaient les suivants : Abitibi, 81 à 10% ; Québec, 57 à 11% ; Cantons de l'Est, 43 à 16%. Dans les territoires où les créditistes sont moyennement forts, les résultats correspondants étaient : Trois-Rivières et Gaspésie (ensemble) : 59 à 6%. Finalement, pour les territoires où les créditistes sont faibles, les résultats étaient : Outaouais, Lac-St-Jean et Côte-Nord (ensemble) : 36 à 9%, Montréal non métropolitain : 42 à 7%.

On pourrait donc croire qu'une élection tenue au moment du sondage aurait présenté un défi pour le moins sérieux aux forces majoritaires (au sein de la députation) du groupe orthodoxe. Sans doute, les rapports de forces établis au cours du sondage auraient-ils pu se modifier tout au long d'une campagne électorale. Il reste qu'au départ, les forces en présence auraient été très inégales. Il est fort possible que les candidats du groupe Bois auraient tous été balayés et que les seuls vainqueurs créditistes — s'il y en avait eu — auraient été des candidats du groupe Samson, bien qu'il ne semble retenir actuellement qu'une minorité des cadres du parti. Si paradoxal que cela puisse paraître, surtout si l'on considère que la plupart des députés créditistes sont demeurés fidèles au groupe Bois, une victoire du groupe Samson n'aurait pas constitué un précédent. On se souviendra sans doute du sort que l'électorat devait réserver au groupe créditiste dissident du Dr Marcoux lors de l'élection fédérale de 1965. S'étant séparés du groupe de monsieur Caouette et se présentant soit comme indépendants(5), soit comme progressistes-conservateurs(2), les sept membres de ce groupe ne devaient pas résister à la popularité de M. Caouette et de son groupe. Ils furent tous défaits, dont deux par les nouveaux candidats du groupe Caouette. Dans tous les autres cas, les nouveaux candidats de M. Caouette devancèrent les candidats dissidents, obtenant au moins environ deux fois plus de votes que ces derniers ou même davantage. Cette débandade du groupe dissident se produisait alors que la force même du mouvement principal était, de façon générale, en régression : le groupe de M. Caouette perdait lui-même quatre sièges aux mains des libéraux et deux sièges aux conservateurs. Il faut ajouter cependant que le groupe du Dr Marcoux était alors minoritaire, ce qui ne serait pas le cas en ce qui concerne le groupe Bois.

Un cas plus caractéristique encore de tels phénomènes se situe au niveau municipal au Québec. Il s'agit de l'élection municipale de Montréal en 1960. On se souviendra qu'à la veille de cette élection, M. Jean Drapeau qui, comme candidat de la Ligue d'Action Civique, avait été élu maire de Montréal en 1954 et défait en 1957, s'était séparé de la Ligue pour fonder son propre Parti Civique. Des 33 conseillers municipaux de la Ligue élus en 1957, 17 suivirent M. Drapeau dans la scission. L'élection de 1960 vit les deux groupes s'opposer, le Parti Civique présentant M. Drapeau à la mairie et une liste complète de 66 candidats aux 66 sièges du Conseil, tandis que la Ligue présentait 55 candidats au Conseil, mais aucun candidat à la mairie. Ajoutons qu'un autre parti était aussi sur les rangs, l'Association de la Réforme Municipale, avec 46 candidats au Conseil mais sans candidat à la mairie. Finalement, le maire sortant, M. Sarto Fournier, se représentait à la mairie, mais sans équipe au Conseil, et il y avait trois autres candidats à la mairie et 71 autres candidats au Conseil.

Encore une fois, le groupe dirigé par le leader original devait, sur la base de sa popularité, écraser ses anciens associés. M. Drapeau fut élu avec 52.8% des suffrages, contre seulement 32.5% pour M. Fournier et moins de 15% pour les trois autres candidats réunis. Mais ce qui nous intéresse davantage ici, c'est le sort réservé à la Ligue d'Action Civique : sa déroute fut complète. Alors que le nouveau Parti Civique faisait élire 44 conseillers, la Ligue n'en faisait élire aucun. Même M. Desmarais, fondateur et leader de la Ligue et qui avait dirigé l'opposition contre M. Fournier de 1957 à 1960, devait être battu.[6] Le départ de M. Drapeau et son opposition à l'ancien mouvement devait donc sonner le glas de ce dernier.

Ces quelques cas présentent des similitudes fort intéressantes. Les trois situations étudiées révèlent, de façon convaincante, le pouvoir électoral d'un leader politique très populaire. L'intérêt de ces cas vient aussi de ce qu'ils présentent des situations uniques se rapprochant des conditions de recherches en laboratoire. Il est ici possible d'isoler l'impact sur les choix électoraux d'un chef populaire, par opposition aux autres composantes de la force d'un parti. Si l'on en juge par ces trois cas, il ne fait aucun doute qu'il ne faut pas minimiser l'importance électorale du leader d'un parti et, surtout, du leader d'un mouvement politique. Un chef prestigieux — charismatique faut-il peut-être dire — exerce un impact démesuré sur les choix électoraux. En particulier, s'il y a scission au sein d'un mouvement politique dirigé par un chef doué d'un fort prestige, le groupe dirigé par ce chef pour-

---

[6] Parmi les autres conseillers élus, il y avait le leader de l'Association de la Réforme Municipale, M. Gagliardi, et 21 autres candidats indépendants.

rait aussi bien avoir autant de succès que s'il n'y avait pas eu de scission (à la condition, faut-il ajouter, que l'autre groupe ne trouve pas au sein du parti un chef aussi populaire).

Les résultats qui suivent vont démontrer clairement le bien-fondé de ces propositions dans le cas qui nous concerne.

2. Quelques déterminants du soutien aux deux groupes

Dans cette deuxième partie, nous essaierons de préciser quels sont les principaux facteurs qui peuvent rendre compte du soutien accordé à chacun des deux groupes et, en particulier, de l'appui massif accordé au groupe de M. Samson.

a. L'image des chefs en présence

Comme les lignes qui précèdent le laissent présager, un facteur important est l'image respective des deux chefs en présence. En effet, lorsque nous avons posé les questions suivantes concernant les deux chefs :

> Selon vous, M. Camil Samson du Ralliement Créditiste provincial (M. Armand Bois, le nouveau chef du Ralliement Créditiste provincial) est-il un très bon chef de parti, un assez bon chef, un assez mauvais chef ou un très mauvais chef de parti ?

nous avons obtenu les résultats présentés au tableau 4.

Tableau 4

L'image de messieurs Samson et Bois

	Ensemble de l'échantillon		Les seuls électeurs créditistes	
	M. Samson %	M. Bois %	M. Samson %	M. Bois %
Très ou assez bon chef	45	13	77	16
Moyen	14	10	9	12
Assez ou très mauvais chef	12	10	3	6
Ne sait pas	29	68	12	67
N =	(573)	(574)	(108)	(108)

Comme l'indique clairement ce tableau, la popularité des deux chefs était très inégale. D'une part, il semble que M. Bois ait été très peu connu, ce qui n'est pas trop surprenant : il venait d'être nommé chef, et de plus, chef intérimaire seulement. Il n'avait donc pas subi le feu d'une convention au leadership, avec toute la publicité que lui auraient alors procurée les moyens de communication. De fait, tant chez les créditistes que dans la population en général, deux électeurs sur trois ne savaient que penser de ses qualités de chef. Les chiffres correspondants pour M. Samson ou bien étaient inférieurs à un tiers dans la population en général, ou bien tombaient à près de un sur huit seulement (12%) chez les créditistes.

D'autre part, alors que chez ceux qui avaient émis une opinion, M. Samson avait surtout une image favorable dans la population en général et, bien plus, une image rarement défavorable chez les créditistes, M. Bois, de son côté, avait une image aussi négative que positive dans la population en général, et une image à peine plus positive que négative chez les créditistes. Ceci suggère que même si M. Bois devenait plus connu, sa popularité ne serait pas facilement aussi grande que celle de M. Samson.

Finalement, notre analyse révèle que l'appui accordé au groupe Samson semble fortement relié à l'image favorable de ce dernier. En effet, les résultats indiquent que 71% de ceux qui trouvaient M. Samson un bon chef de parti étaient plus favorables à son groupe, alors que seulement 4% étaient plus favorables au groupe Bois (les autres étant également favorables (14%) ou défavorables (11%) aux deux groupes) (N = 223). Inversement, chez ceux qui croyaient M. Samson un mauvais chef, 9% seulement étaient plus favorables à son groupe, alors que 35% étaient plus favorables au groupe Bois, 2% étant également favorables aux deux groupes, et 54% également défavorables, (N = 53). On obtient une relation assez identique, mais moins prononcée, lorsqu'on considère l'image de M. Bois plutôt que celle de M. Samson, ce qui suggère que c'était surtout l'image de M. Samson qui était importante.

En somme, la popularité de M. Samson est clairement un élément très important qui joue en faveur de son groupe. Peut-on, par ailleurs, déceler d'autres facteurs que celui-là dans ce choix ?

b. Un choix idéologique ?

Selon Michael B. Stein, plusieurs crises à l'intérieur du Crédit Social sont attribuables à la montée d'une nouvelle génération au sein du mouvement. Dans le but de lui redonner un nouvel élan, cette nouvelle génération est prête à sacrifier la pureté idéologique de la doctrine pour moderniser le mouvement et rejoindre de nouvelles couches d'adeptes. Elle est plus pragmatique et mue par un souci d'efficacité.[7]

Dans le cas qui nous occupe, plusieurs membres de la jeune génération créditiste, qui en majorité se sont rangés derrière M. Bois, sont plus nationalistes, plus respectueux des valeurs urbaines et intellectuelles, plus modernes, sans pour autant se situer nécessairement plus à gauche. Mais ils veulent donner au mouvement une nouvelle image qui pourrait lui permettre de s'implanter plus facilement auprès des gens des classes moyennes et en milieu urbain, particulièrement à Montréal. Ils veulent rejoindre les étudiants et les intellectuels, comme M. Bois l'a exprimé ouvertement à quelques reprises.

Est-il possible que le choix entre les groupes Samson et Bois, représentant respectivement l'aile la plus traditionnelle et l'aile la plus moderne, ait été en partie affecté par les attitudes plus ou moins traditionnelles des électeurs ? À première vue, c'est l'hypothèse qu'on serait généralement tenté de faire. Malheureusement, la réalité n'est pas aussi simple : par exemple, nous avons pu montrer ailleurs que de telles attitudes n'avaient pas affecté la vague créditiste de 1962.[8] Sans revenir ici sur l'interprétation de ces résultats, voyons ce qui en est dans ce cas-ci. Nous avons posé les questions suivantes aux personnes de l'échantillon :

Pensez-vous que depuis une dizaine d'années les choses ont changé un peu trop vite au Québec, juste assez vite ou pas assez vite ?

En ce qui concerne les syndicats ouvriers, diriez-vous qu'en général vous y êtes favorable, défavorable ou indifférent ?

Tout d'abord, il est intéressant de noter que l'opposition au changement semble très forte dans la population vivant en dehors du Montréal métropolitain. Pas moins de 66% des interviewés (N = 576) répondirent que les choses avaient changé « un peu trop vite », alors que seulement 22% répondaient « juste assez vite » et 6%, « pas assez vite ». Les autres donnèrent une réponse nuancée (2%) ou ne le savaient pas (4%). Il semble donc y avoir actuellement dans la population québécoise — du moins celle résidant en province — une résistance très répandue au changement. On semble aspirer fortement à une période de stabilité sociale et même de « law and order ».

---

[7] Michael B. Stein, *The Dynamics of Right-Wing Protest* ; voir aussi son interview avec Robert Boily, « Le Crédit Social : une très longue histoire », *Maintenant*, n° 116, mai 1972, pages 10-14.
[8] Maurice Pinard, *The Rise of a Third Party : A Study in Crisis Politics*, Prentice-Hall Inc., 1971, chap. 12.

Ceci pourrait constituer une période favorable à la montée au pouvoir d'hommes forts, répondant à de telles attentes.

En ce qui concerne la seconde question, les réponses (N = 577) étaient mieux partagées : 31% se dirent « favorables » aux syndicats ouvriers, 32%, « défavorables » et 22%, « indifférents », les autres donnant une réponse nuancée (5%) ou ne le sachant pas (10%).[9]

Si nous examinons l'impact de ces réponses sur le choix d'un des groupes créditistes, nous constaterons que cet impact est nul. Comme le montre le tableau 5, tous les interviewés, des plus traditionalistes aux moins traditionalistes, étaient, en pratique, tout aussi fortement favorables au groupe Samson, et tout aussi peu favorables au groupe Bois. Ce n'est donc pas dans l'idéologie des électeurs qu'il faut chercher les déterminants de ces choix.[10]

Pourtant, plusieurs autres résultats, quoique moins suggestifs que ceux du tableau 5, laisseraient croire que les choix des électeurs étaient liés à des facteurs dont la nature se rapproche des facteurs idéologiques que nous venons de considérer. C'est ainsi, par exemple, que comme l'indique le tableau 6, il y avait une relation positive entre le degré de scolarité et le soutien accordé au groupe de monsieur Bois. Inversement, l'appui au groupe Samson diminuait chez les moins scolarisés. De la même manière, le premier groupe était plus fort parmi les personnes de la classe moyenne, le deuxième, parmi celles de la classe ouvrière.[11] Ces résultats laissent suggérer que ce qui partage les partisans des deux groupes, ce n'est pas tant les différences idéologiques, mais plutôt les différences de style, de forme surtout. Selon cette hypothèse, M. Bois répondrait davantage aux préoccupations, aux valeurs et au style de vie des gens des classes moyennes, lesquels voudraient un parti plus moderne, plus adapté aux conditions présentes, et non pas nécessairement moins conservateur.[12] M. Samson, de son côté, conviendrait aux groupes opposés, qui ont d'ailleurs fait jusqu'ici la fortune du parti au Québec.

---

[9] Rappelons que ces entrevues furent complétées avant le conflit ouvrier dans le secteur public et parapublic et la crise qui s'ensuivit.

[10] Nous observons cependant que parmi les moins scolarisés, les plus traditionalistes (i.e. ceux qui répondirent « trop vite » à la première question) sont légèrement moins favorables à Samson que les moins traditionalistes (i.e. ceux qui répondirent « juste assez » ou « pas assez vite »). Mais l'inverse se produit chez les plus scolarisés. (Les différences sont de 11 et 13% respectivement). Ce résultat surprenant en rappelle un autre, analogue, rapporté dans notre étude *The Rise of a Third Party*, p. 229, note 29.

[11] Ajoutons que les proportions de gens défavorables aux deux groupes augmentaient parallèlement aux proportions de gens favorables au groupe Bois, dans toutes les sections du tableau 6.

[12] Cette interprétation est assez comparable à celle de Hubert Guindon dans son article « Social Unrest, Social Class, and Quebec's Bureaucratic Revolution », reproduit dans Bernard R. Blishen *et al*, *Canadian Society : Sociological Perspectives*, 3e édition. Macmillan of Canada, 1968,

Tableau 5

Les plus traditionalistes et les moins traditionalistes sont également favorables aux deux groupes

	Les plus traditionalistes [1]	Groupes mitoyens		Les moins traditionalistes
	1 %	2 %	3 %	4 %
Favorables au :				
Groupe Bois	11	13	10	10
Groupe Samson[2]	50	48	51	49
N =	(156)	(51)	(79)	(56)

1. Les plus traditionalistes sont ceux qui ont répondu « défavorable » ou « indifférent » à la deuxième question, et « un peu trop vite » à la première ; le groupe 2 se distingue du premier en ce qu'on a répondu ici « juste assez vite » ou « pas assez vite » ; le groupe 3 a répondu « favorable » et « un peu trop vite » ; finalement, les moins traditionalistes ont répondu « favorable » et « juste assez » ou « pas assez vite ».

2. 100% moins la somme des pourcentages de chaque colonne donne les pourcentages de gens qui ont répondu être favorables aux deux groupes ou défavorables aux deux. Les indécis sont exclus de ce tableau et des suivants.

c. L'image du parti

De fait, les résultats des deux dernières sections du tableau 6 renforcent cette interprétation. Nous avons demandé aux personnes interviewées :

> Selon vous, le parti du Ralliement Créditiste provincial est-il un parti assez sérieux, plus ou moins sérieux ou pas sérieux ?

> D'après vous, le parti du Ralliement Créditiste provincial est-il un parti assez moderne, plus ou moins moderne ou pas moderne ?

Les résultats du tableau 6 indiquent en effet que ceux qui avaient une image négative du Ralliement Créditiste, c'est-à-dire ceux qui le considéraient

---

page 702-710. Cependant, contrairement à ce que notre interprétation suggérerait, nous trouvons que les jeunes (tant chez les moins scolarisés que chez les plus scolarisés) avaient davantage tendance à appuyer le groupe Samson que les plus âgés. Mais les jeunes plus scolarisés avaient aussi un peu plus tendance à appuyer le groupe Bois (ici les plus âgés avaient plus tendance à rejeter les deux groupes).

Tableau 6

Le groupe de M. Bois recrute ses appuis surtout dans la classe moyenne, chez les plus scolarisés et chez ceux qui ont une image négative du parti actuel

	Favorables au groupe de :		
	M. Bois %	M. Samson %	N
Scolarité de 7 années ou moins	9	56	(140)
Scolarité de 8 à 12 années	7	48	(187)
Scolarité de 13 années ou plus	14	42	(71)
Classe ouvrière[1]	6	54	(171)
Classe moyenne	14	44	(126)
Le R.C. est un parti :			
Assez sérieux	7	72	(146)
Plus ou moins sérieux	14	40	(99)
Pas sérieux	12	29	(118)
Le R.C. est un parti :			
Assez moderne	8	66	(134)
Plus ou moins moderne	9	42	(116)
Pas moderne	17	31	(87)

1. La classe sociale fut déterminée sur la base de l'occupation des répondants, les professionnels, administrateurs, vendeurs et employés de bureau étant considérés comme appartenant à la classe moyenne, les ouvriers spécialisés, semi-spécialisés ou non spécialisés et les journaliers, comme appartenant à la classe ouvrière.

comme un parti pas sérieux, pas moderne, avaient beaucoup plus tendance à rejeter le groupe Samson et un peu plus tendance à se tourner vers le groupe Bois. De façon révélatrice, d'ailleurs, ceci se vérifie davantage en ce qui concerne le qualificatif « moderne ». Comme on le voit, ces résultats confirment la thèse de Michael B. Stein que nous avons mentionnée plus haut, en prenant soin de spécifier que ce qui caractérise le groupe Bois, c'est peut-être davantage la recherche d'un nouveau style, plus moderne, plus urbain, faisant davantage « classe moyenne » que la recherche d'une orientation nettement moins conservatrice. Et les derniers résultats indiquent que les électeurs étaient jusqu'à un certain point sensibles à ces différences de style. Il demeure cependant que, dans toutes les catégories d'électeurs considérées, le groupe Samson recueillait davantage la faveur populaire, ce qui

La scission au sein du Ralliement Créditiste...

laisse supposer que son style était loin d'être fortement rejeté par la masse des électeurs.

Cette analyse, on le notera, a l'avantage aussi de rendre compte de la faveur plus grande du groupe Bois auprès des cadres supérieurs du parti, comme nous l'avons mentionné plus haut. L'appartenance de ces gens à la classe moyenne et les valeurs qui ont tendance à découler de cette appartenance expliqueraient la force du groupe Bois au sein des cadres du parti.

En somme, les facteurs qui expliquent la popularité du groupe Samson peuvent se résumer brièvement à ceci : il a profité du fait que son adversaire était peu connu, que sa propre image était très positive alors que celle de M. Bois était ambiguë, et que son style, qui devait tant lui nuire auprès des cadres du parti, ne l'affectait pas sérieusement dans la population en général et encore moins chez les gens formant la base traditionnelle du parti.

3. Les conséquences électorales du schisme

Les observateurs du mouvement créditiste se sont sans doute attendus à ce que le schisme du parti lui soit néfaste au plan électoral. Dans cette dernière section, nous examinerons cette possibilité et tenterons d'expliquer ce qui, de fait, s'est produit.

À première vue, il semblerait que ce conflit ait fait plus de tort que de bien au parti. Lorsque nous avons demandé aux membres de notre échantillon :

> À tout prendre, diriez-vous que ces événements vous ont rendu plus favorable ou moins favorable au Ralliement Créditiste provincial ?

les réponses obtenues se sont distribuées comme suit :

Plus favorable	10%
Ni plus, ni moins favorable	44%
Moins favorable	29%
Ne sait pas	17%
Pas de réponse	1%
N =	(577)

C'est donc dire que près de trois interviewés sur dix se déclaraient moins favorables, alors qu'un seul sur dix se disait plus favorable.

Par contre, nous avons aussi demandé aux gens comment ils auraient eu l'intention de voter s'il y avait eu une élection provinciale « demain ». Nous présentons les résultats obtenus au tableau 7, avec les résultats officiels de l'élection de 1970 pour la région correspondante de notre échantillon.

Il ressort de ces résultats que le Ralliement Créditiste, loin de paraître en recul, serait le seul parti ayant fait des gains substantiels en province depuis 1970.[13] En fait, le sondage indique qu'en province ce parti serait passé du quatrième rang, avec 17% des voix, au deuxième rang, avec 30% des voix (28% si on inclut les non-francophones ; voir note 13). Il remplacerait ainsi l'Union Nationale qui, en retour, passerait du deuxième au quatrième rang, et de 26 à 12% des voix. Par ailleurs, le Parti Libéral perdrait quelque 5% de ses voix (2% après correction),[14] et le Parti Québécois ne bougerait à peu près pas, passant de 19 à 21% des suffrages (20% après correction). C'est donc dire que si une élection avait eu lieu en avril 1972, le R.C. aurait pu gagner au moins tout autant, sinon plus, de sièges que l'U.N. n'en avait obtenus en 1970 (le R.C. en avait obtenus 13, l'U.N., 17 lors de cette élection). Bien qu'il soit difficile de transposer les résultats d'un tel sondage en sièges et bien que nous ignorions ce qui serait advenu du P.Q. à Montréal,[15]

---

[13] Il faut ici mentionner que les questions sur l'intention de vote étaient présentées vers la fin du questionnaire, et suivaient onze autres questions touchant le R.C., deux touchant l'U.N. et aucune sur les autres partis. Il est possible que certains interviewés aient perçu le sondage comme étant fait pour le compte du R.C. et qu'ils aient donné une fausse intention de vote R.C. ou que ceux qui avaient l'intention de voter R.C. aient plus facilement révélé leur intention de vote que les autres. À notre avis, ceci ne pourrait expliquer qu'une très faible partie des gains créditistes enregistrés. Il faut aussi ajouter que seuls les francophones étaient interviewés, de sorte que si les anglophones et les « autres » étaient aussi inclus, les pourcentages sur l'intention de vote pourraient varier quelque peu. Si, sur la base des trois sondages analysés par Lemieux et ses collègues (*Une élection de réalignement*, Montréal, Éditions du Jour, 1970, page 60), on assume que 6% des non-francophones auraient voté pour le R.C., 8% pour le P.Q., 12% pour l'U.N., et 71% pour le P.L., et si on assume que 7% de la population étudiée est non francophone, les pourcentages de la colonne 2 du tableau 7 deviendraient : P.L., 36% ; U.N., 12% ; P.Q., 20% ; R.C., 28% ; autres partis, 3% (N = 387, estimé).

[14] Un résultat indiquant que notre évaluation du vote libéral en province est assez juste vient de ce que 32% des répondants ont déclaré être « très » ou « assez satisfaits » du gouvernement provincial actuel à Québec (N = 554). L'on sait, à la suite des travaux du Groupe de recherche sociale au début des années 1960, que ceci est un excellent indicateur de la force électorale du parti au pouvoir. Voir Le Groupe de recherche sociale, *Les préférences politiques des électeurs québécois en 1962*, Montréal, miméo, 1964. Cet indice s'est depuis avéré valable à plusieurs reprises ; voir, par exemple, Lemieux *et al, op. cit.*

[15] Un sondage subséquent à Montréal, en août 1972, devait cependant révéler que le P.Q. ne progressait pas davantage à Montréal. Voir notre article « The Ongoing Political Realignments in Quebec », paru dans *Quebec Society and Politics : Views from the Inside*, sous la direction de Dale C. Thomson, McClelland and Stewart, 1973.

Tableau 7

Malgré le schisme, le R.C. gagne
des voix en province

	Vote en province en avril 1970 [1]	Intention de vote déclarée [2]
	%	%
Parti Libéral	38	33
Union Nationale	26	12
Parti Québécois	19	21
Ralliement Créditiste	17	30
Autres partis	*	3
N =	(1 697 768)	(360)

1. Il s'agit ici des résultats officiels du scrutin pour le Québec lorsqu'on exclut les comtés et parties de comtés compris dans la zone métropolitaine de Montréal (i.e. en excluant les 27 comtés de l'Ile de Montréal et de l'Ile-Jésus, Chambly, Taillon, et des partis de Napierville-Laprairie, Châteauguay, Verchères, Vaudreuil-Soulanges, Deux-Montagnes, Terrebonne et L'Assomption). (Ces résultats diffèrent quelque peu de ceux qui furent rendus publics au moment du sondage, puisque, par erreur, nous n'avions alors exclu que les comtés de l'Ile de Montréal et de l'Ile-Jésus. Les nouveaux calculs diminuent de 1% le vote du P.L. et celui du P.Q. et augmentent de 1% le vote de l'U.N. et celui du R.C.).

2. Obtenue à l'aide de deux questions ; la première, demandant comment les personnes interrogées voteraient « demain », était suivie d'une deuxième question demandant à ceux qui ne le savaient pas « quel parti ils seraient tentés d'appuyer ». À la première question, il n'y avait pas moins de 46.5% d'indécis ; à la deuxième, ce chiffre tombait à 30.6%. Il est intéressant de noter que cette technique, tout en augmentant le nombre de ceux qui indiquèrent une intention de vote, n'altère les résultats que de façon marginale, en effet, sans la deuxième question, les pourcentages de la deuxième colonne seraient P.L. 34% ; U.N. 11% ; P.Q. 20% ; R.C. 32% ; autres partis 3% (N = 270). Voir aussi la note 13 accompagnant le texte.

* Moins de 1 pour cent.

il ne nous apparaît pas inconcevable que le R.C. aurait ainsi pu remplacer l'U.N. comme opposition officielle à Québec.

Les deux dernières séries de résultats présentent donc un paradoxe : une assez forte proportion de gens (29%) se sont dit moins favorables au Ralliement Créditiste à la suite de la crise, et pourtant, le parti semblerait faire des progrès substantiels. L'explication de ce paradoxe vient en partie de ce qu'il n'y a qu'une certaine proportion de gens qui, à la suite des événements, sont devenus moins favorables au Ralliement Créditiste, et que, par ailleurs, ces électeurs ont tendance à se retrouver déjà dans les groupes les moins favorables au parti, comme par exemple les gens possédant un statut social plus élevé, appuyant les autres partis, ou ayant une image négative tant du parti que de messieurs Bois et Samson. Quant aux quelques créditistes qui étaient devenus moins favorables au parti (18%, N = 108), ceci ne semblait pas avoir trop ébranlé leur adhésion au parti. En fait, notre analyse indique que le vote créditiste en province est, avec celui du Parti Québécois, beaucoup plus stable que celui des autres partis : 88 et 89% respectivement des partisans de ces partis en 1970 ont encore l'intention de voter pour eux, alors que ces pourcentages ne sont que de 69 et 53% respectivement dans le cas du Parti Libéral et de l'Union Nationale. Finalement, l'analyse révèle que, chez les personnes de l'échantillon qui sont devenues plus favorables au parti à la suite du conflit ou sont restées neutres, le parti fait plusieurs gains par rapport à l'élection de 1970 ; inversement, chez ceux qui lui sont devenus moins favorables, on a plus tendance que dans les autres groupes à devenir indécis seulement quant à l'intention de vote.

Au total, il semble bien que la crise n'a pas affecté trop sérieusement la montée du Ralliement Créditiste en province ; en tout cas, les pertes qu'elle aurait provoquées sont largement compensées par les gains réalisés depuis l'élection de 1970. Ce qui soulève une autre question intéressante : comment expliquer cette montée créditiste ?

a. *Information limitée sur le conflit*

Le premier facteur qu'il faut mentionner, même s'il n'est probablement pas le plus important, est le peu de résonance que le conflit a eu dans la population. Au début de l'interview, nous demandions aux gens :

> Il y a eu récemment des désaccords au sein du Ralliement Créditiste provincial et le parti s'est divisé en deux groupes, celui de M. Camil Samson et celui de M. Armand Bois. Êtes-vous très au courant, assez au courant, peu au courant ou pas du tout au courant de ce qui s'est passé au sein du Ralliement Créditiste ?

Pour les deux premières catégories de réponses réunies, les pourcentages sont de 26% et pour les deux autres, 45 et 29% respectivement (N = 577). Ceci révèle qu'il y avait bien peu d'électeurs informés du conflit. Par ailleurs, les électeurs créditistes, qui auraient dû se sentir plus affectés par ces événements, n'étaient pas tellement mieux informés que les autres : dans leur cas, les pourcentages étaient de 28% (pour les deux premières catégories réunies), de 50 et 13% respectivement pour les deux autres catégories (N = 108). C'est dire qu'à peine plus d'un électeur créditiste sur quatre se disait très ou assez au courant des événements. Ceci n'est pas tellement surprenant, lorsqu'on constate que les électeurs créditistes ont un niveau de scolarité inférieur à celui des autres électeurs et sont donc vraisemblablement moins bien informés politiquement. Par ailleurs, il faudrait s'attendre à ce que les créditistes les mieux informés aient été les plus chauds partisans de cette formation politique. De fait, nos résultats indiquent que, parmi les plus informés, le Ralliement Créditiste gardait 96% de ses électeurs de 1970, alors qu'il ne gardait que 84% des moins informés (N = 19 et 48 respectivement).

En somme, on comprend que la crise n'ait pas fait trop de ravage dans les rangs créditistes : on était peu informé du conflit, et si on l'était, on était trop partisan pour quitter le parti.

b. Force du parti au niveau fédéral

Un deuxième facteur, d'importance celui-là, qui explique la montée des créditistes au Québec, est la force supérieure du Crédit Social au niveau fédéral, du moins jusqu'à récemment. Alors qu'en 1962, lors de sa première percée, le parti de monsieur Caouette avait mobilisé 36% de l'électorat dans les 54 comtés en dehors de Montréal, le parti de monsieur Samson, dans sa première poussée de 1970, ne recrutait que 16% du vote dans la région correspondante (i.e. en excluant seulement Montréal et l'Ile-Jésus). Le parti de M. Caouette devait faiblir après les élections de 1962 et de 1963, mais en 1968, il recueillait malgré tout 26% des voix en province,[16] soit à peu près 10% de plus que le parti provincial n'en recueillait en 1970. En outre, parmi nos interviewés, une proportion identique (26%) déclarait avoir l'intention de voter créditiste « si demain il y avait une élection fédérale ».[17] Il semble donc, selon le pourcentage de personnes qui ont déclaré avoir l'intention de voter créditiste au niveau provincial (28% en incluant les non-francophones), que le Ralliement Créditiste aurait rejoint le niveau de soutien du Crédit Social au fédéral, grâce à la force d'entraînement de ce dernier.

De fait, cette hypothèse se révèle fondée à l'analyse. Si on considère ceux qui ont l'intention de voter Crédit Social au niveau fédéral, on constate que seulement 57% d'entre eux votèrent R.C. au provincial en 1970, mais que maintenant 83% d'entre eux ont l'intention de voter R.C. au provincial (N = 84 et 93 respectivement). Une correspondance de plus en plus étroite entre les deux groupes est donc en train de s'établir, de sorte que les allégeances partisanes aux deux niveaux de gouvernement ne soient plus divisées. C'est le phénomène classique du « straight ticket voting » qui, dans le passé, a favorisé le Parti Libéral, mais s'avère actuellement très fort et très important pour le R.C.

---

[16] Ceci exclut les 24 comtés de l'Ile de Montréal et de l'Ile-Jésus, ainsi que Vaudreuil, Chambly, Longueuil et Laprairie.
[17] Les autres se répartissaient comme suit : Libéral, 51% ; Progressiste-Conservateur, 12% ; N.P.D., 5% ; Bloc Québécois, 5% ; autres partis, 1% (N = 353).

Les gains ainsi réalisés s'opèrent aux dépens des deux partis provinciaux traditionnels, mais surtout de l'U.N. Ainsi, parmi ceux qui ont l'intention de voter Crédit Social au fédéral, 80% des électeurs U.N. et 58% des électeurs libéraux de 1970 ont maintenant l'intention de voter R.C. au provincial (N = 13 et 14 respectivement).

c. Effondrement de l'Union Nationale

Comme troisième facteur de la montée créditiste actuelle au plan provincial, il faut mentionner l'effondrement singulièrement rapide du parti qui, tout récemment encore et depuis près de vingt ans, dominait la scène politique québécoise. On sait que l'Union Nationale ne cesse, depuis 1956, de perdre du terrain. Du 51.6% des voix qu'elle obtint cette année-là — ce qui représentait un sommet — elle est passée successivement à 46.7% en 1960, 42.1% en 1962, 40.8% en 1966 et soudainement à 19.6% en 1970. Selon notre sondage, le déclin se poursuivrait, du moins en province. Comme l'indique le tableau 7, l'U.N. n'obtiendrait pas plus que 12% du vote dans la région étudiée, comparativement à 26% en 1970. En fait, nos résultats indiquent que parmi ceux qui ont déclaré avoir voté U.N. en 1970, seulement la moitié (53%) demeureraient fidèles à ce parti, alors que le quart (26%) passeraient au R.C., les autres joignant le P.Q. (12%) ou le Parti Libéral (9%) (N = 51). Il est difficile de prévoir si, à la faveur d'une campagne électorale, ce parti, qui a changé de leader et retrouvé son ancien nom, pourra réveiller de vieilles attaches partisanes et remonter quelque peu la pente. Il ne semble pas que ce sera une tâche facile. À l'instar du R.C., mais en sens inverse, le parti de l'Union Nationale a finalement rejoint le niveau de soutien du Parti Conservateur fédéral, quoiqu'ici, il soit plus difficile de dire lequel a récemment entraîné l'autre. Aux dernières élections fédérales de 1968, dans la région étudiée, le P.C. avait obtenu 25% des voix ; l'U.N., en 1970, l'y rejoignait avec 26% des voix. Maintenant, les deux se retrouvent à 12%. De fait, parmi ceux qui ont l'intention de voter P.C. au fédéral, l'U.N. conserve très bien ses appuis, avec 80% de ses voix de 1970 (N = 20) ; mais parmi ceux qui se déclarent favorables aux libéraux au fédéral, l'U.N. ne garde que 31% de ses voix de 1970 (N = 9), et descend même à 14% de ses appuis de 1970 (N = 13) parmi ceux qui ont l'intention de voter Crédit Social au fédéral. Chez ces derniers, comme nous l'avons vu dans la section précédente, 80% passent au R.C. provincial.

Que le Ralliement Créditiste soit, en province, le principal bénéficiaire des pertes de l'U.N. ne saurait trop surprendre. Le Crédit Social fédéral, en 1962, n'avait-il pas, lui aussi, pour des raisons que nous avons analysées ailleurs, bénéficié fortement des votes conservateurs et unionistes ?[18]

---

[18] Voir *The Rise of a Third Party*, chap. 2 et 5, et particulièrement les tableaux 2.3 et 5.3.

La scission au sein du Ralliement Créditiste...   189

De plus, ces partis ont maintenant plusieurs éléments en commun. Le R.C. et l'U.N. sont tous deux à prédominance rurale. Comme l'U.N. auparavant, le R.C. représente les couches socio-économiques inférieures de la société. Bien plus, la similarité entre les électeurs de ces partis ne fait que s'accentuer avec le temps. Ainsi, l'U.N. est devenue graduellement le parti des plus âgés,[19] alors que le Crédit Social était à l'origine le parti des jeunes.[20] Mais nous trouvons maintenant que la relation négative entre l'âge et l'intention de vote créditiste décroît. En fait, il n'y a plus de relation entre l'âge et l'intention de voter R.C., lorsque nous ne considérons que ces deux variables ; par ailleurs, une relation négative plus faible que dans le passé apparaît entre ces deux variables quand nous gardons constant le degré de scolarité.

De plus, nous savons que les pauvres ont d'abord résisté au Crédit Social fédéral en 1962, bien qu'ils aient été à cette époque les plus solides partisans de l'U.N.[21] Nous constatons maintenant que le Ralliement Créditiste, comme auparavant l'U.N., trouve ses plus forts appuis dans le groupe des plus défavorisés au plan du revenu. C'est, en fait, dans ce groupe de revenu que le R.C. aurait réalisé le plus de gains depuis 1970 : alors que ses appuis n'augmentent que de 5% ou moins chez les électeurs gagnant entre $4,000 et $6,000, ou gagnant plus de $6,000 par année, ils augmentent d'environ 20% chez ceux qui gagnent moins de $4,000 par année. L'intention de vote créditiste dans ces trois groupes de revenu, du plus faible au plus élevé, s'établit maintenant à 50, 32 et 15% respectivement (N = 100, 109 et 123), ce qui représente une très forte relation négative.[22]

La similarité entre le R.C. et l'U.N. apparaît aussi à un autre plan. Au début des années 60, il n'y avait pas de relation entre traditionalisme ou conservatisme et appui au Crédit Social, même s'il y avait, à cette époque, une relation positive entre traditionalisme et appui à l'Union Nationale,[23] surtout au sein de la classe moyenne. En outre, nous avons vu plus haut qu'il n'y avait pas de relation entre conservatisme et le choix entre les groupes Samson ou Bois. Nos résultats indiquent que cette dernière relation existe maintenant en ce qui concerne le vote pour le Ralliement Créditiste. Ceux qui trouvent que les choses ont changé trop vite au Québec ou qui

---

[19] Voir notre étude « Classes sociales et comportement électoral », dans le volume *Quatre élections provinciales au Québec, 1956-1966*, publié sous la direction de Vincent Lemieux, P.U.L., 1969, pp. 166 sqq et *Une élection de réalignement*, pp. 60-62.
[20] Voir *The Rise of a Third Party*, chap. 9.
[21] Voir « Classes sociales », p. 150.
[22] Ceci, incidemment, confirme l'hypothèse selon laquelle les pauvres à la fin joignent un mouvement politique lorsque celui-ci devient une alternative viable ; voir à ce sujet *The Rise of a Third Party*, chap. 8.
[23] Voir *ibid*, chap. 12 et « Classes sociales », pp. 153-156.

sont défavorables aux syndicats ouvriers sont plus favorables au R.C. que les autres, même lorsqu'on contrôle le niveau de scolarité.[24] Il y a donc là un nouveau point commun additionnel entre le R.C. et l'U.N.

Trois facteurs au moins expliqueraient, selon nous, l'apparition de la relation entre conservatisme et vote créditiste. Il y aurait d'abord le fait que le Crédit Social, en héritant des votes U.N., hérite aussi des caractéristiques de ce vote. De plus, le Crédit Social ne représenterait plus un phénomène nouveau devant lequel les conservateurs auraient d'abord hésité ou que les électeurs auraient appuyé sous l'influence de facteurs qui n'avaient alors aucun lien avec des positions idéologiques. En troisième lieu, l'apparition d'un deuxième mouvement politique, le Parti Québécois, qui se différencie très nettement au plan idéologique, permettrait maintenant une démarcation des électeurs selon les lignes idéologiques de ces deux partis, ce qui ne se fait pas aussi facilement lorsqu'il n'existe qu'un seul mouvement politique.

d. Mauvaises conditions économiques et griefs envers le gouvernement

La présence, particulièrement en milieu rural, de griefs économiques sérieux fut, dès 1962, un facteur déterminant des succès créditistes. Nos résultats révèlent que ce facteur demeure important. Les facteurs politiques considérés jusqu'ici créent des situations favorables que la présence de griefs économiques ou autres tend à activer. Mentionnons ici que trois personnes sur dix (29%) nous ont déclaré qu'elles-mêmes ou d'autres membres de leur famille avaient été en chômage à un moment donné au cours des deux dernières années. De même, alors que 63% des gens ont décrit leur situation financière au cours de la dernière année comme très bonne ou assez bonne, 23% la décrivirent comme ni bonne, ni mauvaise, et 14% comme assez ou très mauvaise (N = 577).

L'impact de la situation financière d'un électeur sur son intention de vote est très grand, comme on peut le constater au tableau 8. Une mauvaise situation financière fait augmenter le vote créditiste et diminuer le vote du parti au pouvoir. La relation est cependant moins évidente et sûrement moins forte en ce qui concerne l'U.N. et le P.Q.

---

[24] Ainsi, par exemple, les pourcentages de ceux qui ont l'intention de voter créditiste s'établissent à 35.21 et 19% chez ceux qui ont répondu respectivement que les choses ont changé un peu trop vite, juste assez vite et pas assez vite. Les pourcentages correspondants pour le P.Q. sont 18, 22 et 51% (N = 232, 75 et 31), ce qui révèle une forte relation négative entre résistance au changement et appui au P.Q. Voir aussi André Blais *et al*, « The Emergence of New Forces in Quebec Electoral Politics », *Canada : A Sociological Profile*, W.E. Mann, éd., Copp Clark, Toronto 1971, 2e édition, p. 541.

Tableau 8

L'intention de vote selon la situation financière et la satisfaction à l'endroit du gouvernement

Situation financière	Très bonne %	Assez bonne %	Ni bonne ni mauvaise %	Assez mauvaise %	Très mauvaise %
Libéral	53	39	23	19	36
U.N.	9	12	15	11	7
P.Q.	24	19	20	30	13
R.C.	14	26	37	38	44
Autres partis	0	3	5	3	0
N =	(26)	(180)	(92)	(46)	(14)

Satisfaction envers le gouvernement	Très satisfait %	Assez satisfait %	Plus ou moins satisfait %	Pas satisfait %
Libéral	48	63	25	7
U.N.	16	9	14	13
P.Q.	16	9	21	38
R.C.	20	19	34	39
Autres partis	0	0	6	2
N =	(19)	(101)	(147)	(86)

Comme résultat de ces griefs économiques, — et sûrement d'autres griefs — le mécontentement à l'endroit du parti au pouvoir augmente. La deuxième section du tableau 8 indique l'effet de cette insatisfaction sur l'intention de vote. On verra que les résultats sont assez analogues à ceux que nous venons de décrire.

En résumé, la montée récente du Ralliement Créditiste au deuxième rang des partis en province s'explique par la faible connaissance et le peu d'effets négatifs du conflit à l'intérieur du mouvement, par la force d'entraînement du Crédit Social jusqu'à maintenant plus fort au niveau fédéral, par l'effondrement de l'Union Nationale dont le Ralliement Créditiste devient l'héritier naturel et par de sérieux griefs économiques et le mécontentement vis-à-vis du gouvernement qui en découle.

e. Pourquoi pas le Parti Québécois ?

Nous venons d'analyser les principales causes de la récente poussée créditiste en province. Considérée sous un angle différent, la question pourrait devenir : pourquoi ce nouveau vote du Ralliement Créditiste ne s'est-il pas dirigé, du moins en partie, vers le Parti Québécois ? Ces deux partis n'avaient-ils pas obtenu, en province, à peu près le même nombre de voix en 1970, avec 17 et 19% des voix respectivement (voir tableau 7) ?

Il faut d'abord mentionner le fait suivant : bien que, dans l'ensemble, la force de ces deux nouveaux partis ait été à peu près égale en province, elle varia beaucoup d'une région à l'autre. Le P.Q. fit ses meilleurs gains dans la zone périphérique de Montréal, dans la ville de Québec, dans les régions du Saguenay-Lac-Saint-Jean, de la Côte-Nord et du Bas-St-Laurent, alors que le Ralliement Créditiste faisait une percée importante dans les châteaux forts de ce parti au fédéral depuis 1962, soit le Nord-Ouest (Abitibi), les Cantons de l'Est, les Bois-Francs et la région de Québec. Là où les forces du Crédit Social avaient déjà occupé la place, le P.Q. n'a généralement pas su faire mieux que de se classer derrière le R.C. Le premier occupant n'est pas facilement délogeable : c'est là un phénomène qui a déjà été observé ailleurs.[25]

Mais, malgré ces inégalités, la force du Parti Québécois était cependant beaucoup plus uniformément répandue que celle du R.C. Alors que ces partis ont tous deux atteint 40% des voix dans les régions où ils ont obtenu leur plus grand succès (la Côte-Nord et le Nord-Ouest, respectivement), le pourcentage du P.Q. ne descend qu'à 11% (dans le Nord-Ouest), mais celui du R.C. descend à un taux aussi bas que 3% (sur la Côte-Nord). En fait, le P.Q. a obtenu entre 10 et 20% des voix dans six des neuf régions considérées ; le R.C. n'a obtenu ce résultat que dans trois régions.[26]

Ce qui semblerait en train de se produire (quoiqu'il soit difficile d'être précis, étant donné le petit nombre de cas que représente l'échantillon dans certaines régions), c'est que le R.C., en faisant des gains dans toutes les régions, semblerait en voie d'étendre son aire d'influence et d'uniformiser davantage son pouvoir électoral, alors que le P.Q., dont la force dans ces régions était déjà plus uniformément répandue, ne bougerait à peu près plus nulle part en province.

---

[25] Voir à ce sujet Richard F. Hamilton, *Affluence and the French Worker in the Fourth Republic*, Princeton University Press, 1967, pp. 284-286. Voir aussi les arguments que nous avons présentés dans *The Rise of a Third Party*, pp. 94 sqq.

[26] Les déviations standards des pourcentages du vote, pour chacun de ces nouveaux partis dans les neuf régions, sont de 9.3% pour le P.Q. et de 12.5% pour le R.C., ce qui indique bien la plus grande uniformité du vote P.Q.

La scission au sein du Ralliement Créditiste...

Nous croyons que le fait que le P.Q. ait réussi plus tôt que le R.C. à uniformiser ses appuis viendrait de ce que le P.Q. fut plus vite perçu comme une alternative sérieuse aux partis provinciaux traditionnels, en raison du caractère stimulant des leaders et de la plate-forme du parti,[27] de l'attention plus grande accordée au parti par les différents moyens de communication et d'un niveau d'information plus élevé chez ses partisans. Par contre, les gens de certaines régions auraient cru moins facilement au Ralliement Créditiste, du moins tant qu'il ne s'était pas montré capable de faire élire des députés à Québec.

De façon plus générale, l'incapacité du Parti Québécois de progresser autant (ou mieux) que le Ralliement Créditiste en province est due, en partie, à l'absence d'affinités entre les caractéristiques socio-économiques, les attitudes et les motivations des partisans du P.Q. et celles des électeurs qui adhèrent actuellement au R.C. Tout ceci est déjà implicite dans ce qui précède. Mentionnons seulement ici que le P.Q. est surtout fort chez les gens les plus instruits, au sein de la classe moyenne supérieure et chez les gens à plus hauts revenus. Il a beaucoup d'appuis chez les jeunes, quoique, de façon assez surprenante, nous trouvions que la relation avec l'âge tend à disparaître quand le degré de scolarité est maintenu constant.[28] Au plan des attitudes, les péquistes se recrutent beaucoup plus facilement chez les moins conservateurs et, par-dessus tout, chez ceux qui favorisent l'indépendance (quoique 23% des électeurs du P.Q. soient contre l'indépendance et que 13% soient indécis) (N = 75). La conséquence de tout ceci, c'est que le R.C. est beaucoup plus apte à recueillir l'héritage de l'U.N. et de ceux qui, en général, changent actuellement de partis. En fait, c'est beaucoup plus du côté des libéraux que de l'U.N. que le P.Q. pourrait espérer faire des gains, car les affinités entre leurs partisans sont plus grandes, surtout en ce qui concerne les divers aspects du statut socio-économique.

Sans doute, ne faudrait-il pas oublier l'affinité qui existe entre l'Union Nationale et le Parti Québécois en ce qui concerne la «question nationale».[39] Il semble pourtant que ce fait ne puisse plus jouer aussi facilement en faveur du Parti Québécois. Ceci résulterait de ce que d'une part, la position extrême de ce parti sur cette question (l'indépendance) limiterait au départ le réservoir des adhérents possibles ;[30] d'autre part, ce parti aurait

---

[27] Voir *Une élection de réalignement*, chap. 7.
[28] Parmi ceux qui ont une scolarité de 9 années ou moins, les plus jeunes (34 ans ou moins) optent pour le P.Q. dans une proportion de 15% ; cette proportion ne tombe qu'à 9% chez les 35-49 ans et 8% chez les plus âgés (N = 51, 58 et 91 respectivement). Chez ceux qui ont une scolarité supérieure à 10 années d'études, les proportions correspondantes sont 36, 34 et 34% respectivement (N = 109, 29, 21).
[29] Voir, par exemple, *Une élection de réalignement*, pp. 88 sqq.
[30] *Ibid.*, p. 142.

déjà tiré avantage de son affinité avec l'U.N. sur cette question et aurait déjà presque fait le plein des gains possibles de ce côté. En effet, on constate que la proportion des électeurs favorables au séparatisme reste toujours infime. À la question :

Personnellement, êtes-vous pour ou contre la séparation du Québec du reste du Canada ?

seulement 15% des électeurs francophones vivant en province répondirent par l'affirmative, alors que 65% répondirent par la négative, et que 19% demeuraient indécis.[31] Il y a donc bien plus de gens qui sont contre l'indépendance que de gens qui sont pour l'indépendance. Bien plus, les multiples sondages réalisés depuis dix ans indiquent que la proportion des gens favorables à l'indépendance aurait à peine augmenté au cours de ces dix dernières années.[32]

L'option indépendantiste du Parti Québécois, qui occupe une position clef dans sa plate-forme, semble donc devoir demeurer un sérieux handicap à une mobilisation facile de nouveaux électeurs. D'ailleurs, nos données indiquent que les électeurs unionistes de 1970, principal réservoir actuel des gains créditistes, se rapprochaient bien davantage des autres partis que du Parti Québécois sur cette question : alors que seulement 18% des électeurs de ce dernier parti s'opposaient à la séparation, il n'y en avait pas moins de 64% chez les électeurs de l'U.N. qui se rapprochaient ainsi de ceux du Parti Libéral et du Ralliement Créditiste avec 75% chacun.[33] L'option indépendantiste du Parti Québécois serait donc, selon nous, un facteur important de sa stabilité électorale actuelle en province. Il est intéressant de noter à ce sujet que, parmi ceux qui ont déclaré avoir l'intention de voter péquiste à la première de nos deux questions, 76% étaient favorables à la séparation et seulement 13% y étaient défavorables (N = 54) ; mais parmi ceux qui n'étaient que « tentés » d'appuyer le P.Q., seulement 34% étaient favorables à l'indépendance et pas moins de 50% s'y opposaient (N = 21). L'hésitation à voter P.Q. se trouve donc reliée à des attitudes défavorables à l'égard de l'indépendance.

---

[31] Près de 1% ne donnèrent pas de réponse (N = 577). Si nous assumons que tous les non-francophones auraient été défavorables ou indécis, la proportion de ceux qui sont favorables à l'indépendance, pour l'ensemble des électeurs vivant en province, devient 14% (N = 620, estimé).

[32] Par exemple, la même question en 1963 donnait un pourcentage de 11% de gens favorables à l'indépendance parmi les francophones vivant en dehors de Montréal, contre 16% à Montréal (N = 587 et 400). Le magazine MacLean, novembre 1963, p. 24.

[33] La proportion des gens favorables à la séparation, dans chacun de ces partis, était respectivement 57, 17, 12 et 7% ; les autres étaient indécis (N = 52, 72, 180 et 78).

De plus, l'analyse révèle que, chez ceux qui sont favorables à l'indépendance, le changement de préférence politique (i.e. le passage d'un parti à un autre, de l'indécision à un parti, etc.) se fait plus souvent vers le P.Q. que vers le R.C. ou un autre parti (19 cas contre 5 et 7 respectivement). Mais l'inverse se vérifie chez ceux qui sont contre l'indépendance, alors que le changement se fait davantage vers le R.C. ou les autres partis que vers le P.Q. (36 cas et 36 contre 15 respectivement). Or, le réservoir de gens opposés à l'indépendance est, comme nous venons de le mentionner, bien plus grand que celui de gens qui y sont favorables, ce qui joue contre le P.Q. Si cette analyse est exacte, cela signifie que le P.Q., qui existe d'abord en fonction de son option indépendantiste, réussirait beaucoup plus facilement s'il abandonnait cette option. C'est là un paradoxe électoral de taille.

Conclusion

Depuis la première publication d'une partie de ces résultats, il y a eu des signes indiquant que le schisme au sein du R.C. pourrait être de courte durée. De fait, des tractations ont eu lieu depuis en vue d'une union des deux groupes : les leaders des deux groupes ont annoncé cependant que ces pourparlers avaient échoué et que la scission était finale. Nous conservons cependant des doutes. Les facteurs qui, peu après le schisme, ont poussé les deux groupes à se rapprocher demeurent toujours. En particulier, il y a évidemment la popularité du mouvement en milieu rural actuellement ; l'espérance de plus grandes victoires aide souvent à rassembler les factions dissidentes d'un mouvement que rien de bien fondamental au plan idéologique ne sépare.[34] Il y a aussi le fait que chacun des deux groupes est actuellement privé d'éléments essentiels à sa bonne marche, soit des cadres et une organisation intègre dans le cas du groupe Samson, et un leader populaire dans le cas du groupe Bois. Sans doute, les éléments du conflit sont-ils eux aussi encore présents, mais il nous semble que la nature des facteurs impliqués dans ce conflit ne devrait pas rendre trop difficile la découverte de compromis. . . ou d'un leader acceptable aux deux groupes.

En guise d'épilogue

Depuis que ces lignes ont été écrites, bien des événements ont secoué la vie du parti. Dès le mois d'août 1972, la réconciliation des deux groupes devenait un fait accompli, comme si l'on voulait resserrer davantage les liens entre les «vrais» créditistes, en prévision d'un événement qui allait marquer profondément le parti. En effet, après une dure lutte entre les aspirants au leadership du parti, M. Yvon Dupuis — que certains considéraient comme un « intrus » chez les créditistes — était élu chef du parti lors

---

[34] Voir, par exemple, Mayer N. Zald et R. Asch, « Social Movement Organizations : Growth, Decay and Change », *Social Forces*, vol. 44, mars 1966, pp. 335-6.

du congrès des 3 et 4 février 1973, contre ses trois adversaires, M. Camil Samson, M. Fabien Roy et M. Armand Bois.

M. Dupuis, chargé d'effectuer une percée dans les régions urbaines du Québec, subit un échec cuisant aux élections provinciales d'octobre 1973 où le parti ne fit élire que deux députés (M. Samson et M. Roy), au lieu des douze élus en avril 1970, tout en conservant à peu près le même pourcentage du vote populaire (environ 10%).

À la suite de cet échec, le leadership de M. Dupuis fut remis en question, si bien que le nouveau chef décida d'exclure de son groupe les deux seuls députés du parti et fonda, en 1974, le Parti Présidentiel dont il assura la direction jusqu'au mois d'octobre de la même année pour laisser la place, par la suite, à M. Yvon Brochu. En mai 1975, M. Brochu fusionnera son parti avec l'Union Nationale dont les destinées sont assumées par un vieux routier de la politique unioniste, M. Maurice Bellemare.

Entre-temps, M. Armand Bois, lui-même exclu du parti après le congrès de février 1973 parce qu'il avait laissé entendre que des membres de la pègre avaient appuyé la candidature de M. Dupuis à la tête du Ralliement Créditiste, devait annoncer, en décembre 1974, la fondation du Parti Réformateur qui n'a de parti que le nom.

Las de ces querelles et de ces divisions et frappés eux-mêmes d'exclusion, les deux seuls députés créditistes décidaient de retourner aux sources du « vrai » créditisme et s'engageaient à mettre l'accent sur l'organisation et à laisser de côté la question du leadership qui risque toujours de diviser les créditistes. Cependant, au congrès de novembre 1974 qui réunissait des partisans du Ralliement Créditiste, les militants présents revenaient sur cette décision (par un vote de 103 à 97) en favorisant la tenue d'un congrès hâtif fixé aux 10 et 11 mai 1975. M. Camil Samson devait être réélu chef du Ralliement Créditiste au cours de ce congrès où était absent le député de Beauce-Sud, M. Fabien Roy, qui favorisait une plus grande implantation dans les comtés avant la tenue d'un congrès au leadership.

Ainsi, M. Samson qui avait démissionné avec fracas au printemps 1972 en prétextant que son autorité était minée de l'intérieur du parti et qu'il lui fallait un nouveau mandat « clair et net », est de nouveau chef du Ralliement Créditiste, de ceux qu'il est convenu d'appeler les « vrais » créditistes, alors que l'autre aspirant possible au leadership du parti, M. Roy, se tient coi . . . pour le moment.

La boucle est donc refermée et nous revenons au point de départ, après une série d'événements qui ont sérieusement ébranlé la « crédibilité » du parti.

L'organisation locale de l'Union Nationale 1960 — 1970

Jacques BENJAMIN
Département de Science politique
Université de Montréal

Mes préoccupations dans cet essai, comme celles de Paul-André Comeau[1] avant moi, rejoignent celles que Robert Dahl[2] exprime dans son volume désormais célèbre *Qui gouverne ?* Il s'agit de tenter de localiser le centre réel du pouvoir, et, par voie de conséquences, la structure véritable de l'Union Nationale dans un comté du Québec. Dahl a le souci de dégager une approche nouvelle des problèmes micropolitiques ; ce n'est ni un manuel d'administration publique ni une approche juridique qu'il nous propose, mais bien la vie quotidienne locale vue comme problème d'analyse politique. La vie locale est perçue comme véritable système politique. L'approche traditionnelle ne posait que des problèmes d'exécution, donc d'efficacité et de déconcentration administratives. Dahl a le souci de dégager une approche nouvelle qui comporte trois étapes :

1. Pour savoir qui gouverne, il utilise la notion de ressources politiques : quelles sont ces ressources (popularité charismatique, argent, information, statut social, niveau d'instruction, etc.) et comment sont-elles utilisées par ceux qui les détiennent ?

2. Dahl se sert également de la notion de décisions importantes. Une décision est, selon lui, importante lorsqu'elle « touche » la majorité des gens. Lorsque des décisions importantes ont été prises, se demande-t-il, qui a eu de l'influence, à quelles personnes profitent et nuisent l'une et l'autre

---

[1] Paul-André Comeau, « Organisation d'un parti politique dans un comté du Québec », thèse de maîtrise, Département de Science politique, Université de Montréal, 1964.
[2] Robert Dahl, *Qui gouverne ?*, Paris, Armand Colin. Coll. « Analyse politique », 1971, 392 p. (traduction de *Who Governs ?*, Yale University Press, 1961).

des solutions envisagées, et qui l'emporte finalement ? Il distingue les différentes formes d'influence, en définissant l'influence directe comme étant le pouvoir de définir ou de rejeter des politiques. Il en arrive ainsi à la conclusion qu'il existe, selon son expression, des souverainetés rivales: celles qui ont une influence directe dans l'un des domaines importants n'en ont pas dans les autres domaines. Il en est de même dans la répartition des ressources politiques.

3. Dahl essaie, enfin, d'expliquer le fonctionnement d'un tel système (souverainetés rivales). Toute sa démarche repose sur une constatation initiale : le « credo démocratique » américain, auquel adhère encore la majeure partie des citoyens, ne correspond plus à un état de fait dans la réalité sociale. Des classes existent dans la société américaine, dotées d'avantages et de privilèges différents. Et, pourtant, l'Américain moyen croit encore en l'égalité de droits et moyens pour chaque citoyen. Devant cette contradiction entre l'idéologie et la réalité sociale, Dahl émet l'hypothèse suivante : s'il y a inégalité dans la société américaine, n'est-il pas naturel de postuler une semblable inégalité quant aux possibilités de participation à l'activité politique locale. En termes concrets, la disparité décelée au sein de la société nationale ne se répercuterait-elle pas au niveau local ?

Floyd Hunter, dans *Community Power Structure*,[3] a tenté d'établir la présence d'une « clique » mystérieuse qui s'agiterait derrière la scène et dirigerait la vie politique locale. Selon Dahl, — ce qu'accepte Comeau — cette explication du processus décisionnel par la présence d'une oligarchie secrète constitue en réalité une fausse théorie, puisqu'elle est non opérationnelle : le chercheur est incapable de vérifier une hypothèse de ce genre.

Fidèle à son cadre théorique, Dahl tente de découvrir la répartition réelle du pouvoir, la localisation des centres de décision, grâce à une étude décisionnelle dans des secteurs « importants » de la vie sociale. Ce modèle, Comeau l'a appliqué au Parti Libéral du comté de Shefford. Selon Comeau, dans Shefford, le passage, l'évolution d'une société agraire et supposément de type égalitaire, vers une société fortement industrialisée, auraient abouti à créer des oligarchies politiques. L'Union Nationale n'a pas remporté de sièges en 1970 dans des comtés fortement industrialisés. L'hypothèse de Dahl s'avère-t-elle exacte dans des comtés mi-urbains mi-ruraux ? Existe-t-il, dans les comtés unionistes de 1970, plusieurs oligarchies dominant le parti local ? L'ensemble de la vie politique et sociale tomberait-elle au contraire sous le giron d'un petit groupe d'individus qui auraient profité des bénéfices apportés par la « modernisation » du milieu ? L'approche décisionnelle de Dahl sera utilisée pour l'étude de l'un de ces comtés, celui d'Iber-

---

[3] Floyd Hunter, *Community Power Structure. A Study of Decision Makers*, Chapel Hill, University of North Carolina Press, 1953.

L'organisation locale de l'Union Nationale 199

ville, au sud de Montréal. Mes recherches dans d'autres comtés mi-urbains mi-ruraux, ceux de l'Assomption et de Saint-Jean par exemple, semblent me permettre d'arriver aux mêmes conclusions.[4]

Il s'agira d'analyser d'abord la structure formelle de l'Association de comté et de comparer ensuite, comme l'ont fait Dahl et Comeau, ce « credo démocratique » et la structure réelle du pouvoir au sein de l'Association unioniste de ce comté.

1. La structure formelle du pouvoir
a. La structure du pouvoir selon la constitution des Associations de comtés de l'Union Nationale

Dans la constitution des Associations de comtés de l'Union Nationale, le but d'une association a été défini comme étant de « promouvoir la doctrine de l'Union Nationale, d'être l'interprète du milieu auprès du parti et de garantir le libre exercice de la démocratie ».[5]

Cette idée est reprise dans le préambule du manifeste électoral de 1966 et dans celui de 1970 :

> Après avoir démocratisé ses structures, l'Union Nationale se devait de démocratiser aussi le processus d'élaboration de son programme électoral. Au lieu de s'en remettre à quelques individus pour tracer sa ligne de conduite, l'Union Nationale a consulté le plus grand nombre possible de gens.
>
> Ce parti n'est pas l'instrument d'une personne ou d'un groupe de personnes. Il a donc permis à tous ceux qui le désirent d'exposer leurs idées. Il est un outil au service de la collectivité. Il est une émanation des forces vives de la nation.[6]

Le texte du 9 octobre 1965 de cette constitution définit chacune des Associations de comtés comme comprenant l'ensemble des membres groupés dans les structures de l'Association : comité local, Conseil général, section des dames, section des jeunes, Comité exécutif. Sont membres ceux et

---

[4] Jacques Benjamin, « Les structures locales des partis politiques québécois », communication présentée au premier séminaire international de gouvernement local comparé, Principauté de Monaco, le 20 juillet 1971, pp. 31-40.
[5] Cf. « Constitution des Associations de comtés de l'Union Nationale », Montréal, 1966, p. 1, miméo. Quelques amendements mineurs ont été apportés le 29 novembre 1969.
[6] Cf. *Objectifs 1966 de l'Union Nationale*, Montréal, Desmarais, 1966, p. 3.

celles qui, âgés de 16 ans et plus, ont signé leur demande d'adhésion et « en faveur de qui » des cartes de membres ont été émises.[7]

Le comité local est l'organisme responsable d'une paroisse, d'une municipalité, d'un quartier, ou de toute unité d'organisation locale. Il est composé d'un président, de deux vice-présidents, d'au moins trois directeurs et d'un secrétaire, « lesquels deviennent les responsables locaux ». Tous ces responsables locaux sont groupés dans le Conseil général de l'Association de comté.

La section des dames groupe « tous les membres féminins de l'Association âgés de 30 ans et plus ». La section des jeunes groupe les membres âgés de 16 à 30 ans. Le Comité excécutif est « l'organisme directeur de l'Union Nationale » dans chaque comté.

Un diagramme de la structure du pouvoir au sein de l'Association doit d'abord tenir compte des pouvoirs formels de chacun de ces organes. Ceux de l'assemblée générale de l'Association se limitent à décider de toute proposition que le Comité exécutif veut bien lui soumettre et à « prendre connaissance et disposer » des rapports du Comité exécutif et du Conseil général de l'Association.

Chaque comité local de sept membres doit compter au moins deux dames et deux jeunes. Ces sept membres sont élus par les membres de « l'agglomération (paroisse, municipalité, quartier ou unité d'organisation) » qu'ils dirigent. La constitution ne précise pas les pouvoirs de ce comité ; elle ne fait qu'indiquer: «coordonner, en collaboration avec le Comité exécutif du comté, le travail de l'Association dans son agglomération ou sa localité ». La formulation de ces pouvoirs doit-elle nous permettre de croire en l'autonomie du comité local ou en fait-elle un sous-organisme du Comité exécutif ? Faut-il parler de décentralisation ou de déconcentration ? Sans pouvoir adéquatement répondre pour le moment, notons que la constitution confie aux comités locaux la formation des comités d'élections au niveau des bureaux de votation et donne le pouvoir à cinq présidents de comités locaux de « demander la tenue d'une assemblée du Conseil général du comté »;[8] à défaut d'une convocation, par le secrétaire du Comité exécu-

---

[7] Article 1er du chap. 1er : « Chaque demande d'adhésion doit être remise au secrétaire du comté, lequel la transmet sans délai au secrétariat du parti. Pour chaque demande d'adhésion soumise directement au secrétariat du parti, un avis est envoyé au secrétaire du comté, lequel, après avoir consulté le Comité exécutif du comté, avisera le secrétariat général du parti dans les 10 jours qui suivent, s'il connaît des raisons graves de s'objecter à l'adhésion du requérant.
Lorsque la demande d'adhésion est acceptée par l'Association, le secrétariat du parti émet une carte de membre ».
[8] Cf. « Constitution des Associations... », art. 3, du chap. III.

tif, de cette assemblée dans les vingt jours qui suivent la demande, les cinq présidents de comités locaux peuvent convoquer et tenir eux-mêmes cette assemblée.

Le Comité exécutif de l'Association est composé d'au moins douze membres élus par le Conseil général du comté pour un mandat d'un an ; au moins quatre membres doivent représenter l'élément féminin, et quatre autres, les jeunes. Tous les anciens présidents de l'Association et le député du comté (lorsque le député du comté est d'allégeance unioniste) font partie du Comité exécutif et ont droit de vote. Les pouvoirs de ce comité sont presque absolus : c'est lui qui « dirige » l'Association ; une seule restriction lui est imposée, celle de « nommer annuellement un vérificateur » — dont les pouvoirs ne sont pas précisés — « choisi par les membres de l'Association ».

Telles sont donc les principales structures du pouvoir formel au sein d'une Association unioniste de comté.

b. La structure formelle du pouvoir au sein de l'Union Nationale du comté d'Iberville[9]

Au moment où une association fut créée dans le comté d'Iberville, une constitution fut votée ; elle définit le processus politique formel à l'intérieur du groupe. Le rôle de l'Association y est décrit comme étant, d'une part, de rapprocher le député du peuple, de lui apporter suggestions et plaintes sans qu'il ait constamment à se déplacer aux quatre coins du comté, et, d'autre part, de préparer le climat en vue des élections : de ce point de vue, l'Association joue un double rôle de publiciste et d'organisatrice politique en étant responsable du choix, dans chaque village, des « organisateurs politiques » que sont les membres de l'Exécutif de chaque comité local.[10]

Chaque Exécutif du comité local compte cinq membres. Il n'existe pas dans la constitution de l'Union Nationale d'Iberville de comités de dames

---

[9] Le comté sous sa forme actuelle (i.e. avant les récentes modifications à la carte électorale), compte 18 000 habitants, dont 10 000 dans les villages et campagnes. Des 108 comtés québécois, il se situe au sixième rang parmi les comtés les moins populeux. (Des 17 comtés dont les titulaires sont membres de l'Union Nationale, 13 se retrouvent parmi les 29 comtés les moins populeux du Québec). Les usines et ateliers du comté n'emploient que 425 personnes, alors que 4700 vivent sur les fermes. La plupart des comtés unionistes sont situés le long du fleuve Saint-Laurent, entre Montréal et Québec ; le comté d'Iberville est situé à quelque 25 milles au sud de Montréal. De 1867 à 1944, ce fut constamment le candidat du Parti Libéral qui fut réélu, et de 1944 à 1960, celui de l'Union Nationale ; de 1960 à 1966, ce fut celui du Parti Libéral, et de 1966 à 1973, celui de l'Union Nationale. De 1944 à 1960, la vie de l'Union Nationale dans le comté se résumait aux activités du député et d'un « patroneux » par village, désigné par le député. Ces individus, en périodes d'élections, dirigeaient le comité d'élection du village, et entre deux élections, sélectionnaient les gens qui recevaient le patronage.

[10] Cf. « Constitution de l'Association de l'Union Nationale d'Iberville », s.d., p. 1, miméo.

ni de comités de jeunes au niveau des villages. Il existait en 1961 sept comités locaux, c'est-à-dire un pour chaque village et un pour la seule ville du comté, et un comité de dames et un comité de jeunes au niveau du comté. La constitution ne distingue pas entre le Conseil général et le Comité exécutif ; ainsi, celui-ci comptait, dès le début, 46 membres ayant droit de vote, soit 35 membres des comités locaux, 10 membres des comités de dames et de jeunes, et le président de l'Association de comté.

La constitution prévoit enfin que les présidents des comités locaux, qu'elle appelle comités de paroisses, seront élus par l'ensemble des membres de l'Association.

Depuis la création de cette association en 1961, deux amendements ont été apportés à la constitution. Dès la réunion du 3 août 1961 du Conseil général, il fut décidé de créer un huitième comité de paroisse, groupant les cultivateurs de la périphérie de la seule ville du comté. Et, en 1966, il fut décidé de créer un poste de vice-président senior de l'Association dont le titulaire aurait pour tâche d'assister le président.

Cette structure formelle surprend : pourquoi la ville avec 7000 habitants n'aurait-elle qu'un comité de paroisse, c'est-à-dire cinq représentants, alors que chaque village est également représenté par cinq membres, la population des villages variant de 900 à 2750 personnes ? Les représentants des villages se sont opposés à une répartition plus adéquate, par exemple selon la population, en prenant semble-t-il comme critère que les dirigeants de l'Association seraient toujours des personnes de la ville ;[11] ceci donnait pouvoirs et influence aux dirigeants urbains et le seul contrepoids efficace au sein du Conseil général était le nombre. Comme, dans ce comté, l'Union Nationale recrutait surtout ses majorités dans les campagnes, les dirigeants urbains ne s'opposèrent pas à cette demande.

De part et d'autre, on semble d'ailleurs se baser sur trois antagonismes au sein de l'Association, voire au sein du comté lui-même, pour expliquer à la fois cette structure formelle et la structure réelle du pouvoir.

Il semble d'abord exister dans le comté deux mentalités, deux attitudes sociales, deux genres de vie : l'un dans la ville, l'autre dans les campagnes. La distinction entre les deux, beaucoup plus psychologique qu'économique, éclaire certains aspects de la structure de l'Association. Selon les termes de certaines réponses, lors d'un sondage effectué à cette époque, les membres de l'Association prenaient pour acquis qu'un candidat rural ne pourrait être élu député, les urbains ne votant pas pour un « inférieur » et

---

[11] On retrouve ce même raisonnement dans les comtés de l'Assomption et de Saint-Jean.

L'organisation locale de l'Union Nationale

les ruraux non plus, car «il ne saurait se faire entendre à Québec». L'échec répété de deux maires de village à faire accepter leur candidature repose sur le fait qu'ils ne réussirent pas à organiser une campagne suffisamment bien montée pour convaincre les gens des villages à voter pour eux le jour de la convention.[12]

Le Comité central du parti en temps d'élections n'exerce un contrôle que sur l'organisation urbaine : alors que l'organisateur urbain vient faire rapport deux fois la semaine, l'organisateur rural se montre à peine parce que, semble-t-il, sa façon de travailler est foncièrement individualiste et parce qu'il craint que les dirigeants ne le considèrent responsable s'il fait état de la faible popularité du parti dans son village.[13]

Ceci permettrait également d'expliquer pourquoi le candidat, durant la campagne électorale, tient des assemblées dans chaque village et deux seulement dans la ville (qui compte, répétons-le, presque autant d'électeurs que tout le reste du comté) : non pas surtout pour rencontrer les électeurs qui, en fait, viennent relativement peu nombreux aux assemblées, mais parce que c'est pour le député ou le candidat la seule façon de rencontrer l'organisation du village et d'obtenir un rapport détaillé de chacun des organisateurs quant à ses chances et quant aux gestes à poser.

Si le rural ne veut pas voter pour le rural, il ne votera, pas plus que l'ouvrier urbain, pour un membre d'une profession libérale ; le sondage effectué semble démontrer que les militants ruraux ne croient pas que le professionnel puisse comprendre suffisamment leurs problèmes, qu'il soit suffisamment représentatif d'un comté rural, ni qu'il soit facile à rejoindre. La candidature d'un avocat à la convention de 1962, et son échec retentissant, malgré l'appui de l'ancien député et le discours en sa faveur de Me J.J. Bertrand, confrère de promotion, semblent symptomatiques à la fois de cet antagonisme et de leur conception du rôle d'un député.

Enfin, de 1960 à 1963 environ, une lutte mit aux prises les gens en place à la direction de l'Union Nationale du comté et ceux qui voulaient y parvenir. Cette lutte ne ressemble cependant pas tellement à celle qui se déroula au sein de l'Association libérale du comté de Shefford et qu'a décrite P.A. Comeau. Ici, en effet, l'abandon de la «vieille garde», au lendemain de l'échec de 1960, permit aux jeunes militants de se faire suffisamment connaître dans le comté pour tenir une convention ouverte à tous les électeurs en 1962 (convention « at large », comme on disait dans le comté). La victoi-

---

[12] Jacques Benjamin, « The Local Structures of the Union Nationale Party in Quebec », Paper to the Eleventh International Seminar on Comparative Local Government, Nicosia (Cyprus), July 10-13, 1971.
[13] Ceci se confirme également dans les comtés de l'Assomption et de Saint-Jean.

re du député actuel, jeune militant à l'époque, semble d'autant plus remarquable que la convention de 1962 présenta à la population « at large », pour la première fois en vingt ans, un candidat opposé à celui du groupe qui avait constitué l'Union Nationale dans le comté durant cette époque. Ce nouveau candidat n'avait rien de l'individu prestigieux « parachuté » de l'extérieur : il avait milité dans le parti, commençant au bas de l'échelle en collant des affiches sur les poteaux et en travaillant dans un bureau de scrutin le jour de l'élection.

La structure formelle du pouvoir au sein de l'Association de comté, structure de type pyramidal, semble, en somme, tenir compte de trois antagonismes propres au comté lui-même (et peut-être aussi à l'Union Nationale dans son ensemble) : clivages ruraux-urbains, clivages sociaux et clivages d'âges.

2. La structure réelle du pouvoir au sein de l'Union Nationale d'Iberville

La méthode de Dahl, P.A. Comeau s'en inspirait lorsqu'il se demandait :

> Dans le cadre de notre recherche, l'interrogation fondamentale devient: qui dirige véritablement le Parti Libéral dans le comté de Shefford ? Quels en sont les leaders effectifs ? Où se niche le centre décisionnel ?[14]

a. Les militants

Le recrutement des premiers militants ayant été effectué par des citadins, dont le député actuel, il n'est pas surprenant de constater qu'en 1962, des 1088 membres du parti, 924 étaient des gens de la ville. Après la défaite du candidat de l'Union Nationale aux élections de 1962, bon nombre de membres ne renouvelèrent pas leur carte d'adhésion, mais des efforts furent faits pour recruter des membres dans les campagnes, de sorte qu'une compilation des adhésions en mai 1964 indiquait qu'un renversement total s'était produit: 597 membres habitaient les campagnes et 163 la ville.[15] Dans la mesure où une nouvelle élection devenait imminente, les dirigeants de l'Association préférèrent ne pas encourager les adhésions, l'échec de 1962 ayant été attribué au nombre trop grand de militants, facteur de dissension

---

[14] P.A. Comeau, « Organisation d'un parti politique... », p. 14.
[15] « Journal des minutes de l'Association de l'Union Nationale du comté d'Iberville », 11 mai 1964 ; j'ai déposé une photocopie de tous ces procès-verbaux — dorénavant cités « minutes », du nom que leur donne le secrétaire — au Laboratoire d'analyse politique que dirige mon collègue Robert Boily.

L'organisation locale de l'Union Nationale 205

et d'indiscipline. Le parti comptait 248 membres ruraux en 1965 et 49 dans l'unique ville du comté. Après la victoire de 1966, le groupe de militants unionistes s'est maintenu à environ 140 membres ; autrement dit, l'Association de l'Union Nationale de ce comté compte, depuis quatre ans environ, 140 membres en règle. C'est le chiffre qui nous intéressera. Le facteur « tradition » joue pourtant un rôle important dans la désignation des membres : une quarantaine de personnes, dont la moitié faisait partie du Conseil général, détenaient une carte de membre depuis 5, 10 ou 15 ans et ne l'avaient pas renouvelée depuis 2, 3 ou 4 ans, mais n'en étaient pas moins considérés comme membres avec droit de vote. Depuis 1964, une centaine de membres sont abonnés au journal *Le Temps*.

1. Les 140 membres de l'Association

On peut relever, au sujet des membres de l'Association, les caractéristiques suivantes : 25% des membres habitent la ville qui est donc sous-représentée puisqu'elle compte 40% de la population du comté (recensement de 1966); 3% de ses membres gagnent plus de $5,000 alors que le comté compte 10% de ses chefs de famille dans cette échelle de revenu ; 16% de ses membres gagnent entre $4,000 et $5,000 par année, soit 6% de moins qu'au sein de la population du comté, et vice-versa pour les gens gagnant moins de $3,000. La proportion de gens âgés de 45 ans et plus au sein de l'Association excède de 5% celle du comté ; la section des jeunes est sous-représentée puisque le comté compte 42% de moins de 30 ans alors que la section ne compte que 12% du total des membres. La moyenne des années de scolarité des membres, cinq années, est inférieure à celle du comté, 6.4. Mais les pouvoirs de l'assemblée générale de l'Association étant assez limités, il est peut-être plus intéressant d'analyser les caractéristiques du Conseil général.

2. Les 53 membres du Conseil général

Notons d'abord que des 53 membres, et plus précisément des 41 membres n'habitant pas la ville, 28 sont des cultivateurs, alors que dans le comté, 26% de la population totale vit sur la ferme ; par contre, les 13 personnes habitant la partie rurale mais non-agricole du comté ne représentent que 25% des membres du Conseil général, soit 11% de moins que dans l'ensemble de la population. Au point de vue âge, ils jouissent des mêmes caractéristiques que l'ensemble des membres de l'Association ; de même pour le revenu et le niveau de scolarisation.

L'analyse socio-économique des militants de l'Union Nationale révèle que les ruraux, moins instruits et âgés, constituent les couches prédominantes de la population au sein de l'Association du comté. Le petit nombre de militants s'explique en partie par la situation dans laquelle se trouvait le parti au niveau provincial, mais donne également des indices des tendances oligarchiques au sein de cette association.

b. L'utilisation des ressources politiques

Un relevé des présences mentionnées aux réunions de ce Conseil général indique qu'à trois moments seulement le nombre d'élus a dépassé dix personnes, dont un maximum de dix-huit atteint à la première réunion. Peut-être est-il possible d'expliquer ce faible taux de présence par le peu d'intérêt que suscitait l'Union Nationale au Québec durant les années 1960-1966 ; mais l'objet de cette recherche étant de découvrir qui prend effectivement les décisions, c'est là une première réponse. Plus intéressante serait l'hypothèse voulant qu'à mesure que les affaires étudiées s'éloignent du niveau de préoccupation immédiate, l'intérêt des militants diminue. La création des comités de dames, de jeunes et de paroisses (et l'élection de leurs dirigeants) ne permettent pas de l'affirmer. Au moment de la création de l'Association, le 29 juin 1961, « aucune proposition ne fut enregistrée » concernant la section des dames. Le président de l'Association du comté, sachant que le Comité central de Montréal exigeait la création d'une telle section et ne voulant pas lui déplaire, chargea cinq dames présentes « de convoquer une assemblée dans un avenir prochain et de procéder à la formation de leur comité ».[16] Le Comité central exigeait que ces comités soient créés avant le 15 août 1961 ;[17] le président de l'Association ne voulait lui déplaire de peur de voir un candidat « parachuté » dans son comté. L'item 7 de la réunion du Conseil général de l'Association tenue le 3 août mentionne qu'à cause du « besoin pressant d'avoir une présidente pour le comité des dames », il la désignait lui-même et « donnait à la présidente le privilège » de choisir la secrétaire et les trois directrices de ce comité. La même procédure fut suivie pour la création du comité des jeunes.[18]

Le 11 août 1961, le président et le secrétaire de l'Association de comté présidaient une assemblée dans l'un des villages dont le maire est un unioniste connu, dans le but d'y créer un comité de paroisse de l'Union Nationale : 14 personnes du village s'y étaient rendues et votèrent. Les cinq membres de ce comité de paroisse furent élus sans opposition. Le 21 août, on procédait de la même façon dans un autre village unioniste. Dix personnes se rendirent à l'assemblée et votèrent. Les cinq membres furent élus, et réélus en 1964, sans opposition. Et l'addition du maire de la paroisse en novembre 1966, après que son président eût été élu au poste de vice-président senior de l'Association de comté, ne peut surprendre puisqu'il était l'une des dix personnes présentes à la réunion de 1961 et qu'il avait appuyé ou proposé deux candidatures. L'un de ces candidats venait d'accéder à la présidence du comité de paroisse et remit la politesse au maire.

---

[16] Cf. « Minutes » du secrétaire, 29 juin 1961.
[17] Cf. Article 6 des « Minutes », réunion du 3 août 1961.
[18] Cf. Article 8 de la réunion du 6 juillet 1961.

L'organisation locale de l'Union Nationale

Le 22 août 1961, dans un village libéral, celui de Saint-Grégoire, onze personnes se rendirent à une assemblée et y votèrent. L'article 5 de l'ordre du jour de la réunion du 17 août 1964 du Conseil général de l'Association de comté précise que «le Comité exécutif de la paroisse Saint-Grégoire restera le même jusqu'à nouvel ordre. M. (...) (l'un des directeurs de ce comité de paroisse) a demandé cette décision, et elle fut adoptée unanimement». Le 30 mai 1967, des élections furent tenues. Seulement sept personnes présentes avaient droit de vote, dont quatre n'étaient pas présentes à la réunion de 1961. Résultat : le président et deux directeurs étaient des nouveaux membres de l'Exécutif. Le même processus se répète dans les autres villages du comté.

Si ce processus de l'élection constitue un changement par rapport à la situation des années 1944-1960, la baisse de popularité du parti à travers la province et le comté a fait hésiter les partisans de l'Union Nationale à prendre publiquement position pour une cause qui semblait perdue : seules quelques chapelles (dix personnes par village) acceptèrent, en 1961, de s'afficher ouvertement comme militants du parti. Et, comme il ne s'agissait surtout pas de diviser ces groupes entre eux, une seule élection fut tenue entre 1961 et 1966, et dans le seul village traditionnellement acquis à la cause du parti.[19] L'élection provinciale de 1962 avait permis de constater que des militants des organisations de paroisses du parti, divisés entre eux par des luttes antérieures lors d'élections aux conseils de ces villages ou aux commissions scolaires, n'avaient pas fourni les plus grands efforts ; des élections aux comités de paroisses n'auraient fait qu'envenimer la situation, si l'on en croit les dirigeants du parti.

Si, en termes de quantité, le nombre de membres de l'Union Nationale est effectivement passé de 1088 à 140 environ, il est certain que cette situation ne déplaît pas du tout aux leaders actuels : avec 1088 membres, ils furent défaits par plus de 900 voix en 1962 ; avec 140 membres, ils renversèrent le verdict en 1966, l'emportant par 704 voix. Ils furent convaincus, dès 1963-1964, que moins le parti compterait de membres, plus ceux-ci pourraient être contrôlés, moins il existerait de risques de dissensions au sein du parti. Dans le même sens, les dirigeants n'avaient pas voulu créer de comités de dames et de jeunes dans les villages, parce que ceux-ci « défaisaient », souvent en parlant trop, les coalitions qui avaient été difficilement mises sur pied durant la campagne électorale. Ainsi, peut-on conclure à ce stade-ci de l'analyse, que le but des dirigeants était de faire de l'Association

---

[19] La situation était sensiblement du même type chez les militants libéraux de certaines parties du Québec, particulièrement le Bas-du-Fleuve, de 1954 à 1960. Cf. Jacques Benjamin, « The Local Structures of the Political Parties in Quebec », Paper to the First International Seminar on Comparative Political Party Structures, Mauritius University College, Port-Louis-de-l'île-Maurice, 3 mai 1970, pp. 4-19, miméo.

un organe qui « travaille à nous faire élire », et non de permettre une participation du plus grand nombre possible à la prise de décision.[20]

Reste à savoir s'il existe un seul centre décisionnel, comme c'était le cas de 1944 à 1960. Notons d'abord que l'influence ou l'absence d'influence semble jouer de façon individuelle dans le cas de certaines personnes, ce qui fausse quelque peu la structure formelle, décrite plus haut, de l'Association. La première présidente de la section des dames était reconnue pour n'être jamais d'accord avec ce qu'elle ne décidait pas elle-même. À cause de cela, son pouvoir sur les autres dames était à peu près nul — sauf son influence sur deux amies... qui l'avaient proposée pour le poste en 1961 ; aux yeux des dirigeants, son influence était suffisamment néfaste pour qu'elle soit écartée des cérémonies officielles partisanes durant la campagne de 1966. De même, le pouvoir réel du premier président de la section des jeunes était sérieusement diminué par son emploi de commis de banque : en effet, un règlement dans les statuts de la banque qui l'employait lui interdisait de participer publiquement, de quelque façon que ce soit, aux élections. Au contraire, des gens n'occupant aucun poste dans la structure de l'Association ont individuellement « accès à l'élite politique du parti », et en ce sens, selon Parsons, ils détiennent une partie du pouvoir. Par exemple, le maire d'un village unioniste, le maire unioniste d'un autre village et le conseiller juridique officieux, sans faire partie de la structure officielle, sont des gens qui ont leurs «clientèles» au sein de l'Association et les dirigeants doivent tenir compte de leur avis. De même pour le garagiste et le restaurateur qui financent une partie des frais de l'Association; si le second est d'autant plus écouté qu'il est un ami du député, le premier l'est aussi car il pourrait devenir, lui, son adversaire politique.

Au sein des structures mêmes de l'Association, existe-t-il un ou plusieurs centres de décision ? Pour pouvoir énoncer une hypothèse, il paraît nécessaire de se pencher sur trois périodes distinctes : l'Association sans député, la campagne électorale et le jour de l'élection, et l'Association avec un député élu.

Dawson, dans son ouvrage classique, a écrit qu'entre deux élections le but d'une organisation de parti était de conserver l'harmonie entre les militants.[21] Ce fut effectivement le cas dans le comté. Mais il ne s'agissait pas

---

[20] Cf. les pages de Quinn sur « the lack of democratic philosophy » chez les Canadiens français traditionalistes, H.F. Quinn, *The Union Nationale*, Toronto, University of Toronto Press, 1963, pp. 14-19. Le professeur Jean Meynaud, dans son cours d'Introduction au département de Science politique de l'Université de Montréal, considérait comme simpliste cette argumentation de Quinn.
[21] R.M. Dawson, *The Government of Canada*, Toronto, University of Toronto Press, 4th ed. 1963, p. 477.

seulement d'éviter les conflits, il fallait placer le plus grand nombre possible de militants aux postes de maires ou commissaires d'écoles, pour qu'au moment de l'élection provinciale le prestige de ces postes soit utilisé au profit du parti. Combien de fois le candidat ne rappelle-t-il pas qu'en 1962 aucun maire n'avait signé son bulletin de candidature contre sept pour son adversaire; en 1966, chaque candidat a recueilli la signature de trois maires ! Combien de fois n'a-t-on pas reproché au président du comité unioniste d'un village, bastion libéral, de refuser de « mêler politique provinciale, municipale, et scolaire », alors que l'appui d'hommes occupant certains de ces postes pourrait apporter des dizaines de voix à l'Union Nationale ! C'est avec une satisfaction évidente que le Conseil général de l'Association de comté apprit que l'un des directeurs du comité avait été élu conseiller de son village après une absence de deux ans, et que le président du comité d'un autre village avait été réélu par acclamation au conseil municipal.

L'action du parti, entre deux élections, consiste à préparer la « machine » électorale en vue de la prochaine élection : désigner ceux qui dresseront les listes d'électeurs acquis au parti dans chaque village et dans la ville, et ceux qui représenteront le parti dans les bureaux de scrutin (c'est-à-dire le scrutateur et le représentant du candidat). Duverger a pu écrire qu'un parti se définit moins par son programme que par son organisation.[22] Dans l'Union Nationale du comté d'Iberville, les comités de villages sont seuls responsables de la « machine » du parti dans leur village : il n'existe aucune liaison horizontale, aucun lien entre les différents comités locaux, et si la prise de décision (concernant par exemple le recrutement, la vente du journal) relève du Conseil général de l'Association, l'exécution relève des comités de paroisses ; lors des réunions du Conseil général ayant trait au recrutement[23] par exemple, ce sont les représentants des villages qui font rapport aux dirigeants à ce sujet. Le souci de tenir les réunions du Conseil général dans les villages semble d'ailleurs avoir pour but de permettre aux dirigeants de se tenir au courant des activités de chaque comité de village. Il n'existe aucun autre mécanisme permettant d'atteindre ce but.

Durant la période électorale, si le Comité central du parti met sur pied une équipe très nombreuse dans la ville (6 personnes par bureau de scrutin, c'est-à-dire 114 personnes), équipe chargée de dresser les listes des électeurs qu'elle croit favorables au parti et de faire rapport deux fois la semaine au Comité central, les comités de villages n'ont, eux, aucun rapport avec le Comité central du comté. Si le secrétaire ne téléphone pas pour s'informer du « pouls » du village, le Comité central ne sait rien de ce qui s'y passe. Et si un organisateur de village fait une visite de courtoisie au Comité central, il s'y rend beaucoup plus pour s'informer de la situation qui règne

---

[22] Maurice Duverger, *Les partis politiques*, Paris, A. Colin, 6eme éd., 1967. p. XI.
[23] Cf. « Minutes », 10 septembre 1962, 13 avril et 11 mai 1964.

dans les autres villages que pour faire rapport de ses activités. Les assemblées électorales dans les villages permettent, on l'a vu, au candidat et à son agent électoral, de se renseigner auprès des organisateurs de paroisses beaucoup plus qu'elles ne servent à leur donner des « instructions ». Durant tout le temps de l'assemblée électorale, l'agent du candidat, puis, après l'assemblée, le candidat lui-même reçoivent les avis des membres du comité local : telle personne voterait probablement pour le parti si elle recevait la visite du candidat, tel « rang » votera pour le Parti Libéral si le candidat n'effectue pas une visite prolongée et minutieuse, tel groupe sportif en fera de même si le candidat ne lui promet pas avec conviction de lui obtenir l'éclairage nécessaire pour son terrain de baseball...

Alors que dans la ville, c'est le Comité central qui donne ordre à ses organisateurs de distribuer faveurs (légales) et caisses de bière — avec toutes les erreurs qu'on peut imaginer concernant la marque de bière que boit tel individu—, dans les villages et campagnes, au contraire, non seulement le Comité central ne connaît-il pas les électeurs, mais le territoire même couvert par le comité local est divisé de telle sorte qu'un seul organisateur est responsable d'une partie de ce territoire ; et si cet organisateur a des alliés dans son village, le Comité central ne peut le remplacer (le limoger) même s'il s'aperçoit qu'il tend toujours à être trop optimiste[24] quant à l'allégeance d'un nombre imposant d'individus. L'élaboration des structures informelles de l'organisation part du principe que chaque organisateur connaît ses gens, qu'il a l'expérience de plusieurs campagnes électorales (scolaires, municipales, provinciales et fédérales), de sorte qu'il est seul responsable de son « rang ».

Ceci est encore plus vrai le jour de l'élection. Le mot d'ordre est : « Il faut faire sortir nos gens », c'est-à-dire que les électeurs désignés par les organisateurs comme acquis à l'Union Nationale doivent être fortement invités à se rendre aux urnes. Le Comité central met en œuvre un dispositif impressionnant comprenant l'affichage sur d'immenses tableaux au quartier général des listes d'électeurs favorables au parti (listes divisées selon les différents bureaux de scrutin de la ville), la cueillette en automobile des noms des gens qui ont déjà voté, ceci à toutes les heures au début, puis à toutes les demi-heures et dans tous les bureaux de scrutin, la mise à jour sur les tableaux d'affichage des noms de ceux qui n'ont pas encore voté, puis les appels téléphoniques pressants à tous « leurs » gens n'ayant pas voté et l'offre de les véhiculer : 10 voitures en 1962, 21 en 1966 et 1970 sont à la disposition du Comité central toute la journée.[25]

---

[24] Dois-je signifier que je désigne par ce terme les expressions courantes dans le comté : « checker lousse » et « checker dur » ?

[25] Jacques Benjamin, « L'organisation des partis politiques québécois le jour de l'élection, 1962-1970 », communication présentée à l'*Institute of Social Anthropology* de l'Université d'Oxford, le 16 mars 1972.

L'organisation locale de l'Union Nationale 211

L'organisateur de village effectue pour sa part, le jour du scrutin, une « tournée », sachant fort bien à quelle heure va voter tel individu, lequel a besoin d'être véhiculé — c'est l'organisateur lui-même qui le véhicule — et lequel ne bougera que lorsque l'organisateur de l'un ou l'autre parti lui aura offert dollars ou bière selon le cas.

Mais comme le font remarquer les dirigeants du parti, la décentralisation des activités dans les campagnes du comté place le candidat (député) «à la merci des organisateurs de paroisses». Dans la ville, la centralisation a le désavantage, par exemple, de ne pas permettre de savoir que tel couple n'ira voter qu'après la messe de midi, mais la décentralisation dans les campagnes a eu pour effet d'inciter (c'est l'histoire récente qui nous l'apprend) le parti adverse à tenter de « geler » un organisateur pour la journée de l'élection... et le Comité central n'y peut rien, surtout si la manœuvre s'est déroulée la veille.[26] Il est remarquable de constater à quel point les dirigeants du parti attachent de l'importance à cette nécessité pour les organisateurs de « donner tout ce qu'ils ont » le jour même de l'élection. Pour eux, toute l'élection semble se décider selon ce seul critère, il y aurait un lien de cause à effet. Les électeurs sont-ils si réticents à se rendre aux urnes dans un comté rural ou semi-urbain? La différence, par exemple, de 1600 voix entre les élections de 1962 et celles de 1966 n'est-elle pas plutôt la conséquence d'un climat hostile au Parti Libéral dans tout le Québec en 1966? Chose certaine, les dirigeants de l'Union Nationale du comté avaient privilégié le facteur « organisation », et leur victoire a renforcé leur conviction de l'importance de ce facteur : leur victoire y trouvait, selon eux, sa cause principale, voire unique. L'activité est entièrement orientée vers les élections. L'armature administrative de l'Association demeure saisonnière. Mais cette structure informelle se modifie-t-elle après l'élection du candidat de l'Union Nationale ?

Le président de l'Association de comté ayant été élu député, celle-ci, sous la direction d'un nouveau président, est tout de suite devenue beaucoup plus préoccupée par le programme du parti que par son organisation ; depuis le 5 juin 1966, c'est dans une proportion de 46 contre 1 que l'on a abordé des suggestions de nouvelles lois provinciales et d'amendements possibles aux lois existantes, plutôt que des questions d'organisation interne.

Le centre du pouvoir s'est déplacé, depuis cinq ans, de l'Association au bureau du député. Conscient du fait qu'il serait à Québec quatre jours par semaine, le député demanda à son allié politique le plus sûr d'agir comme secrétaire particulier à plein temps, résidant dans le comté sept jours par se-

---

[26] Mes recherches dans les comtés ruraux et dans d'autres comtés semi-urbains semblent révéler que cette pratique et cette crainte sont partout toujours aussi courantes.

maine. C'est ce secrétaire qui se charge de toutes les demandes individuelles et il est aussi conscient que le député de l'influence de ces services sur les résultats des prochaines élections.

Robert Boily a pu écrire au sujet du rôle d'intermédiaire des députés :

> Il s'agit d'entretenir les liens les plus étroits possible entre le parti au pouvoir qui détient la source de toute autorité, et les électeurs, clientèle de ce parti. Il leur faut être très attentifs aux besoins tant locaux qu'individuels. (...) Ce rôle d'intermédiaires semble d'autant plus naturel que la forte centralisation de l'administration, l'inexistence de structures intermédiaires, obligent l'élu à jouer le rôle d'agence de renseignements.[27]

Ceci semble s'appliquer à la lettre à la situation dans le comté ; c'est le député qui décide quels travaux de voirie seront effectués, c'est lui qui effectue les démarches auprès des différents ministères pour obtenir les octrois aux municipalités : $5,000 pour les loisirs dans la ville, $20,000 du ministère de la Colonisation pour prolonger la rue Bellerive dans la ville (sic), $28,050 à un village pour son projet d'égouts, aqueduc et usine de filtration, $96,928 pour la réparation des routes.[28] Le député et son secrétaire ont fait remplir en moyenne annuellement 450 demandes d'aide individuelle de toutes sortes (tant de juridiction fédérale que de juridiction provinciale) : pension de vieillesse, aide aux mères nécessiteuses, crédits laitiers aux cultivateurs, etc. Le bureau du député regorge de ces formules en blanc et, dans plus de la moitié des cas, c'est le secrétaire qui se rend au domicile de celui qui demande une telle aide pour lui faire signer les formulaires. C'est également le député que l'on va voir pour une lettre de recommandation ou lorsqu'on a un besoin urgent d'un peu d'argent... [9] Il ne semble pas exact d'affirmer, dans le comté, que :

> l'évolution actuelle, qui (...) fait du député un fonctionnaire à plein temps retenu presque toute l'année à Québec (...), est venue diminuer considérablement ce rôle traditionnel d'intermédiaire et mettre à nu sa seule véritable fonction : être un instrument de l'exercice du pouvoir, non un détenteur.[30]

---

[27] Robert Boily, « Statut de l'homme politique : commentaire » *Recherches sociographiques* VII (1-2), janvier-août 1966, p. 127.
[28] Cf. *L'Essor*, 6 décembre 1967, p. 1.
[29] Jacques Benjamin et Chantal DeGroote, « Le rôle des députés dans les comtés ruraux du Québec, 1960-1970 ». Note présentée au Troisième congrès annuel des francophones de la Louisiane, le 9 octobre 1971, La Nouvelle-Orléans, 47 ff., miméo.
[30] Robert Boily, « Statut de l'homme politique... », pp. 127-128.

La « répartition du pouvoir » au sein de l'Union Nationale de ce comté peut être analysée grâce aux critères définis par Dahl : lors de prises de décisions « importantes », c'est-à-dire de décisions touchant la majorité des gens, qui a eu de l'influence ? Cette influence était-elle directe, en ce sens que ceux qui la détenaient pouvaient-ils accepter ou rejeter des politiques ?

Dans un certain nombre de cas, le député semble avoir pris seul la décision. En août 1966, au moment où surgissaient de toute part les accusations de patronage dans l'embauche et le renvoi de fonctionnaires protégés par la loi de la fonction publique,[31] le député se rendait chez l'ingénieur divisionnaire du district et lui demandait de nommer un contremaître adjoint des travaux. Cette décision prend toute son importance lorsque l'on sait que le contremaître général de la voirie est chargé à la fois de l'étude des travaux et de leur exécution, de voir sur le terrain si tels travaux peuvent être exécutés compte tenu par exemple des conditions du sol et des terrains à exproprier, et des travaux eux-mêmes. Le député fit valoir que le contremaître général, militant libéral, retardait délibérément la conclusion des travaux entrepris par le député, de sorte que le « rendement était de vingt-cinq sous par dollar dépensé ». La décision de nommer un contremaître adjoint non-membre du Syndicat de la fonction publique, et celle de désigner tel individu à ce poste, semblent avoir été prises par le député, son agent électoral et son nouveau secrétaire. Mais ce semble être la seule décision prise sans la collaboration des comités de villages. C'est, par exemple, le président du comité d'un village d'allégeance libérale qui se rendit chez le député, en octobre 1967, pour demander que le banc de gravier où s'alimentait la voirie soit « déménagé », puisqu'il profitait à un partisan libéral. Le député promit alors d'étudier la question. À une réunion du comité de village, la question revint sur le tapis, une quatrième fois, deux semaines plus tard. Il fut décidé que deux membres du comité retourneraient chez le député, en compagnie du propriétaire favorable à l'Union Nationale qui réclamait que l'on utilise son banc de gravier. Le mois suivant, les trois hommes, le député et ses amis convenaient que « justice serait faite ».[32]

P.A. Comeau a pour sa part privilégié une forme de patronage connue sous l'étiquette « heures de bull ».[33] Le patronage, selon Vincent Lemieux, c'est « une distribution personnalisée des faveurs gouvernementales (établissant) une relation très compréhensive entre deux individus ».[34]

---

[31] Cf. *Le Devoir*, 13 août 1966, pp. 1 et 6 ; *The Gazette*, August 17, 1966, p. 3 ; F. Howard, « Renaissance for Spoils in the UN's New Style », *The Globe and Mail*, August 27, 1966, p. 1.
[32] Cf. *Le Richelieu*, 7 décembre 1967, p. 23.
[33] P.A. Comeau, « Organisation d'un parti politique ... », pp. 105ss.
[34] Cité dans P.A. Comeau ; Cf. également Jérôme Proulx, *Le panier de crabes. Un témoignage vécu sur l'Union Nationale sous Daniel Johnson*, Montréal, Parti Pris, 1971, chap. 1er, pp. 9-33 pour un témoignage récent.

Comeau a bien montré que cette distribution d'octrois gouvernementaux en vue de l'amélioration des sols (« heures de bull ») pouvait toucher la quasi-totalité des ruraux du comté, et représentait pour le député du comté un champ de patronage important, tant vis-à-vis des cultivateurs que des propriétaires de ces véhicules motorisés (« bulldozers »). Cette distribution des « heures de bull » occupe une place « importante » dans la vie politique du comté,[35] dont le terrain est particulièrement plat et ne s'irrigue pas naturellement et facilement. Il faut donc creuser fossés et rigoles sur plusieurs terres. Mais il ne semble pas que le phénomène de rareté, dont parle Comeau, soit ici un facteur important dans la distribution du patronage. Le ministère de l'Agriculture et de la Colonisation a en effet « alloué » en moyenne 19 000 heures annuellement au comté et les quelque 700 cultivateurs qui demandent une telle aide gouvernementale semblent satisfaits si leur type de demande est prévu dans les règlements du ministère. Ces demandes semblent provenir de cultivateurs non connus pour leur allégeance à l'Union Nationale. Certaines de ces demandes sont même effectuées par des cultivateurs n'ayant pas eux-mêmes besoin « d'heures de bull » ; ceux-ci acceptent de le faire pour un voisin qui en désire plus que le total permis par les règlements. C'est là une façon de gagner à l'Union Nationale ce voisin, explique-t-on ![36]

Il semble cependant que, dans la majorité des cas, la demande individuelle du cultivateur est accompagnée d'une acceptation du comité de village de l'Union Nationale, et que rares furent les demandes formulées directement par un cultivateur au bureau du député. Peu de demandes semblent avoir été « bloquées » par un comité de village, c'est-à-dire non transmises au député. Le député, de même, affirme s'en tenir aux critères fixés par les règlements du ministère. Mais, dans la mesure où le phénomène de rareté a commencé à être un instrument politique (les demandes devenant de plus en plus nombreuses depuis 1968-1969), c'est le rôle des comités de villages autant que celui du député qui en sortiront grandis.

Cette forme de patronage semble cependant jouer surtout au niveau des opérateurs de ces engins. Le député, et lui seul, choisit les opérateurs qui reçoivent les contrats du ministère de l'Agriculture et de la Colonisation. Une comparaison de l'époque libérale (avant le 5 juin 1966) et des cinq années suivantes indique que le nouveau député de l'Union Nationale a particulièrement favorisé deux maires, militants très actifs de l'Union Nationale. Il a d'autre part supprimé les contrats accordés à une entreprise qu'il avait dénoncée, avec une rare vigueur, durant la campagne électorale de 1966, comme ne vivant que de contrats accordés par le député libéral de l'époque. (Le phénomène inverse s'était produit durant les années 1960-1966 en

---

[35] Cf. Dahl, *Qui gouverne ?*, pp. 6-7.
[36] Jacques Benjamin, « The Local Structures of the Union Nationale Party... », pp. 26-44.

L'organisation locale de l'Union Nationale 215

faveur des libéraux, en particulier dans le Bas-du-Fleuve et la Gaspésie).[37] La décision de continuer à accorder des contrats aux autres propriétaires de « bulldozers » suivit cependant un processus chaque fois identique. Les propriétaires de ces engins, refusant de passer par l'intermédiaire de leur comité de village de l'Union Nationale ou ne connaissant pas « la règle », se rendaient au bureau du député pour demander que les contrats du ministère ne cessent de leur être accordés. Le député communiquait alors avec leur comité de paroisse et demandait un avis, en posant semble-t-il un seul critère : les cultivateurs étaient-ils satisfaits du travail effectué ? Dans chaque cas, ce n'est qu'après l'avis favorable du comité de paroisse que le député acquiesçait à la demande des propriétaires d'engins.

Le rôle des comités de paroisses semble toutefois s'arrêter là. Le mieux-être des cultivateurs exigeant, selon le député, qu'un contrôle soit exercé sur ces opérateurs, un tel contrôle fut institué par le député ; pour la première fois de mémoire d'homme, il décida, en 1966, de n'accorder ces contrats que par tranches. Il exigea en effet que les opérateurs apportent à l'agronome du comté les formulaires signés par les cultivateurs attestant que ces « heures de bull » avaient effectivement été réalisées et à la satisfaction des fermiers. Ce n'est qu'alors, et alors seulement, qu'une seconde demande était effectuée par le député au ministère de l'Agriculture au bénéfice d'opérateurs bien précis.

Mais à la différence de la politique pratiquée par le Parti Libéral dans Shefford,[38] le cultivateur semble également protégé par la décision du député de ne pas confier les contrats aux comités de paroisses eux-mêmes. Autrement dit, le cultivateur peut lui-même choisir l'opérateur de tracteur lourd. Se basant sur l'expérience d'autres comtés du même type où l'opérateur d'un village était le seul autorisé à y travailler, ce qui empêchait une saine compétition, le député laisse le choix au cultivateur ; celui-ci sait par ouï-dire que tel opérateur accomplit un meilleur travail, ce qui incite tout opérateur à se surpasser. Cette version du député doit cependant être nuancée par l'impossibilité de distribuer tous les contrats aux mêmes propriétaires de tracteurs lourds, parce que tous ne possèdent pas les mêmes types d'engins et ne peuvent donc pas tous effectuer tous les genres de travaux.[39]

Enfin, l'utilisation de subventions attribuées à des individus nécessite un accord préalable du président du comité unioniste du village ; comme les « heures de bull », le déneigement des routes suit ce processus. Ainsi, le maire de l'un des villages, militant libéral connu, qui, durant la période

---

[37] Cf. Jacques Benjamin et Chantal De Groote, « Le rôle des députés... », pp. 9-20.
[38] P.A. Comeau, « Organisation d'un parti politique... », p. 106.
[39] J'avoue humblement ne pas pouvoir répéter les explications ayant trait à la différence de travaux pouvant être effectués par un Cater-6 et un Oliver OC-9.

1960-1966, recevait du député les contrats de déneigement, vint en 1966 demander au député que l'on continue à les lui accorder. Le député lui suggéra de s'adresser au président du comité de l'Union Nationale de son village. On peut d'ailleurs dire qu'aucune demande individuelle ou de municipalité ayant trait à la voirie n'est acceptée par le député qui ne provienne du comité de village ; celui-ci a toute liberté de refuser. Tout ce que le député demande, c'est une « autocritique » des demandes des comités, c'est-à-dire ne pas demander au député des octrois qui « n'auraient aucun sens », par exemple des sommes considérables pour un seul individu.

Il existe deux exceptions à cette règle dans le comté : les maires d'allégeance unioniste de deux villages, maires qui ne font pas partie de leur comité de paroisse, ont tout de même accès au bureau du député. Celui-ci écoute leurs demandes et en tient compte, ces deux hommes étant des candidats en puissance et commandant le respect d'une nombreuse « clientèle » au sein de l'Association de comté. Les deux maires, militants de longue date, n'ont jamais été tout à fait intégrés à l'Association et ont, paraît-il, même réussi à imposer leurs volontés au député unioniste des années 1944-1960 qui aurait versé des sommes pour qu'ils « se tiennent tranquilles » durant les périodes électorales. En 1966 et 1970, ils se sont bien ralliés au parti (pas nécessairement au candidat), M. Daniel Johnson leur ayant préféré le député actuel comme candidat.

Cette même règle s'applique aux financiers du parti. Le coût de la propagande du parti, écrite ou annoncée par camions munis de haut-parleurs, est défrayé par le Comité central du comté. Officiellement, $9,300 ont été dépensés en 1966, un peu plus en 1970 ; officieusement, ce chiffre atteint facilement $10,000, mais rien n'indique qu'il le dépasse de beaucoup.[40] Une partie des frais est déboursée par le Comité central de Montréal. Cet argent provient en partie des banquets annuels de l'Union Nationale à $50 le couvert. Le comité de Montréal, en annonçant la date du banquet, fixe à chaque comté un quota qui, dans le comté d'Iberville, est de vingt-cinq personnes. C'est la façon d'inviter ces personnes qui semble révélatrice. Une fuite a un jour permis à l'hebdomadaire *Le Canada français* de souligner que le poids politique du député semblait suffisamment imposant au sein de l'Association pour qu'il puisse faire parvenir des billets à des membres sans même leur demander leur avis. Trente-six billets ont été vendus en 1966. Pourtant, dans les villages, le député n'a fait « qu'offrir » des billets ; les deux tiers des membres ruraux de l'Association ont refusé l'invitation, et aucune mesure de représailles n'a été envisagée de la part du député. Comme

---

[40] Cf. Jacques Benjamin et Chantal DeGroote, « Les finances locales des partis politiques québécois », note présentée le 21 juillet au London School of Economics and Political Science. Dans l'Assomption par exemple, la loi des dépenses électorales a obligé les partis à réduire de 500% environ leurs dépenses réelles dans le comté.

L'organisation locale de l'Union Nationale 217

il aime à le répéter : « Lorsqu'arrivent les élections, je suis à la merci de ces gens-là (comités de villages) ».

Il semble donc que le député prenne seul beaucoup de décisions. Il ne le fait souvent cependant qu'après avoir consulté les comités de villages de son parti. Ceux-ci conservent en effet un droit de *veto* implicite : le député risque de ne jamais être réélu s'il leur déplaît entre deux élections.

Conclusion

Il y a donc au sein de l'Union Nationale du comté d'Iberville deux types d'organisation politique : dans la ville même, une organisation de type américain où l'organisateur, militant éprouvé, à la tête de chaque section, assure un contact régulier entre le comité de direction et les membres : dans les campagnes, des comités de notables qui ont avec le comité de direction des contacts peu réguliers et surtout peu rigides.[41] Maurice Duverger a décrit ce type de parti comme reposant « sur des comités peu étendus, assez indépendants les uns des autres, généralement décentralisés », partis « qui ne cherchent pas à multiplier leurs adhérents ni à encadrer de grandes masses populaires, mais plutôt à grouper des personnalités ».[42] La vie du parti réside en effet dans l'interrelation du Comité central et des organisations de villages, qui, elles, jouissent d'une très grande autonomie.[43] La présence d'un député comme leader (« boss ») réel du comité de direction enlève peu d'autonomie aux comités de villages.

Des ressources politiques utilisées par le député, le leadership bureaucratique[44] et le patronage semblent les plus marquants. La culture politique est, en effet, telle dans le comté que le député est d'abord et avant tout perçu comme « fournisseur » de dollars et d'emplois. Un statut social élevé, des revenus élevés, un certain charisme sont considérés comme « dangereux » : le député doit être « l'un de la bande » qui a milité durant plusieurs années aux différents échelons de l'organisation de comté.

Dahl a décrit le type de comté évoqué ici (agricole riche) comme devant être de nature égalitaire. Le comté d'Iberville semble plutôt dirigé, au sein de l'Union Nationale, par des souverainetés rivales, détenant au moins

---

[41] Les comtés de l'Assomption et de Saint-Jean comptent plus d'habitants dans la ville que dans les campagnes. Mario Beaulieu, dans *La victoire du Québec* (Montréal, Leméac, 1971, p. 42) les décrit comme « quasi urbains », les distinguant ainsi des comtés semi-urbains, du type de celui d'Iberville. Mais les structures du parti dans les campagnes diffèrent de celles de la ville, de la même façon que dans le comté d'Iberville.
[42] Maurice Duverger, *Sociologie politique*, Paris, P.U.F., 1966, pp. 361-362.
[43] Maurice Duverger, *Les partis politiques*, p. 17.
[44] Sur les différences entre leadership bureaucratique et leadership charismatique. Cf. Jean Lacouture, *Quatre hommes et leurs peuples. Sur-pouvoir et sous-développement*, Paris, Seuil, 1969, pp. 9-80.

un droit de *veto* implicite. Ces souverainetés rivales utilisent l'information (la connaissance intime de leur village) comme ressource politique majeure.

Au moment de la prise de décision, qui l'emporte ? Le député aurait probablement chaque fois le dernier mot, s'il tenait à imposer son point de vue. Mais il risquerait fort de ne jamais être réélu : lui-même ne croit qu'à l'organisation politique pour remporter une élection, et cette organisation, par abstention, pourrait provoquer sa défaite.

Le Rassemblement pour l'Indépendance Nationale ou l'indépendantisme : du mouvement social au parti politique

François-Pierre GINGRAS
Département de Science politique
Université McMaster

Nous voulons dans cet article traiter du Rassemblement pour l'Indépendance Nationale (R.I.N.) non seulement en tant que parti politique québécois, mais aussi en qualité de première manifestation électorale du mouvement indépendantiste, dont le but avoué est le retrait du Québec de la fédération canadienne et son élévation au rang de pays indépendant.[1]

Il est assez rare qu'un mouvement social existe sans qu'une ou plusieurs organisations concrètes ne se chargent de l'agitation destinée à mobiliser des ressources susceptibles de hâter le triomphe de la cause qu'elles proclament. En réalité, ces organisations exercent généralement un rôle décisif sur le développement du mouvement social dont elles sont issues. On peut les définir comme des groupements cherchant à promouvoir, provoquer ou empêcher un changement social.

Un parti politique indépendantiste, comme le R.I.N., apparaît comme une concrétisation du mouvement social indépendantiste qui constitue lui-même une tentative collective de restaurer, protéger, modifier ou créer des

---

[1] Notre interprétation des mouvements sociaux s'inspire de Neil J. Smelser, *Theory of Collective Behavior*, New York, Free Press, 1962.

valeurs au nom de l'idéologie indépendantiste qui affiche, comme potentiel régénérateur, la maîtrise par les Québécois de leur destinée nationale. À l'instar de tout parti politique, le R.I.N. est tiraillé entre deux pôles qui se chevauchent et se disputent la priorité : la préoccupation électorale et l'attachement à certaines valeurs. Non mutuellement exclusifs, ces éléments donnent aisément lieu à des conflits mettant en cause l'orientation du parti, *a fortiori* si l'idéologie y occupe une place appréciable.

Parti politique parlant d'une « cause » à défendre, jouissant d'un certain appui populaire et non restreint à une minorité de convaincus ou de fidèles, le R.I.N., comme plus tard (quoique de façon plus nuancée) le Parti Québécois, tient encore du mouvement social qui l'a vu naître, davantage sûrement que de l'organisation électorale.

Mais ni le Parti Québécois ni le R.I.N. n'auraient sans doute vu le jour si la révolution tranquille n'avait eu lieu. À l'aube du nouveau départ du Québec, se détachant difficilement de la lignée séparatiste incarnée par le mouvement Jeune-Canada, *La Nation* et les Jeunesses patriotes, largement tributaire des interprétations historiques nationalistes de l'abbé Groulx, se manifeste une nouvelle génération de croisés du nationalisme.

Le 10 septembre 1960, une trentaine d'indépendantistes de Hull-Ottawa et de Montréal fondent le Rassemblement pour l'Indépendance Nationale envisagé exclusivement comme instrument de propagande, sans recherche trop hâtive de réponses aux problèmes soulevés par l'option indépendantiste. Le R.I.N. demeure un groupement d'éducation politique sans prétentions électorales jusqu'en 1963. On choisit André d'Allemagne, ex-premier lieutenant de Raymond Barbeau, comme président du nouveau groupe ; c'est le penseur, l'intellectuel du mouvement, figure marquante du R.I.N. jusqu'à sa dissolution. Marcel Chaput est élu vice-président.

1. Le R.I.N. en mouvement

a. Le départ

Le R.I.N. rompt avec la tradition nationaliste canadienne-française, même si on y retrouve un certain nombre de revendications courantes comme l'unilinguisme français et la récupération du Labrador annexé à Terre-Neuve depuis 1929 sur décision de Londres. Il n'est cependant plus question de retrait sur soi mais plutôt d'ouverture sur le monde : l'indépendance du Québec doit entraîner l'adhésion du nouvel État aux Nations-Unies. Non aligné sur le plan international, le Québec doit pouvoir conclure des traités d'entraide, de coopération ou de mise en commun de services avec n'importe quel pays, notamment le Canada et les États-Unis. Le R.I.N. désire que le Québec devienne une démocratie sociale laïque, avec maintien

Le Rassemblement pour l'Indépendance Nationale... 221

de la propriété privée et de la libre entreprise dans la mesure où l'intérêt commun n'est pas brimé. Le coopératisme est de loin préféré aux nationalisations qui n'apparaissent souhaitables que dans certains secteurs publics, comme le téléphone. En somme, au début, une orientation modérée et de centre gauche.

La publicité faite aux indépendantistes au début du mouvement[2] s'insère tout naturellement dans le cadre de la révolution tranquille et de la nouvelle ouverture d'esprit de la génération montante. Depuis 1950, les idées françaises et les événements contemporains excitent les aspirations des nouvelles classes moyennes. Mais c'est surtout après la mort de Maurice Duplessis et la prise du pouvoir par les libéraux en 1960 que se fait sentir l'influence conjuguée des idées d'Emmanuel Mounier et de l'équipe d'*Esprit*, de la décolonisation du Tiers-Monde, des voyages à l'étranger qui se multiplient, des études en sciences sociales qui se développent, des facilités de communication qui s'accroissent au Québec comme ailleurs, des tribunes où les opinions contestataires s'étalent : *Cité Libre, Vrai*, Radio-Canada, l'Institut canadien des affaires publiques, sans parler du *Devoir*.

Le gouvernement lui-même n'est rien d'autre qu'une « équipe au sein de laquelle les forces antinomiques de la société québécoise s'affrontent ». Déroutée par l'ampleur des problèmes auxquels elle doit faire face, cette équipe libérale prend une « série de mesures spectaculaires »[3] qui ne manquent pas de susciter de nouveaux espoirs encore plus ambitieux.

b. *La crise de 1962*

Dès février, mais surtout à partir de l'été 1962, la rumeur veut que M. Chaput essaie de transformer le R.I.N. en parti politique, éventualité déjà envisagée en octobre 1961, mais remise à plus tard dans l'espoir naïf que tous les partis politiques québécois adoptent l'idée de l'indépendance. Les élections précipitées de l'automne 1962 enlèvent les dernières illusions : libéraux et unionistes se livrent à une surenchère nationaliste pendant quelque temps, puis concentrent leurs batteries sur les problèmes sociaux, le grand thème de la nationalisation de l'électricité ayant, semble-t-il, « peu à faire avec la réélection des libéraux », que la population va reporter au

---

[2] Surtout à la suite de l'élection de Marcel Chaput à la présidence du R.I.N. à l'automne 1961. En début d'année 1962, *Le Devoir* (3 janvier, p. 3) estime que « le nombre des adhérents du R.I.N. dépasse le millier ».

[3] Jean Hamelin et André Garon, « La vie politique au Québec de 1956 à 1966 », pp. 3-26 *in* Vincent Lemieux, *Quatre élections provinciales au Québec*, Québec, Presses de l'Université Laval, 1969, pp. 15-16.

pouvoir « à cause du sentiment général de satisfaction prévalant dans l'ensemble de l'électorat devant les réalisations... des deux dernières années. »[4]

Les dépenses considérables de l'administration Chaput — notamment le lancement du journal mensuel *L'Indépendance* — vident les coffres du R.I.N. Parallèlement, avec l'encouragement officieux de Raymond Barbeau de l'Alliance laurentienne, on songe de plus en plus sérieusement à la transformation en un parti politique.

Un groupe de « réalistes » préfère d'abord rétablir la santé financière de la formation. En fait, il s'agit également pour une fraction de la droite du R.I.N. de donner un coup de frein au mouvement qui a, depuis quelques mois, tendance à s'orienter à gauche sous l'impulsion de Pierre Bourgault. Les rinistes issus de la bourgeoisie nationaliste traditionnelle, et, en particulier, des professions libérales, font campagne sur la question financière.

Jouissant de l'avantage tactique que leur confère l'absence de responsabilités en face d'une administration dont on reconnaît l'efficacité du travail, mais à qui l'on reproche des dépenses inconsidérées et une gestion désinvolte des fonds de la formation, les réalistes mènent une dure lutte à M. Chaput qui perd sur toute la ligne, après avoir été forcé de quitter son emploi à cause de « déclarations incompatibles avec le statut de fonctionnaire fédéral ».

M. Chaput fonde le Parti Républicain du Québec (P.R.Q.) en décembre 1962 et le R.I.N. se réorganise : on en redresse les finances, puis le transforme à son tour en parti politique, établit des structures et s'attelle à la préparation d'un programme qui envisage l'ensemble des solutions à apporter aux problèmes du Québec. On soigne son image et accroît sa crédibilité en se faisant inviter à maints débats publics et à de nombreuses émissions télévisées.

c. Le gauchissement

L'élection de Pierre Bourgault à la présidence du R.I.N. en 1964 ainsi que les conflits internes qui l'entourent marquent un point tournant dans la croisière du parti sur les eaux troublées de la politique québécoise. Un des orateurs les plus remarqués du groupement, M. Bourgault, occupe successivement les postes de président du R.I.N. - Montréal, membre de l'exécutif

---

[4] Maurice Pinard, « La rationalité de l'électorat : le cas de 1962 », pp. 179-195 *in* Vincent Lemieux, *op. cit.*, p. 182. Pinard détruit le mythe voulant que le nationalisme soit le déterminant majeur du comportement électoral des masses québécoises. *Cf.* aussi Maurice Pinard, « Classes sociales et comportement électoral », *in* Vincent Lemieux, *op. cit.* Au sujet de l'élection de 1962, *Cf.* également Lemieux, *op. cit.*, pp. 15-20, 43-48, 58-65.

national du parti, directeur de L'*Indépendance*. La lutte à la chefferie l'oppose au président sortant, Guy Pouliot, de Québec.

Les rivalités régionales et les oppositions idéologiques qui sous-tendent l'étude d'un volumineux programme dégénèrent rapidement en un conflit ouvert où s'affrontent davantage deux styles, deux conceptions politiques que deux générations, encore qu'il y ait là un aspect non négligeable de la situation. Mais, c'est devenu un phénomène classique, l'opposition se transforme inévitablement en querelle de personnalités.

Pierre Bourgault se déclare d'accord avec Guy Pouliot sur la doctrine politique. Il désire préparer le R.I.N. à la lutte électorale « avec enthousiasme et agressivité, ... agrandir la doctrine du R.I.N. à la mesure de nos espoirs, ... introduire la discipline dans le parti » et s'engager le plus tôt possible dans la lutte électorale. Les modérés de Québec lui reprochent « son jeune âge », son « instabilité émotive », son « agnosticisme », ses « penchants révolutionnaires », mais Guy Pouliot est défait aux mains de son jeune rival. Les notables, après avoir dû, pour une part, se convertir à l'indépendantisme de crainte de voir le « contrôle » du nationalisme leur échapper, viennent de perdre le R.I.N. Le jeune aspirant qui n'a cessé de déployer, selon l'expression consacrée, « une activité formidable au nom de la cause commune »,[5] voit ses efforts récompensés. L'indépendantisme d'action supplante définitivement le nationalisme hérité des élites traditionnelles. Mais les deux conceptions qui se heurtent au congrès du R.I.N. divergent trop pour qu'un simple appel à l'unité lancé par le nouveau chef puisse les réconcilier.

Le conflit oppose la vieille garde du parti, enracinée dans des conceptions dérivées du nationalisme traditionnel, aux nouveaux dirigeants indépendantistes dont Pierre Bourgault définit le néo-nationalisme :

> Le plus vite on pourra se débarrasser du nationalisme, le mieux on sera ... Nous sommes nationalistes parce que nous n'avons pas le choix ... C'est par souci d'internationalisme que nous sommes nationalistes. On ne peut aspirer à participer à la vie internationale, à occuper une place sur la scène internationale, sans exister d'abord chez soi.[6]

Conçues de façons différentes, l'idéologie et l'action politique rendent déjà le conflit acrimonieux. La diversité des origines sociales des parties en présence et les querelles de personnalités se chargent de le conduire au bord de la rupture. Une question de « discipline interne » va se charger du reste.

---

[5] Robert Michels, *Political Parties*, New York, Free Press (paperback edition), 1966, p. 174.

[6] Pierre Bourgault, rapporté par *Le Devoir* du 2 août 1963, p. 8.

C'est ainsi qu'en août 1964, le conseil central du R.I.N. décide d'expulser un membre et de suspendre le président du R.I.N. - Québec pour indiscipline et refus de collaboration avec la direction nationale du parti. Des démissions s'ensuivent qui formeront la base du futur Regroupement National :

> Le R.I.N. a dévié de son caractère original en raison d'infiltrations idéologiques que nous réprouvons... Si l'indépendance politique est indispensable à l'épanouissement du Québec, la révolution lui serait extrêmement néfaste. Or, la direction actuelle du R.I.N. est dominée par une faction qui engage de plus en plus le parti sur la voie irrévocable de la révolution.[7]

La nouvelle formation se réclame de la tradition qui a vu naître les Lionel Groulx, André Laurendeau et les nationalistes regroupés autour de Paul Bouchard et de *La Nation* ; on s'engage à faire « du Québec un État souverain et démocratique, de culture française et d'inspiration chrétienne ».[8]

Effectivement, depuis 1957, le mouvement indépendantiste ne cesse d'obliquer vers la gauche et de ravir aux représentants petits-bourgeois du nationalisme traditionnel le monopole de la revendication autonomiste, auquel certains tentent désespérément de s'agripper, quitte à pactiser avec des créditistes dissidents à la veille du scrutin provincial de 1966.

d. Les élections de 1966

Ministre influent du cabinet libéral, Eric Kierans évalue à 2% de la population les partisans de l'indépendance et en déduit des chances électorales « négligeables » pour les candidats du R.I.N. et du R.N.[9] Dans la mesure de leurs moyens, beaucoup plus modestes, il va sans dire, que ceux des deux grands partis traditionnels, le R.I.N. et le R.N. mènent une campagne électorale assez active. La presse écrite, parlée et télévisée, leur réservent d'ailleurs une place honorable. Leurs candidats sont cependant presque toujours des inconnus et ne disposent pas de l'expérience, de l'organisation et des fonds suffisants pour agir efficacement au niveau des comtés.

Les tiers partis indépendantistes ne parviennent pas à faire élire un seul de leurs candidats et ne réussissent à se classer seconds que dans trois

---

[7] Communiqué de cinq démissionnaires, 2 présidents et 3 vice-présidents régionaux, rapporté par *Le Devoir* du 29 août 1964, p. 6.

[8] Manifeste du Regroupement National rapporté par *Le Devoir* du 28 septembre 1964, p. 12.

[9] Rapporté par *Le Devoir* du 20 avril 1966, p. 3. R.N. est le sigle du Ralliement National, issu d'une fusion du Regroupement National et d'une aile du Ralliement des Créditistes.

comtés. Dans plusieurs autres circonscriptions, ils recueillent néanmoins une part intéressante du vote pour une première tentative et contribuent probablement au renversement des libéraux comme parti au pouvoir.

Les 73 candidats du R.I.N. et les 90 du R.N. parviennent à recueillir un peu plus de 200 000 voix, soit 8.8% des suffrages exprimés dans l'ensemble des 108 comtés québécois. Les cinq huitièmes des votes indépendantistes vont au R.I.N., notamment à cause de sa meilleure organisation et de son implantation surtout montréalaise.[10]

Malgré tout, les tiers partis indépendantistes célèbrent une victoire morale au lendemain du scrutin, précisément à cause du nombre de votes recueillis à une première élection, et parce qu'ils contribuent à la défaite libérale. Ils ont au moins la satisfaction de voir refouler dans l'opposition le Parti Libéral à qui ils ne pardonnent pas ses mesures « répressives » ou « l'arrogance » de son chef Jean Lesage, autour duquel la campagne libérale a tourné.

Si les élections constituent objectivement un échec relatif des indépendantistes à entraîner même un électeur sur dix, elles permettent néanmoins aux gens du R.I.N. et du R.N. de mesurer le chemin considérable parcouru depuis 1957 dans la « marche vers l'indépendance ».

e. Entre l'ouvriérisme et l'électoralisme

Cette marche, faut-il le souligner, s'effectue parfois en terrain accidenté. Les élections de 1966 puis la venue du général de Gaulle en 1967 attirent au parti quelques milliers de nouveaux membres,[11] issus en majorité de milieux urbains et, pour 30%, ayant récemment connu une mobilité géographique, le plus souvent vers les centres métropolitains de Québec ou Montréal.[12]

Selon une enquête menée en 1968, neuf rinistes sur dix demeurent dans des circonscriptions électorales où se sont présentés des candidats du

---

[10] Si l'on ne considère que les 73 comtés sur 108 où le R.I.N. présente des candidats, sa part du vote monte de 5.5% à 7.8%. Le R.I.N. récolte plus de 62 000 voix dans la région métropolitaine de Montréal (29 comtés), où il arrive une fois en deuxième place. Le R.I.N. et le R.N. se placent en seconde position une fois chacun en province.

[11] Aucun nombre fiable n'est disponible. Officiellement, il s'agit d'un accroissement de 100% : 6500 nouveaux membres pour un total de 13 000. Cependant, ces nombres sont très certainement largement exagérés. Par ailleurs, au cours de la campagne électorale de 1970, Pierre Bourgault affirme que le R.I.N. ne comptait qu'environ 950 membres lorsque la campagne de 1966 s'est ouverte. Réjean Pelletier estime pour sa part le nombre de rinistes « autour de 5000 avec des pointes de 7 à 8000 et de 2 à 3000 membres », p. 46 *in* « Le militant du R.I.N. et son parti », *Recherches sociographiques*, XIII (1972) : pp. 41-72.

[12] *Cf.* François-Pierre Gingras, *Contribution à l'étude de l'engagement indépendantiste au Québec*, thèse de doctorat en Sociologie, Université René Descartes, Paris, 1971.

R.I.N. lors des élections de 1966. Plus de la moitié des militants habitent Montréal ou sa banlieue immédiate,[13] ce qui confirme l'influence politisatrice des grands centres urbains, ainsi que le rôle qu'a toujours exercé Montréal sur l'évolution idéologique du Canada français.

Les structures du R.I.N. se révèlent tout à fait incapables d'intégrer ces nouveaux membres, et deux orientations s'opposent rapidement sur la façon de faire grandir le parti à la mesure de son nouveau membership. D'une part, la volonté de faire du R.I.N. un parti politique assez fort et organisé pour contester avec plus de succès les prochaines élections provinciales. D'autre part, la volonté d'utiliser les ressources du R.I.N. pour agir en profondeur au sein des masses ouvrières et leur inculquer une conscience politique et sociale. Les premiers privilégient la voie électorale et les seconds axent leurs efforts sur l'éducation idéologique des masses, l'électoralisme leur semblant une attitude typiquement bourgeoise et réactionnaire.

Andrée Ferretti se fait l'apôtre de l'agitation sociale. Elle est de toutes les manifestations et fait du «piquetage», son jeune enfant dans les bras, avec les ouvriers en grève. Ses partisans augmentent la diffusion du périodique *Le Bélier*,[14] organe de liaison d'extrême gauche du R.I.N.-Montréal. Par son militantisme, elle devient une figure de premier plan et constitue une menace pour l'équipe en place à la veille du congrès d'octobre 1967.

Depuis plusieurs mois, le R.I.N. entretient des pourparlers avec le R.N. dont Gilles Grégoire a pris la tête en août 1966. Mais les rinistes posent leurs conditions : que le R.N. « renonce à défendre les théories créditistes absolument inacceptables au R.I.N. et qu'il endosse l'essentiel de notre programme ».[15] Gilles Grégoire se montre très large de vues et un accord se dessine à l'horizon.

L'entrée en scène d'Andrée Ferretti et de René Lévesque bouleverse le R.I.N.. Dès la démission de M. Lévesque du Parti Libéral, Pierre Bourgault l'invite à rallier le R.I.N., invitation évidemment déclinée par le député de Laurier. Un des buts du congrès d'octobre 1967 est d'établir un front commun de tous les indépendantistes. Une proposition de fusion avec le R.N. (le Mouvement Souveraineté-Association n'est pas encore fondé) est écartée au profit d'une résolution invitant le parti à « étudier toute possibilité d'entente avec des individus et des groupements indépendantistes en vue de leur adhésion au R.I.N. », ce qui restreint la portée du texte de beaucoup et réduit considérablement les chances d'un accord.

---

[13] *Cf. ibid.*
[14] L'emblème du R.I.N. est un bélier stylisé.
[15] Communiqué rapporté par *Le Devoir* du 15 juin 1967, p. 3.

Pour Andrée Ferretti, ouvrir la porte au R.N., c'est faire entrer la petite bourgeoisie nationaliste intéressée d'abord aux bénéfices matériels : le but du R.I.N. est de « prendre le pouvoir, mais pas à n'importe quel prix ». Appuyée par le R.I.N.-Montréal, elle mène la lutte pour « remanier entièrement l'actuel programme » du parti et élaborer une « stratégie globale en fonction des travailleurs ».[16]

Très rapidement, l'opposition idéologique et stratégique se double d'une querelle de caractère personnel entre M. Bourgault et Mme Ferretti. Le premier, qu'on accuse d'incarner la droite du R.I.N., reproche à la *passionaria* de l'indépendantisme ses excès « ouvriéristes », ses emprunts excessifs à la terminologie révolutionnaire du dix-neuvième siècle et en général « une certaine odeur de poudre à canon ». Il a derrière lui la masse des rinistes qui ne se reconnaissent pas dans les « travailleurs » que Mme Ferretti veut défendre. Un nombre minuscule de membres (3%) se considèrent comme faisant partie d'une classe vraiment défavorisée, alors que la majorité absolue des rinistes s'identifie volontiers à la classe moyenne de préférence à la classe des travailleurs (tableau 1-1).

Taillée vraiment sur mesure pour les rinistes, une stratification sociale qui leur est proposée et rapportée ici ne rebute que 4% d'entre eux. Tous les termes possèdent une connotation idéologique dans une interprétation socialisante de la société. Malgré tout, 21% ne craignent pas de se définir comme appartenant à une « classe à l'aise ». Alors que 52% de tous les rinistes, sur le marché du travail ou non, sont des salariés, seulement 18% se considèrent comme membres de la « classe des travailleurs ». Ce qui rejoint l'affirmation de Pierre Bourgault qu'il n'y en a guère au R.I.N.

En outre, la mentalité bourgeoise que Mme Ferretti décèle chez un certain nombre de militants ressort de la perception qu'ils possèdent de leur mobilité sociale personnelle et illustre bien l'évolution rapide d'une fraction des classes moyennes québécoises. En évoquant la perception qu'ils ont de la classe sociale de leur père, les rinistes rendent compte, certes bien imparfaitement, de cette explosion, encore que la comparaison des activités professionnelles des membres du R.I.N. et de leur père le manifeste davantage encore (tableau 1-2). Il semble qu'une majorité de rinistes soit en mobilité ascendante, même si seulement 47% de ceux-ci paraissent le réaliser intuitivement. En outre, les plus mécontents de leur sort proviennent des 45% de membres qui s'estiment en mobilité verticale descendante, alors qu'une confrontation de leurs réponses laisse plutôt croire qu'ils sont en mobilité professionnelle ascendante. Dans ces cas, la variable responsable de la distorsion semble être un syndrome d'insécurité socio-professionnelle décou-

---

[16] Dossiers personnels de l'auteur.

Tableau 1

Mobilité sociale des rinistes*
(en pourcentages)

1. Perception de la classe sociale...**	du militant lui-même	de son père
Classe privilégiée	3	4
Classe à l'aise	21	20
Classe moyenne	54	34
Classe des travailleurs	18	35
Classe défavorisée	3	7
N = 100% =	(374)	(351)
SR =	3.9%	9.8%

2. Mobilité verticale intergénérationnelle***	Perception intuitive de la mobilité sociale	Mobilité professionnelle objective
Mobilité ascendante	34	55
Stabilité	55	36
Mobilité descendante	11	9
N = 100% =	(278)	(341)
SR =	28.5%	12.3%

* Répartition des rinistes selon leurs réponses à des questions concernant leur situation sociale et leur mobilité sociale. Source : questionnaire postal envoyé à un échantillon de membres du R.I.N. en 1968 ; détails in *Nationalisme canadien-français et indépendantisme québécois* (en préparation).
** Catégories suggérées aux répondants par le questionnaire.
*** La perception intuitive est dérivée de la confrontation des réponses rapportées en 1 : l'évaluation objective est dérivée de la confrontation de la profession du père du militant, à l'adolescence de ce dernier, avec la profession actuelle ou envisagée du militant ; voir notre thèse citée *supra* note 12.

lant d'un encombrement de certaines catégories semi-professionnelles, comme l'enseignement, par ailleurs affectées d'une soudaine baisse de prestige après avoir connu une période d'accroissement de considération sociale au début de la révolution tranquille, mais que des conflits avec le gouvernement et une affluence de nouveaux diplômés sont venus perturber. Notons finalement que 96% des rinistes, objectivement en mobilité professionnelle descendante, aspirent à changer de genre d'emploi afin de pallier aux inconvénients sociaux et psychologiques qui s'attachent à leur situation sociale en détérioration.

Avec une telle base de membres, le R.I.N. sort du congrès « aussi uni qu'on puisse l'exiger d'un mouvement en pleine croissance » : Pierre Bourgault est réélu président par acclamation, mais voit Mme Ferretti accéder à la vice-présidence malgré son opposition farouche. Pendant plusieurs mois, la vie du R.I.N. s'en trouve paralysée. Les positions sont si nettement divergentes que presque toute action se révèle impossible. Le grand gagnant de l'affaire est bien sûr le Mouvement Souveraineté-Association (M.S.A.) qui draine à lui les indépendantistes effrayés par le radicalisme et une certaine image turbulente du R.I.N.

f. L'heure de vérité

L'atmosphère du parti devient irrespirable. Un congrès spécial en mars va décider. Pierre Bourgault et Andrée Ferretti briguent la présidence. MM. Bourgault et d'Allemagne mettent sur pied une formidable machine électorale. C'est un précédent au R.I.N. Les adversaires se livrent une bataille de communiqués et de déclarations. Les assemblées se multiplient. L'équipe Bourgault-d'Allemagne paraît en position de force. À la veille du congrès, Mme Ferretti et son entourage démissionnent du R.I.N. pour fonder le Front de libération populaire.

Le congrès donne le feu vert aux dirigeants du R.I.N. pour négocier avec le M.S.A. et le R.N. Les pourparlers commencent en mai 1968. Le R.N. de Gilles Grégoire accepte presque sans condition d'opérer une fusion avec le R.I.N. et le M.S.A. René Lévesque hésite à serrer la main des rinistes, car cela ne manquerait pas de ternir son image personnelle. En outre, il s'oppose à l'unilinguisme français absolu que réclame le R.I.N. Sa position n'a pas changé là-dessus depuis 1964.

> Il faut absolument que nous respections ce 20% de la population du Québec qui ne partage pas notre culture, sans quoi nous nous dégradons, nous nous détruisons nous-mêmes.[17]

Au R.I.N., on se rend bien compte qu'il faudra, un jour ou l'autre, concéder des points à René Lévesque.[18] Déjà le nombre d'adhérents du M.S.A. dépasse largement celui du R.I.N.

Le M.S.A. refuse systématiquement de s'associer à des manifestations communes, même pacifiques. Après les actes de violence qui se produisent lors du défilé de nuit de la Saint-Jean-Baptiste, le 24 juin 1968, à la suite

---

[17] Rapporté par *Le Devoir* du 6 avril 1964, pp. 1-2.
[18] Dès 1962, notamment à l'occasion du congrès de la Fédération des Sociétés Saint-Jean-Baptiste, à Trois-Rivières, des rinistes manifestent aux cris de « Vive René Lévesque, vive Marcel Chaput ». Le 4 décembre 1967, Pierre Bourgault affirme même que « René Lévesque est l'homme fort du Québec ».

d'une invitation à manifester lancée par le R.I.N., le M.A.S., condamnant l'usage de toute violence, annonce la rupture des négociations avec le parti de M. Bourgault.

En octobre 1968, le M.S.A. et le R.N. fusionnent au congrès de fondation du Parti Québécois. Désormais, il est évident que seul le P.Q. peut affronter l'électorat avec succès. De nombreux rinistes s'inscrivent au nouveau parti — s'ils ne sont pas déjà inscrits au M.S.A. Deux semaines plus tard, au congrès du R.I.N., le cahier de propositions cède la place à une unique résolution, d'ailleurs adoptée : le R.I.N. se dissout et recommande à ses adhérents de joindre les rangs du Parti Québécois.

L'heure de vérité a sonné. C'est la réunion de toutes les forces démocratiques proposant l'indépendance du Québec. Il serait faux cependant d'affirmer que le R.I.N. ne proposait que l'indépendance du Québec.

2. Le contenu de l'indépendance

a. La séparation : un moyen

Le R.I.N. s'est donné comme but d'établir les conditions nécessaires à l'épanouissement de la nation québécoise. Cet épanouissement, la nation ne pourra le poursuivre efficacement que lorsqu'elle aura la maîtrise de sa destinée, en particulier lorsqu'elle aura récupéré toute son initiative dans le domaine politique et qu'elle aura ordonné l'activité économique, à la satisfaction des besoins de la collectivité.[19]

Tels sont les principes idéologiques qui guident le R.I.N. dans ses revendications. L'analyse de leur contenu fait ressortir trois éléments que tout parti politique naissant et en quête d'un appui populaire offre à son public virtuel.[20] Une doctrine d'abord, qui est ici la maîtrise que doivent posséder les Québécois de leur propre avenir ; des slogans visant à établir des loyautés et recruter des membres, du type « Le Québec aux Québécois » ; les valeurs suprêmes de la culture ambiante telle que perçue par les chefs du mouvement : le nationalisme, la défense de la langue française, le développement économique et social...

Le principe de mise en œuvre adopté par le R.I.N. consiste essentiellement en une planification aux facettes économique, socio-culturelle et po-

---

[19] Rassemblement pour l'Indépendance Nationale (R.I.N.), *Programme politique du R.I.N., 1966-67* (2ᵉ édition), Montréal, Secrétariat du Rassemblement pour l'Indépendance Nationale, 1967, p. 3.
[20] *Cf.* Seymour Martin Lipset, *Agrarian Socialism* (updated edition), Garden City (N.I.), Doubleday (Anchor Books), 1968, p. 160.

litique, dans laquelle on voit l'unique façon d'atteindre les objectifs qu'on proclame.[21] Et ces objectifs concrets (plein emploi, sécurité sociale universelle, éducation, démocratie de participation et d'exécution, etc.) traduisent de façon tangible le principe idéologique de contenu, c'est-à-dire le but ultime visé : l'épanouissement de la nation québécoise.

L'indépendance politique apparaît davantage comme un moyen que comme une fin, plus comme un principe de mise en œuvre permettant la planification que comme un principe de contenu, objet de culte pour lui-même, « plus un effort qu'une promesse ».[22]

> En faisant l'indépendance du Québec, nous serons la majorité dans notre pays. C'est NOUS qui déciderons pour NOUS. C'est NOUS qui orienterons NOTRE économie. Nous réglerons NOS problèmes NOUS-MÊMES.[23]

b. Un procédé : la planification

Toutes les publications du R.I.N. mettent l'accent sur l'aspect économique qui occupe d'ailleurs la première et principale place dans le programme du parti. Partant du postulat que le Québec a un besoin urgent de s'inventer un système économique propre, les penseurs du parti rejettent l'adoption « aveugle » de l'un et l'autre types idéaux que sont les mécanismes de marché capitaliste ou de planification collectiviste. Ils ne retiennent pas davantage les quelques formes concrètes d'« adaptation de ces deux systèmes aux cadres naturels, historiques et sociologiques » dans d'autres pays, mais soulignent qu'il s'agit de procéder à une adaptation originale pour le Québec, en respectant avant tout « le particularisme de ses propres structures ».

Comme prémisse à l'établissement d'un tel système, on évoque la nécessité de dissocier les deux fonctions économiques que sont la production et la distribution :

> Le R.I.N. rejette le principe selon lequel un certain système de production entraîne automatiquement un certain système de distribution.

---

[21] Sur les principes idéologiques de contenu et de mise en œuvre, *Cf.* Arnold A. Rogow et Harold D. Lasswell, *Power, Corruption and Rectitude*, Englewood Cliffs (N.J.), Prentice-Hall, 1963, spéc. p. 122.
[22] *L'Indépendance*, 1er mai 1967, p. 4.
[23] *Idem*, 16 mai 1967, p. 5.

On précise cependant qu'il serait « téméraire, même en théorie, de vouloir se soustraire à l'économie de marché », bien que le Québec ait assez d'atouts en main « pour imposer collectivement au moins certaines conditions et certains contrôles à pareille situation ».[24]

La sécession, telle que réclamée par les penseurs du R.I.N., est explicitement un instrument pour planifier et organiser l'économie, et la planification apparaît comme l'élément essentiel de la pensée riniste en matière de solutions aux problèmes du Québec. C'est le principe idéologique de mise en œuvre fondamental et universel.

> Notre programme politique... constitue un plan... de politique globale, intégrant les structures politiques qui seront créées, l'ensemble des institutions sociales et culturelles et les organismes nécessaires à la planification.[25]

Conçue comme une technique d'organisation du travail des hommes et de leurs échanges, la planification riniste, au nom d'une vision radicale de la politique, vise à « assurer l'épanouissement culturel de la population, éliminer l'injustice sociale, assurer le plein emploi dans l'économie et garantir l'exercice d'une démocratie réelle et efficace ».[26]

c. Une idéologie reflet

Malgré l'évidence de rapprochements individuels entre la pensée économico-sociale de certains militants avec divers modèles d'analyses socialistes, il ne saurait être question d'identifier le mouvement indépendantiste dans son ensemble ou même le seul R.I.N. à l'un de ces grands courants. On pourrait à la rigueur admettre que les rinistes ont innové en proposant une variété autochtone de socialisme, libre de toute filiation directe.

D'autre part, les propositions concrètes du R.I.N. résultent d'une étude de sérieuse des variétés structurelles de régimes « aussi différents que les États-Unis, la Suède, Israël, la Yougoslavie et l'Union soviétique ».[27] Les exemples étrangers, en particulier celui de la Suède, transpirent dans les mesures mises de l'avant en matière de sécurité sociale, de justice, d'habitation, d'exploitation minière et agricole. En résumé, l'argument fondamental justifiant la planification est que

---

[24] R.I.N., *op. cit.*, pp. 4, 6.
[25] *L'Indépendance*, 1er mai 1967, p. 4.
[26] R.I.N., *op. cit.*, p. 3.
[27] *L'Indépendance*, 15 février 1968, p. 3.

Le Rassemblement pour l'Indépendance Nationale... 233

la liberté économique ne se satisfait pas d'un schème théorique 'idéal' ou d'un régime économique importé ; le système économique, expression de cette liberté, (doit) tenir compte des structures du pays.[28]

L'insistance du R.I.N. à toucher la « réalité concrète » propre au Québec illustre un syncrétisme commun, depuis la première guerre mondiale, à certains partis nationalistes de gauche.

Il s'agit d'une attitude nationaliste transparaissant dans ce qu'on a appelé une idéologie reflet : reflet d'attitudes politiques générales certes, mais surtout reflet d'une histoire qu'il ne s'agit pas de renier et encore moins de perpétuer sans changement profond. Cette idéologie, qui hésite à emprunter aux autres idéologies mais surmonte cette hésitation, témoigne d'un « style dynamique d'adaptation psychosociale à la situation »,[29] situation dont l'évolution affecte particulièrement certains groupes sociaux, les plus disponibles à se mobiliser en faveur de mouvements sociaux.[30]

Les sources de syncrétisme sont triples. D'abord, les tensions sociales ont rendu inadéquates les vieilles valeurs qui servaient de base à la vie collective canadienne-française ; il faut donc les remplacer ou les reconstituer par invention, importation ou élaboration. Ensuite, les groupes subissant les plus fortes pressions sont naturellement portés à accommoder à leurs problèmes les représentations valorielles qu'ils forment. Enfin, l'expérience des penseurs est forcément limitée, ce qui restreint l'éventail des emprunts qu'ils proposent.

L'étalon utilisé par le nationaliste est que l'élément à importer doit être en conformité avec sa propre culture nationale et doit servir à renforcer sa nation.[31]

Pas de véritable planification possible, pour les économistes indépendantistes, sans contrôle effectif sur le commerce extérieur et les douanes, le crédit, la monnaie et le système bancaire, de même que l'immigration. Ce prérequis aux multiples facettes sous-tend littéralement tout projet de prise en main de l'économie québécoise par les Québécois.

---

[28] *Ibid., loc. cit.*
[29] Alain Lancelot, *Les attitudes politiques* (3ᵉ édition), Paris, Presses universitaires de France (collection « Que sais-je ? »), 1969, p. 112.
[30] *Cf.* l'analyse de Smelser, *op. cit.*, spécialement pp. 348-352, dont nous partageons le point de vue.
[31] Mary Matosslan, « Ideologies of Delayed Industrialization », pp. 113-122 *in* J.L. Finkle et R.W. Gable, *Political Development and Social Change*, (2ᵉ édition), New York, Wiley, 1971, p. 118.

Dans les conditions actuelles, en raison même du partage des pouvoirs prévu par le *British North America Act,* en 1867, et consacré par plus de cent ans de vie commune, seul le gouvernement fédéral peut exercer un tel contrôle « et ce, dans une perspective centralisatrice normale, mais totalement opposée à nos aspirations nationales et sociales ».[32]

Le seul palliatif à cette antinomie des aspirations québécoises d'une part et du fédéralisme inévitablement centralisateur d'autre part est la récupération des pouvoirs en question par le gouvernement du Québec, c'est-à-dire la sécession. Telle est la signification du mot d'ordre « l'indépendance d'abord », rappelant sans cesse, dans la propagande comme dans les assemblées, qu'indépendance politique et planification économique sont irrévocablement liées :

> Indépendance politique... premier pas dans la marche du Québec vers sa libération totale... qui nous permettra d'organiser notre vie économique, sociale et culturelle comme nous l'entendons.[33]

d. Un régime ni libéral ni socialiste

Dans l'hypothèse d'un Québec indépendant, le R.I.N. propose comme instrument d'action fondamental l'institution d'un organisme central de planification, baptisé Haut-Commissariat au plan, chargé d'élaborer des plans d'envergures diverses, puis de les soumettre au gouvernement pour adoption. Le Haut-Commissarait au plan constitue la pierre angulaire de la construction économique riniste. Faisant appel, dans tous les secteurs socio-économiques et culturels, exclusivement à des experts intégrés aux diverses régions du Québec, l'organisme central de planification exercera une fonction purement technique en ce qu'il « définira les différents modèles possibles de développement ».[34] La composition du Haut-Commissariat au plan témoigne d'un double souci d'utilisation optimale des compétences techniques et de décentralisation des influences.

Le programme politique qui rallie la majeure partie des indépendantistes avant 1968 demeure d'inspiration socialiste. Les orateurs insistent, selon le moment et l'auditoire, sur les divergences avec le communisme ou avec le libéralisme. Nulle part dans le programme du R.I.N. n'apparaît une seule fois le mot « socialisme » ou l'un de ses dérivés. Pas plus d'ailleurs qu'on ne le retrouve dans *L'Indépendance* au cours des dix-huit mois précédant la dissolution du parti, si l'on excepte le compte rendu d'un discours d'Andrée Ferretti à l'occasion du septième anniversaire du R.I.N. On sait

---

[32] R.I.N., *op. cit.,* p. 6.
[33] *L'Indépendance,* 16 mai 1967, p. 5.
[34] R.I.N., *op. cit.,* p. 4.

que Mme Ferretti, quelques mois plus tard, quitte le R.I.N. pour fonder un nouveau groupement indépendantiste, socialiste et « décolonisateur ». Pour elle et ses fidèles, le R.I.N. est trop à droite.

Entre des accusations contradictoires, les penseurs indépendantistes font une profession de foi en une « planification qui se veut démocratique dans les objectifs comme dans les moyens ».[35] Les indépendantistes prêchent la reprise en main de ses destinées par la collectivité québécoise, la participation de tous les citoyens à l'élaboration comme à l'exécution de la politique planificatrice, notamment par l'entremise des corps intermédiaires représentatifs comme les syndicats et les associations patronales. Corporatisme et socialisme finissent par se rejoindre dans une idéologie du « juste milieu ».

e. L'aménagement du territoire

L'aménagement du territoire n'est qu'une des multiples facettes de la planification ; il vise à équilibrer les différents plans régionaux, en vue d'épanouir toutes les régions du Québec, rééquilibrer l'économie québécoise et répartir la prospérité sur l'ensemble du territoire québécois. Le R.I.N. reprend ainsi ce qui, dès l'après-guerre, est devenu en France « le thème conjoint des travaux de géographes, d'économistes et d'urbanistes, des préoccupations parlementaires, et de programmes gouvernementaux ».[36]

La première mesure à prendre en matière d'aménagement du territoire est la création de gouvernements régionaux électifs, chargés de coordonner les efforts sur le plan régional et dotés des pouvoirs de décision et d'exécution dans les domaines de leur ressort. Ces gouvernements régionaux devront collaborer étroitement avec les conseils économiques régionaux, formés des représentants des groupes socio-économiques de la région, dont le rôle sera « de fixer les objectifs et les priorités régionales, d'élaborer le plan au niveau de la région dans le cadre du plan national ».[37]

Ce schéma de décentralisation s'accompagne d'une proposition de regroupement des municipalités en des unités locales fortes, afin d'éliminer l'inutile et onéreuse multiplication des services municipaux, un gaspillage d'argent et d'énergies, de même qu'une politique de clocher sans cesse en proie aux tiraillements d'intérêts personnels mesquins. Par ailleurs, cette double mesure facilitera la mise en œuvre des programmes de développement urbain et de rénovation urbaine, complétés par une réglementation de l'habitation.

---

[35] R.I.N., *op. cit.*, p. 3.
[36] Claude Delmas, *L'aménagement du territoire*, Paris, Presses universitaires de France (collection « Que sais-je ? »), 1962, p. 5.
[37] R.I.N., *op. cit.*, p. 27.

f. Une pensée structurée

En résumé, le programme du R.I.N. se ramène à quatre mots d'ordre : planification, démocratie, décentralisation et efficacité. Planification vue comme un développement harmonieux et rationnel des ressources humaines et matérielles. Démocratie présente dans la participation populaire aux décisions et à leur exécution. Décentralisation afin d'épanouir toutes les régions et de répartir la prospérité sur l'ensemble du territoire. Efficacité enfin comme conséquence des trois mots d'ordre précédents, dans la réalisation rapide et économique de la reconquête de l'économie de même que dans les structures qui seront mises sur pied.

L'exposé de l'idéologie riniste révèle l'existence d'une pensée indépendantiste bien structurée, premier élément, selon Rogow, du succès d'un parti politique. En effet, l'analyste du gouvernement travailliste d'après-guerre affirme qu'un parti politique ne « réussit » vraiment que s'il devient une organisation capable de mettre en œuvre un programme prédéterminé et dérivé d'une idéologie hautement intégrée.[38]

C'est évidemment discutable. La plupart des politiciens et certains politicologues n'hésitent pas à soutenir qu'un parti « réussit » davantage en gagnant des élections qu'en conservant sa pureté idéologique.[39] On a beaucoup discouru sur l'altération de l'idéologie et des principes directeurs des mouvements sociaux proclamant la nécessité d'un changement des valeurs de la société. L'histoire n'aura pas permis au R.I.N. de prendre le virage à droite que Michels et d'autres estiment inévitable dans le combat — et surtout le triomphe — politique.

3. La vision du monde du militant

a. Idéologie et militantisme

Une toute autre question est de se demander si l'indépendantiste « moyen » partage l'idéologie structurée du programme riniste ou s'il n'agit pas davantage en vertu d'une utopie court-circuitée qui prône la sécession comme remède à tous les maux et qui résout pour lui son problème essentiel.

Il semble qu'il existe en général un écart assez considérable entre la pensée qu'articulent les partis politiques et la conscience qu'en ont leurs

---

[38] Arnold A. Rogow, *The Labor Government and British Industry : 1945-1951*, Ithaca (N.Y.), Cornell University Press, 1956.
[39] *Cf.* par exemple la critique de Charles E. Lindblom, « In Praise of Political Science », *World Politics,* January 1957, pp. 240-253.

partisans et même leurs militants.[40] Les électeurs pensant en termes idéologiques ne sauraient constituer une fraction importante de la population : à peine quatre pour cent de l'électorat fournissent à une équipe d'enquêteurs des réponses manifestant « les genres de conceptions de la politique qu'impliquent des interprétations idéologiques du comportement politique et du changement politique ».[41]

Si c'est émettre un vœu pieux que d'affirmer l'existence d'une correspondance étroite entre l'idéologie d'un parti et l'appui d'un électeur, le problème prend une autre tournure lorsque l'on considère uniquement les formations issues de mouvements sociaux. Il ne fait pas de doute que, bien souvent, la formation en question réussit à transmettre un message avec succès. Cependant, il s'agit la plupart du temps de promesses se suffisant à elles-mêmes et on ne voit guère intervenir la lointaine et abstraite superstructure des idées qui définit le mouvement aux yeux de l'initié. Elle n'est pas toujours connue et encore moins souvent comprise.

Après examen d'une situation socio-économique du Québec qu'ils qualifient de déplorable, les indépendantistes en cherchent les causes. L'identification d'agents responsables est simple : par-delà les intentions des dirigeants d'Ottawa et le traditionalisme des chefs politiques québécois,

> ... de la conquête de 1760, indépendamment de ses modalités, découle pour le vaincu non assimilé une véritable infériorité économique qu'on ne peut attribuer ni à la méchanceté du vainqueur ni à l'imbécillité du vaincu.[42]

Traduisant une discordance au niveau des valeurs, apparaît la carence au niveau des institutions et des normes :

> Tout effort, même sérieux, à l'intérieur de l'union fédérale ne pourrait rendre le peuple minoritaire que *un peu moins pas maître* dans le compartiment biethnique bilingue et biculturel du Québec.[43]

D'où le choix de l'indépendance qui s'impose de lui-même.

b. Un néo-nationalisme

Comme le « grand soir » de l'indépendance demeure une vision qu'on ne croit quand même pas voir se réaliser du jour au lendemain, l'in-

---

[40] Angus Campbell, Philip E. Converse, Warren E. Miller et Donald E. Stokes, *The American Voter*, New York, Wiley, 1960, pp. 192-249 ; Samuel J. Eldersveld, *Political Parties : A Behavioral Analysis*, Chicago, Rand McNally, 1964, pp. 184-216.
[41] *Ibid.*, p. 227.
[42] Maurice Séguin, *L'idée d'indépendance au Québec*, Trois-Rivières, Boréal Express (collection 17/60), 1968, p. 64.
[43] *Ibid., loc. cit.*, (italiques dans le texte).

dépendantisme québécois s'identifie d'abord chez le militant moyen à un néo-nationalisme politico-culturel, sur lequel se greffent des composantes socio-économiques. Les rinistes ont avant tout à cœur la résolution des problèmes culturels et linguistiques des Québécois qui accaparent les énergies canadiennes-françaises depuis la conquête. C'est l'aspect du programme de leur parti auquel ils accordent le plus d'importance (tableau 2). Loin derrière arrivent les généralités d'ordre politique, le séparatisme à l'état pur, l'aspiration à la souveraineté politique comme telle (21%). En troisième place viennent les aspects économiques avec la planification que ne privilégient que 19% des rinistes. Peu de militants considèrent que la principale contribution du R.I.N. s'opérerait dans les domaines des mesures sociales, de la justice ou de l'éducation.

Tableau 2

Aspects du programme du R.I.N. auxquels
les membres tiennent le plus*
(en pourcentages)

Questions culturelles et linguistiques	53
Généralités d'ordre politique	21
Économie, planification	19
Mesures sociales, justice	7
Éducation	3
Autres aspects	3
N = 100% =	(289)**
SR =	25.7%

* Répartition des rinistes selon l'aspect du programme du R.I.N. qu'ils privilégient. Source : Cf. note au tableau 1.
** 6% des répondants privilégient à la fois les questions culturelles et un autre aspect.

Les questions culturelles et linguistiques occupent toujours le premier plan des préoccupations indépendantistes, parce qu'il s'agit de l'aspect le plus visible de l'identité nationale. Par ailleurs, nombreux sont les indépendantistes qui font ressortir, à l'occasion d'entrevues, les facettes économiques et sociales de leurs revendications sécessionnistes encore que celles-ci servent souvent à étayer celles-là et à rationaliser des aspirations parfois confuses. On est généralement indépendantiste en réaction contre la situation de minorité culturelle des Canadiens français, mais (exemple frappant d'une mentalité de colonisés ?) on estime fréquemment que ce n'est pas là

Le Rassemblement pour l'Indépendance Nationale... 239

une justification suffisante. D'où l'utilisation d'autres arguments auxquels on attache une importance intellectuellement égale, voire supérieure, mais affectivement moindre. Le nationalisme a besoin de tensions sociales et d'aspirations nouvelles pour s'articuler, car la permanence de certains traits communs d'une population, essentiels à la prise de conscience nationaliste, ne saurait seule expliquer son développement.[44]

C'est ainsi que l'on trouve un nombre impressionnant de rinistes imputant, soit spécifiquement aux Canadiens anglais (31%), soit aux forces historiques en général (29%), la responsabilité de la situation économique défavorable du Québec (tableau 3). À côté d'un petit nombre de « résignés » ou d'« indulgents », la grande majorité (77%) analyse la situation en soutenant qu'au retard économique du Québec, dû à « des forces socio-économiques qu'on peut et qu'on doit changer », succédera une bénéfique prise en main par le peuple québécois de ses destinées.

La position des membres suit assez fidèlement la ligne idéologique du parti, en faisant au surplus transparaître les fondements culturels du nationalisme québécois, mais ajoutant « des injustices voulues et commises par les Canadiens anglais » à la « perspective centralisatrice normale, mais totalement opposée à nos aspirations » que dénonce le programme.

Tableau 3
Les causes principales de la situation
économique du Québec*
(en pourcentages)

Des forces socio-économiques qu'on peut et qu'on doit changer	77
Des injustices voulues et commises par les Canadiens anglais	31
Des forces historiques	29
Des forces socio-économiques sur lesquelles on ne peut rien	6
N = 100% =	(388)**
SR =	0.3%

*   Répartition des rinistes selon les causes qu'ils privilégient. Source : *Cf.* note au tableau 1.
** 30% des répondants donnent plus d'une cause.

---

[44] John Kautsky, *Political Change in Underdeveloped Countries : Nationalism and Communism*, New York, Wiley, 1963, p. 30 et *passim*.

Car l'indépendantisme québécois constitue une forme de nationalisme. D'ailleurs, 94% des rinistes interrogés se disent nationalistes. Par-delà leurs professions de foi en l'avenir du Québec, ils affirment qu'être nationalistes, c'est typiquement «être pour nous autres», désirer s'occuper de ses affaires nationales comme on l'entend, sans qu'un étranger vienne dicter ses vues. Pour à peine plus de cinq pour cent des répondants, le nationalisme apparaît comme une idéologie réactionnaire et donc dépassée. Ils dénoncent le repli sur soi des nationalistes traditionnels et lui opposent une « ouverture sur le monde » que seule l'indépendance saurait permettre. Ces internationalistes partisans de l'indépendance se refusent à assumer l'héritage du nationalisme cléricalo-conservateur d'avant 1955, d'où leur prise de position. Quand un Pierre Bourgault, par exemple, s'écrie : « Le plus vite on pourra se débarrasser du nationalisme, le mieux on sera »,[45] il a en tête la nécessité pour les Québécois d'exister d'abord chez eux avant d'aspirer à participer à la vie internationale. Dans ce sens, et pour les distinguer des partisans de l'idéologie traditionnelle cultivée par les vieilles élites canadiennes-françaises, les indépendantistes apparaissent comme des néo-nationalistes, dont les revendications nationalistes cesseraient avec l'indépendance, puisqu'il ne s'agirait alors plus que d'affirmation nationale d'un peuple jouissant d'un cadre normal favorable à son développement.

c. Des quasi-socialistes

On réaffirme avec vigueur la nécessité de modifier les rapports de forces sur le plan économique. Là-dessus, le programme du R.I.N. privilégie certaines voies à suivre. Des conversations répétées avec les rinistes révèlent que le membre moyen connaît assez mal les mesures spécifiques préconisées par son parti. Ce qui n'empêche pas les trois quarts de notre échantillon d'affirmer qu'ils essaieraient de se procurer les conclusions de toute étude objective menée par un groupe d'experts et « montrant, hors de tout doute, les conséquences économiques de l'indépendance». Un peu plus de 15% seulement répondent qu'ils attendraient « les directives des chefs indépendantistes ». En réalité, cependant, il est certain que le nombre de ceux qui ne feraient rien serait extrêmement plus élevé que celui des 5% qui s'en confessent.

En revanche, les solutions que le membre propose lorsqu'on l'interroge sur « ce qu'il faudrait faire » pour améliorer le sort des travailleurs rejoignent les préoccupations des « penseurs », souvent non sans une bonne dose d'ingéniosité. À la vue de questions globales, les tenants du capitalisme, tel qu'il existe au Québec, ne comptent pour pas plus de 1% de l'échantillon ; ses plus ardents opposants en constituent 18%. L'opinion d'ensemble se situe à gauche : on préconise de profondes modifications du système écono-

---

[45] Rapporté par *Le Devoir* du 2 août 1963, p. 8.

Tableau 4

Le régime capitaliste et la répartition de l'avoir matériel*
(en pourcentages)

Sur le régime capitaliste :**	
Veulent le conserver tel qu'il est	1
Veulent le modifier légèrement	18
Veulent le modifier profondément	63
Veulent l'abattre complètement	18
N = 100% =	(379)
SR =	2.6%
Expliquant leur réponse	93%

Sur la répartition de l'avoir matériel :	
Répartir les biens des riches entre les pauvres**	20
Effectuer un changement radical mais pas aussi extrême***	6
Mettre en œuvre une solution socialisante moins radicale***	65
Ne pas modifier beaucoup la répartition actuelle**	10
N = 100% =	(358)
SR =	8.0%

*   Répartition des rinistes selon leurs réponses. Source : *Cf.* Note au tableau 1.
** Réponses suggérées aux répondants par le questionnaire.
*** Nuances exprimées par les répondants.

mique en place et des solutions socialisantes au problème de la disparité des fortunes (tableau 4). Sur des recommandations spécifiques du programme du R.I.N., les trois quarts au moins des membres choisissent la voie adoptée par leur parti. Toutefois, sur certains sujets, le taux d'indécision peut dépasser 20% alors que les oppositions n'atteignent jamais 15%.

Retenons trois exemples (tableau 5). Encore qu'elle ne soit pas négligée par le programme du R.I.N., la question agricole n'évoque guère de ré-

Tableau 5

Opinions sur trois recommandations
du programme du R.I.N.*
(en pourcentages)

	Syndicats agricoles	Cogestion dans l'entreprise	Instruction gratuite
D'accord	74	76	79
Plutôt d'accord	2	—	6
Plus ou moins d'accord	—	2	—
Plutôt pas d'accord	1	—	6
Pas d'accord	2	7	8
Indécis	21	15	1
N = 100% =	(379)	(375)	(371)
SR =	2.6%	3.6%	4.6%

* Répartition des rinistes selon leurs réponses. Source : *cf.* note au tableau 1.

sonance auprès des membres. Aux 76% de membres favorables au « regroupement des cultivateurs au sein de syndicats spécialisés qui, avec le ministère de l'Agriculture, fixeraient les prix des produits agricoles », s'ajoutent 21% d'indécis. La cogestion dans l'entreprise constitue un sujet plus familier, aussi le nombre d'indécis diminue-t-il (15%) au profit du nombre d'opposants qui s'accroît (7%), alors que se maintient une forte proportion (76%) de membres favorables à « la formation, dans chaque entreprise, d'un comité permanent de négociation, avec droit de regard des travailleurs dans la comptabilité interne de l'entreprise ». La grande valeur placée dans l'éducation au cours de la dernière décennie perce à travers la question qui porte sur « l'instruction gratuite à tous les niveaux (y compris l'université), même si cela devait entraîner de nouvelles taxes ou de nouveaux impôts » : la familiarité avec le sujet élimine presque tous les indécis (1%) et l'on obtient simultanément les plus grandes proportions de gens favorables (85%) ou opposés (14%). À la lumière des entrevues, on constate que les opposants n'en ont pas d'abord contre un accroissement possible du fardeau fiscal, mais plutôt contre le fait que l'instruction gratuite à tous les niveaux favoriserait le parasitisme de jeunes qui iraient y perdre leur temps et faire perdre celui des autres. Ceux qui expriment une telle opinion n'ont, pas plus que les autres, tendance à se montrer conservateurs sur les autres sujets.

Le mouvement indépendantiste comme tel ne peut se situer sur un continuum de libéralisme-conservatisme. Il y a des indépendantistes de droite comme de gauche, encore que les premiers soient maintenant moins nombreux. Si le séparatisme de l'Action française de l'abbé Groulx en 1922 est de droite, ce n'est pas tant à cause de son contenu nationaliste mais bien de son idéologie cléricalo-agriculturaliste. De même pour le corporatisme prêché de 1957 à 1962 par l'Alliance laurentienne de Raymond Barbeau. Les marxistes de *Parti Pris* se rangent nettement plus à gauche que les propositions sociales-démocrates du R.I.N. Le riniste type, quant à lui, se dit de gauche, « presque socialiste ».

Mais pour une majorité d'indépendantistes, le paradis social du capitalisme, c'est la Suède. Plus précisément, on désire la prospérité économique, des mesures sociales avancées, des syndicats puissants. En fait, l'attraction qu'exerce la Suède provient beaucoup des libertés d'expression qu'on y trouve et c'est aussi pour le Québécois un pays à bâtir où tout est permis, où tous les espoirs sont légitimes, et qui n'est pas à la remorque du géant américain.

Tableau 6

Évolution prévue du niveau de vie
au Québec à la suite de l'indépendance*
(en pourcentages)

Hausse	7
Aucun changement sensible	22
Baisse pendant moins de 3 ans	17
Baisse pendant 3 à 5 ans	33
Baisse pendant plus de 5 ans	8
Indécis	13
N = 100% =	(381)
SR =	2.1%

---

* Répartition des rinistes selon leur prévision de l'évolution du niveau de vie au Québec à la suite de l'accession à l'indépendance. Source : *Cf.* note au tableau 1.

L'indépendantiste partage l'opinion des chefs du mouvement selon laquelle il faudra « faire des sacrifices » pour se réserver un avenir meilleur. Et en se disant prêt à accepter de tels sacrifices, il prévoit une baisse du niveau de vie à la suite de l'indépendance, tout en demeurant optimiste dans ses prévisions : en moins de cinq ans, la situation reviendra à la normale (tableau 6). Entre-temps, le Québec indépendant aura pu mettre en place les mécanismes planificateurs par lesquels s'effectuera la reconquête de sa destinée.

Déjà en 1968, les rinistes voient dans le Parti Québécois l'instrument de cette reconquête. Si 81% des répondants ont voté pour le RIN en 1966, 93% d'entre eux se déclarent lors de l'enquête prêts à appuyer le PQ. Déjà près du quart d'entre eux sont inscrits au nouveau parti. Sans doute ne connaissent-ils pas par cœur le programme du Parti Québécois, mais ils y voient l'instrument d'un futur mieux-être. Et cela suffit à les mobiliser en faveur de la cause qu'ils ont épousée.

4. Le R.I.N. et la société québécoise

a. Provoquer le pouvoir

On ne saurait mesurer l'importance politique d'un mouvement social uniquement par l'éclat de son succès ou l'ampleur de son échec. La gamme des réactions et des armes utilisées par les éléments conservateurs du système offre une bien meilleure image de l'impact réel du mouvement sur la société. Et il revient au R.I.N. d'avoir provoqué le pouvoir comme jamais auparavant il ne l'avait été.

Le terrorisme, qui secoue la scène québécoise de façon épisodique depuis 1963, est, à ses premières manifestations, l'œuvre de jeunes rinistes impatients enflammés par les propos des chefs indépendantistes :

> Pour créer un milieu où nous pourrons vivre pleinement, il faut que l'indépendance s'accompagne de la révolution sociale, dans le sens d'une amélioration profonde des cadres sociaux actuels... Ce qu'il faut avant tout aux Canadiens français, c'est une victoire, une grande victoire. Nous avons toujours été battus, nous sommes écœurés d'être battus... Il est extrêmement important de changer notre mentalité de battus.[46]

Ce n'est pas par hasard que les premiers communiqués felquistes de mars et d'avril 1963 reprennent presque textuellement certains mots d'ordre

---

[46] Pierre Bourgault, 1er mars 1963. Une semaine plus tard exactement, les lettres du F.L.Q. font leur première apparition, accompagnées de cocktails Molotov, sur trois casernes militaires.

rinistes et proclament la « révolution sociale » : quatre-vingt pour cent des personnes arrêtées au printemps de cette année-là, en marge du terrorisme, appartiennent au R.I.N.[47]

Si l'indépendantisme des terroristes est indissociable de leur pensée sociale après 1966, les gestes du F.L.Q. manifestent, au début, plutôt une agressivité à l'égard des « symboles du colonialisme » : armée, poste « royale », M. Diefenbaker, la reine, la télévision d'État, la radiotélévision privée de langue anglaise, les panneaux de signalisation bilingues, les réseaux de chemins de fer, le lieutenant-gouverneur, etc.

C'est le R.I.N. le premier qui accole un contenu social aux agissements des terroristes. Avant même *l'explosion* de la première bombe felquiste, le R.I.N. réagit sans approbation mais avec compréhension, en y voyant

> l'expression d'une plainte portant non seulement sur la misère, le chômage et les bas niveaux de vie, mais aussi sur la duplicité, le manque de caractère des dirigeants politiques québécois, tant actuels que passés.[48]

Dans sa tâche de politisation, le R.I.N. sera aidé de *Parti Pris*, une revue « indépendantiste, laïque et socialiste » dont les rédacteurs, d'un âge moyen de 22 ans, se sont rencontrés dans les cercles rinistes. Déplorant à leur tour l'absence de conscience de classe des felquistes, ils se proposent de donner un contenu idéologique (marxiste) aux luttes révolutionnaires des indépendantistes québécois.

b. Le R.I.N. : un jalon

La modernisation du Québec, l'accroissement des canaux de communication et de mobilisation ont précipité la remise en question du fédéralisme politico-ethnique canadien, dont un des grands torts est de n'avoir pas su intégrer les Canadiens français. À ces éléments de conductibilité structurelle s'ajoutent des tensions économico-culturelles bien connues, facilement interprétées à la lumière d'une idéologie nationaliste ravie aux autonomistes traditionnels et radicalisée par des groupements qui n'attendent, pour rallier des adeptes plus nombreux, que l'impact de divers facteurs de précipitation : nouvelles « injustices » ou intolérances, victoires du mouvement, appuis donnés au mouvement, etc.

---

[47] Pierre Bourgault rapporté par *Le Devoir* du 7 juin 1963, p. 3.
[48] Communiqué rapporté par *Le Devoir* du 19 mars 1963, p. 12. On notera cependant que le R.I.N. n'a jamais approuvé ces actes de violence et les a plutôt trouvés fréquemment « regrettables ».

Le R.I.N. apparaît ainsi comme une formation électorale issue d'une mobilisation, en vue d'une action collective visant à modifier ou éliminer des sources de tensions, en redéfinissant la vie sociale des Québécois et leurs relations entre eux, à la lumière de l'idéologie indépendantiste.

Dans l'esprit de la majorité des rinistes, cette action collective suppose l'élection d'un parti indépendantiste. Au R.I.N., on ne craint pas trop de projeter de soi une image tant soit peu turbulente, car il s'agit de montrer à la population et de faire savoir aux autorités que l'on entend changer la société québécoise au nom de valeurs contestataires et, en effet, pendant quelques années, les contestataires n'œuvreront presque uniquement qu'au sein du R.IN. À ce parti fait cependant défaut la respectabilité. Le message transmis et cette dernière acquise grâce à la « conversion » des René Lévesque, Camille Laurin et Claude Morin, l'image de turbulence n'est plus nécessaire au mouvement indépendantiste pour témoigner de sa crédibilité : elle peut se manifester autrement et ailleurs.

Car ce qu'il y a de particulièrement remarquable au dossier du R.I.N. n'est pas tant d'avoir recueilli au-delà de 125 000 voix aux élections de 1966 ou d'avoir épisodiquement « fait peur » à quelques bonnes âmes, que d'avoir préparé de nombreux secteurs de la population à l'avènement d'un parti populaire susceptible de renverser le régime. Le R.I.N. est un jalon important au Québec parce qu'il a permis le Parti Québécois.

Les militants du R.I.N. et les autorités politiques québécoises

Réjean PELLETIER
Département de Science politique
Université Laval

Le Premier ministre Lesage déclarait devant l'Association des anciens du Collège universitaire de Toronto :

> Il arrive souvent qu'on attribue au gouvernement du Québec tout le crédit de cette évolution positive (c'est-à-dire de la « révolution tranquille » et du développement économique de la province). Cela n'est pas entièrement exact car, si le gouvernement, dans les secteurs qui relèvent de sa juridiction immédiate, peut mettre de l'avant une politique de renouveau économique et social, il ne faut jamais oublier qu'il le fait, en réalité, à la demande du peuple de la province. Ainsi, le grand responsable de la révolution pacifique, c'est la population québécoise, dans ses éléments les plus actifs. Le gouvernement n'est que l'agent, mandaté par le peuple, à qui l'on a confié la tâche d'appliquer au Québec une véritable politique de grandeur nationale.[1]

Ces propos soulignent le rôle des autorités politiques « aux écoutes » de la population et font référence aux demandes que la communauté peut transmettre à ses gouvernants par différents canaux, dont les partis sont un élément essentiel dans notre type de société politique.

Easton définissait une demande comme « l'expression d'une opinion à l'effet qu'une décision impérative soit prise ou non sur un sujet particulier

---

[1] Des extraits de ce discours ont été reproduits dans *Le Devoir*, 2 juin 1962.

de la part de ceux qui sont habilités à le faire ».[2] Les demandes sont le reflet de changements qui surviennent dans l'environnement, en particulier le système social, ou dans le système politique lui-même.

Déjà filtrés à l'entrée du système par les gardes-barrières, entre autres les partis politiques, les « wants » sont convertis en demandes par ces mêmes partis qui peuvent aussi les combiner ou en réduire le nombre. Mais les partis vont aussi s'employer, à l'occasion, à susciter des besoins et des désirs nouveaux qui seront, par la suite, transmis comme demandes aux autorités politiques. Un parti comme le R.I.N. s'est souvent consacré à cette tâche, faisant naître des besoins nouveaux dans la population ou assignant au système des objectifs que les autorités en place ne considéraient pas comme prioritaires.

Dans un système politique, le « stress » peut être causé par l'érosion du soutien ou par la surcharge des demandes, les deux étant d'ailleurs étroitement reliées. Cette surcharge peut être à la fois quantitative et qualitative. La surcharge quantitative fait référence à la nombre, au volume global des demandes dans le système politique, alors que la surcharge qualitative s'applique au contenu même de la demande. Dans le cas du R.I.N., ces deux formes ont pu se retrouver à un moment ou l'autre de l'existence du parti. Mais la surcharge quantitative étant difficilement mesurable, nous allons plutôt nous arrêter à la surcharge qualitative, c'est-à-dire au contenu des principales exigences formulées par le R.I.N.

Mais une demande appelle normalement une réponse, c'est-à-dire une réaction des autorités politiques aux exigences déjà formulées de façon à s'adapter aux changements survenus dans l'environnement ou dans le système politique lui-même. Il peut aussi arriver que le refus de répondre de la part des autorités soit présenté comme une réponse à certaines demandes. D'ailleurs, la non-réponse des autorités peut parfois s'interpréter comme un délai que celles-ci s'accordent, afin de pouvoir satisfaire plus tard certaines exigences d'une façon adéquate.

En analysant l'action du R.I.N. dans le système politique québécois, nous allons nous attacher aux relations entre le R.I.N. et les autres partis politiques en tant que partis au pouvoir s'incarnant dans des autorités facilement identifiables au niveau de la décision, c'est-à-dire du gouvernement. Dans le régime politique québécois, les autorités en place sont issues du parti majoritaire si bien que la population identifie autorités politiques et

---

[2] David Easton, *A Systems Analysis of Political Life*, New York, John Wiley, 1965, p. 38. On peut aussi consulter son autre volume, *A Framework for Political Analysis*, Englewood Cliffs, Prentice-Hall, 1965. D'ailleurs, notre cadre d'analyse se fonde sur la pensée eastonienne.

Les militants du R.I.N. ... 249

parti au pouvoir et que, pour elle, un changement de gouvernement entraîne tout simplement un changement de parti au pouvoir. C'est pourquoi nous analyserons brièvement les réponses des différentes autorités politiques au cours des années 1960-68 au moment où existait le R.I.N.

Face aux exigences de ce parti, les autorités du système ont pu s'employer à y répondre de façon à s'adapter aux conditions changeantes du milieu québécois et surtout à la situation particulière engendrée par la création d'un parti indépendantiste. L'adaptation suppose que les autorités agissent, par leurs décisions, à la fois sur les demandes et sur les soutiens, les deux étant étroitement reliés. Répondant aux demandes afin de stimuler des soutiens, les autorités cherchent ainsi à s'adapter à des situations nouvelles.

Selon les réponses des autorités, les membres pourront apporter ou non leur soutien à ces autorités et à tout le système. Le soutien, en effet, dépend des réponses des autorités et de la perception qu'en ont les membres du système. Si ceux-ci les jugent conformes à leurs exigences ou, tout au moins, susceptibles de satisfaire une partie de leurs revendications, ils pourront apporter leur soutien aux autorités et, par là, à tout le système. Ce soutien pourra prendre la forme d'actions ou de déclarations en leur faveur. Dans le cas du R.I.N., les prises de position en faveur des autorités et du système ont été plutôt rares — elles ont le plus souvent fait place à la critique.

Mais le soutien peut aussi prendre la forme d'une attitude ou d'une orientation favorable à l'égard des autorités, du régime ou de la communauté. C'est ainsi que la satisfaction ou le mécontentement à l'égard de l'action gouvernementale devient un indice du soutien aux autorités.

Bref, les demandes (exigences) du R.I.N. ou de ses militants[3] furent présentées aux autorités du système politique québécois afin d'être converties en réponses. Ces réponses devaient normalement provoquer des soutiens de la part des militants du parti. C'est précisément cette dynamique demandes-réponses-soutiens qui constitue l'armature conceptuelle de cette étude.

---

[3] Pour nous, dans le cas du R.I.N., nous définissons le militant comme celui qui s'identifie au parti et à sa cause et qui consacre une partie de son temps et de son énergie à l'avancement de ce parti et de cette cause (même sous la seule forme d'une contribution monétaire annuelle). Cette définition s'apparente à celle de Maurice Duverger (mais sans y correspondre exactement) dans *Les partis politiques*, Paris, A. Colin, 7ᵉ éd., 1969, pp. 133-140. En ce qui concerne l'échantillon lui-même, voir l'annexe à la fin de l'article.

1. L'exigence de l'indépendance et les réponses des autorités

Le R.I.N. — par la voix de ses militants — s'est défini comme « le parti politique québécois voué à la décolonisation du Québec par la création d'un état souverain ». Ces militants — qui sont aussi le parti — ont exprimé des positions qui traduisent leurs propres conceptions de la politique québécoise en même temps qu'elles reflètent la pensée du parti. Nous pouvons donc analyser leurs positions devant l'indépendance du Québec, à la fois comme des exigences formulées à leur propre parti et comme des revendications présentées aux autorités politiques par les militants comme groupe représentant le parti, surtout lorsque ces exigences reflètent la pensée du R.I.N. et résultent d'une socialisation à l'intérieur du parti. Dans cette éventualité, les revendications des militants sont aussi celles du parti puisqu'elles sont le reflet de sa pensée. C'est le cas qui nous intéresse ici.

Pour 83.2% des militants du R.I.N., l'indépendance du Québec est plus importante que les problèmes économiques, sociaux et culturels, contre seulement 13.6% qui sont d'avis contraire, les autres refusant de répondre.

Ces réponses traduisent certes la volonté d'assurer l'indépendance politique du Québec, ce qui est une exigence propre à tous les militants du R.I.N., mais elles résultent aussi d'une socialisation politique des membres à l'intérieur du parti. En d'autres termes, si les militants du R.I.N. souhaitent aussi fortement l'indépendance du Québec, c'est qu'ils ont été imprégnés de la doctrine du parti, en plus d'être eux-mêmes convaincus de cette nécessité. Il devient donc difficile de départager l'influence respective de chaque facteur — conviction intérieure des militants et apprentissage d'un credo politique — sur cette volonté d'obtenir l'indépendance du Québec.

Nous avons aussi cherché à connaître la raison la plus importante pour faire l'indépendance du Québec. Si la majorité (57.7%) a opté pour la raison économique (pouvoir être maître de son économie et développer le Québec comme on le veut), plus du quart (27.7%) a choisi la raison politique (avoir sa propre constitution et son indépendance politique). Si l'on établit une relation entre ces résultats et la scolarité des militants, on peut constater que plus on est scolarisé, plus on s'attache aux problèmes économiques et qu'à l'inverse, moins on est scolarisé, plus on s'attache aux problèmes constitutionnels, ce que nous montre le tableau 1.

Il semblerait donc que, chez les militants rinistes, plus on est instruit, plus on prend conscience que la seule indépendance politique ne peut régler tous les problèmes et que, si l'on veut l'indépendance, c'est précisément pour la dépasser en s'attaquant aux problèmes économiques. En définitive, ces militants ne recherchent pas l'indépendance pour l'indépendance, mais

Tableau 1

Raisons les plus importantes pour faire l'indépendance selon le degré de scolarité des militants (en pourcentages)

Scolarité Raisons de l'indépendance.	10 ans ou moins	Secondaire Technique Spécialisé	Collégial/Brevet d'enseign./B.A. et équivalent	Diplôme univ. supér. au B.A.
Raison économique	28.6	57.8	64.8	65.4
Raison politique	42.8	28.9	22.2	23.1
Autres raisons et ne répond pas	28.6	13.3	13.0	11.5
Total	100.0	100.0	100.0	100.0
N =	(28)	(83)	(54)	(52)

la considèrent plutôt comme un moyen qui permettrait aux Québécois de régler leurs problèmes économiques.

Le R.I.N. a voulu propager l'idée de l'indépendance dans la population québécoise et l'engager à épouser cette cause. Se situant dans une optique électorale, le parti a cherché à convaincre la majorité de la population afin d'obtenir le pouvoir politique et faire ainsi l'indépendance au Québec. Pour le R.I.N., le problème se situait donc d'abord au Québec, au sein même de la population.

C'est ce qu'avaient perçu les militants lorsque, dans leur grande majorité (73.6%), ils affirment que le plus grand obstacle à l'indépendance du Québec provient d'une bonne partie des Canadiens français eux-mêmes, suivi du gouvernement d'Ottawa (8.2%), des Canadiens anglais du Québec (6.4%), du gouvernement du Québec (3.2%) et des Canadiens anglais des autres provinces (0.5%). C'est donc dire que le travail du R.I.N. devait se situer avant tout au niveau de la population francophone du Québec ou, plus concrètement, au niveau des électeurs, puisque « l'indépendance se fera d'elle-même lorsque la majorité du peuple québécois la voudra vraiment ».

Il va sans dire que cette indépendance n'était pas présentée comme une « promesse de paradis », mais comme un effort constant pour l'amélioration du sort des Québécois. L'indépendance étant un moyen, elle ne pouvait servir de panacée à tous les problèmes. Comme le soulignait le journal du parti :

> L'Indépendance du Québec ne réglera pas ces problèmes (taux élevé de chômage, faible niveau de vie des Québécois par rapport au reste de l'Amérique du Nord...) du jour au lendemain, c'est bien sûr. Mais l'Indépendance nous donnera ce moyen essentiel qui nous permettra de vivre au même rythme que l'Amérique du Nord. L'Indépendance nous permettra de planifier notre économie, de contrôler la monnaie, la douane, etc., c'est-à-dire toutes choses essentielles à un état moderne.[4]

Mais une exigence appelle normalement une réponse. C'est ainsi que les militants du R.I.N. ont pu percevoir les réponses des autorités, les confronter à leurs propres exigences pour en dégager une certaine forme de soutien ou de non-soutien à ces autorités ou aux autres composantes du système. Ainsi, face à l'exigence de l'indépendance, les militants ont pu discerner les positions adoptées par les autorités politiques québécoises qui ont refusé d'accepter l'indépendance pour le Québec, tout en s'en servant comme moyen de pression ou de marchandage auprès des autorités fédérales, afin d'obtenir plus de pouvoirs pour leur province.

Ainsi, après avoir posé le problème de l'existence même de la Confédération,[5] le Premier ministre Lesage exigeait une réforme majeure du fédéralisme canadien de façon à satisfaire les aspirations du Québec. Dans l'esprit du chef libéral, le nouveau type de fédéralisme qu'il préconisait devait être suffisant pour assurer la reconnaissance du statut distinct du Québec et de son droit à être différent des autres provinces, sans pour autant quitter la Confédération, comme le demandaient les indépendantistes. Ce que voulait avant tout le gouvernement libéral de cette époque, c'est que le Québec ait les moyens d'assurer lui-même à la fois son progrès économique et son progrès culturel. Pour ce faire, il n'avait nullement l'intention de séparer l'État du Québec du reste du Canada, même si, à l'occasion, il aimait rappeler la menace de l'indépendance pour appuyer ses revendications.

Certes, les propos que tenait alors le Premier ministre Lesage (et même son ministre des Richesses naturelles, René Lévesque) ne prouvent

---

[4] *L'Indépendance* (journal du R.I.N.), vol. 6, n° 5, 16-31 décembre 1967.
[5] Par exemple, dans un discours prononcé au Congrès des affaires canadiennes en novembre 1961 (voir *Le Devoir*, 20 novembre 1961) et à Charlottetown (voir *Le Devoir*, 4 février 1963).

pas nécessairement une influence directe du R.I.N. sur les réponses des autorités libérales. Ils sont aussi le signe d'une convergence des aspirations du R.I.N. et de celles des principaux leaders libéraux qui ont su reconnaître le nationalisme du Québec comme l'une des valeurs fondamentales du système politique québécois et traduire ce nationalisme dans des revendications économiques et fiscales auprès des autorités fédérales.

Mais un pas nouveau est franchi lorsque l'on passe du nationalisme à l'indépendantisme. Sans l'existence du R.I.N., les autorités québécoises n'auraient pu rappeler au pouvoir central la menace que constituait l'indépendance. C'est parce qu'il existait un tel mouvement que le gouvernement québécois a pu s'en servir pour appuyer ses revendications auprès des autorités fédérales, tout en cherchant à contrer la montée de l'indépendantisme à l'intérieur du Québec.

Cependant, au cours des dernières années de la « révolution tranquille », le Parti Libéral au pouvoir a concentré de plus en plus ses attaques, au plan intérieur québécois, contre le R.I.N. et l'idéal qu'il incarnait.[6] Tout se passe, en effet, comme si le gouvernement libéral voulait toujours se servir de l'aiguillon séparatiste face au pouvoir central, tout en étant effrayé par les forces que pouvait soulever l'indépendantisme au Québec.

Déjà, en 1965, s'adressant aux membres du Cercle canadien des femmes journalistes, le Premier ministre Lesage prononçait un violent réquisitoire contre les séparatistes québécois et, en particulier, contre les extrémistes qu'il qualifiait de « rêveurs dangereux, rêveurs qui prennent des symptômes de leur refoulement pour un idéal, leur violence pour de la force et leur barbe pour de la virilité ». À ces « rêveurs infantiles », à ces « farfelus qui cogitent gravement en caressant la toundra de leur menton et qui nous donnent des leçons de fierté nationale », il préférait donner la réplique de ses propres réalisations, ajoutant que « le nationalisme séparatiste s'occupe des symptômes au lieu de s'attaquer aux causes ».[7] En assimilant les séparatistes québécois à des « rêveurs infantiles », le Premier ministre Lesage cherchait à minimiser l'importance de ceux qui réclamaient l'indépendance du Québec. Ainsi, le gouvernement pouvait justifier son refus de satisfaire cette exigence venant de « rêveurs dangereux ».

Sans atteindre cette violence de ton, le chef libéral s'est plus d'une fois attaqué aux séparatistes au cours de la campagne électorale de juin 1966. Devant les étudiants du séminaire de Ste-Thérèse, il soutenait que

---

[6] Il suffit de relire le discours du Premier ministre Lesage reproduit dans *Le Devoir* du 14 juin 1965 et surtout ceux qu'il a prononcés au cours de la campagne électorale de mai-juin 1966 (*Le Devoir*, 3 mai 1966, 30 mai 1966 etc.).
[7] Propos rapportés par *Le Devoir*, 14 juin 1965.

« l'indépendance est le danger le plus grave et le plus effroyable qui soit pour le Québec actuellement, pour notre langue et nos traditions ».[8] À Chicoutimi, invitant les jeunes à « noyauter » le Parti Libéral, il dénonçait ceux qui, voulant tromper la jeunesse « afin d'instaurer leur phénomène de retour en arrière, n'hésitent pas à dire que nous nous tenons dans une attitude servile vis-à-vis d'Ottawa... ». « Rien que ce mensonge », concluait-il, « devrait vous prouver que l'on cherche à vous tromper ».[9]

En somme, si le chef du gouvernement durcissait ses positions devant le pouvoir central en réclamant un statut particulier pour le Québec, il cherchait en même temps à contrer la « menace » séparatiste en s'y opposant avec force.

Toutefois, la « menace » de l'indépendance, brandie à l'occasion par le Premier ministre Lesage, ne prenait pas pour lui le même sens que pour le chef de l'Union Nationale qui opposait l'indépendance à l'égalité. Au contraire, le chef libéral n'a jamais songé à adopter la thèse de l'indépendance pour son parti, alors que le chef de l'Union Nationale, au cours de ces années (Daniel Johnson), a réclamé l'indépendance du Québec si l'égalité ne pouvait être assurée.[10]

Mais, ce qu'il importe de souligner, ce n'est pas tant l'impact réel des réponses des autorités politiques sur les circonstances ou les conditions entourant le parti, que la façon dont le parti ou ses membres, à travers leur identification au parti, perçoivent et interprètent les réponses comme stimuli pour la mobilisation des soutiens et la satisfaction des demandes. En d'autres termes, ce qui est expérimenté dans le système et ce qui est perçu directement ou d'une façon médiatisée, confronté à ce qui est attendu comme *outputs* des autorités, va produire la réponse des membres à ces *outputs*, sous la forme de soutien ou non-soutien à ces autorités, au régime ou à la communauté.

Dans la dynamique demande-réponse-soutien sur le seul plan constitutionnel, nous avons analysé jusqu'ici, face à l'exigence de l'indépendance du Québec, certaines décisions ou prises de position des autorités politiques québécoises. Ces actions et ces déclarations ont suscité parfois un appui de la part du R.I.N. ou, le plus souvent, une critique acerbe à l'égard des gestes posés ou des décisions prises.

---

[8] *Le Devoir*, 3 mai 1966.
[9] *Le Devoir*, 30 mai 1966.
[10] On peut consulter, entre autres, les discours reproduits dans *Le Devoir* du 17 janvier 1962, du 18 janvier 1963, du 17 septembre 1963, et surtout du 15 septembre 1966 et du 28 novembre 1967.

Les militants du R.I.N. ... 255

Si les autorités québécoises n'ont pas voulu satisfaire l'exigence de l'indépendance, par contre, elles ont pu contribuer au développement du nationalisme québécois, l'un des fondements majeurs de l'indépendantisme. Il convient donc d'analyser la position des militants rinistes face au nationalisme des gouvernements libéral et unioniste. Ainsi, invités à choisir entre le Parti Libéral et l'Union Nationale, 35.9% des militants croient que le Parti Libéral a le plus fait avancer la cause du nationalisme au Québec, contre 31.8% en faveur de l'Union Nationale.[11] Par contre, 25.9% des militants estiment qu'aucun de ces deux partis n'a fait avancer la cause du nationalisme québécois (6.4% ne répondent pas ou formulent une autre réponse, N = 220).

Ce qui veut donc dire que l'appui manifesté par le R.I.N. aux premières initiatives de la « révolution tranquille » tend à s'effacer peu à peu avec les années, pour se confondre dans une même perception des autorités en place. On pourrait croire aussi que les militants du R.I.N. ont soutenu davantage les décisions économiques du gouvernement Lesage que ses prises de position constitutionnelles, surtout au moment où il s'attaquait durement aux indépendantistes, alors que ce serait l'inverse pour le gouvernement Johnson. C'est pourquoi, sur le plan du nationalisme, les militants du R.I.N. perçoivent ces deux gouvernements à peu près de la même façon, alors que, normalement, on aurait pu s'attendre à un plus fort pourcentage en faveur du Parti Libéral, puisqu'il a reçu l'appui du R.I.N. à certaines occasions, en particulier durant les premières années de la « révolution tranquille ».

Si l'on tient compte du lieu de résidence, on peut constater que le Parti Libéral l'emporte aussi bien à Montréal qu'en province, alors que l'Union Nationale rallie plutôt les suffrages des militants de la région métropolitaine de Montréal. Par contre, c'est plutôt en province que les militants du R.I.N. estiment qu'aucun de ces deux partis n'a fait avancer la cause du nationalisme au Québec, ce que nous montre le tableau 2.

Cependant, en réponse à une autre question, 15.5% des militants rinistes croient que le Parti Libéral, lorsqu'il était au pouvoir à Québec, a défendu la plupart du temps les positions du Québec face à Ottawa, 63.6% estiment qu'il l'a fait à quelques occasions, et seulement 16.4% des militants affirment que le parti n'a jamais défendu les positions du Québec face à Ottawa. Ce qui vient donc atténuer notre conclusion précédente : ce ne sont pas seulement les initiatives économiques du gouvernement Lesage qui en-

---

[11] Il faut souligner que, pour quelques-uns, cette question a pu paraître ambiguë. Selon quelques militants, en effet, le nationalisme québécois a progressé non pas par suite d'une action positive du Parti Libéral, mais plutôt en réaction à des actions négatives posées par ce parti.

Tableau 2

Action des partis « traditionnels » en faveur du nationalisme québécois, selon le lieu de résidence des militants rinistes (en pourcentages)

Partis	Lieu de résidence	
	Montréal et banlieue	Ailleurs en province
Parti Libéral	36.7	37.0
Union Nationale	35.8	26.1
Aucun des deux	20.8	31.5
Autres réponses et ne répondent pas	6.7	5.4
Total	100.0	100.0
N =	(120)	(92)

traînent l'adhésion des militants, mais aussi les revendications du gouvernement libéral face à Ottawa et donc, son action politique.

En somme, au cours de son existence, le R.I.N. a incarné, aux yeux de la population québécoise, l'idéal de l'indépendance. Le parti s'est d'abord attaché à répandre cette idée et à la faire accepter, en exploitant avant tout les griefs que les Québécois pouvaient entretenir à l'encontre du fédéralisme canadien, de façon à faire baisser les soutiens à l'égard des autorités centrales, du régime fédéral et même de la communauté canadienne et ainsi rendre indispensable l'indépendance politique du Québec.

Par la suite, surtout lorsqu'il est devenu parti politique, le R.I.N. a concentré ses attaques contre le gouvernement québécois puisque, comme parti, c'est à Québec qu'il entendait prendre le pouvoir. Là encore, en exigeant sans cesse l'indépendance et en provoquant ainsi une surcharge dans le système, le R.I.N. a cherché à saper les soutiens à l'endroit des autorités québécoises et de certaines valeurs du système, tout en acceptant cependant de se soumettre au verdict électoral pour accéder au pouvoir.

Mais les autorités politiques ont aussi tenté de répondre à cette exigence de l'indépendance et de la satisfaire, du moins partiellement. Ainsi,

Les militants du R.I.N. ... 257

tous les partis ont embrassé la cause du nationalisme québécois et cherché à défendre les intérêts du Québec face au gouvernement central. C'est ce que soulignait, dès 1963, Guy Pouliot, alors président du R.I.N. :

> Si, aujourd'hui, tous les groupes grands ou petits, voire même les partis politiques traditionnels, s'identifient de plus en plus au nationalisme, c'est la conséquence de l'action efficace du Rassemblement pour l'Indépendance Nationale. Sans son travail, il ne serait même pas venu à l'idée de ces organismes d'avoir le moindre rapport avec l'idéal nationaliste.[12]

Sans accepter totalement cette déclaration, on peut affirmer que, du moins sur le plan constitutionnel, le R.I.N. a forcé les partis et les groupes à prendre position et à se situer par rapport à lui, même si d'autres facteurs, comme la « révolution tranquille » ou le simple jeu électoral, ont pu aussi jouer.

2. Les revendications socio-économiques et culturelles

Mais le R.I.N. a aussi tenté de donner un contenu économique, social et culturel à cette indépendance. « L'indépendance en soi », rappelait Pierre Bourgault, « ça ne veut rien dire; pour créer un milieu où nous pourrons vivre pleinement, il faut que l'indépendance s'accompagne de la révolution sociale, dans le sens d'une amélioration profonde des cadres sociaux actuels ».[13]

Face à la recherche du progrès économique et à la volonté d'épanouissement culturel, la position des militants, dans l'ensemble, est à peu près identique à celle des dirigeants du parti. Nous avons déjà souligné l'attention accordée aux questions économiques par les militants, puisque la majorité d'entre eux (57.7%) affirme que la raison la plus importante pour faire l'indépendance est de « pouvoir être maître de son économie et développer le Québec comme on le veut ». L'importance accordée à cette raison s'accroît avec le niveau de scolarité des militants (voir le tableau 1).

De même, les militants apportent leur appui au programme du parti sur la question des investissements étrangers et de la participation des ouvriers aux profits, tout en exprimant, en même temps, une revendication précise pour les autorités politiques québécoises. En effet, 94.1% d'entre eux estiment que « l'on devrait encourager les investissements étrangers au Qué-

---

[12] Dans un article intitulé « L'idéal nationaliste a acquis un sens nouveau ». *L'Indépendance*, vol. 1, n° 12, novembre-décembre 1963.
[13] *Le Devoir*, 4 mars 1963.

bec dans la mesure où ils se conformeraient aux directives du gouvernement » et 92.7% soutiennent que « l'on devrait encourager la participation des ouvriers aux profits et à la propriété des entreprises ».

Devant le problème de l'intervention de l'État dans la vie économique québécoise, les militants dans l'ensemble (88.6%) estiment que « l'État devrait intervenir dans la vie économique du Québec afin d'assurer une meilleure égalité entre les revenus des individus », contre 6.4% seulement qui sont d'avis contraire, les autres étant sans opinion ou refusant de répondre. Il est difficile d'interpréter ce résultat sur la seule base des données recueillies. Toutefois, l'idée exprimée est certainement une idée « de gauche », du moins dans la conjoncture économique québécoise et nord-américaine ; cependant, sa portée « radicale » ou « progressiste » est atténuée par le fait qu'aujourd'hui la majorité de la population, surtout au Québec depuis la « révolution tranquille », semble accepter et parfois souhaiter une intervention de l'État pour assurer une meilleure distribution du revenu entre les individus.

En exigeant une plus grande intervention de l'État, les militants se situent dans la ligne de leur parti sur le plan économique. En d'autres termes, s'ils appuient la position de leur parti sur ce sujet, ils exigent aussi que l'État intervienne dans la vie économique de la nation, comme l'a fait le R.I.N. à plusieurs occasions. Ce que soulignait déjà un projet de manifeste du parti :

> La société du vingtième siècle ne considère plus l'État comme un mal nécessaire, dont les interventions devraient par conséquent être aussi peu fréquentes que possible. Elle voit au contraire en lui un instrument indispensable pour atteindre l'idéal de plein emploi, de justice, d'égalité et de bien-être social qu'elle s'est fixé.[14]

Cette position correspond à la philosophie économique du Parti Libéral, telle qu'exprimée dans le préambule de son programme politique de 1966 : « Le Parti Libéral du Québec », y lit-on, « croit que l'État québécois est l'instrument principal de l'émancipation et du progrès de notre peuple. C'est à lui de mettre en marche et de coordonner les indispensables politiques de développement économique et social ».[15]

On retrouve donc une certaine identité de vues entre le R.I.N. et le Parti Libéral face à cette volonté d'intervention étatique dans l'économie québécoise, bien que le vocabulaire employé soit parfois différent. Si le

---

[14] *Manifeste du R.I.N.*, étude présentée par le comité politique au Conseil central du R.I.N., le 9 avril 1966, p. 2. Document du parti.
[15] *Québec en marche*. Préambule du programme politique, p. 3.

R.I.N. consent à parler de socialisme alors qu'il le conçoit plutôt comme un capitalisme d'État, le Parti Libéral préfère parler du rôle d'émancipation et de coordination de l'État québécois.

Pour compléter ce rapide tableau de la pensée économique des militants rinistes, nous avons posé une question sur les rapports entre le pouvoir politique et le pouvoir économique qui se formulait comme suit : « Au Québec, ce sont les gros financiers qui contrôlent la politique et les politiciens ne sont que des marionnettes entre leurs mains ». 9.1% des militants affirment que c'est vrai pour les politiciens de toutes les tendances, 77.3% croient que c'est moins vrai pour les politiciens indépendantistes que pour les autres, 3.6% estiment que ce n'est généralement pas vrai pour la plupart des politiciens, alors que 6.8% ont ajouté une catégorie nouvelle aux choix offerts, à savoir que ce n'est pas vrai pour les politiciens indépendantistes.

Si l'on recoupe ces données avec l'âge, on constate que plus on est jeune, plus on croit que c'est vrai pour la plupart des politiciens et que plus on est vieux, plus on pense que ce n'est pas vrai pour les seuls politiciens indépendantistes ; d'autre part, on retrouve à peu près le même pourcentage de gens, dans les différents groupes d'âge, estimant que c'est moins vrai pour les politiciens indépendantistes que pour les autres (voir le tableau 3).

D'ailleurs, dans sa critique des politiques économiques des gouvernements en place, le R.I.N. leur reprochait également d'être inféodés aux puissances financières et de se montrer incapables d'agir par peur de déplaire à certains groupes économiques. Les militants, par ces réponses, rejoignent donc la politique du parti qui se refusait à accorder son soutien à des autorités soumises à la « puissance de l'argent ».

Dans l'ensemble, la position des militants s'inspire de la philosophie économique de leur parti, axée surtout sur la planification et sur la distribution du revenu, au besoin sur la nationalisation et la création d'entreprises d'État. D'ailleurs, la reconnaissance par le R.I.N. de trois niveaux de décision — État, patronat et syndicats — appelés à collaborer à l'élaboration et à l'exécution du plan, montre bien que le parti n'entendait pas transformer d'une façon radicale les structures économiques existantes et que, tout au plus, pouvait-il se définir comme « social-démocrate ». Ce faisant, le R.I.N. n'a pas cherché à saper très profondément les soutiens à l'égard des normes socio-économiques dominantes du système politique québécois.

Par contre, le R.I.N. attendait une réponse positive des autorités gouvernementales à ses exigences socio-économiques. C'est pourquoi il a appuyé la nationalisation de l'électricité qui correspondait à une recommandation inscrite dans ses premiers programmes et a félicité le gouvernement Lesage lorsque celui-ci a annoncé l'émission prochaine d'obligations d'épar-

Tableau 3

Contrôle du pouvoir politique par le pouvoir
économique selon les groupes d'âge
(en pourcentages)

Pouvoir politique et économique	Groupes d'âge	25 ans et moins	26-35 ans	36-50 ans	plus de 50 ans
Vrai pour tous les politiciens		14.8	10.3	4.5	9.1
Moins vrai pour politiciens indép.		77.8	76.5	77.3	77.3
Pas vrai pour la plupart des politiciens		5.6	4.4	3.0	0.0
Pas vrai pour polit. indép.		1.8	5.9	9.1	13.6
Ne répondent pas		0.0	2.9	6.1	0.0
Total		100.0	100.0	100.0	100.0
N =		(54)	(68)	(66)	(22)

gne du Québec, tout en lui rappelant que le R.I.N. avait adopté une résolution en ce sens à son congrès d'octobre 1961.[16]

Cependant, même si ces réalisations du Parti Libéral correspondaient à des exigences du R.I.N., elles ne résultaient pas nécessairement d'une influence du parti et de ses militants sur les autorités politiques québécoises : d'autres facteurs ont pu jouer, comme la volonté d'affirmation et d'émancipation du Québec. Il devient donc diffiile d'établir une relation entre les exigences du R.I.N. et de ses militants et les réponses des autorités libérales ou unionistes dans le domaine socio-économique. À ce niveau, en effet, les réponses du Parti Libéral, par exemple, proviennent autant, sinon plus, d'une volonté bien arrêtée de mettre de l'avant une politique sociale et économique proprement québécoise que des pressions de l'extérieur ayant leur source dans différents mouvements ou partis politiques. Ce qui signifie que les politiques socio-économiques mises de l'avant par le gouvernement libéral ne cherchent pas toutes à « répondre » à des demandes bien précises

---

[16] Voir *L'Indépendance*, vol. 1, n° 2, novembre 1962 et vol. 1, n° 5, février 1963.

Les militants du R.I.N. ... 261

mais, pour une large part, sont le fruit des auteurs de la « révolution tranquille ».

Bref, le R.I.N. a, la plupart du temps, vigoureusement critiqué les politiques économiques des autorités en place, surtout du gouvernement unioniste, même s'il a pu en appuyer à l'occasion certaines initiatives isolées. C'est que le R.I.N. et ses militants réclamaient une plus grande intervention de l'État dans les affaires économiques et sociales, alors que les partis au pouvoir, en particulier l'Union Nationale, s'en remettaient trop souvent à l'initiative privée. C'est ce que rappelait Pierre Bourgault, en janvier 1967, au chef de l'Union Nationale : « Dans le domaine économique, alors que nous devrions assister à une action rigoureuse de l'État québécois en cette période difficile, M. Johnson préfère se fier au laisser-aller de l'entreprise privée, étrangère par surcroît ».[17]

Par contre, il est plus facile d'établir une relation entre les exigences du R.I.N. et de ses militants et les réponses des autorités politiques sur le plan culturel que dans le domaine socio-économique. C'est surtout sur la question linguistique que nous pouvons le plus facilement établir cette liaison dynamique entre exigences et réponses.

Comme c'est peut-être sur le plan culturel que s'affirme le plus la « spécificité » québécoise, les dirigeants du R.I.N. avaient compris qu'il fallait se montrer intransigeants dans le domaine linguistique si le Québec voulait préserver son identité.

Ainsi, parmi les différentes résolutions adoptées au congrès national d'octobre 1961, l'une d'elles concerne l'unilinguisme français et se lit comme suit : « Une fois l'indépendance instaurée, seule la langue française sera officielle au Québec. En attendant, le gouvernement du Québec devrait dès maintenant se proclamer unilingue français, tout comme les gouvernements des autres provinces sont unilingues anglais » (résolution n° 19). Le programme politique de 1964 réaffirmait cette option, de même que le journal du parti qui consacrait un numéro spécial à ce problème en mai 1968.[18]

Au cours de son existence, le R.I.N. a souvent rappelé les liens étroits qui existent entre l'unilinguisme français et le système d'éducation au Québec. Pierre Bourgault soulignait, à cet effet, que « le système d'éducation est le meilleur moyen d'assimilation » des éléments anglophones du Québec et des immigrants qui viennent s'y installer et qu'il est impossible « de donner à notre minorité anglophone un système d'éducation complet dans sa lan-

---

[17] Voir *L'Indépendance*, vol. 5, n° 8, 15-28 février 1967.
[18] Voir *L'Indépendance*, vol. 6, n° 14, 16-31 mai 1968.

gue sans la voir immédiatement exiger toutes les institutions parallèles qui lui permettront de vivre dans cette langue ».[19]

Dans cet esprit, le programme du R.I.N. préconisait l'établissement d'un système complet d'enseignement public qui soit exclusivement de langue française et qui « seul ait droit aux subventions de l'État » (recommandation 115, programme de 1966-67). C'est de cette façon que le R.I.N. entendait promouvoir, au niveau de l'enseignement, la diffusion du français, mais sans exclure la possibilité d'établir des écoles de langue anglaise non subventionnées par l'État.

De leur côté, les militants se sont montrés aussi intransigeants sur cette question que leurs dirigeants. En effet, ils affirment, à une forte majorité (95.4%), que la seule langue officielle au Québec devrait être le français, contre 2.3% seulement qui s'y opposent, les autres refusant de répondre. De même, 91.4% des militants croient « qu'à leur arrivée au Québec, tous les immigrants devraient apprendre le français » et 78.2% estiment que, « dans toutes les entreprises au Québec, on devrait parler le français seulement ».

Par contre, 49.1% seulement des militants pensent que, « dans toutes les écoles du Québec (y compris les écoles privées), on devrait enseigner en français seulement », contre 40.9% qui s'y opposent. La position de ces derniers n'entre pas en contradiction avec le programme du parti qui ne fait mention que du système public, laissant entendre que le système privé pourrait opter pour la langue de son choix.

Dans l'ensemble, les militants sont fidèles à la ligne du parti sur la question de l'unilinguisme, même s'ils sont partagés sur le problème de la langue d'enseignement, en particulier dans le secteur privé.

On voit donc que le R.I.N. — tant par la voix de ses dirigeants que de ses militants — a toujours prôné l'unilinguisme français au Québec, mais les partis au pouvoir s'y sont toujours opposés avec fermeté.

Dès 1963, René Lévesque s'opposait à l'unilinguisme au Québec : « Imposer actuellement l'unilinguisme », disait-il, « ça me paraîtrait aller plus vite que la réalité, ça risquerait de demeurer artificiel ».[20] Il préférait plutôt établir la « priorité » du français par « tous les moyens légitimes », mais sans imposer l'unilinguisme français à la minorité anglophone du Québec. De même, au cours de la campagne électorale de 1966, le Premier ministre Lesage rappelait l'engagement pris par son parti de revaloriser la

---

[19] Dans un éditorial intitulé « L'unilinguisme français », *L'Indépendance,* vol. 6, n°14, 16-31 mai 1968.
[20] *Le Devoir,* 4 novembre 1963.

langue française et de lui donner un statut nettement prioritaire de façon à ce qu'elle devienne, au Québec, « la principale langue de travail et de communication ».[21]

De même, l'Union Nationale s'est toujours opposée à l'unilinguisme français, comme le préconisait le R.I.N., pour proposer plutôt une formule qui ferait du français la « langue d'usage ». Ce qui correspond à la pensée du parti telle que formulée dans son programme politique de 1966, lequel soulignait la nécessité de conférer au français « le rang et le prestige d'une véritable langue nationale », tout en reconnaissant l'existence de deux langues officielles au Québec.[22]

Dans l'ensemble, les autorités en place se sont fortement opposées à la politique de l'unilinguisme français préconisée par le R.I.N. et ses militants, tout en cherchant des solutions de compromis sous forme de « français prioritaire » ou de « français, langue d'usage ». On pourrait donc croire que, du moins dans le domaine linguistique (comme aussi au plan constitutionnel), les revendications du R.I.N. et de ses militants ont forcé les partis au pouvoir à se situer par rapport aux exigences rinistes et à élaborer des politiques qui seraient la réponse des autorités à des revendications précises. En ce sens, on pourrait affimer que le R.I.N. — appuyé en cela par d'autres organismes — a servi de catalyseur à la politique québécoise, du moins dans les domaines constitutionnel et linguistique.

3. Le soutien global des militants

Au cours de notre étude, nous avons fait ressortir à l'occasion la position des militants rinistes face à l'action des autorités politiques, en particulier face au nationalisme des gouvernements Lesage et Johnson (tableau 2).

Le soutien peut aussi prendre la forme d'attitudes ou d'orientations à l'égard de ces autorités. C'est ce que nous voulons d'abord analyser dans cette section en nous appuyant sur des attitudes favorables ou non des militants rinistes à l'égard des autorités politiques québécoises, pour nous arrêter ensuite à un comportement concret : le vote de 1962.

Dans cette optique, la satisfaction ou le mécontentement des militants à l'endroit des gouvernements Lesage et Johnson est un indice important de l'appui ou du non-soutien que les militants ont pu apporter à ces gouvernements. C'est ce que nous montre le tableau 4.

Si les deux tiers des militants expriment leur satisfaction à l'endroit du gouvernement Lesage, près des trois quarts marquent plutôt leur mécon-

---

[21] Extrait du programme politique du Parti Libéral du Québec, avril 1966, p. 16.
[22] *Objectifs 1966 de l'Union Nationale*. Programme politique du parti, p. 11.

Tableau 4

Satisfaction ou mécontentement des militants rinistes à l'égard des gouvernements Lesage et Johnson (en pourcentages)

Satisfaction ou non	Gouvernement Lesage	Gouvernement Johnson
Très satisfaits	3.6	1.4
Plutôt satisfaits	62.3	22.7
Plutôt mécontents	27.7	51.4
Très mécontents	4.6	22.7
Ne répondent pas	1.8	1.8
Total	100.0	100.0
N =	(220)	(220)

tentement à l'endroit du gouvernement Johnson. C'est donc dire que, au cours des années d'existence du R.I.N., les militants du parti ont pu se montrer plus favorables aux actions entreprises par le gouvernement Lesage qu'à celles du gouvernement Johnson.

Si l'on tient compte de la scolarité, on peut remarquer une différence très nette dans le degré de satisfaction à l'égard de ces deux gouvernements, selon les niveaux de scolarité des militants, comme l'indique le tableau 5.

On peut tirer les conclusions suivantes de ce tableau : à l'endroit du gouvernement Lesage, la satisfaction augmente avec la scolarité et le mécontentement décroît, alors que c'est l'inverse pour le gouvernement Johnson. En outre, peu importe le niveau de scolarité, le pourcentage des militants satisfaits du gouvernement Lesage est toujours supérieur à celui des militants satisfaits du gouvernement Johnson et l'inverse est vrai en ce qui a trait au mécontentement. Enfin, si l'on tient compte des niveaux inférieur et supérieur de scolarité, on peut constater que la différence entre les extrêmes est plus considérable dans le cas du gouvernement Lesage (de 46.4% à 76.9% et de 53.6% à 19.2%, selon qu'il s'agit de la satisfaction ou du mécontentement) que dans le cas du gouvernement Johnson (de 32.1% à 17.3% et de 67.9% à 78.8% respectivement).

Tableau 5

Satisfaction ou mécontentement à l'égard des gouvernements Lesage et Johnson, selon le degré de scolarité des militants rinistes
(en pourcentages)

Scolarité Satisfaction ou non	10 ans ou moins		Secondaire Technique Spécialisé		Cours classique ou collégial (B.A.) Brevet d'enseignement. Diplôme équiv. B.A.		Diplôme universitaire supérieur au B.A.	
	Lesage	Johnson	Lesage	Johnson	Lesage	Johnson	Lesage	Johnson
Très et plutôt satisfaits	46.4	32.1	60.2	25.3	74.0	26.0	76.9	17.3
Très et plutôt mécontents	53.6	67.9	38.6	73.5	26.0	74.0	19.2	78.8
Ne répondent pas	0.0	0.0	1.2	1.2	0.0	0.0	3.9	3.9
Total N =	100.0 (28)	100.0 (28)	100.0 (83)	100.0 (83)	100.0 (54)	100.0 (54)	100.0 (52)	100.0 (52)

Nous voudrions aussi souligner que les militants de Montréal et de sa banlieue sont, dans l'ensemble, légèrement plus satisfaits du gouvernement Lesage *et* du gouvernement Johnson que ne le sont ceux qui résident en province, y compris à Québec même. Nous aurions pu nous attendre à un mécontentement plus vif à Montréal qu'en province, alors que c'est l'inverse qui se produit, bien que la différence entre les deux groupes soit assez faible, comme nous le montre le tableau 6.

Tableau 6

Satisfaction ou mécontentement à l'égard des gouvernements Lesage et Johnson, selon le lieu de résidence des militants rinistes (en pourcentages)

Lieu de résidence Satisfaction ou non	Montréal et banlieue		Ailleurs en province	
	Lesage	Johnson	Lesage	Johnson
Très et plutôt satisfaits	66.7	25.0	65.3	22.8
Très et plutôt mécontents	30.8	71.7	33.6	77.2
Ne répondent pas	2.5	3.3	1.1	0.0
Total N =	100.0 (120)	100.0 (120)	100.0 (92)	100.0 (92)

Cette satisfaction ou ce mécontentement des militants rinistes traduit certes une orientation favorable ou non et donc une volonté de soutien ou de non-soutien à l'égard des autorités en place. Mais cette volonté d'appui ou de non-soutien ne s'attache pas nécessairement aux seuls problèmes constitutionnels, mais plutôt à l'ensemble des actions entreprises par ces deux gouvernements au cours de leur mandat — elle englobe donc aussi les initiatives économiques, sociales et culturelles.

Ainsi, on pourrait croire qu'une bonne majorité des militants rinistes a pu, dans l'ensemble, apporter son soutien à l'action entreprise par le gouvernement Lesage à tous les niveaux, alors qu'une minorité seulement s'estime satisfaite du travail accompli par le gouvernement Johnson et que c'est plutôt dans le domaine politique (surtout du nationalisme) que l'Union Nationale a pu recevoir l'appui de ces militants (Cf. tableau 2).

On peut ajouter à cette orientation générale à l'égard des gouvernements Lesage et Johnson une position particulière des militants rinistes sur le problème de la réforme de l'éducation. À cet égard, 15% des répondants affirment accepter entièrement les réformes du système d'éducation effectuées par le gouvernement Lesage, alors que 50.9% acceptent ces réformes, tout en estimant qu'il faudrait y apporter quelques modifications. Par contre, 28.6% croient qu'il serait nécessaire d'y apporter plusieurs modifications et 2.7% seulement n'acceptent pas du tout ces réformes, le reste fournissant d'autres réponses ou refusant de répondre.

C'est donc dire que la majorité des répondants accepte dans l'ensemble la mise en œuvre du rapport Parent, identifiée ici à une politique du gouvernement Lesage. En conséquence, on peut en conclure que, du moins sur cette question controversée, les militants rinistes accordent leur appui à la réforme de l'éducation entreprise par le gouvernement libéral de l'époque.

Enfin, appelés à préciser pour quel parti ils avaient voté lors des élections de 1962 sur la nationalisation de l'électricité, 50% des répondants affirment avoir voté pour le Parti Libéral contre 3.6% seulement pour l'Union Nationale, 4.1% ayant voté pour un autre candidat, 2.3% ayant annulé, 2.7% s'étant abstenus volontairement et 37.3% n'ayant pas voté parce qu'ils ne pouvaient pas le faire (âge ou autres raisons). Ce qui est aussi le signe d'un appui assez large à la politique du gouvernement libéral de l'époque.

En somme, les chiffres cités ici indiquent que les militants rinistes ont accordé un soutien plus grand au gouvernement Lesage qu'au gouvernement Johnson. Ce soutien peut résulter de deux facteurs. D'abord, le gouvernement libéral a été identifié à la « révolution tranquille ». Dès lors, on pourrait croire que les militants du R.I.N. ont accordé leur appui à cette équipe parce qu'ils acceptaient les réformes entreprises à cette époque, tels la réforme du système d'éducation, la nationalisation de l'électricité, le développement et l'amélioration de la fonction publique, etc. Ce qui n'a pas empêché le R.I.N. de critiquer fortement plusieurs décisions prises par le gouvernement Lesage, en particulier au cours des dernières années de la « révolution tranquille » (surtout à partir de 1963, date où le R.I.N. est devenu parti politique) et, d'une façon plus marquée, au cours de la campagne électorale de 1966.

En outre, il est plus facile de juger les actes du dernier gouvernement que ceux de l'équipe précédente. À cet égard, on pourrait croire que la mémoire collective des gens oublie rapidement les faits et gestes des gouvernements précédents. Il devenait plus facile pour les militants rinistes d'apprécier la conduite de l'équipe unioniste que du gouvernement libéral puisqu'il fallait alors remonter moins loin dans le temps, d'autant plus que le gouvernement unioniste ne pouvait pas être identifié à la « politique de grandeur » de la « révolution tranquille » et que sa cote de popularité était alors à la baisse.[23]

Malgré tout, en dépit d'appuis occasionnels accordés à certaines actions entreprises par les autorités politiques québécoises et en dépit d'une relative satisfaction à l'égard du gouvernement Lesage, le R.I.N. — tant par la voix de ses dirigeants que de ses militants — a cherché avant tout à saper les soutiens à l'égard des autorités en place et des structures existantes, en formulant des exigences politiques, économiques et culturelles qui pouvaient difficilement être acceptées par ces autorités.

Conclusion

Dans la logique eastonienne, une demande appelle une réponse. C'est pourquoi, après avoir dégagé les principales exigences formulées par le R.I.N. et ses militants, nous avons analysé les réponses des partis au pouvoir qui agissaient alors en tant qu'autorités politiques. Comme nous l'avons souligné à quelques reprises, nous pouvons plus facilement établir la liaison demande-réponse sur le plan constitutionnel et linguistique que sur le plan socio-économique. Nous croyons qu'il existe une certaine relation entre les exigences rinistes de l'indépendance et de l'unilinguisme et les réponses des autorités en ces domaines, bien que d'autres groupes aient, à l'occasion, formulé les mêmes revendications, surtout au plan linguistique. Nous pensons que les autorités politiques ont voulu répondre, positivement ou négativement, à certaines exigences du R.I.N. ou à des idées lancées par le R.I.N. et reprises par d'autres groupes, même si ces réponses pouvaient s'inscrire en même temps dans le développement politique des années 60. Nous estimons, en effet, que le R.I.N. fut un élément actif de la « révolution tranquille », tout en profitant des changements survenus au cours de cette période, bien qu'il soit difficile de préciser la part respective de chacun.

Nous n'irions pas cependant jusqu'à accepter intégralement cette affirmation d'André d'Allemagne mettant en rapport le R.I.N. et les autres partis politiques :

> Par son existence même, par son action, le R.I.N. a été le principal facteur de politisation de la société québécoise. À notre peuple asservi, il a donné l'exemple de la dignité et de la révolte. L'exemple aussi de la réflexion. Depuis quelques années, *toutes* les prises de position, *toutes* les revendications des partis politiques et des divers

---

[23] Notre questionnaire a été administré en avril 1970, peu avant les élections provinciales du 29 avril qui ont amené un déclin assez fort de l'Union Nationale.

organismes nationaux : nationalisation de l'électricité, planification économique, unilinguisme etc. (la liste serait sans fin) font simplement écho aux idées lancées par le R.I.N. depuis sa fondation, il y a cinq ans.[24]

Que le R.I.N. ait été un important facteur de politisation, nous en convenons. Qu'il ait donné l'exemple de la dignité et de la réflexion, nous en convenons aussi. Mais que toutes les prises de position et toutes les revendications des partis politiques aient fait simplement écho aux idées lancées par le R.I.N., nous en doutons fortement, sans chercher toutefois à minimiser le rôle important joué par ce parti comme catalyseur de la vie politique québécoise. Ce serait alors nier toute inspiration politique aux partis existants et toute volonté de réforme aux partis au pouvoir. Nous pensons même que, durant les premières années de la « révolution tranquille », le Parti Libéral au pouvoir a cherché avant tout à formuler et mettre en œuvre des politiques nouvelles, bien plus qu'il n'a cherché à répondre à des demandes précises.

Il faut aussi ajouter que les autorités politiques ont pu refuser de répondre à des exigences du R.I.N. pour un certain nombre de raisons, comme la disponibilité limitée des ressources et le temps mis à leur disposition. Sur le plan politique, une raison nous semble dominante : le faible contrôle des sanctions par le R.I.N., en particulier du vote populaire. Tant que ce parti ne pouvait se réclamer que d'une faible partie de la population, il avait peu de chances de voir ses revendications acceptées par les autorités. Tant que la solution de rechange que constituait l'indépendance n'avait pas gagné l'adhésion de la majorité des Québécois, il était peu probable que les autorités aient pu consentir à répondre d'une façon adéquate aux nombreuses exigences du R.I.N., ce qui devait inévitablement se répercuter sur le niveau des soutiens.

D'ailleurs, en tant que parti d'opposition, le R.I.N. s'est moins contenté de rechercher le pouvoir que de transformer le système. Comme tel, il a formulé des exigences qui, par leur contenu, ont provoqué une surcharge dans le système, ce qui a pu contribuer au déclin du soutien à l'égard des autorités politiques. Mais le R.I.N. a aussi cherché, par ses revendications, à saper les soutiens à l'égard des structures d'autorité et de certaines normes du système, de façon à faire accepter ses propres exigences de la part d'un plus grand nombre de membres de la communauté politique québécoise et, par là, des autorités elles-mêmes.

En s'adressant à l'opinion publique, aux *mass media*, aux groupes de pression, aux auters partis politiques, le R.I.N. a voulu convaincre l'ensem-

---

[24] Dans *L'Indépendance*, vol. 3, n⁰ 7, 20 août 1965. C'est nous qui soulignons.

ble de la population et imposer ainsi une pression si forte sur le système qu'elle pourrait éventuellement en provoquer l'éclatement, puisque son travail d'éducation populaire visait en grande partie à corroder les soutiens à l'égard du système politique et de ses autorités.

Ainsi, l'action du R.I.N. peut être considérée comme significative dans le système politique québécois à un double niveau : d'abord, par leur travail d'éducation populaire, les militants cherchaient à faire accepter, par un plus grand nombre de personnes, leur programme et leurs revendications, de façon à ce que les autorités politiques puissent y répondre éventuellement d'une façon positive. Ensuite, par ce même travail d'éducation et d'appel à l'opinion publique, les militants rinistes cherchaient à saper les soutiens à l'égard des autorités et des structures politiques de façon à rendre moins « légitime » le système politique québécois tel qu'il existait alors. C'est donc au niveau d'une éducation politique et d'une action « contre-légitimatrice » que l'action du R.I.N. et de ses militants prend toute sa signification dans le système politique québécois.

Annexe

Une partie de notre recherche empirique se fonde sur un questionnaire envoyé par la poste à 564 anciens militants du R.I.N. De ce nombre, 96 questionnaires nous sont revenus par suite de mauvaises adresses, puisque les listes disponibles dataient déjà de plus de deux ans. Sur un échantillon de 468 personnes qui auraient pu répondre, 222 l'on fait effectivement, soit un taux de réponse de 47.4%, ce qui est très satisfaisant pour ce genre d'enquête. Cependant, pour cette étude, nous n'avons retenu que 220 questionnaires (taux de 47%).

Les questionnaires ont été envoyés entre le 13 et le 17 avril 1970, soit avant les élections provinciales du 29 avril 1970. La majorité des réponses (142) nous est parvenue le ou avant le 1er mai de sorte qu'elles n'ont pas été influencées par les résultats des élections, si l'on tient compte des délais postaux habituels. Quant aux autres réponses qui nous sont parvenues après cette date, nous les avons comparées sommairement à celles qui nous étaient déjà parvenues et nous n'avons pas décelé de différences significatives entre les deux catégories de répondants, sinon que les commentaires étaient plus nombreux et plus élaborés après les élections.

La constitution de notre échantillon nous a posé un problème assez particulier. Il nous a été impossible d'obtenir une liste complète des membres du R.I.N. à partir de laquelle nous aurions pu établir cet échantillon. Une telle liste existe effectivement et elle a été déposée aux archives de la Bibliothèque nationale du Québec, mais elle est entourée du « secret de trente ans». Ce qui nous a obligé à procéder autrement. Nous avons d'abord obtenu une liste, datant d'août 1967, de ceux qui occupaient des postes dans les exécutifs de comtés, évidemment là où le R.I.N. disposait d'une certaine organisation. Cette liste principale (370 noms environ), qui couvre toutes les grandes régions du Québec (de la Gaspésie à l'Abitibi), a été complétée par deux autres listes, l'une des membres du R.I.N. — Ahuntsic (150 membres) et l'autre d'un certain nombre de militants de la région métropolitaine de Québec (45 noms). Quant au choix du comté d'Ahuntsic, il s'explique facilement par le fait que ce comté était doté de l'une des organisations les plus dynamiques du R.I.N. et qu'il était assez représentatif des membres rinistes au niveau de la région de Montréal, cette région étant elle-même majoritaire au sein du R.I.N. C'est donc dire que notre échantillon n'est pas un échantillon au hasard selon les critères généralement reconnus en ce domaine.

Cependant, après recoupement avec certaines données socio-économiques retrouvées dans les archives du parti et une analyse du vote riniste (ce qui déborde le cadre des militants, mais le recoupe aussi), nous croyons que notre échantillon est assez représentatif — au sens non statistique du terme — des militants du R.I.N.

D'autre part, nous croyons (et notre enquête le confirme largement) que, dans l'ensemble, la « population riniste » était assez homogène, qu'elle adoptait des attitudes plutôt similaires sur le parti et à l'égard des autorités politiques québécoises, qu'elle réagissait d'une façon assez identique aux problèmes majeurs du R.I.N., même si certaines crises ont ébranlé sérieusement le parti. Ce qui vient donc atténuer la nécessité d'un échantillon strictement au hasard. Nous croyons — sans pouvoir le vérifier — qu'un échantillon aléatoire aurait donné sensiblement les mêmes résultats que notre échantillon dû au seul « hasard » des listes disponibles.

En outre, plus la population est homogène, plus l'échantillon peut être petit (Cf. Charles H. Backstrom et Gerald D. Hursh. *Survey Research*, Northwestern University Press, 1971, pp. 25-26). Bien qu'il soit difficile d'obtenir des données précises sur l'ensemble étudié, il semblerait, selon les estimations les plus probables (résultant d'une interview avec Pierre Renaud, ancien directeur national du R.I.N., le 26 septembre 1969), que la «moyenne» des membres du R.I.N. se situerait autour de 5000 avec des « pointes » de 7 à 8000 et de 2 à 3000 membres. De ce fait, notre échantillon de 468 militants représenterait un peu moins de 10% des membres. Le taux effectif de réponses situerait notre échantillon à un peu moins de 5% de l'ensemble étudié, ce qui nous semble suffisant pour dégager certaines généralisations.

Un parti politique municipal :
Le Progrès Civique de Québec

Louise QUESNEL-OUELLET
Département de Science politique
Université Laval

L'analyse du pouvoir a déjà suggéré que le rôle important qui est reconnu à l'élite économique au niveau local peut être expliqué, entre autres facteurs, par la stabilité qui caractérise les ressources dont cette élite dispose.[1] Sans nier la pertinence de cette remarque, l'exclusivité de son application à l'élite économique est remise en cause par l'étude de certains milieux municipaux où les élus bénéficient également d'une longévité politique remarquable. À cet égard, la ville de Québec semble particulièrement intéressante, puisque, pendant une période de vingt-sept ans,[2] la direction de l'administration municipale est passée entre les mains de deux maires seulement. De plus, cette stabilité fut peu contestée, puisque, une fois sur deux, l'élection s'est faite par acclamation. Enfin, les deux maires se retirèrent tour à tour sans avoir fait face à une défaite électorale à la suite d'une première élection.[3]

Les années 60 vinrent interrompre cet état de complaisance politique, avec la création d'une commission d'enquête sur les agissements de l'administration en place depuis plus de dix ans. La politique municipale voyait naître ses contestataires, soit des conseillers municipaux récemment élus qui se dissociaient du régime, soit des organismes extérieurs qui prônaient des changements drastiques dans l'administration municipale de la ville de Québec.

Cette étude a pour but d'attirer l'attention sur le changement qui a marqué la politique municipale de Québec pendant cette période, c'est-à-

---

[1] R.A. Presthus, *Men at the Top,* New York, Oxford University Press, 1964, p. 406.
[2] Soit de 1938 à 1965.
[3] Le maire Lucien H. Borne fut défait comme candidat à la mairie en 1936, mais il n'essuya aucune défaite à la suite de sa première élection.

dire depuis 1962, et d'y voir évoluer l'un des agents principaux de ce changement, soit le Progrès Civique de Québec. À travers les transformations de cet organisme qui se définit lui-même d'abord comme association, ensuite comme parti, puis comme équipe, nous tenterons d'analyser l'évolution d'un parti politique agissant sur la scène politique municipale.

1. L'association

L'une des caractéristiques les plus importantes de la ville de Québec est sans doute d'être la capitale de la province du même nom. L'économie de la ville et de la région repose sur cette caractéristique, de sorte que les employés de l'État constituent une partie importante de la main-d'œuvre et de la population locales. De plus, la ville et la région se voient forcées, par leur rôle de capitale, d'adopter une vocation de service. Il n'est alors pas surprenant de retrouver des fonctionnaires et des commerçants parmi les quelques personnes qui se sont réunies au début des années 60 pour jeter les bases d'une organisation municipale québécoise. Ce geste était essentiellement une réaction à l'atmosphère qui prévalait à l'hôtel de ville depuis quelques années. Le président-fondateur du Progrès Civique décrit cette atmosphère en ces termes :

> Un régime fondé sur l'individualisme de quartier, sans cohésion, sans objectif d'ensemble, ne pouvait que conduire à un immobilisme total. Le seul correctif possible : un programme, une équipe.[4]

Le Progrès Civique ne visait pas à vaincre un parti politique, puisqu'il n'y en avait pas à l'hôtel de ville à ce moment-là, mais une mentalité et un régime qui ne répondaient plus aux besoins de la ville. Quelques Québécois avaient l'œil tourné vers Montréal, où une organisation appelée Parti Civique de Montréal (P.C.M.) remportait un succès retentissant en octobre 1962. L'élection du candidat P.C.M. à la mairie ne fit que renforcer la conviction du Progrès Civique de Québec qu'il fallait un changement à l'hôtel de ville.

Il n'est pas surprenant non plus de voir se former un mouvement qui se veut tout à fait détaché des partis politiques provinciaux. Sur ce point, le Progrès Civique de Québec se rapproche de plusieurs partis civiques canadiens qui se définissent presque essentiellement par leur émancipation à l'égard des partis politiques provinciaux ou fédéraux. Il s'agit toutefois d'une émancipation bien relative, puisque le groupement prit bien soin d'inclure dans ses rangs des personnalités qui collaboraient avec chacun des deux principaux partis provinciaux.[5]

---

[4] « La ville de Québec a-t-elle rattrapé le XXe siècle ? », le magazine Maclean, novembre 1969, p. 70.
[5] Le Parti Libéral du Québec et le parti de l'Union Nationale.

Un parti politique municipal... 275

Ayant réussi à former une équipe de candidats dont l'enthousiasme compensait sans doute son manque d'expérience, le Progrès Civique de Québec (P.C.Q.) présenta donc un candidat à chaque poste de conseiller. Ces candidats étaient tous des nouveaux venus sur la scène politique municipale, à l'exception d'un conseiller sortant de charge qui joignit le P.C.Q.

Dans son programme, le mouvement prit une attitude plutôt critique, non pas en exposant un ensemble d'idées élaborées, mais en s'attaquant avant tout à l'administration sortante. Cette stratégie s'explique entièrement par le fait que le P.C.Q. ne présentait pas de candidat à la mairie. Il était certain de ne pas occuper ce poste auquel est liée une grande partie de l'initiative en matière d'administration locale. Pour le P.C.Q., il s'agissait de

> souligner les problèmes fondamentaux de la ville de Québec, d'éveiller la population à l'importance de ces problèmes et de surveiller l'administration elle-même.[6]

Ce programme se mérita l'appui du quotidien régional *Le Soleil*, dont l'éditorialiste prit clairement position quelques jours avant l'élection :

> Il est important que tous les contribuables qui veulent un changement (ils sont nombreux) se doivent d'étudier (sic) sérieusement le programme du Progrès Civique et d'envoyer à l'hôtel de ville des hommes nouveaux avec un mandat bien précis, c'est-à-dire en nombre tel qu'une opposition ne pourra entraver leurs efforts.[7]

L'absence de candidat P.C.Q. à la mairie est déterminante dans cette élection de 1962. Le P.C.Q. aurait dû, en effet, se trouver un candidat dont le nom était assez prestigieux pour faire concurrence à celui du maire sortant qui occupait le poste depuis 1953. La recherche s'avéra infructueuse, et le P.C.Q. décida de ne présenter aucun candidat à la mairie. Cette décision s'appuyait sans doute sur les sondages effectués auprès de la population et qui révélaient que le maire sortant bénéficiait encore d'un appui considérable. On mentionne même[8] que le maire sortant avait conclu une entente avec les organisateurs du nouveau mouvement politique à l'effet qu'en échange d'une voie libre à la mairie, le maire ne donnerait pas son appui à certains candidats au poste de conseillers, donnant ainsi une chance aux candidats du P.C.Q.. Le maire sortant aurait même laissé entrevoir la possibilité d'une retraite à la fin de son nouveau mandat.

---

[6] *Le Soleil*, 27 octobre 1962, p. 3.
[7] *Le Soleil*, Éditorial du 31 octobre 1962, p. 4.
[8] « La ville de Québec a-t-elle rattrapé le XXe siècle ? » *Idem*, p. 72.

Cette première expérience électorale du P.C.Q. conduisit à un succès relatif, puisque cinq des seize conseillers élus étaient membres du P.C.Q. Le maire sortant fut réélu par acclamation pour un quatrième mandat, et se retrouva à l'hôtel de ville avec dix conseillers indépendants réélus, un nouveau conseiller indépendant, et cinq conseillers du P.C.Q.

Les statistiques disponibles permettent d'évaluer grossièrement l'influence de l'entrée en scène d'une organisation partisane lors de cette élection municipale (tableaux 1 et 2). Elle eut d'abord comme effet de faire disparaître les élections par acclamation, aux postes de conseillers tout au moins. Lors du scrutin municipal précédent, quatre conseillers avaient été élus par acclamation. En second lieu, l'intervention du P.C.Q. n'entraîna pas une augmentation de la participation électorale qui aurait résulté d'un

Tableau 1

Élections municipales, ville de Québec :
vote à la mairie, 1959-1973
(en pourcentages)

District	1959	1962[1]	1965[2]	1969	1973[1]
Champlain	58.8	A	57.2	57.4	A
St-Jean-Baptiste	66.5	A	—	—	—
St-Roch	56.7	A	61.3	62.8	A
St-Sauveur-Est	79.1	A	—	—	—
St-Sauveur-Ouest	65.4	A	—	—	—
Limoilou	—	—	63.5	63.4	A
Limoilou-Est	63.3	A	—	—	—
Limoilou-Ouest	69.2	A	—	—	—
Montcalm	49.4	A	—	—	—
Duberger	—	—	—	—	A
Neufchatel	—	—	—	—	A
Les Saules	—	—	—	—	A
Charlesbourg-Ouest	—	—	—	—	A

[1] Le maire est élu par acclamation en 1962 et en 1973.
[2] En 1965, il y a une nouvelle carte électorale (voir note 10).

Sources : Rapports du greffier de la cité sur les élections municipales, 1959, 1962, 1965 ; Résultats officiels des élections municipales du 16 novembre 1969, ville de Québec.

Un parti politique municipal... 277

Tableau 2

Élections municipales, ville de Québec :
vote aux postes de conseillers, 1959-1973
(en pourcentages)

	1959[1]	1962	1965[2]	1969	1973[1]
District Champlain					
Siège n° 1	A	80.0	55.1	57.3	A
Siège n° 2	59.8	60.6	54.8	57.3	A
Siège n° 3	–	–	54.6	57.4	A
Siège n° 4	–	–	55.9	57.4	Vote
District St-Jean-Baptiste					
Siège n° 1	82.2	82.1	–	–	–
Siège n° 2	65.6	63.6	–	–	–
District St-Roch					
Siège n° 1	85.8	85.5	60.3	62.5	A
Siège n° 2	A	61.4	59.6	62.0	A
Siège n° 3	–	–	59.4	62.0	A
Siège n° 4	–	–	59.6	62.1	A
District St-Sauveur-Est					
Siège n° 1	88.3	87.6	–	–	–
Siège n° 2	80.5	72.7	–	–	–
District St-Sauveur-Ouest					
Siège n° 1	84.4	83.5	–	–	–
Siège n° 2	64.7	64.9	–	–	–
District Limoilou-Est[2]					
Siège n° 1	85.6	80.1	61.2	63.2	A
Siège n° 2	62.6	55.8	60.9	63.2	A
Siège n° 3	–	–	61.6	63.1	A
Siège n° 4	–	–	60.7	63.1	A
District Limoilou-Ouest					
Siège n° 1	82.4	83.1	–	–	–
Siège n° 2	69.4	65.7	–	–	–
District Montcalm					
Siège n° 1	A	76.8	–	–	–
Siège n° 2	A	60.8	–	–	–

Tableau 2 (suite)

	1959[1]	1962	1965[2]	1969	1973[1]
District Duberger	—	—	—	—	A
District Neufchatel	—	—	—	—	A
District Les Saules	—	—	—	—	Vote
District Charlesbourg-Ouest	—	—	—	—	A

[1] En 1959 et en 1973, la lettre A indique une élection par acclamation.
[2] Voir note 10 en bas de page.

Sources : Rapports du greffier de la cité sur les élections municipales, 1959, 1962, 1965. Résultats officiels des élections municipales du 16 novembre 1969, ville de Québec.

accroissement de l'intérêt pour le scrutin. Mais l'analyse de cette influence est rendue difficile par l'absence d'opposition à la mairie en 1962. On note, en effet, une légère diminution du pourcentage des votants par rapport aux inscrits de 1959 à 1962 (tableau 2). Il est possible que la compétition électorale à la mairie en 1959 ait entraîné une participation plus grande des citoyens à ce scrutin. On peut également soulever l'hypothèse que la participation électorale aurait été plus élevée en 1962 s'il n'y avait pas eu élection par acclamation à la mairie.[9] Cependant, la variation de la participation d'une élection à l'autre est assez faible pour permettre de supposer que la stimulation de l'intérêt par le P.C.Q. en 1962 a été à peu près égale à celle que pouvait susciter une opposition à la mairie en 1959.

2. Le parti

Une fois entrés à l'hôtel de ville et associés de plus près à la politique municipale, les membres du P.C.Q. précisèrent leurs attaques contre l'administration et se préparèrent en vue de la prochaine confrontation électorale. Après quelques années d'expérience politique, ils crurent nécessaire de faire une distinction entre les membres élus du mouvement et les membres non élus. À cette fin, le P.C.Q. définit ses deux composantes essentielles, soit le parti qui comprenait les membres élus, et l'association qui comprenait les membres non élus. Le candidat à la mairie était le chef du parti, tandis que

---

[9] Une étude de la variation de la participation électorale au niveau municipal a montré que l'opposition au poste de maire entraîne habituellement une augmentation de la participation. Voir Canadian Federation of Mayors and Municipalities, *Survey of Municipal Voting in Fourteen Canadian Urban Centers of 100,000 or more population*, Ottawa, Mai 1967, p. 2.

[10] En 1965, la carte électorale de la ville de Québec est modifiée. Les huit districts électoraux sont réduits à trois, soit Champlain, St-Roch et Limoilou. Avant 1965, chaque district comprenait deux sièges de conseillers. À la suite de la réforme, chaque district comprend quatre sièges.

l'association était dirigée par un président autre que le chef du parti. Il est intéressant de noter qu'en se donnant un chef de parti qui est différent du président de l'association, le P.C.Q. s'assimile à certains partis politiques provinciaux.[11] De plus, on constate, à ce point, que le P.C.Q. a d'abord existé comme association ou comme mouvement, et non comme parti politique, et que la distinction entre l'un et l'autre a été le fruit de l'expérience des premières années.

En plus de cette modification au niveau de son organisation générale, le P.C.Q. se donna une structure à trois niveaux qui lui permettait de pénétrer à l'intérieur des grands quartiers de la ville. Au niveau de l'ensemble de la ville se situait l'assemblée générale qui comprenait tous les membres du mouvement ; au niveau intermédiaire, les trois assemblées de districts (ou quartiers), correspondant à chacun des trois nouveaux districts électoraux ; et à la base, les assemblées de paroisses à l'intérieur de chaque district. Ces assemblées étaient composées d'un nombre égal d'hommes, de femmes et de jeunes. L'une des principales fonctions de ces assemblées était le choix des candidats aux postes de conseillers et de maire.

Cet effort de structuration avait pour but d'assurer le respect de la démocratie à l'intérieur de la nouvelle organisation. Par ailleurs, les conventions devaient être précédées de la publication du programme, de sorte que les candidats étaient liés par un programme auquel ils n'avaient pas nécessairement travaillé.

Cette précision est intéressante lorsqu'on la compare avec les stratégies électorales des partis politiques provinciaux. Les « vieux » partis comme le Parti Libéral ou l'Union Nationale n'ont en effet l'habitude de choisir leurs candidats avant de publier leur programme, de sorte que ces derniers ont la possibilité de faire connaître leurs points de vue sur le programme. En inversant cet ordre, le P.C.Q. adoptait la stratégie d'un parti plus jeune, comme le Parti Québécois, qui fait connaître son programme avant ses candidats. L'explication la plus pertinente pourrait se trouver dans la priorité que les nouveaux partis accordent à leur programme, alors que le programme n'est souvent qu'un accessoire négligeable pour les « vieux » partis.

Les grandes lignes du programme du P.C.Q. avaient déjà été tracées dans le mémoire que l'organisme présenta devant les membres de la Commission d'étude du système administratif de la cité de Québec. L'occation lui fut alors offerte de faire une critique de l'administration municipale, et de proposer des réformes majeures du système. Dans ce mémoire, le P.C.Q.

---

[11] Parmi les partis politiques provinciaux, le Parti Libéral, l'Union Nationale, le Parti Québécois et le Ralliement des Créditistes, seul le chef de l'Union Nationale peut être en même temps président de l'Exécutif du parti.

souligne trois déficiences du système municipal québécois : premièrement, l'absence d'une opposition officielle et organique au sein du conseil municipal ; deuxièmement, l'absence d'identification des responsables de la politique municipale ; et enfin l'absence d'une politique à long terme, cohérente et progressive.[12]

L'identification de ces problèmes n'avait rien de neuf, et le P.C.Q. ne faisait que répéter ce que plusieurs critiques de l'administration municipale de cette époque avaient déjà noté. Cependant le P.C.Q. manifesta clairement son idéologie lorsqu'il proposa, comme remède à ces maux, l'adoption par la ville de Québec du « régime parlementaire de type britannique appliqué dans son intégrité ».[13] Cette formule renferme certaines modifications majeures que le P.C.Q. désirait voir apporter, entre autres la présence de partis politiques au niveau municipal. Sur ce point, le P.C.Q. justifiait évidemment son existence propre, et semblait aussi supposer que la formation d'un premier mouvement politique local serait suivie de plusieurs autres formations semblables. En effet, le P.C.Q. appuyait beaucoup sur la nécessité d'avoir une opposition au conseil municipal.

Le jeu des partis politiques au sein du conseil municipal va placer les débats devant le corps des citoyens et va en quelque sorte les constituer juges des problèmes et des solutions et ainsi favoriser leur participation à la vie civique, car le jeu des partis est indissociable d'un régime démocratique véritable.[14]

Une autre recommandation du P.C.Q. touchait le système électoral et surtout l'élection du maire. Conformément à la pratique parlementaire britannique, le P.C.Q. recommandait la formation de districts électoraux qui éliraient chacun un représentant. L'un de ces élus serait le chef du parti qui, par suite de l'octroi d'un appui majoritaire aux candidats du parti, serait proclamé chef du gouvernement. Il s'agit ici d'un changement très important qui mettait en question le principe même de l'élection du maire par tous les citoyens, par opposition à l'élection des conseillers dans leur district électoral respectif.

Cette position du P.C.Q. était-elle vraiment cohérente avec la critique acerbe qu'il faisait de l'administration municipale sous prétexte qu'elle était trop axée sur les quartiers ? En enlevant au maire son devoir de représenter tous les citoyens qui l'avaient élu, n'y avait-il pas danger que le conseiller, devenu maire, soit aussi tenté de défendre les intérêts de son quartier ?

---

[12] Mémoire du Progrès Civique de Québec Inc., à la Commission d'étude du système administratif de la cité de Québec, Québec, 1963, p. 16-18.
[13] Mémoire du Progrès Civique de Québec Inc., *Idem*, p. 26.
[14] Mémoire du Progrès Civique de Québec Inc., *Idem*, p. 19.

Un parti politique municipal... 281

Quoi qu'il en soit, cette recommandation ne fut pas retenue dans la réforme qui suivit l'étude, et le P.C.Q. dut affronter l'élection de 1965 en respectant de nouvelles règles du jeu qui n'étaient pas entièrement celles qu'il avait proposées.

Cette deuxième étape de la vie politique du groupement marquait un point décisif pour le P.C.Q. qui entendant bien, en 1965, faire élire son candidat au poste de maire. La situation était assez favorable pour deux raisons : d'abord le maire sortant se retirait, comme il l'avait promis secrètement, semble-t-il, quelques années auparavant ; et ensuite, un candidat, qui s'était fait valoir comme conseiller municipal depuis 1962, s'attirait le soutien des membres dirigeants du P.C.Q. Dans ces circonstances, le congrès de leadership prit l'allure d'une mini-assemblée au cours de laquelle fut ratifié le choix du comité directeur de l'association.

Cette période d'activité intense, au cours de laquelle les candidats et les grandes lignes du programme devaient être choisis, montre le P.C.Q. face à un conflit interne. Le quotidien Le Soleil relatait avec intérêt les accusations que se lançaient les deux factions du P.C.Q. Cette anecdote prit une importance stratégique, puisqu'elle réussit à attirer l'œil du public sur la politique municipale, alors que celui-ci était surtout intéressé par la campagne électorale fédérale qui se déroulait au même moment.

Les difficultés surgirent à l'intérieur du P.C.Q. au sujet de la tenue des conventions pour le choix des candidats. Certains membres furent accusés de vouloir saboter le P.C.Q. et de ne pas partager la volonté de renouveau municipal qui avait fait naître le mouvement. Afin d'écarter ces gens, les dirigeants du P.C.Q. décidèrent de tenir des conventions qu'ils qualifiaient de « dialoguées ». Ces conventions suivaient la procédure suivante :

1. l'Exécutif de paroisse, avec ses membres, étudie des candidatures possibles ;

2. ces candidatures sont ensuite soumises à l'Exécutif de district ;

3. l'Exécutif de district étudie ces propositions avec les dirigeants du P.C.Q.;

4. l'Exécutif du P.C.Q. décide du choix final de ses candidats.

Cette façon de procéder fit éclater certains désaccords au sein du P.C.Q., de sorte que les dissidents quittèrent le parti et formèrent un nouveau groupement politique, soit le Parti d'Action Municipale. Ce processus « d'épuration » n'était pas nouveau chez les partis municipaux. En effet, le Parti Civique de Montréal fut fondé à la suite d'une scission semblable à l'intérieur de la Ligue d'Action Civique. Dans ce cas, le groupe dissident affronta sa cellule mère à l'élection suivante et sortit victorieux de cette épreuve.[15]

Cependant, le Parti d'Action Municipale ne connut pas le succès du Parti Civique de Montréal et ne survécut pas à la défaite de son chef comme candidat à la mairie.

Cette phase du développement du P.C.Q. confirme une fois de plus deux hypothèses qui ont été vérifiées auprès des partis politiques locaux : premièrement, les partis politiques locaux manifestent une tendance marquée à la scission quand ils font face à une situation de crise interne ; deuxièmement, les partis politiques locaux survivent rarement à une défaite électorale.[16]

Si le candidat du Parti d'Action Municipale ne fut pas un adversaire sérieux pour le candidat du P.C.Q., il n'en fut pas de même du troisième candidat à la mairie qui l'emporta sur le candidat du P.C.Q. dans deux districts sur trois (tableau 3).

Tableau 3

Vote à la mairie, par district,
ville de Québec, 1965
(en pourcentages)

Districts	Candidats R. Cossette (P.A.M.)	I. Deschênes (Ind.)	G. Lamontagne (P.C.Q.)
Champlain	18.1	21.9	59.9
St-Roch	27.6	36.4	35.8
Limoilou	14.8	44.9	40.2
Total	19.5	35.3	45.0

Sources : Rapport du greffier de la cité sur les élections municipales de 1965.

---

[15] Voir S. Carlos « Le pouvoir municipal à Montréal », *Maintenant*, n° 103, février 1971, p. 48-60.
[16] J.G. Joyce, H.A. Hossé, *Civic Parties in Canada*, Ottawa, Canadian Federation of Mayors and Municipalities, 1970, p. 31.

Un parti politique municipal... 283

Le candidat du P.C.Q. fut néanmoins élu maire, non pas surtout à cause d'un manque d'équilibre entre la population électorale des districts, puisque la réforme, qui avait suivi les travaux de la Commission d'étude du système administratif de la cité de Québec, avait assuré une certaine homogénéité sur ce point, mais à cause du faible appui que le candidat indépendant sut se gagner dans le district où demeurait le candidat du P.C.Q. (soit le district Champlain).

Au lendemain de cette élection, le nouveau maire et chef du parti du P.C.Q. prenait la tête d'une équipe forte qui l'appuyait sans hésitation. Neuf des douze conseillers élus étaient affiliés au P.C.Q., tandis que les trois autres élus siégeaient comme indépendants. Le nouveau maire retrouvait à ses côtés ses quatre coéquipiers de 1962, mais la majorité des membres de la nouvelle équipe en était à ses premiers pas à l'hôtel de ville.

Ces élus devinrent rapidement conscients de leur importance nouvelle dans la vie du P.C.P. de par le poste stratégique qu'ils occupaient. Ils songèrent alors à définir à nouveau leur position dans l'organisation du P.C.Q., de sorte que la primauté, qui était d'abord accordée à l'aile « association » du P.C.Q., se déplaça petit à petit du côté de l'aile gouvernementale. Les élus sentirent le besoin de jouer un rôle plus déterminant et de se libérer de l'encadrement limitatif de l'organisation. Prétextant que l'association du P.C.Q. était noyautée par des organisateurs liés aux partis politiques provinciaux, le nouveau maire s'éloigna alors de l'association. Il délaissa la participation au sein de l'organisation mère et se tourna vers les citoyens. Il remplaçait ainsi l'association par les groupes de citoyens organisés qu'il consultait à l'occasion.[17]

Cette période électorale, qui avait débuté par une affirmation du P.C.Q. comme entité politique réelle au niveau municipal, à la fois par son organisation et par son programme, et qui avait entendu les appels du candidat à la mairie en faveur d'un membership accru, se terminait par une mise au rancart de l'association par les élus. Ces derniers préféraient passer par-dessus les militants, pour atteindre directement les électeurs, et surtout ceux qui étaient sympathiques au parti.[18] Une telle orientation renseigne sur l'évolution du P.C.Q. à ce moment. Le chef du parti devenait, par la force des choses, une figure dominante dans l'organisation, même s'il n'en était pas le président. Son pouvoir était d'autant plus fort qu'il ne se basait pas uniquement sur un appui du parti mais sur un appui populaire.

---

[17] « La ville de Québec a-t-elle rattrapé le XXe siècle ? », *Idem*, p. 76.
[18] On réfère ici aux différents niveaux d'appartenance au parti que Maurice Duverger présente sous la forme de cercles concentriques, voir M. Duverger, *Les partis politiques*, Paris, Armand Colin, 6e édition, 1967, p. 115 et suivantes.

Le pouvoir qu'exerçait le maire peut s'expliquer par l'urgence des problèmes à résoudre et des réformes à réaliser. Cependant, à la veille de l'élection de 1969, les conseillers remettaient ce pouvoir en question, en constatant la part minime de responsabilité qui leur était laissée. Ils revendiquaient une plus grande délégation d'autorité qui aurait pu prendre la forme de responsabilités précises accordées aux membres de l'exécutif du conseil municipal. Ils souhaitaient diriger un service administratif, comme le font les ministres dans le régime parlementaire britannique.

Par suite de cet effacement involontaire des conseillers, le maire prenait constamment la vedette dans les *média* d'information locaux. Les conseillers faisaient rarement parler d'eux et s'attendaient à ce que ce manque de publicité ait des effets néfastes sur leur prochaine élection. Ils revendiquaient, par conséquent, une participation accrue au choix des politiques et aux décisions qui étaient prises. L'instrument de cette consultation tant souhaitée aurait dû être le caucus du parti. Mais ce caucus, bien qu'existant, était rarement réuni.

L'image globale qui se dégage de cette première période de l'administration P.C.Q. semble conforme à la pensée que les dirigeants de l'organisation s'étaient faite au sujet du rôle du maire.

> Le maire, assumant un réel leadership politique dans la communauté, voit ce leadership se transformer en leadership exécutif authentique, au niveau du conseil municipal.
>
> Il partage ses pouvoirs, ses responsabilités mais sans dommage au statut particulier que notre mentalité et nos traditions lui accordent.[19]

Dans ce sens, la première administration P.C.Q. se montra particulièrement soucieuse du respect des traditions, en se laissant diriger par un maire fort.

3. *L'équipe*

Au cours de l'exercice de ses fonctions de maire, le chef du parti P.C.Q. en vint à considérer la direction du P.C.Q. et l'ensemble des représentants des citoyens comme forces complémentaires. C'est du moins ce que laisse croire le processus d'élaboration du programme que le P.C.Q. adopta aux élections de 1969.

---

[19] Mémoire du Progrès Civique de Québec Inc., *Idem*, p. 24.

Le programme fut, en effet, confié à un comité qui devait consulter à la fois les élus du parti et certains représentants de groupes d'intérêt et de la population.[20] On note que, contrairement à ce qui s'était passé lors de la dernière élection, les candidats aux postes de conseillers furent consultés en 1969. Ceci s'explique par le fait que ces candidats faisaient déjà partie de l'aile gouvernementale du parti, puisqu'ils se présentaient presque tous pour un second sinon un troisième mandat.

La consultation auprès des groupes d'intérêt est aussi un phénomène intéressant. Il s'agit sans doute de l'une des premières fois où les représentants des « corps intermédiaires » étaient invités à participer à l'élaboration du programme du P.C.Q. Ce groupe de représentants était d'ailleurs assez hétéroclite, puisqu'il comprenait des associations d'hommes d'affaires, des entreprises et des syndicats.

Dans ce processus, aucun moment n'était réservé aux membres du P.C.Q. comme tels, bien que quelques-uns d'entre eux pouvaient faire partie des représentants de la population. Ces représentants étaient invités, sur recommandation des conseillers municipaux, à une discussion qui se tenait à huis clos. Au cours de ces réunions, les participants jetaient un coup d'oeil sur les quatre années qui venaient de s'écouler, pour ensuite souligner les problèmes qui, à leur avis, devaient être discutés pendant la campagne électorale.

Le comité du programme s'inspira des comptes rendus de ces réunions pour choisir certains thèmes et déterminer leur orientation. La rédaction finale du programme fut donc l'oeuvre de ce comité, dont faisaient partie quelques membres de l'exécutif du P.C.Q. et le chef du parti qui était en même temps le candidat à la mairie.

Cette façon de bâtir un programme se distingue en plusieurs points du processus qui est utilisé, dans la même occasion, par les partis politiques provinciaux. La différence réside non pas dans le rôle qui est reconnu aux éléments internes du parti (les élus et les candidats de même que les membres de l'exécutif), mais à la considération qui est faite des points de vue extérieurs. Le parti local ne bénéficie pas de l'organisation bien rodée des partis politiques provinciaux, ni des ressources financières qui permettent assez souvent de faire oublier, grâce à la magie publicitaire, certaines défaillances ou même un certain vide au niveau du programme. À cause de ces contraintes, le parti local doit s'appuyer sur un programme bien établi et qui rejoint les besoins de l'électorat. En consultant les groupes d'intérêt et les citoyens, le P.C.Q. s'est montré bon stratège électoral, et l'expérience

---

[20] *Le Soleil,* 10 septembre 1969, p. 13.

semble avoir réussi parce que les deux parties intéressées, le P.C.Q. et les citoyens ou les groupes d'intérêt, avaient tout à gagner dans cet échange.[21]

La campagne électorale de 1969 refléta l'évolution du P.C.Q. durant les dernières années. Alors qu'il était né comme association, comme groupe d'individus partageant un intérêt commun qui était la réforme de l'administration municipale québécoise, le P.C.Q. s'est ensuite affirmé comme parti politique, sous l'effet du poids qui fut accordé, de 1965 à 1969, à son rôle gouvernemental. Peu à peu, le parti (soit le maire et les conseillers municipaux) s'est éloigné de l'association, alors que celle-ci optait pour un recrutement limité et un abandon de la politique de participation à la base. Le P.C.Q. est alors devenu un groupe relativement restreint de personnes, dont l'exécutif de l'association et les membres élus du parti.

Quand le P.C.Q. aborda la campagne électorale de 1969 sous le thème « Un chef, une équipe, un programme », il ne parlait plus de parti, mais d'équipe. Le chef s'exprimait ainsi lors d'une conférence de presse au cours de laquelle il présentait son programme électoral :

> Nous ne croyons plus à la vente des cartes et nous considérons que nos électeurs sont vraiment les membres du Progrès Civique. Ce qui compte, ce n'est pas les membres, mais l'équipe qui en fait partie.

> D'ailleurs, nous ne parlons plus jamais du Parti du Progrès Civique. Nous mentionnons plutôt « l'équipe » du Progrès Civique, pour enlever de l'esprit de la population que nous sommes un parti politique.[22]

Ce changement d'appellation reflète-t-il simplement un souci d'amélioration de l'image du P.C.Q. ? Il semble qu'il s'agisse d'une transformation plus profonde qui serait le fruit des expériences du P.C.Q., notamment de l'échec de son effort de démocratisation des conventions pour le choix des candidats. L'Exécutif du P.C.Q. et la direction de l'aile gouvernementale du parti ont constaté que leur intérêt initial, ou les voies choisies pour le défendre, n'était pas partagé par tous les membres du P.C.Q. et que la participation des membres devenait plus gênante qu'utile.

---

[21] Il est intéressant de noter que l'Union Nationale eut recours à une consultation auprès des corps intermédiaires pour la préparation de son programme électoral de 1966. Ce parti se trouvait dans une situation financière qui n'était pas très différente de celle qui poussa le P.C.Q. à faire de même en 1969.
[22] *Le Soleil*, 22 octobre 1969, p. 19.

En plus de s'appuyer sur l'avantage de la présence d'une équipe au conseil municipal, la propagande électorale du P.C.Q. insistait aussi sur la présentation d'un programme. Ce programme était centré sur les grands problèmes urbains, soit l'urbanisme, les loisirs et le développement économique.

Dans le domaine de l'urbanisme, le P.C.Q. proposait la création d'un Office municipal d'habitation dont le but serait de préciser des programmes d'habitation à loyer modique et d'habitation pour les personnes âgées, de poursuivre la rénovation du vieux Québec et l'embellissement des berges de la rivière St-Charles.

Le programme des loisirs était axé sur la jeunesse, en proposant l'engangement d'animateurs et la création d'une police-jeunesse. Le P.C.Q. promettait également de créer un conseil des loisirs.

Le développement économique se mérita plus de place que les deux autres thèmes dans le programme du P.C.Q. Le parti proposait en effet des mesures très concrètes dans le domaine de la restructuration municipale (appui à la création de la Communauté urbaine, appui à l'annexion de territoires) ; il s'intéressait particulièrement à la promotion industrielle, à la stimulation du tourisme, aux parcs de stationnement et aux travaux publics.

Ces principaux points montrent bien les préoccupations immédiates du parti dont le programme était fait de projets à court terme surtout, laissant très peu de place aux problèmes plus généraux du développement et de l'urbanisme véritable, non limités à la construction de H.L.M. ou à quelques projets précis. Ce programme avait tout de même l'avantage de promettre « un petit quelque chose » aux électeurs de chaque quartier. De plus, il reflétait le slogan électoral du P.C.Q., «Gardons Québec en marche», en insistant sur le besoin de poursuivre la réalisation de projets déjà « en marche ».

Bien que la position du P.C.Q. sur chacun de ces problèmes fut bien présentée à la population par l'intermédiaire de la publicité du parti dans les journaux locaux, le programme ne fut pas l'objet de discussions et d'affrontements entre les candidats à la mairie. En effet, le principal adversaire du candidat P.C.Q. orienta toutes ses attaques non pas sur le contenu du programme de son rival, mais sur l'existence même de ce programme. Au nom de la « liberté d'action », il s'opposait au fonctionnement de l'administration en place, à l'existence du comité exécutif, au rôle restreint laissé au conseil municipal, enfin à la présence contraignante du parti. Ce candidat indépendant menait en fait une bataille identique, mais en sens inverse, à celle que le P.C.Q. avait menée contre l'administration en place en 1965.

Bref, l'ombre de l'administration municipale des années qui ont précédé le P.C.Q. planait encore sur la campagne électorale de 1969. Il semble que la lutte électorale n'ait pas atteint un niveau de maturité plus élevé que celui qu'elle avait à l'élection précédente. En effet, l'électeur ne se prononçait pas encore sur le contenu d'un programme. Il demeurait au niveau élémentaire de l'acceptation du principe même d'un programme et d'un parti politique.

Dans ce sens, le P.C.Q. avait raison d'affirmer le caractère essentiel d'un « système » de partis. S'il n'y a qu'un parti, l'existence même de ce parti est remise en question par les forces d'opposition à chaque élection. Mais le choix de l'électeur s'arrête là. Il n'a pas la possibilité d'assister à une discussion interpartisane sur les enjeux qui le touchent directement, comme l'habitation. Une telle situation, qui semble politiquement insatisfaisante, ne répondait pas à l'attente des citoyens qui préféraient voir les candidats se présenter devant eux, soit en formant une équipe, soit en formant un parti.[23]

Lors de sa deuxième campagne électorale comme candidat à la mairie, le chef du P.C.Q. fit face au même candidat indépendant que lors de sa première victoire. Pour le candidat indépendant, les résultats de cette seconde confrontation ne furent guère différents de ceux de la première, puisqu'il

Tableau 4

Vote à la mairie, par district,
ville de Québec, 1969
(en pourcentages)

Districts \ Candidats	I. Deschênes (Ind.)	G. Lamontagne (P.C.Q.)	Bulletins rejetés
Champlain	24.4	72.9	2.7
St-Roch	36.9	60.3	2.8
Limoilou	35.9	61.2	2.9
Total	32.9	64.3	2.8

Sources : Résultats officiels, la ville de Québec, élections municipales du 16 novembre 1969.

---

[23] Lors d'un sondage préélectoral, la majorité (56%) des citoyens se dit favorable à ce que les candidats se présentent avec une équipe ou avec un parti. Voir *Le Soleil*, 25 juin 1969, p. 7.

Un parti politique municipal... 289

obtint à peu près le même appui électoral qu'en 1965 dans deux districts sur trois (tableaux 3 et 4). Le candidat du P.C.Q. recueillit les voix qui étaient allées au candidat dissident (P.A.M.) en 1965, de sorte qu'il semble possible d'affirmer que les citoyens ont voté pour un parti et contre un candidat « indépendant ».

Au niveau des conseillers municipaux, la victoire des candidats du P.C.Q. fut moins facile. Aucun candidat ne fut élu par acclamation, tous les candidats ayant à faire face soit à un adversaire « indépendant » qui ne faisait partie d'aucune équipe partisane ou non partisane, soit à un candidat identifié à une équipe de quartier. La situation était particulièrement complexe dans le quartier St-Roch, où treize candidats se disputaient quatre sièges. L'opposition y était plus structurée que dans les deux autres districts, puisque le P.C.Q. faisait face à une équipe appelée le Cartel du Bien Commun (C.B.C.). Ce mouvement s'était formé autour du comité de citoyens du quartier et l'un de ses principaux dirigeants était le curé d'une des paroisses avoisinantes qui se présentait également comme candidat au poste de conseiller.

Le Cartel du Bien Commun fut créé en vue de l'élection municipale et se disait le défenseur des milieux défavorisés. Tout comme le Front d'Action Politique (FRAP) aux élections municipales de Montréal en 1970, le C.B.C. ne présenta pas de candidat à la mairie. Il eut cependant un impact certain sur l'élection, puisque les candidats P.C.Q. aux postes de conseillers n'y obtinrent qu'une majorité relative, alors que dans les deux autres districts cette majorité fut absolue.[24]

---

[24] Pourcentage moyen du vote accordé aux candidats P.C.Q. aux postes de conseillers municipaux.

District Champlain : 66%
District St-Roch : 47.8%
District Limoilou : 53.5%

La population du district St-Roch est réellement d'un niveau socio-économique moins élevé que la population des deux autres districts. Puisque les données statistiques existantes ne permettent pas de faire la distinction par district électoral, nous utilisons à cette fin les résultats d'un sondage qui a été fait auprès d'un échantillon de la population de la ville de Québec en mars 1971.

Tableau 1 Distribution de la population de la ville de Québec, par district et selon le niveau de scolarité (en pourcentages), 1971.

Scolarité	District Champlain	District St-Roch	District Limoilou
0 - 7 ans	10	25	28
8 - 9 ans	20	25	12
10 -11 ans	10	16.7	12
12 -13 ans	25	25	16
14 ans et plus	35	8.3	32

Au lendemain de ces élections, l'administration municipale reposait entre les mains d'un maire et de douze conseillers municipaux membres du P.C.Q. Le conseil municipal ne comptait plus de conseillers indépendants. Considérant que sa victoire était totale, le P.C.Q. interprétait ainsi les résultats électoraux :

> Avec le programme que nous avions proposé aux électeurs, les réalisations que notre mandat avait apportées, nous espérions une réponse encourageante. Nous l'avons eue et c'est réconfortant.[25]

Pour le P.C.Q., l'appui populaire reçu était le signe de la reconnaissance de sa bonne administration durant les quatre dernières années. Il se retrouvait cependant dans une situation de monopole au conseil municipal et cette situation cadrait mal avec l'idéologie prônée par le P.C.Q. quelques

Tableau 2 Distribution de la population de la ville de Québec, par district et selon le revenu familial annuel (en pourcentages), 1971.

Revenu	District Champlain	District St-Roch	District Limoilou
moins de $ 5,000.	35	41.6	12
$ 5,000. - $ 9,999.	50	25	52
$10,000. - $14,999.	5	8.3	20
$15,000. - $19,999.	0	0	4
$20,000. et plus	0	0	0
pas de réponse	10	25	12

Il est intéressant de comparer le niveau socio-économique des élus à celui de leurs commettants. Les tableaux suivants présentent ces caractéristiques, en se basant sur neuf des treize membres du conseil municipal élu en 1969 (incluant le maire).

Tableau 3 Distribution des élus de la ville de Québec, 1969, selon le niveau de scolarité (en pourcentages)

0 - 7 ans	0
8 - 9 ans	22
10 -11 ans	0
12 -13 ans	11.1
14 ans et plus	66.7

Tableau 4 Distribution des élus de la ville de Québec, 1969, selon leur revenu familial annuel (en pourcentages)

moins de $ 5,000	0
$ 5,000. -$ 9,999.	11.1
$10,000. -$14,999.	33.3
$15,000. -$19,999.	22.2
$20,000. et plus	33.3

[25] *Le Soleil*, 17 novembre 1969, p. 2.

années auparavant. Le P.C.Q. fut en effet formé à partir du besoin d'opposition au conseil municipal, pour contrôler l'administration qui était dirigée par le même homme depuis plus de dix ans. Le chef du parti était conscient de cette position ambiguë et il tenta de la corriger en maintenant la politique de consultation auprès des groupes d'intérêt qu'il avait entreprise avant la campagne électorale. Il espérait ainsi faire remplir le rôle d'opposition ou de contrôle qui est considéré comme sauvegarde d'une saine administration, par des forces extérieures au conseil municipal. Les dirigeants des groupes d'intérêt nièrent cependant cette possibilité d'être considérés comme « opposition extérieure ». Devant l'absence d'opposition au sein du conseil municipal, l'un d'eux disait à un journaliste :

> Comment voulez-vous que nous fassions une surveillance de tous les instants, comme doit le faire une véritable opposition qui remplit son rôle ?[26]

Si cette opposition ne pouvait venir ni de l'extérieur de l'hôtel de ville ni des membres du conseil municipal indépendants du P.C.Q., puisqu'il n'y en avait pas, pouvait-elle venir de l'intérieur du groupe P.C.Q. ? Aucun conseiller n'a envisagé cette possibilité au lendemain de l'élection et le maire lui-même n'est jamais allé aussi loin que son homologue de Montréal qui a déjà fait allusion aux discussions qui avaient eu lieu entre les membres du P.C.M., même si le public n'en avait pas connaissance.[27] La dimension même du conseil municipal de la ville de Montréal (soit cinquante-deux conseillers en 1970) rend la discussion et la contestation plus probable qu'à l'intérieur du petit groupe de douze conseillers que constituait le conseil municipal de la ville de Québec en 1969.

Pour sortir de ce dilemme, le chef du P.C.Q. établit des distinctions entre une opposition « positive » et une opposition « négative ». Cette dernière — qui aurait pu venir des conseillers municipaux non-membres du P.C.Q. — n'était pas souhaitable. Au contraire, l'opposition dite positive était nécessaire et elle fut assurée par la consultation que le maire entretenait avec des groupes d'intérêt. Cette consultation revêtait un caractère très particulier du fait qu'elle était sélective. Les rencontres avec l'administration municipale se tenaient en effet sur invitation seulement et elles visaient à informer les gens intéressés, plutôt qu'à les faire participer pleinement à l'élaboration d'un projet.

4. *L'administration*

Un tel système repose évidemment sur la collaboration des groupes d'intérêt qui acceptent de jouer le jeu du chef du P.C.Q. Il se fonde aussi

---

[26] *Le Soleil*, 20 novembre 1969, p. 21.
[27] *La Presse*, 9 octobre 1970, p. A8.

beaucoup sur le travail des spécialistes qui sont à l'emploi du gouvernement municipal. Le maire est fier de cette équipe de technocrates qu'il a su recruter et il lui rend hommage publiquement quand l'occasion se présente. Sous la direction d'un gérant, la structure municipale de la ville est assez complexe, comprenant à la fois des services dits verticaux (aqueduc, santé, travaux publics, police, incendies, urbanisme, loisirs et parcs, circulation et estimation de biens-fonds) et des services dits horizontaux (greffe, finances, vérification et personnel). Les journalistes, qui suivent de près ce qui se passe à l'hôtel de ville, sont généralement d'accord pour reconnaître l'efficacité de ce régime.

Mais le gouvernement municipal n'a pas pour seul objectif l'efficacité. Il doit aussi se soucier du respect de la démocratie, et ceci aussi bien dans l'acheminement des demandes des citoyens et dans la façon de répondre à ces demandes, que dans le processus d'élection de ses dirigeants. Certains auteurs sont même allés jusqu'à prétendre que le gouvernement municipal avait une vocation spéciale dans ce domaine et qu'il pouvait servir de soupape aux élans démocratiques qui se voyaient de plus en plus freinés aux autres niveaux de gouvernement.[28]

Il semble que l'orientation, qui est celle du P.C.Q. depuis 1969, soit axée davantage sur l'efficacité que sur la démocratie, si l'on donne au mot démocratie son sens large, soit celui de participation décisive des citoyens aux mesures qui les concernent. En effet, l'administration municipale a établi des liens avec les citoyens, mais en passant par l'intermédiaire des groupes d'intérêt et des comités de citoyens.[29] Ces liens peuvent avoir trois objectifs qui correspondent à autant de modalités de la participation politique : soit un échange d'information qui se fait le plus souvent sous forme de transmission unilatérale d'information de l'hôtel de ville vers l'extérieur ; soit une consultation auprès des gens intéressés en vue de tenir compte de leurs points de vue dans la décision ; soit la prise de décision conjointe par les gens intéressés et par les dirigeants politiques. La troisième forme de participation, qui équivaut à la cogestion, n'est pas retenue par l'administration municipale P.C.Q. qui se considère comme le centre de décision dont

---

[28] La question a été traitée de façon particulière par les auteurs suivants : A.B. Sancton, « The Values of Local Self-Government : Some Twentieth Century British Views », communication présentée à la réunion annuelle de l'Association canadienne de science politique, St. John's, Terre-Neuve, juin 1971 ; L.J. Sharpe, « Theories and Values of Local Government », *Political Studies*, vol. XVIII, n° 2, 1970, p. 153-174 ; L.J. Sharpe, « American Democracy Reconsidered », communication présentée à la réunion annuelle de l'Association canadienne de science politique, St. John's, Terre-Neuve, juin 1971 ; L.D. Feldman, M.D. Goldrick, *Politics and Government of Urban Canada*, Toronto, Methuen Publications, 1969, p. 183-193.

[29] Voir à ce sujet : Louise Quesnel-Ouellet, *Analyse d'une expérience de participation : la construction de logements à loyer modique dans la ville de Québec*, manuscrit, Université Laval, Québec, 1972.

Un parti politique municipal... 293

les membres ont été élus par les citoyens et qui en sont les représentants. Les deux autres formes de participation, soit l'information et la consultation, sont pratiquées par l'administration P.C.Q., par l'entremise de conférences de presse et de rencontres organisées avec les dirigeants de certains groupements à caractère socio-économique.

Dans ses relations avec le public, le P.C.Q. semble donc avoir adopté une stratégie de dialogue qui s'apparente au « dialogue » qu'il avait tenu pendant sa campagne électorale de 1965. Il y a, en effet, un courant d'information qui circule du centre de décision à son environnement socio-politique plus ou moins immédiat, mais l'administration P.C.Q. contrôle de courant, en détermine la fréquence et l'objet. S'agit-il ainsi d'une sorte de « démocratie efficace » qui réussirait à joindre ces deux grands objectifs, la démocratie et l'efficacité, qui semblent difficilement conciliables ?

C'est en s'appuyant sur un bilan somme toute positif que le P.C.Q. voyait venir les élections de l'automne. 1973.

La région de Québec et sa ville centrale avaient connu un développement sans précédent depuis dix ans. La Communauté urbaine de Québec était venue changer l'échiquier politique régional, en forçant une collaboration entre les villes de banlieue, en provoquant des affrontements entre la ville centrale et ces dernières, et en suscitant un mouvement de mécontentement de la part de la population, face à certains services (dont le transport en commun) qui avaient été régionalisés. De plus, la carte régionale était considérablement changée, suite à un mouvement d'annexion qui fit passer le nombre de municipalités à l'intérieur de la Communauté urbaine de Québec de vingt-sept à vingt et un, et qui a augmenté le territoire de la ville de Québec de neuf milles carrés en 1969 à trente-quatre milles carrés en 1973.

La ville de Québec fut peut-être à l'intérieur de cette région, celle qui a connu le développement économique le plus prononcé. L'entrée en scène du Progrès Civique de Québec (P.C.Q.) ne fut certes pas étrangère à cette évolution, puisque dès sa première apparition, en 1962, le P.C.Q. s'était fait le défenseur de la réforme administrative et du renouveau.

En 1973, le P.C.Q. était associé à l'immense chantier qu'était devenue la ville de Québec. On notait, bien sûr, des travaux temporaires (et à propos...) surtout dans le domaine de la voirie, mais l'essentiel touchait les projets de rénovation urbaine qui devaient changer le profil de la ville et favoriser un essor économique surtout dans le domaine du tourisme.

Dans ce contexte, le maire sortant était en très bonne position. Un journaliste notait, dès janvier de cette année, que, après dix années de Progrès Civique, la croissance économique avait balayé l'opposition. Toutefois, dans certains quartiers de la ville, l'on trouvait que le développement économique avait trop fait oublier les problèmes d'habitation, de loisirs et de bien-être. Ce mouvement de mécontentement, qui avait été assez fort en 1969 pour susciter des candidatures à la mairie, tenta de réapparaître en 1973.

Quelques embryons d'opposition se sont en effet manifestés, mais ils ne sont pas venus des comités de citoyens mais de groupements dont l'idéologie les rapproche de ces derniers. Parmi ces groupements, mentionnons une coalition formée de quelques partisans du Parti Québecois (P.Q.) et du Nouveau Parti Démocratique (N.P.D.). On se souvient que le P.Q. avait été fort tenté d'intervenir officiellement dans les élections municipales de Montréal en octobre 1970, et qu'il fut l'un des instigateurs du Rassemblement des Citoyens de Montréal (R.C.M.) qui réussit à faire élire dix-huit (18) conseillers à Montréal en 1974. Pareille tentation est réapparue à Québec en 1973. Ce « faible » du P.Q. et du N.P.D. pour les élections municipales s'explique sans doute par les problèmes sociaux auxquels les citadins doivent faire face et qui touchent les cordes sensibles du partisan N.P.D. et d'une certaine catégorie de partisans péquistes.

Le projet d'intervention de ces partis était intéressant, puisqu'il aurait marqué un précédent dans la politique locale au Québec. Il a cependant avorté, à cause d'une part d'un manque de leadership et d'autre part des faibles probabilités de succès d'une telle intervention. Du côté leadership, le défi n'était pas facile puisqu'il s'agissait de trouver un candidat qui serait à la hauteur du maire sortant. Or, ce dernier jouissait d'un prestige et d'une estime fort enviables que les rumeurs de son « attirance » vers la politique provinciale ou fédérale ne faisaient qu'augmenter.

On constate, une fois de plus, que le manque d'opposition au niveau municipal ne reflète pas une satisfaction générale, mais plutôt une incapacité de la part des forces d'opposition potentielles de se trouver un chef capable d'affronter le maire sortant Certains travaux ont montré comment le poste de maire permet de réaliser une « pyramide des ressources » de façon à accroître constamment son pouvoir.[30] Le cas de Montréal, en 1970, où le Front d'Action Populaire (FRAP) n'a pas réussi à se trouver un chef assez fort pour affronter le maire sortant, et le cas de Québec en 1973, permettent de constater que, dans les systèmes où le conseil municipal est formé de gens qui font tous partie d'un même groupement politique, il est très difficile, au moment de l'élection, de trouver un candidat capable d'ébranler sérieusement le pouvoir du maire sortant. Même le R.C.M., à Montréal, en

---

[30] Par exemple, Robert A. Dahl, *Who governs?*, New Haven, Yale University Press, 1961.

1974, tout en remportant le tiers des sièges de conseillers et un pourcentage important du vote, n'a pas réussi à placer le maire sortant en minorité, dans les quartiers où les candidats aux postes de conseillers pour le R.C.M. ont été majoritaires.[31]

Quant aux faibles probabilités de succès d'une intervention N.P.D.-P.Q. dans l'élection à la mairie, elles tiennent sans doute à l'attitude encore méfiante de la population à l'égard de l'entrée en scène des partis politiques au niveau local. Le maire sortant se montrait bon tacticien sur ce point, quand il se défendait d'être à la tête d'un parti politique. Le P.C.Q., selon son dire, était en fait une *équipe* de gens bien intentionnés qui poursuivaient avant tout les intérêts de l'ensemble de la population de la ville. Cette attitude très négative à l'égard des partis politiques dans le cadre municipal était partagée par la plupart des hommes politiques agissant sur la scène municipale, aussi bien à Québec que dans les banlieues.

Pour le P.C.Q., la campagne électorale s'est déroulée avant la période prévue officiellement à cette fin. Cette stratégie du P.C.Q. a consisté en une consultation bien orchestrée de différents secteurs de la population. Il y eut d'abord des rencontres « de cuisine » avec certains citoyens qui s'étaient rendus à l'invitation de leur conseiller municipal, ensuite des rencontres avec les représentants de certains groupes d'intérêt économique.

Parallèlement à ces réunions, le maire a tenu des rencontres d'information dans les quartiers où la rénovation urbaine était en cours. À l'aide de ses fonctionnaires, le maire a expliqué les projets municipaux, au cours d'une entreprise qui, officiellement, n'était pas intégrée à la campagne électorale.

Cette façon de procéder s'est avérée très astucieuse d'un triple point de vue : premièrement, le maire a prévenu les coups, en se rendant au-devant de ses adversaires éventuels, soit en rencontrant les résidents des quartiers « menacés » par les projets de rénovation. Deuxièmement, le P.C.Q. a fait passer sa campagne électorale — bien qu'informellement — avant la campagne électorale provinciale, sachant bien que cette dernière allait accaparer l'attention des électeurs plus tard à l'automne. Troisièmement, en ayant franchi les principales étapes de sa campagne dès septembre, le maire sortant a pu participer à la conférence tripartite qui s'est tenue à l'automne et s'y faire valoir, tout en rehaussant d'autant son image dans les *media* d'information et aux yeux du public.

À la fin des mises en candidature, le 28 octobre 1973, le maire sortant était proclamé élu, faute d'opposants à la mairie, et quatorze des seize can-

---

[31] Voir *La Presse*, 11 novembre 1974, p. 1.

didats du P.C.Q. aux postes de conseillers étaient élus par acclamation. Les deux autres sortirent facilement vainqueurs de l'élection qui eut lieu deux semaines plus tard. Les quelques mois qui précédèrent ce dénouement sans surprise ne furent qu'un intermède, à la suite duquel le rythme habituel reprit à l'hôtel de ville.

Le manque d'opposition a entraîné un vacuum politique dont l'effet fut une absence de discussion des problèmes locaux. Certains d'entre eux, dont les projets de rénovation urbaine, l'agrandissement du territoire par voie d'annexion, la décentralisation administrative et la fiscalité municipale, n'ont pas été abordés de façon globale. On a expliqué des projets, on a donné de l'information. Mais a-t-on réalisé ainsi la discussion des priorités et des objectifs qu'aurait dû provoquer une vraie campagne électorale ?

Il semble que la ville devra envisager d'autres mécanismes de consultation et ainsi continuer les échanges qui se faisaient déjà depuis 1969.

5. P.C.Q. : un véritable parti politique

En dix ans d'existence, le P.C.Q. a connu plusieurs bouleversements. Malgré ce que prétendent ses dirigeants, est-il encore un parti politique ?

Pour répondre à cette question, on peut se référer à certains critères qui sont proposés pour identifier un parti.[32] Le premier de ces critères est une organisation stable et durable. Dans le cas du P.C.Q., la deuxième partie de cette analyse a montré qu'il s'est donné une organisation bien structurée et hiérarchisée. Un réseau de relations a été établi entre les unités de base, soit les assemblées de paroisses, et le centre, soit l'exécutif du P.C.Q. Toutefois, les unités de base ont été de moins en moins consultées, de sorte que le réseau n'est vraiment actif qu'en période électorale. Cependant, il est impossible d'évaluer la durabilité du mouvement. En effet, la présence de la même personne comme chef de parti, depuis le début de l'action politique du P.C.Q., empêche de dire si l'organisation survivra au départ de son leader.

La durabilité des organisations partisanes municipales est, en effet, généralement précaire, puisqu'elles sont souvent noyautées et animées par un seul individu qui est habituellement le maire. Ce leader consolide d'ailleurs son pouvoir par le droit qu'il se réserve, plus ou moins ouvertement, de choisir les candidats du parti aux postes de conseillers.[33] Le contrôle que le maire actuel exerce sur son parti permet de croire que son départ ébranlerait sérieusement le P.C.Q.

---

[32] Ces critères sont identifiés par J. La Palombara et M. Weiner, dans *Political Parties and Political Development*, Princeton (N.J.), Princeton University Press, 1966, p. 5-7.
[33] J.G. Joyce, H.A. Hossé, *Civic Parties in Canada*, p. 53.

Un parti politique municipal... 297

Le deuxième critère utilisé dans l'identification d'un parti est la volonté d'exercer directement le pouvoir et non seulement de tenter de l'influencer. Sur ce point, la position du P.C.Q. est très claire puisqu'il exerce son pouvoir comme parti gouvernemental depuis 1965. À l'heure actuelle, la possibilité qu'il perde le monopole de ce pouvoir semble minime, puisqu'il n'existe aucune autre organisation partisane au niveau municipal dans la ville de Québec.

Le troisième critère est également respecté par le P.C.Q. qui manifeste une volonté de rechercher un appui populaire. Le mouvement a cependant connu un changement important sur ce point depuis sa formation. Au début, il désirait s'assurer le soutien de militants nombreux et il fut même question d'un recrutement intensif avant les élections de 1965. Or, en 1969, il n'était plus question de recruter des membres pour le parti mais d'obtenir l'appui de l'électorat. Le parti est devenu un groupe restreint comprenant l'exécutif et les élus. Les quelques nouveaux membres ne font pas, par leur adhésion, une faveur au parti, mais ils sont plutôt l'objet d'une faveur de la part du P.C.Q. Le P.C.Q. n'est plus un parti de militants mais il est devenu un parti électoral, en recherchant l'appui du plus grand nombre possible d'électeurs.

En définissant le P.C.Q. comme une équipe et non comme un parti, les membres du P.C.Q. soulignent en fait le caractère élitiste de l'organisation qui est dirigée par un exécutif restreint plutôt que par un congrès qui réunirait plusieurs centaines de militants. Il n'en demeure pas moins que le P.C.Q. satisfait aux critères d'identification d'un parti politique, en autant que sa courte existence permet de faire une telle affirmation.

Ayant reconnu qu'il s'agit d'un parti politique, on peut se demander, enfin, si le P.C.Q. a introduit un changement dans l'administration municipale et s'il a démontré cette indispensabilité fonctionnelle qui est reconnue au parti dans un système dit démocratique.[34]

En basant son action sur un programme bien établi, le P.C.Q. s'est engagé devant son électorat à réaliser certains projets. En formant une équipe qui supportait ce programme, le P.C.Q. ne pouvait plus prétexter l'opposition interne au conseil municipal pour expliquer le retard dans la mise en application de ses politiques. Ainsi le parti s'avère un instrument de plus grande responsabilité politique.

Par ailleurs, «l'indispensabilité fonctionnelle» du parti dans un système démocratique signifie surtout que le parti provoque un intérêt accru de

---

[34] Cette question est surtout traitée par les auteurs américains, dont A.P. Sindler, *Political Parties in the United States*, New York, St. Martin's Press, 1966, p. 4-6.

la population pour la politique municipale et entraîne un débat sérieux sur les problèmes politiques locaux. L'accroissement de l'intérêt pourrait prendre deux formes : soit une participation des citoyens à l'intérieur du parti, soit une participation des citoyens lors des élections. Quant à la participation interne au parti, elle est en fait limitée à un nombre restreint d'individus et le P.C.Q. n'envisage pas la possibilité d'élargir le cercle de ses militants.

Par contre, l'élargissement du vote, qui est devenu universel peu avant les élections de 1965, empêche de tirer une conclusion sur l'influence de l'entrée en scène du P.C.Q. sur la participation électorale. Les tableaux 1 et 2 montrent une baisse parfois assez considérable dans le pourcentage des électeurs qui se sont prévalus de leur droit de vote en 1962 et en 1965. Mais il est impossible de dire si ce changement est relié de façon significative à l'action du P.C.Q.

L'une des lacunes soulignées par le P.C.Q., lors de sa formation, était le manque d'opposition à l'hôtel de ville. Cette opposition est encore absente aujourd'hui et la situation actuelle risque de ressembler, à brève échéance, à ce qui prévalait en 1962. Le système de partis que le P.C.Q. souhaitait ne s'est pas constitué. Or, il garantissait, beaucoup plus que ne le fait un seul parti, la discussion des politiques et le contrôle de l'administration.

La formation éventuelle d'autres partis politiques n'est toutefois pas impossible.[35] Déjà, en 1969, un comité de citoyens se lançait ouvertement dans l'action électorale. Il semble que ces groupements de citoyens, qui se sont formés depuis environ dix ans, soient en effet appelés à entrer dans l'arène politique non seulement pour influencer les forces politiques, mais pour exercer eux-mêmes le pouvoir. De plus, quelques partis politiques ressentent le besoin d'être actifs dans la politique locale, et le succès relatif du R.C.M. à Montréal les incitera peut-être à former une coalition en vue d'affronter le P.C.Q. Ces compétitions, dont l'absence a empêché jusqu'ici une saine discussion des politiques gouvernementales et un examen constant des réalisations de l'administration municipale, forceront alors le P.C.Q. à atteindre les objectifs qu'il s'était fixés, soit l'instauration d'un système de partis.

En conclusion, il est nécessaire de préciser que cette analyse du P.C.Q. demeure élémentaire et parcellaire, principalement parce qu'il s'agit d'une organisation jeune qui est en voie de se définir. La prochaine phase

---

[35] Bien qu'il soit trop tôt pour parler de l'avènement du nouveau style de politique locale que décrit M.S. Stedman, Jr., *Urban Politics*, Cambridge, Mass., Winthrop Publishers Inc., 1972, p. 296-311.

Un parti politique municipal...

de ce développement semble être une orientation vers une politique plus sociale, alors que, depuis 1962, le P.C.Q. favorise plutôt une politique économique.

Le Progrès Civique, après sept ans de pouvoir et dix ans d'existence, doit se fixer de nouveaux horizons : rien de ce qui est humain ne doit nous être étranger. Au-delà des préoccupations de saine administration et de développement économique et financier, nous devons déployer toutes nos énergies pour que tout citoyen vive en harmonie avec son milieu, et avec son prochain, pour que tout québécois soit heureux, non seulement de sa ville, mais *dans* sa ville.[36]

---

[36] Allocution de son honneur le maire Gilles Lamontagne au dîner du 10e anniversaire du Progrès Civique de Québec, Québec, 13 novembre 1972, p. 16.

Achevé d'imprimer en février 1976
par les travailleurs des ateliers Marquis Ltée de Montmagny